A REFORMA ESQUECIDA

Fernando Rezende e Armando Cunha
organizadores

A REFORMA ESQUECIDA
Orçamento, gestão pública e desenvolvimento

FGV
EDITORA

Direitos desta edição reservados à
Editora FGV
Rua Jornalista Orlando Dantas, 37
22231-010 | Rio de Janeiro, RJ | Brasil
Tels.: 0800-021-7777 | 21-3799-4427
Fax: 21-3799-4430
editora@fgv.br | pedidoseditora@fgv.br
www.fgv.br/editora

Impresso no Brasil | *Printed in Brazil*

Revisão de originais: Maria Lucia Leão Velloso
Projeto gráfico, diagramação e capa: Letra e Imagem
Revisão: Tathyana Viana e Vania Santiago
Imagem da capa: Vinicius Tupinambá / Shutterstock

1ª edição – 2013; 1ª e 2ª reimpressões – 2013

Ficha catalográfica elaborada pela Biblioteca Mario Henrique Simonsen/FGV

A reforma esquecida : orçamento, gestão pública e desenvolvimento / Fernando Rezende e Armando Cunha, organizadores. – Rio de Janeiro : Editora FGV, 2013.
340 p.

Inclui bibliografia.
ISBN: 978-85-225-1318-5

1. Orçamento – Brasil. 2. Despesa pública – Política governamental – Brasil. 3. Reforma administrativa – Brasil. 4. Administração pública – Brasil. I. Rezende, Fernando. II. Cunha, Armando, 1947- . III. Fundação Getulio Vargas.

CDD – 352.480981

Sumário

Apresentação

Carlos Ivan Simonsen Leal

PRESIDENTE DA FUNDAÇÃO GETULIO VARGAS

Embora haja amplo entendimento quanto à necessidade de proceder a uma reforma em profundidade no orçamento público brasileiro, são grandes as divergências sobre a oportunidade, o alcance e os componentes dessa reforma, para não falar na responsabilidade por sua condução.

Por isso, alguns eventos promovidos ultimamente com o objetivo de discutir os motivos, os procedimentos e os objetivos a serem contemplados em um projeto de reforma orçamentária não prosperaram. Seminários internacionais, visitas de autoridades e técnicos brasileiros a países que se notabilizaram pela implementação de reformas modernizadoras nas últimas duas décadas e a vinda de especialistas internacionais ao Brasil para expor seus pontos de vista e participar de reuniões com técnicos e especialistas nacionais serviram para acumular um enorme acervo de conhecimentos a respeito do alcance e das motivações das reformas reconhecidas como experiências internacionais relevantes em matéria de reforma orçamentária que continuam aguardando a oportunidade de ser aproveitadas.

As principais vertentes das reformas orçamentárias promovidas em vários países nos últimos 25 anos convergiram para um modelo orçamentário caracterizado pela incorporação de uma visão estratégica nas decisões sobre alocação de recursos públicos e pela ênfase em mudanças que contribuam para melhorar a qualidade do gasto público, introduzir compromissos com o resultado da ação governamental e promover a responsabilização dos governantes.

No Brasil, a dominância das preocupações macroeconômicas na condução da política fiscal retardou a adoção de uma reforma orçamentária que seguisse o mesmo caminho. As mudanças promovidas na gestão fiscal buscando assegurar o cumprimento das metas fiscais e consolidar o compromisso com a disciplina no manejo das contas públicas foram bem-sucedidas, mas contribuíram para encurtar o horizonte das decisões orçamentárias, ampliar a importância dos controles formais, obstar a eficiência e a eficácia de programas e projetos, reduzir a transparência do orçamento e dificultar a adoção pela sociedade de iniciativas para promover a responsabilização dos gestores e dos governantes.

Trata-se agora de empreender as mudanças necessárias para a modernização do modelo orçamentário brasileiro. Para tanto, é necessário superar as dificuldades criadas por um clima de antagonismos e de desconfianças que dificulta o debate a respeito da reforma, amplia as restrições a propostas modernizadoras, obstrui o entendimento sobre como avançar na direção da reforma e suscita enormes apreensões quanto à oportunidade e ao conteúdo do que precisa ser reformado.

Outro aspecto a ser considerado é contribuir para que a sociedade perceba a importância do orçamento. Curiosamente, apesar do realce dado ao assunto nos meios de comunicação em função de denúncias a respeito da ausência de controle sobre o crescimento do gasto, o que impede a redução dos impostos exigidos para financiá-lo, é muito baixo o interesse que o orçamento desperta nos cidadãos brasileiros. Foi o que revelou a pesquisa "O orçamento público e o público: retratos da atualidade brasileira", realizada por meio de parceria intrainstitucional, na Fundação Getulio Vargas, entre a Escola Brasileira de Administração Pública e de Empresas (Ebape) e o Centro de Pesquisa e Documentação de História Contemporânea do Brasil (Cpdoc) em 2008. Levando em conta uma amostra de cidadãos, gestores públicos e empresários de Brasília, São Paulo e Recife, a pesquisa evidenciou que 28% dos entrevistados com escolaridade acima da média declararam ter conhecimento, mas não interesse, no orçamento público. Por outro lado, 55% dos entrevistados com escolaridade abaixo da média têm interesse, mas não têm conhecimento. Mais de 70% dos entrevistados, incluindo os com escolaridade superior, declararam ter dificuldade de compreensão, o que impede o acompanhamento do orçamento e a fiscalização dos governantes.

É claro que essa falta de interesse poderia ser intuída tendo em vista as distorções que o orçamento acumulou ao longo do tempo, mas faltava comprová-la. Disso e das demais evidências colhidas pela pesquisa em distintos setores da sociedade brasileira resultaram importantes lições para as lideranças políticas nacionais e para um amplo debate sobre a necessidade de uma profunda reforma orçamentária.

O orçamento público deve ser visto como um instrumento importante de fortalecimento da democracia e de promoção do desenvolvimento da economia e do bem-estar social. Promover a percepção dessa importância e criar condições para que os cidadãos brasileiros possam participar do processo de elaboração e execução do orçamento deve ser um objetivo importante a ser perseguido.

A FGV, pelas motivações institucionais associadas com seu papel de centro de inteligência social, vem estimulando seus pesquisadores, de diferentes áreas de especialização, a reunirem suas competências para fazer emergir, numa ótica multidisciplinar, novas ideias, conceitos, métodos e práticas que contribuam para aperfeiçoar a governança pública no país. Este livro é parte desse esforço de mobilização intelectual, pois se trata de um estudo sistematizado sobre as relações entre a gestão pública e o processo de desenvolvimento econômico e social, com especial atenção ao processo orçamentário no setor público brasileiro.

Este é um esforço continuado, desde o início da década passada. O fato de ser uma iniciativa da FGV não exclui a participação de especialistas e pesquisadores não pertencentes a seus quadros. Ao contrário, e em linha com as suas tradições, a FGV busca estimular uma ampla interação intelectual, envolvendo conhecimentos, saberes, competências técnicas e valores construídos em outros espaços institucionais. Mais ainda, à visão dos estudiosos e especialistas, busca-se incorporar também a percepção da sociedade, que, ao fim e ao cabo, é ao mesmo tempo sujeito e objeto das ações governamentais que, direta ou indiretamente, afetam seus interesses.

Os textos reunidos neste livro compõem o resultado de uma pesquisa em andamento que visa à construção e à consolidação de um diagnóstico do processo orçamentário brasileiro, com foco no governo federal. Cada contribuição aportada pelos textos preenche um espaço próprio no mosaico de situações que reúne as diferentes facetas do tema, compondo um primeiro diagnóstico da situação e apontando para os caminhos a serem percorridos com vistas à modernização do processo orçamentário brasileiro.

PARTE I

Estado e orçamento

1

O Estado partido: comportamento das despesas públicas e da dinâmica socioeconômica na Nova República[1]

Fernando Rezende

Saudado como uma transformação que traria grandes benefícios para o futuro do país, o advento da Nova República gerou euforia, expectativas e também muitas frustrações. A promessa estampada no preâmbulo que antecede o texto da Constituição reflete a expectativa daquele momento:

> Nós, representantes do povo brasileiro, reunidos em Assembleia Nacional Constituinte para instituir um Estado democrático, destinado a assegurar o exercício dos direitos sociais e individuais, a liberdade, a segurança, o bem-estar, o desenvolvimento, a igualdade e a justiça como valores supremos de uma sociedade fraterna, pluralista e sem preconceitos, fundada na harmonia social e comprometida, na ordem interna e internacional, com a solução pacífica das controvérsias, promulgamos, sob a proteção de Deus, a seguinte CONSTITUIÇÃO DA REPÚBLICA FEDERATIVA DO BRASIL.

O tom desse manifesto reflete a intenção de instituir um Estado capaz de desempenhar esse amplo papel. Mais de duas décadas depois, cabe indagar o que se passou nesse período. Em que medida as expectativas geradas foram

---

[1] Este capítulo contém o resultado de análises preliminares do comportamento das despesas do governo federal no período 1995-2010 e das implicações da dinâmica socioeconômica para o atendimento de prioridades nacionais. Sua elaboração baseou-se em contribuições de Mansueto Almeida, Daniela Castanhar Reyes, Armando Cunha e Jorge Vianna Monteiro, referenciadas no final do capítulo. Obviamente, não são de sua responsabilidade as opiniões e sugestões aqui expressas.

atendidas e quais as possibilidades de que o perfil hoje exibido pelo Estado tenha se afastado daquele desenhado pelos que escreveram a nova Constituição? O intento deste capítulo é realizar uma primeira incursão no caminho que pode desvendar pistas que levem a respostas para a indagação formulada.

O perfil do Estado

O lento e gradual processo de transição para a democracia culminou com o advento do que veio a ser conhecido naquele momento como a Nova República. Nessa nova república, os interesses do povo deveriam prevalecer sobre os interesses de uma minoria que usufruiu os benefícios do milagre econômico promovido pelo regime militar.

Em razão disso, uma das primeiras providências adotadas após o fim do regime militar foi promover a elaboração de uma nova Carta Constitucional. Para dar suporte à elaboração da nova Carta, o presidente eleito, Tancredo Neves, encomendou a uma comissão chefiada pelo jurista Afonso Arinos de Mello Franco a tarefa de preparar um anteprojeto para ser encaminhado ao Congresso após sua posse, mas com sua morte e a ascensão do vice-presidente José Sarney ao cargo de presidente da República o processo de elaboração da nova Constituição tomou outro rumo.[2]

A preparação da nova Constituição foi assumida pelo Congresso, que deixou de lado as sugestões da citada comissão e estabeleceu novas regras a serem observadas na execução dessa tarefa. De acordo com o espírito de envolver a sociedade na preparação da nova Carta, sua elaboração obedeceu a um longo processo, que se iniciou no trabalho realizado pelas subcomissões e prosseguiu rumo acima, passando pelas comissões e pelo plenário, para que o texto fosse finalmente apreciado pela Comissão de Sistematização, que o remeteu para uma derradeira apreciação do plenário.

---

[2] A referida comissão iniciou seus trabalhos em julho de 1985 e entregou um anteprojeto para a nova Constituição em setembro de 1986. Compunha-se de 49 membros, dos quais a grande maioria (30) era formada de juristas ou advogados. Para uma análise do texto completo do anteprojeto, ver Pereira (1987).

Durante todo esse processo, que se encerrou em outubro de 1988, os trabalhos da Constituinte foram marcados pela reação da sociedade ao modelo de crescimento econômico e ao centralismo político prevalecentes durante o regime militar. No primeiro caso, a reação se manifestou sob a forma de repulsa ao crescimento excludente dos anos 1970 e de reivindicação de prioridade a uma repartição mais justa dos benefícios do progresso. No segundo, pela recomposição do equilíbrio entre os poderes da República e pelo reforço do federalismo.

A reação a um crescimento econômico que ampliava as desigualdades sociais e deixava a grande maioria da população à margem dos frutos desse crescimento exibia a bandeira da universalização dos direitos de cidadania. Para que essa tese fosse mais do que uma simples bandeira, os setores mais bem-organizados da sociedade demandavam ainda que o Estado assumisse o papel de garantidor desse princípio, criando condições para que este fosse de fato atendido.

No tocante ao centralismo político, a recuperação pelo Congresso de prerrogativas que havia perdido durante o regime militar, como o poder de apresentar emendas ao orçamento, o fortalecimento e a expansão do Judiciário e a eliminação da camisa de força que limitava a organização e o funcionamento dos partidos políticos, para que a representação popular refletisse a diversidade da sociedade brasileira, cuidava de fortalecer a democracia e de restaurar o princípio constitucional da separação dos poderes. Já o reforço do federalismo buscava reduzir a concentração de poderes nas mãos do governo central, devolvendo a estados e municípios condições para lidarem com as particularidades de suas populações. Nesse sentido, o reforço do federalismo foi mais um elemento da proposta de consolidação da democracia, por propiciar o controle social do Estado mediante a aproximação de governantes e governados.

O desenho do novo Estado que emergiu dos trabalhos da Constituinte apresentou uma feição inteiramente distinta da exibida anteriormente. A lista dos direitos que a nova Constituição atribuía ao Estado a responsabilidade de prover cresceu de uma hora para a outra, ao mesmo tempo em que o reforço do federalismo diminuía a capacidade do governo federal de exercer esse papel. Para corrigir esse descompasso, a Constituição instituiu um regime próprio de financiamento de direitos sociais, baseado em vinculações orçamentárias e na criação de novos tributos, o que, além de se restringir a uma parcela desses direitos, desencadeou efeitos negativos, como veremos em seguida.

Mas as condições do momento não permitiram que esse novo perfil chegasse a se materializar. A formação do novo Estado desenhado pelos constituintes foi atropelada pela repercussão interna da crise econômica que se abateu sobre o mundo no final da década de 1980 e pela instabilidade política dos primeiros anos da década seguinte.

A regulamentação dos novos direitos sociais no campo da previdência e da assistência exerceu forte pressão sobre os cofres do governo federal já na primeira metade da década de 1990, entrando em choque com a intenção de reforçar o regime federativo. Novas rodadas de regulamentação se somaram ao aumento da população que passou a ter acesso a esses direitos em decorrência do rápido envelhecimento da população e da ampliação do número de famílias que passaram a fazer jus aos benefícios assistenciais.

À medida que aumentavam os gastos com uma parcela dos direitos sociais inscritos na Constituição, o perfil do Estado brasileiro foi exibindo um crescente desequilíbrio, caracterizado pela hipertrofia do lado que contava com recursos garantidos e pela atrofia do lado que dependia da existência de espaço orçamentário. O crescimento do gasto foi escapando ao controle do orçamento, que perdeu a função para a qual fora originariamente concebido de ser o instrumento de controle da sociedade sobre o perfil e o tamanho do Estado.

Ao adquirir dinâmica própria, impulsionada pelas mudanças demográficas e socioeconômicas, o gasto público tornou-se presa fácil dos segmentos mais organizados da sociedade, que, seja mediante relações diretas com o Poder Executivo, seja por pressões sobre o Legislativo, bloqueiam as reformas necessárias para corrigir a deformação que o Estado foi adquirindo.

Nesse contexto, as demandas pela limitação do tamanho do Estado mediante a imposição de limites legais ao crescimento do gasto público não prosperam por serem irrealistas. O Estado que temos foi fruto de um momento histórico em que a elaboração da nova Constituição foi conduzida num clima marcado por forte conteúdo emocional. Para controlar o gasto é necessário que a discussão sobre o comportamento da despesa pública seja conduzida tendo como pano de fundo essa questão. E para isso é indispensável recuperar a importância do orçamento enquanto instrumento de discussão das prioridades nacionais e de controle do tamanho do Estado.

A história recente, que registra o comportamento da despesa do governo federal no período 1991-2010 e é o objeto da próxima seção, revela com precisão a deformação no perfil do Estado e as implicações disso no seu desempenho. O desequilíbrio que se foi acumulando partiu o Estado em duas partes: uma se separou da outra e adquiriu rumo próprio, a outra definhou por falta de recursos. A consequência dessa partição é a incapacidade de o Estado ajustar-se ao impacto da dinâmica socioeconômica nas demandas sociais, com reflexos na deterioração da infraestrutura urbana, no aumento da insegurança pública e na incapacidade de o país sustentar taxas de crescimento compatíveis com seu potencial e com a necessidade de conciliar a expansão da economia com a redução das disparidades sociais.

O comportamento da despesa do governo federal no período 1991-2010[3]

A partição do Estado

A partição do Estado é evidenciada pela observação do comportamento da despesa do governo federal nas duas últimas décadas. Entre 1991 e 2011 a despesa primária aumentou em seis e meio pontos percentuais sua participação no PIB, alcançando o patamar de 17,5% (tabela 1). O crescimento não foi contínuo, ocorreu em dois momentos bem marcados. Mais da metade dele se deu na primeira metade da década de 1990, quando a maior parte dos novos direitos amparados pela seguridade social foi regulamentada.[4] E o restante a partir

---

[3] Esta seção se beneficia das análises e informações contidas no trabalho preparado por Mansueto Almeida para o projeto Gestão Pública e Desenvolvimento. Para detalhes, consultar Almeida (2011).

[4] O conceito de seguridade social adotado na Constituição abrigou a proposta de universalização do acesso à previdência, à saúde e à assistência, acesso até então restrito aos que estavam no mercado formal de trabalho.

de 2002, quando a melhoria do cenário econômico ampliou o espaço para o crescimento dos programas de transferência de renda e de gastos nos setores protegidos.

TABELA 1. DESPESA PRIMÁRIA GOVERNO FEDERAL — 1991-2010 (% DO PIB)

	Pessoal	INSS	Outros	Despesa primária
1991	3,8%	3,4%	3,9%	11,1%
1992	3,9%	4,2%	3,4%	11,5%
1993	4,5%	4,9%	3,6%	13,0%
1994	5,1%	4,9%	4,0%	14,0%
1995	5,6%	5,0%	4,2%	14,8%
1996	5,3%	5,3%	4,0%	14,6%
1997	4,3%	5,0%	4,7%	14,0%
1998	4,6%	5,5%	5,0%	15,0%
1999	4,5%	5,5%	4,5%	14,5%
2000	4,6%	5,6%	4,6%	14,7%
2001	4,8%	5,8%	5,0%	15,6%
2002	4,8%	6,0%	5,0%	15,7%
2003	4,5%	6,3%	4,4%	15,1%
2004	4,3%	6,5%	4,8%	15,6%
2005	4,3%	6,8%	5,3%	16,4%
2006	4,5%	7,0%	5,5%	17,0%
2007	4,4%	7,0%	5,8%	17,1%
2008	4,3%	6,6%	5,5%	16,4%
2009	4,7%	6,9%	6,0%	17,7%
2010	4,4%	6,8%	6,3%	17,4%
2011	4,3%	6,8%	6,4%	17,5%

Fonte: Dados de 1991 a 1996 extraídos de Giambiagi (2006); de 1997 a 2010, Tesouro Nacional, cf. Almeida (2011).
Obs.: A despesa de 2010 exclui a capitalização da Petrobras.

A regulamentação dos dispositivos constitucionais explica a totalidade da expansão do dispêndio no período inicial, que se concentrou em duas rubricas: pessoal e benefícios do INSS. A regulamentação do Regime Jurídico Único (RGU) para o funcionalismo federal (Lei nº 8.112/90) provocou uma explosão na demanda por aposentadorias, ao passo que as novas regras aplicadas às aposentadorias dos trabalhadores rurais e a adoção do piso de um salário mínimo para todos os benefícios concedidos pelo INSS, o que foi estendido aos deficientes físicos, impulsionaram a despesa desse órgão.

Anteriormente à implantação do RGU, cerca de 80% dos funcionários civis da União eram contratados pelo regime de trabalho aplicado ao setor privado (CLT). Com a adoção do novo estatuto dos servidores, eles passaram a usufruir da aposentadoria integral e da paridade de vencimentos, além de outras vantagens previstas na lei.[5] Por isso, no ano seguinte à vigência do novo regime, 45 mil funcionários se aposentaram, número que viria a ser equivalente a cerca de quatro vezes a quantidade média de aposentadorias da última década.

A multiplicação das aposentadorias contribuiu para elevar em um ponto percentual a participação dessa despesa no gasto de pessoal entre 1991 e 1995. A parcela restante explica-se pelo efeito das vantagens concedidas a todos os servidores, em especial a paridade de vencimentos, que contribuiu para elevar a remuneração de boa parte do funcionalismo.

No tocante ao INSS, a adoção do piso de um salário mínimo para todos os benefícios e a redução em cinco anos da idade para acesso dos trabalhadores rurais à aposentadoria foram os principais fatores que contribuíram para o crescimento das despesas na primeira metade da década de 1990.

Os dados da tabela 1 também mostram um pequeno crescimento (de 0,3 ponto percentual) no item outros gastos no período em tela. Os dados sobre a composição do gasto público nesse período não oferecem detalhes sobre essa conta, mas, como veremos à frente, boa parte dela refere-se a despesas de custeio nos programas de saúde e educação, que também se beneficiaram da proteção financeira oferecida pela nova Constituição.

---

[5] Contagem em dobro da licença-prêmio para fins de aposentadoria, incorporação de acréscimos e gratificações ao salário no momento da aposentadoria e a possibilidade de usufruir imediatamente das novas regras, sem qualquer exigência de cumprimento de um prazo mínimo para isso.

A segunda rodada de expansão da despesa do governo federal como pro-porção do PIB iniciou-se em 2002 e ganhou velocidade a partir de 2005. Os gastos com pessoal não contribuíram para o crescimento na relação gasto/PIB nesse período. Em relação ao índice registrado em 2000, o grupamento das outras despesas cresceu dois pontos percentuais em 2011, contribuindo com mais da metade da expansão na despesa total. A outra parte deveu-se ao cres-cimento praticamente contínuo da despesa do INSS, que oscilou em torno de 7% do PIB entre 2006 e 2011.

O crescimento de outras despesas nessa segunda rodada tem merecido a atenção de analistas, que exibem esses números para argumentar que estes apon-tam para um relaxamento no controle das contas públicas, o que tornaria neces-sário impor limites que impedissem que o gasto, notadamente o gasto corrente, crescesse mais do que o PIB. Convém, pois, olhar esses números mais de perto.

Afortunadamente, informações recentes sobre a despesa do governo fede-ral permitem observar o que está por trás do crescimento dos outros gastos. No trabalho que vem sendo preparado para subsidiar o projeto Gestão Pública e Desenvolvimento, Mansueto Almeida oferece um detalhamento dessa conta, de forma a permitir o refinamento da análise. O resultado da identificação das parcelas inseridas nesse grupamento é apresentado na tabela 2.

Pode-se ver, então, que todo o crescimento de outros gastos entre 2000 e 2011, exibido na tabela 1, deve-se a três espécies: despesas com o custeio de programas de saúde e de educação; gastos sociais não computados no paga-mento de aposentadorias, reformas e pensões do INSS, como as despesas com a Lei Orgânica da Assistência Social (Loas), Bolsa Família, seguro-desempre-go e abono salarial; e investimentos. A categoria chamada por Almeida (2011) de "custeio administrativo", que corresponde ao que poderia ser considerado despesa com a máquina pública, acusou queda no período, contribuindo para arrefecer a expansão da despesa total.

O que a segunda rodada de expansão do gasto público revela, portanto, é a continuidade do processo de partição do Estado. A metade que se beneficia das regras e das garantias constitucionais continua se expandindo, encolhendo a par-te que não goza de qualquer proteção. O espírito que presidiu a elaboração da nova Carta pretendia que o Estado fosse capaz de proteger, por igual, todos os direitos decorrentes da cidadania, mas a regulamentação das normas constitucionais e a parcialidade das garantias financeiras conduziram a um resultado distinto.

TABELA 2. GASTOS NÃO FINANCEIROS DO GOVERNO FEDERAL —1999-2010
(% DO PIB)

Anos	Pessoal	INSS	Custeio adminis- trativo	Custeio saúde e educação	Gastos sociais	Investi- mentos	Outros	Total
1999	4,5%	5,5%	1,6%	1,8%	0,6%	0,5%	0,1%	14,5%
2000	4,6%	5,6%	1,5%	1,8%	0,6%	0,7%	0,1%	14,7%
2001	4,8%	5,8%	1,0%	1,8%	0,9%	1,2%	0,1%	15,6%
2002	4,8%	6,0%	1,1%	1,8%	1,0%	1,0%	0,1%	15,7%
2003	4,5%	6,3%	1,2%	1,7%	1,0%	0,4%	0,1%	15,1%
2004	4,3%	6,5%	1,2%	1,7%	1,2%	0,6%	0,1%	15,6%
2005	4,3%	6,8%	1,5%	1,8%	1,3%	0,6%	0,1%	16,4%
2006	4,5%	7,0%	1,4%	1,7%	1,6%	0,7%	0,1%	17,0%
2007	4,4%	7,0%	1,5%	1,8%	1,6%	0,8%	0,1%	17,1%
2008	4,3%	6,6%	1,1%	1,8%	1,6%	0,9%	0,1%	16,4%
2009	4,7%	6,9%	1,1%	1,9%	1,9%	1,1%	0,1%	17,7%
2010	4,4%	6,8%	1,1%	2,0%	1,8%	1,2%	0,1%	17,4%
1999- 2010	-0,1%	1,3%	-0,5%	0,2%	1,2%	0,7%	0,0%	2,9%

Fonte: Tesouro Nacional e Siafi.
Obs.: Exclui capitalização da Petrobras em 2010.
Elaboração: Mansueto Almeida.

O efeito cremalheira

A expansão dos gastos com previdência, assistência, saúde e educação foi amparada pelas garantias financeiras instituídas para proteger esses gastos, com a criação de contribuições vinculadas às despesas abrangidas pelo conceito de seguridade social e a ampliação para 18% da vinculação das receitas orçamentárias a gastos com educação.[6] O impacto dessas garantias no comportamento da despesa pública foi analisado em estudo anterior, que apontou para o funcionamento de um "efeito cremalheira", que impulsionou a expansão dos gastos que gozavam dessa proteção.[7]

O efeito cremalheira surgiu em 1998, quando a necessidade de implementar um forte programa de ajuste fiscal levou o governo a apoiar esse ajuste na progressiva expansão das contribuições sociais e na sucessiva prorrogação da desvinculação de 20% da receita dessas contribuições para financiar a geração do superávit primário. Portanto, a cada aumento nessas contribuições, o espaço para ampliar os gastos nos programas por elas abrangidos crescia, dando guarida a seu crescimento. O comportamento das duas curvas que mostram o crescimento das receitas das contribuições e dos gastos com a seguridade ilustra o funcionamento desse efeito (gráfico 1).

GRÁFICO 1. EVOLUÇÃO DA ARRECADAÇÃO DE CONTRIBUIÇÕES SOCIAIS E DOS GASTOS COM SEGURIDADE SOCIAL E SEGURO-DESEMPREGO

Índice calculado com base em valores corrigidos pelo DI do PIB (1995 =100)

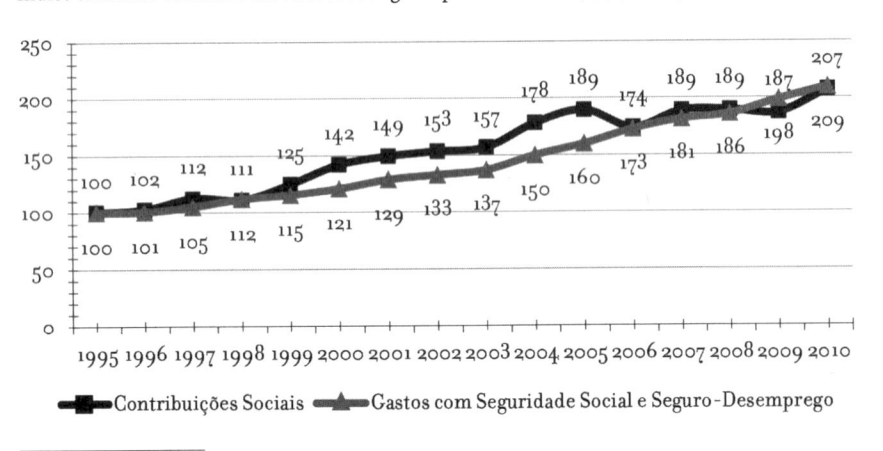

⁶ Antes de 1988, a vinculação da receita federal à educação era de 13%, percentual definido pela Lei Calmon (Lei nº 7.348/85).
⁷ Ver Rezende, Oliveira e Araujo (2007). Na área da saúde, garantias adicionais foram buscadas no Judiciário, que, atendendo a demandas, obrigou o Estado a fornecer gratuitamente medicamentos para o tratamento de determinadas doenças, como a Aids. Em 2010, os gastos decorrentes de decisões do Judiciário somaram R$ 133 milhões, 60 vezes mais do que o montante despendido em 2005 (R$ 2,3 milhões).

Em valores absolutos, os gastos não financeiros do governo federal subiram para R$ 701 bilhões em 2010, elevando-se a um nível pouco maior do que o dobro do alcançado em 1999, decorrendo quase todo esse aumento dos gastos protegidos — seguridade e educação —, pois grande parte do crescimento dos gastos com pessoal refere-se ao pagamento de inativos do Tesouro (tabela 3).[8]

TABELA 3. GASTOS NÃO FINANCEIROS DO GOVERNO FEDERAL — 1999-2010 (R$ BILHÕES, JUL. 2011 — IPCA)

Anos	Pessoal	INSS	Custeio administrativo	Custeio saúde e educação	Gastos sociais	Investimento	Outros	Total
1999	104,35	128,19	37,08	40,88	13,78	11,72	1,93	337,92
2000	110,73	135,26	36,42	42,75	14,31	15,90	1,93	357,30
2001	119,69	144,27	25,01	45,50	22,53	29,08	2,09	388,18
2002	126,47	156,60	29,73	48,08	25,27	25,04	2,14	413,32
2003	115,74	163,50	30,11	44,48	25,92	10,39	2,61	392,74
2004	120,37	180,94	32,15	47,77	33,93	17,26	3,16	435,58
2005	123,72	195,86	42,44	51,16	37,27	18,37	3,03	471,86
2006	136,03	213,51	43,71	51,88	47,52	22,54	3,14	518,33
2007	144,72	230,42	48,03	58,95	53,88	27,49	3,09	566,59
2008	153,40	233,99	38,67	62,35	58,16	33,15	4,07	583,79
2009	169,67	251,59	39,26	68,53	68,39	38,19	4,53	640,15
2010	177,66	271,97	44,12	78,82	73,83	50,27	4,56	701,23
1999-2010	73,31	143,78	7,05	37,94	60,05	38,55	2,63	363,31

Fonte: Tesouro Nacional e Siafi, conforme Almeida (2011).
Obs.: Exclui capitalização da Petrobras em 2010. Os valores foram atualizados pelo IPCA acumulado de julho de cada ano até julho de 2011.

---

[8] Considerando que cerca de 40% dos gastos com pessoal devem-se ao pagamento de inativos, seguridade e educação explicam cerca de 70% da expansão da despesa primária do governo federal entre 1999 e 2010.

Não deve ser motivo de surpresa, portanto, que o crescimento dos gastos tenha se concentrado nas despesas correntes, categoria que abrange todos os programas de transferência de renda a aposentados e a outros beneficiários, bem como grande parte das despesas nas áreas de educação e saúde. É notável que, nesse cenário, os investimentos ainda expliquem mais de 10% da expansão na despesa total, mas isso se deve a artifícios que estão criando novos constrangimentos para o controle das despesas públicas, como veremos adiante.

O gasto escapou do orçamento

Sob as regras vigentes, que comandam a expansão da despesa pública, as demandas por contenção dos gastos correntes são inócuas, pois a receita vinculada à seguridade cresce mais do que o PIB, por se apoiar em grande parte na arrecadação das contribuições para o PIS/Cofins, que têm crescido mais que a economia.[9]

Numa linguagem que pode ser mais bem-compreendida pelo público não especializado na área, a parcela mais importante do gasto escapou do orçamento. Repetindo a partição do Estado, o orçamento público também se dividiu em duas partes. A maior delas segue dinâmica própria, movida pelas regras vigentes e pela resistência dos setores nela abrigados a quaisquer mudanças; a outra é objeto de disputas dos setores que ficaram fora da primeira.

Na contramão do que seria esperado, a situação das contas públicas não melhora em um cenário econômico mais favorável, quando outras fontes de receitas orçamentárias, como os impostos federais, exibem bons resultados. Ao contrário, o aumento das receitas reforça as demandas dos segmentos mais bem-organizados da sociedade por aumento no valor dos benefícios, que se revelam, por exemplo, na fórmula acordada para corrigir o valor do salário mínimo. Por outro lado, da parcela da receita que não está vinculada à seguridade social, mais da metade é entregue a estados e municípios, e parcela expressiva do que fica nas mãos da União destina-se obrigatoriamente a gastos com educação.

---

[9] O desempenho das receitas de contribuições para a seguridade social explica um crescimento nominal das despesas nessa área de 326% no período, para um crescimento de 243% do PIB. Em outras palavras, o crescimento dos gastos foi puxado pelo crescimento da arrecadação.

O governo enreda-se em uma nova armadilha. A opção por aumentar as contribuições sociais estimula a expansão dos gastos abrigados na seguridade social, enquanto o que fica disponível em seu cofre com o aumento da receita dos impostos é insuficiente para equilibrar as contas. Não há maneira efetiva de controlar o crescimento dos gastos sem rever a composição do seu funcionamento. Nesse contexto, a tendência de crescimento do Estado dificilmente é revertida. Simulações de especialistas na área indicam que, apenas para manter estável a relação entre a conta dos benefícios previdenciários e assistenciais e o PIB, a economia precisa crescer a uma taxa de 4% ao ano, sendo remotas as possibilidades de que um ritmo mais favorável de crescimento traga alívio para a sociedade na forma de uma redução da carga tributária.[10] O comportamento do gasto público no período 2007-2010 é um bom exemplo das implicações dessa armadilha (gráfico 2).

Os mesmos componentes da despesa que explicam o desempenho do gasto em toda a década explicam a expansão do gasto no segundo mandato do presidente Lula, com uma pequena diferença: a folha dos inativos não teve influência no crescimento das despesas de pessoal.[11] O número de servidores do Poder Executivo em atividade, que havia se reduzido a um contingente de 809 mil funcionários em 2002 em função da não reposição integral dos que passavam para a inatividade, voltou ao mesmo patamar de 1991. Crescimento ainda mais expressivo foi observado no contingente de servidores do Legislativo e do Judiciário, de tal forma que a soma dos empregados pelos três poderes da República ultrapassou o patamar de 1,1 milhão de pessoas em 2011 (gráficos 3 e 4).

---

[10] Se a taxa de crescimento for menor do que o índice apontado, mais recursos são canalizados para cobrir as despesas obrigatórias, aumentando o desequilíbrio e a pressão pelo aumento de impostos. Se, porém, o crescimento for maior, cresce a demanda pelo aumento no valor dos benefícios, preservando os gastos no patamar alcançado. Esse comportamento é semelhante ao observado por Peacock-Wiseman com respeito ao crescimento do gasto público na Inglaterra após a II Guerra Mundial, quando o aumento dos impostos para financiar a guerra não foi reduzido quando esta terminou, sendo canalizado para sustentar o aumento de outros gastos. A diferença, no nosso caso, é que a opção de conter o crescimento dos gastos em momentos em que a conjuntura é favorável é mais difícil pelo vulto das despesas obrigatórias, cuja contenção requer reformas constitucionais. Para um resumo da tese de Peacock-Wiseman, ver Rezende (2001).

[11] Dados do Ministério do Planejamento indicam que a folha de inativos manteve-se constante como proporção do PIB entre 2007 e 2010, enquanto a despesa com o pessoal ativo cresceu 0,1 ponto percentual no período, alcançando 2,92% do PIB em 2010.

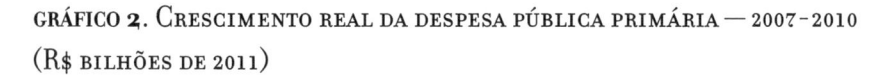

GRÁFICO 2. CRESCIMENTO REAL DA DESPESA PÚBLICA PRIMÁRIA — 2007-2010 (R$ BILHÕES DE 2011)

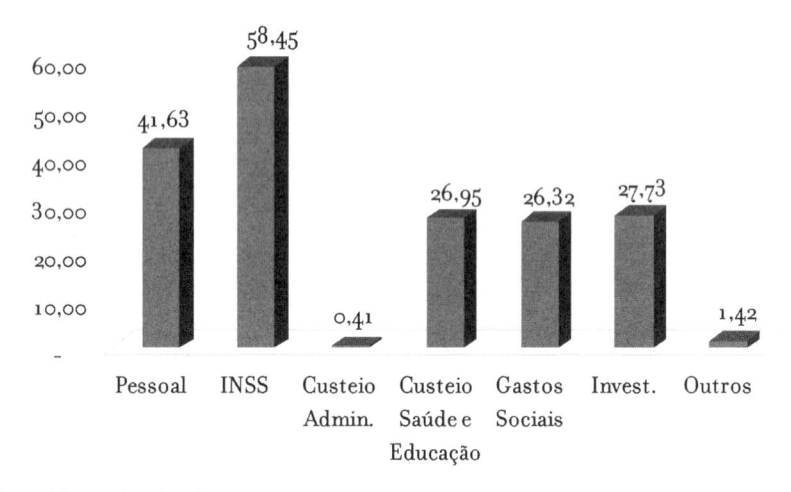

Fonte: Tesouro Nacional.
Obs.: Dados atualizados pelo IPCA acumulado de 12 meses terminados em julho, cf. Almeida (2011).

No total, o aumento do número de funcionários ativos do Legislativo e do Judiciário explica metade do crescimento dos servidores da União desde 1995, quando também foi retomada a política de realização de concursos públicos para reforçar as carreiras do Estado. Conjugado com os aumentos salariais concedidos recentemente, o crescimento da massa de servidores contribuiu para um crescimento real de mais de 40% nessa espécie de gasto no período 2007-2010 (gráfico 5), evitando que este se reduzisse como percentagem do PIB durante o ciclo favorável do final da década passada. De novo, pode-se arguir que esses números refletem a opção dos constituintes de aumentar as responsabilidades do Estado e de reforçar o papel do Congresso e do Judiciário como guardiões da democracia e da defesa dos direitos dos cidadãos.[12]

---

[12] A expansão do Judiciário é digna de nota. A folha de pagamento dos servidores ativos deste poder, em % do PIB, cresceu 110% entre 1995 e 2010, alcançando 0,58% neste último ano.

GRÁFICO 3. QUANTITATIVO DE SERVIDORES ATIVOS DO EXECUTIVO E DA UNIÃO
(INCLUI LEGISLATIVO E JUDICIÁRIO)

EXECUTIVO   UNIÃO

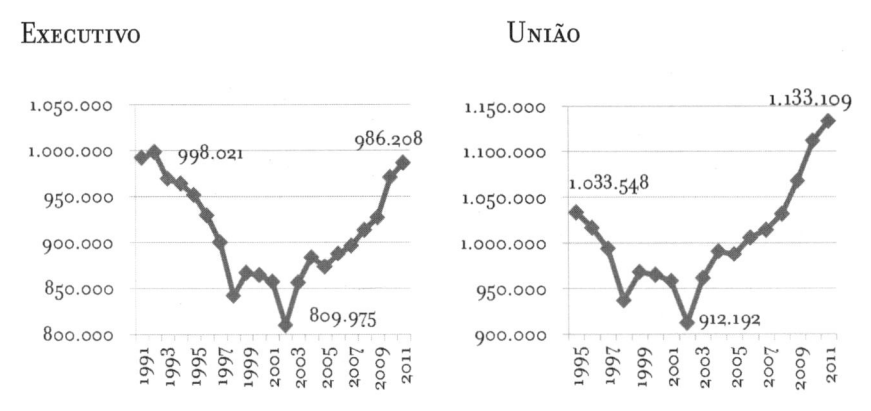

Fonte: Almeida (2011).

GRÁFICO 4. QUANTITATIVO DOS SERVIDORES ATIVOS DO LEGISLATIVO E DO
JUDICIÁRIO

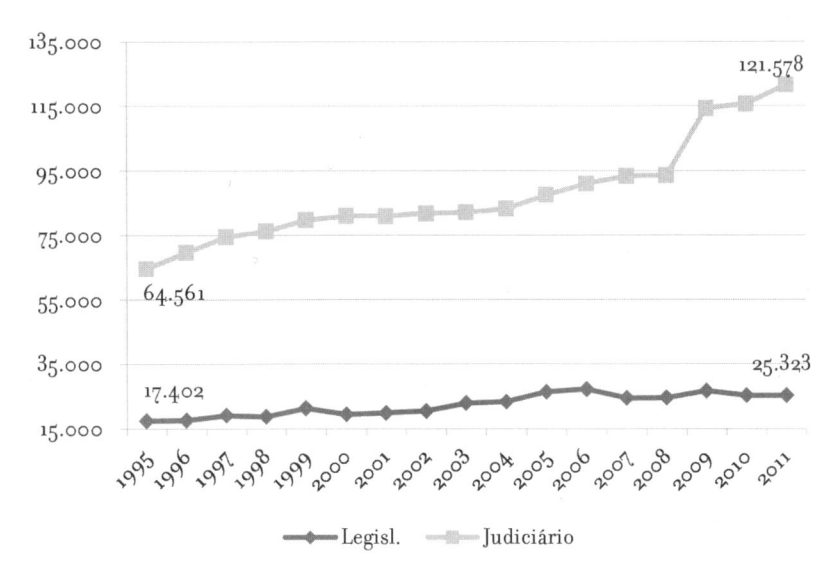

Fonte: Almeida (2011).

GRÁFICO 5. CRESCIMENTO DO GASTO COM PESSOAL DA UNIÃO — ATIVOS E
INATIVOS (R$ BILHÕES, JUL. 2011)

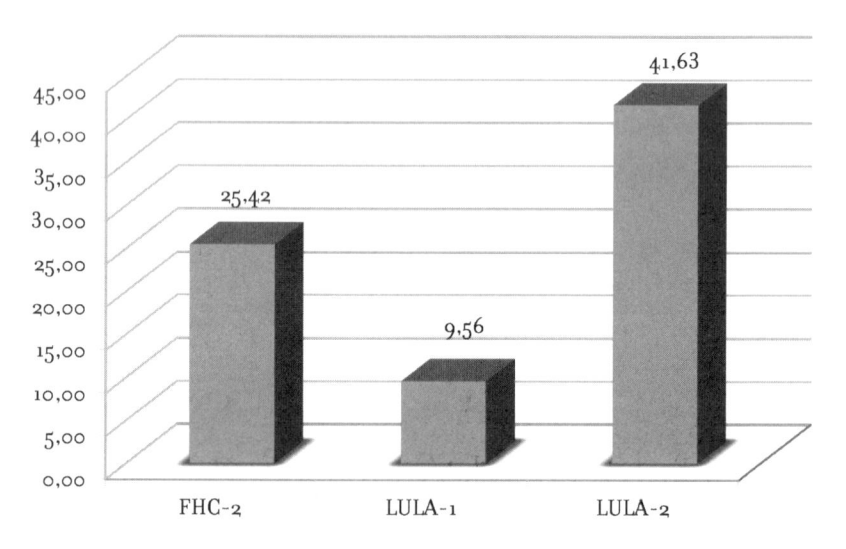

Fonte: Almeida (2011).

Uma nova leva de aposentadorias deverá continuar pressionando o crescimento desses gastos, pois estima-se que um contingente de 252 mil servidores
civis adquiram o direito de se aposentar no período 2012-2015, o que representa uma média anual de aposentadorias nos próximos quatro anos três vezes
maior que a da última década (gráfico 6). Como os aumentos recentes de salários repercutem no valor das aposentadorias e estão sendo discutidas novas
demandas de aumentos salariais no Judiciário e no Legislativo, a dificuldade
para conter a expansão das despesas com pessoal continuará elevada no futuro
próximo.

Afora a previdência e o funcionalismo, outro elemento a ser considerado é
o crescimento dos gastos com programas de transferência de renda, como os
benefícios abrigados na Loas, o Bolsa Família e o seguro-desemprego. Entre
2002 e 2010, esses gastos saltaram de 0,96% para 1,90% do PIB, passando a
representar quatro vezes mais do que o total investido pelo governo federal em
habitação, saneamento e urbanismo.

GRÁFICO 6. EVOLUÇÃO DO QUANTITATIVO DE NOVAS APOSENTADORIAS CIVIS
DA UNIÃO — 1991-2011

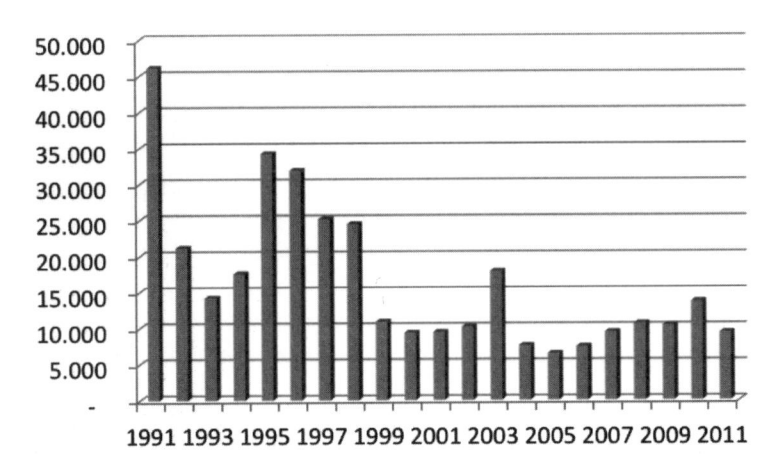

Fonte: Almeida (2011).
Obs.: Valores de 2011, até agosto.

Em resumo: as possibilidades de se conter a expansão dos gastos correntes são remotas na ausência de um amplo debate sobre as limitações vigentes e as reformas que se fazem necessárias para corrigir os fatores que explicam seu crescimento.

A dinâmica socioeconômica, o perfil do Estado e as prioridades nacionais

A expansão dos programas de transferência de renda implodiu a seguridade social

Dois fatos se destacam no célere processo de transformação por que vem passando a população brasileira: o rápido envelhecimento da população e o acelerado processo de urbanização.

Em apenas quatro décadas, a participação das pessoas com mais de 65 anos na população total saltou para 8% em 2010, um índice 3,7 vezes maior do que o registrado em 1970. Em contrapartida, na outra ponta, a população com idade inferior a nove anos reduziu-se à metade no mesmo período, recuando para 15% no último censo. A população na faixa etária entre 10-19 anos também caiu como percentagem do total, embora a um ritmo reduzido, ao mesmo tempo em que cresceu significativamente o grupo daqueles com mais de 14 e menos de 65 anos, que compõem a chamada população economicamente ativa (gráfico 7).

GRÁFICO 7. MUDANÇAS NA COMPOSIÇÃO DA POPULAÇÃO POR FAIXAS ETÁRIAS

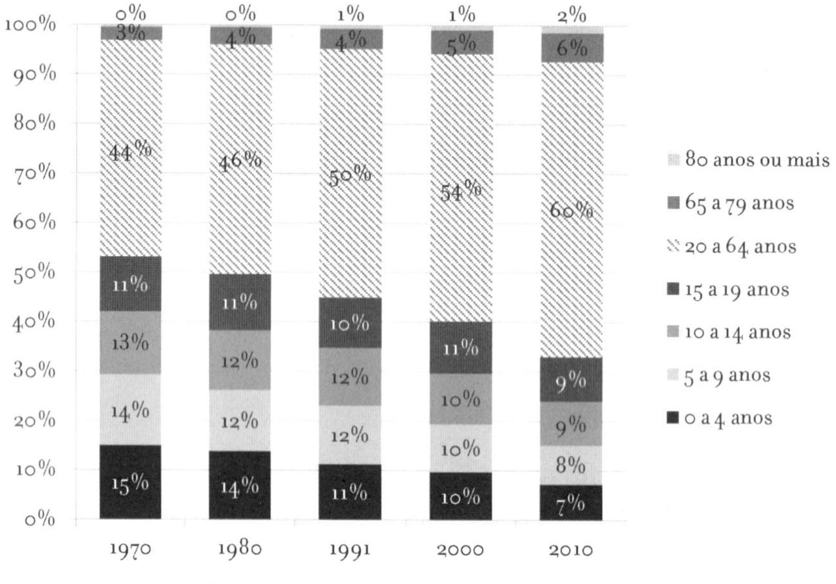

Fonte: Censos demográficos do IBGE.

O forte crescimento da população com mais de 65 anos explica grande parte da expansão dos gastos com aposentadorias já observada. Com a universalização do acesso a um benefício pelo menos igual a um salário mínimo — determinada pela Constituição —, o expressivo aumento no número de aposentados repercutiu no tamanho dessa conta. Em números absolutos, a população dessa faixa etária passou de cerca de 2,5 milhões de pessoas em 1970 para mais de 11 milhões em 2010, contribuindo para que a razão entre o número de ativos e o de inativos caísse a menos da metade.

A repercussão do crescimento do ônus demográfico na área da previdência se estendeu à saúde, que também demandou do Estado um esforço adicional para cumprir o mandato constitucional de prover serviços de assistência médica a todos os brasileiros, independentemente de qualquer contribuição específica para isso. Por essa razão as garantias financeiras dos direitos abrangidos pela seguridade social não foram suficientes para dar conta do recado. À medida que os gastos realizados pelo INSS foram exigindo uma parcela crescente da receita das contribuições sociais, a área da saúde foi em busca de recursos e de garantias adicionais. A criação da contribuição sobre a movimentação financeira no auge da crise de financiamento da saúde foi o primeiro passo nessa direção, seguido pela nova regra criada com a Emenda Constitucional nº 29, de 2000.[13] Na prática, a universalização da saúde foi avançando sobre a desvinculação de 20% das contribuições e sobre outras fontes de financiamento do Tesouro, aumentando ainda mais o desequilíbrio entre as duas partes do Estado.

Apesar da redução do peso da população com idade inferior a 20 anos no total de habitantes, as mudanças ocorridas nesse grupo em razão da forte queda dos índices de fecundidade e de mortalidade exerceram pressão adicional sobre o Estado, particularmente no tocante a demandas educacionais. Em números absolutos, a população com idade inferior a 10 anos recuou, em 2010, para um patamar equivalente ao que se encontrava em 1970, em contraposição a um aumento significativo no grupo de jovens com idades entre 10 e 19 anos, para os quais a prestação de serviços educacionais implica custos mais altos.[14] Adicionalmente, o forte crescimento da população na faixa dos 20-64 anos demanda maior atenção ao ensino profissionalizante (tabela 4).

---

[13] Logo nos momentos iniciais de vigência da proposta da seguridade social, a previdência recobrou a exclusividade das receitas oriundas da folha de salários, mas isso não foi suficiente para acomodar a expansão dos gastos. Em 2009, as contribuições para a seguridade cobriam 13% das despesas com saúde.

[14] Dados do Inep indicam que o gasto por aluno no ensino fundamental é cerca de 15% maior do que na educação básica.

Contudo, a capacidade de atendimento dessa pressão sofre a competição por recursos que resulta da expansão de outros benefícios assistenciais. Como vimos (tabelas 2 e 3), o conjunto de despesas chamado de "custeio social" foi o segundo item, após os gastos do INSS, que mais contribuiu para o crescimento da despesa primária do governo federal entre 1999 e 2010. Nesse conjunto estão incluídas despesas diversas, como os benefícios amparados pela Loas, as despesas do Fundo de Amparo ao Trabalhador (FAT) e o Bolsa Família. Entre 2002 e 2010, o crescimento desses gastos foi da ordem de R$ 60 bilhões, crescimento que se distribuiu mais ou menos equitativamente entre três programas: benefícios da Loas, despesas do FAT e Bolsa Família. Observa-se, portanto, que não é apenas a previdência que amplia seu espaço no orçamento federal. Outros programas sociais também vêm se expandindo, impondo limites também à destinação de recursos para o custeio da educação e da saúde (tabelas 5 e 6).

TABELA 4. MUDANÇAS NA PIRÂMIDE ETÁRIA DA POPULAÇÃO

Faixa etária	1970	1980	1991	2000	2010
0 a 4 anos	13.916.234	16.428.063	16.521.114	16.386.234	13.796.159
5 a 9 anos	13.356.493	14.771.793	17.420.159	16.576.257	14.969.375
10 a 14 anos	11.849.095	14.252.521	17.047.159	17.353.673	17.166.761
15 a 19 anos	10.319.667	13.569.436	15.017.472	17.949.301	16.990.870
20 a 64 anos	40.595.118	55.087.043	73.733.724	91.680.366	113.751.154
65 a 79 anos	2.495.471	4.198.153	5.956.196	8.139.349	11.145.895
80 anos ou mais	451.250	590.603	1.129.651	1.787.555	2.935.585
Total	92.983.328	119.011.052	146.825.475	169.872.854	190.755.799
Taxa de variação média (%)		2,5	1,93	1,63	1,17

Fonte: Censos demográficos do IBGE.

TABELA 5. CUSTEIO SOCIAL — PROGRAMAS (R$ BILHÕES DE 2011)

	2002	2006	2010
Despesas FAT	14,30	19,90	32,30
Loas	9,00	14,90	23,70
Bolsa Família	0,00	9,50	14,40
Outros	2,00	3,10	3,40
Total	25,27	47,52	73,83

Fonte: Almeida (2011).

TABELA 6. CUSTEIO SOCIAL — PROGRAMAS (% DO PIB)

	2002	2006	2010
Despesas FAT	54,49	0,65	0,80
LOAS	0,34	0,49	0,59
Bolsa Família	0,00	0,31	0,36
Outros	0,06	0,06	0,05
Total	0,95	1,52	1,80

Fonte: Almeida (2011).

As implicações dos fatos relatados podem ser vistas no gráfico 8. No início da década passada, o custeio da educação e da saúde superava em três vezes os gastos sociais mencionados, relação que veio caindo ao longo desse período de tal modo que em 2010 os valores desses gastos se igualaram. A saúde foi particularmente afetada. Como o total da despesa nesse setor manteve, em 2010, o mesmo percentual do PIB de 2002 (gráfico 9), a redução dos gastos de custeio, que precisam acompanhar a expansão da demanda, agrava as dificuldades para melhorar a qualidade dos serviços.

GRÁFICO 8. Relação entre o custeio dos programas de educação e saúde e as despesas do FAT, Loas e Bolsa Família

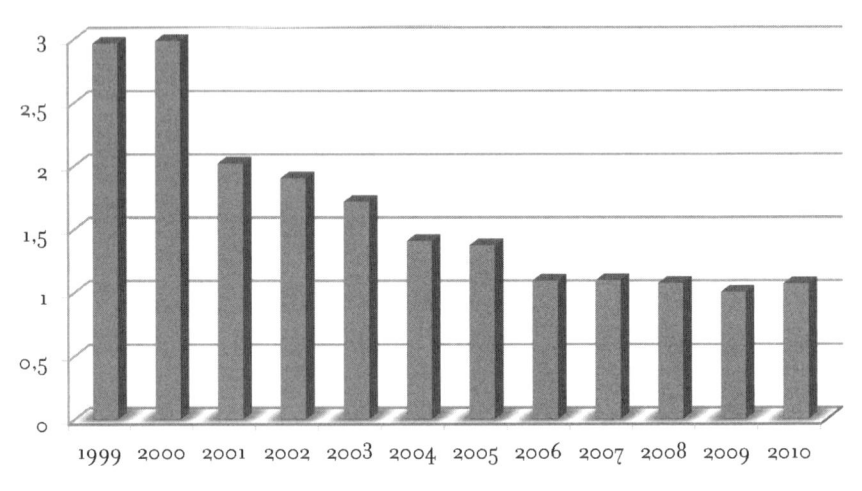

Fonte: Almeida (2011).

GRÁFICO 9. Despesa total com saúde e educação (pessoal ativo + custeio + investimento) — 2002-2010 (% do PIB)

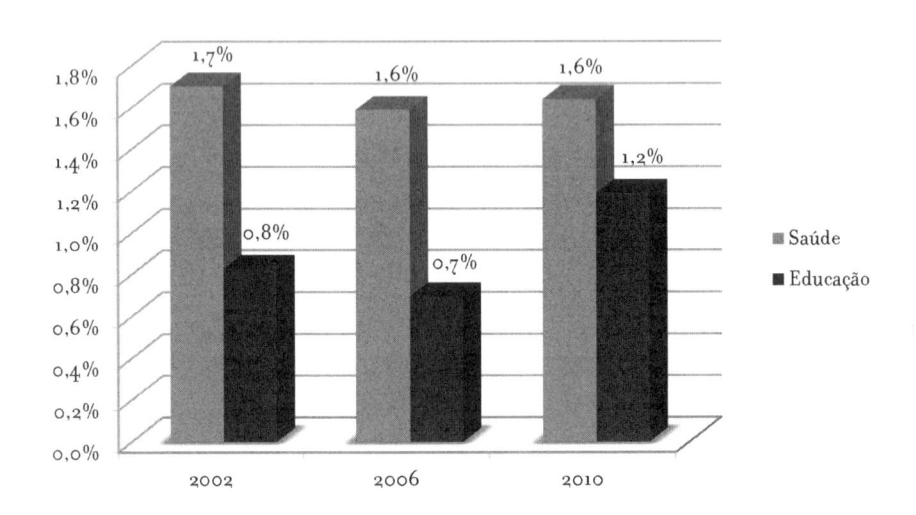

Fonte: Almeida (2011).

As evidências exibidas revelam que uma nova partição do Estado começou a se configurar a partir da década passada, quando a expansão dos programas de transferência de renda, impulsionada pela demografia e pela agenda social do governo, implodiu a seguridade social. A parte que foi crescendo em tamanho à medida que os efeitos da regulamentação das regras constitucionais e das garantias criadas para atendê-las foram se acumulando dividiu-se em três. Os benefícios previdenciários e assistenciais foram ocupando um espaço cada vez maior nos recursos vinculados à seguridade social, espremendo o espaço ocupado pela saúde, que passou a competir por outros recursos do orçamento. A educação, que conta com vinculação independente, se sai melhor em momentos de crescimento econômico em que a receita dos impostos federais se expande rapidamente e, por isso, apresentou um ganho expressivo nos anos recentes.

Enquanto essas três novas partes passam a buscar recursos adicionais para cobrir a deficiência das garantias constitucionais, a outra, que já tinha ficado bem reduzida, continua encolhendo. Como os interesses por elas representados estão fortemente organizados, a pressão sobre o restante do orçamento aumenta e o Estado só pode resolver essa questão se aumentar de tamanho. A tentativa de recriar a CPMF para financiar as demandas da saúde é uma manifestação clara desse problema. O Estado partido só pode conciliar os conflitos reinantes se puder continuar crescendo. É preciso, portanto, recuperar a unidade do Estado para recompor o equilíbrio na composição do gasto e a integridade do orçamento.

O bônus e o ônus demográficos

A transição demográfica por que passou o Brasil nos últimos 40 anos é vista por demógrafos (Alves, Vasconcelos e Carvalho, 2010) como uma mudança capaz de gerar efeitos altamente positivos. O bônus demográfico representado pelo impacto do aumento da força de trabalho no potencial de crescimento da economia gera uma oportunidade para transformar esse potencial em taxas mais elevadas de crescimento.

No entanto, os desequilíbrios que o Estado foi acumulando ao longo das últimas duas décadas, justamente no período em que as mudanças demográficas se acentuaram, retiraram do Estado a capacidade de aproveitar esse bônus. Com a partição do Estado, o ônus demográfico sufocou o bônus, ao impedir que o orçamento público tivesse condições de abrigar os investimentos e outras despesas igualmente relevantes para o crescimento, como a qualidade da infraestrutura e dos serviços urbanos.

A incapacidade do Estado para expandir seus investimentos é o fato mais negativo de todo o período sob análise. A tendência de queda na taxa de investimento público se manteve, com algumas oscilações, até meados dos anos 2000, e a ligeira recuperação iniciada em 2005 apenas fez com que essa taxa se situasse em um nível pouco acima do registrado em 1996. Grande parte desse mau desempenho se deve aos valores investidos pelo governo federal, que ficaram longe dos recursos aplicados por estados e municípios.[15] Entre 2002 e 2010, a taxa de investimento público cresceu apenas 0,3 ponto percentual do PIB, pouco mais do que o crescimento dos gastos com o seguro-desemprego (tabela 7).

Cabe ressaltar que a pequena recuperação dos investimentos da União desde 2005 deveu-se a uma manobra utilizada para contornar as limitações do espaço orçamentário. Como o processo de execução orçamentária impõe um rígido controle sobre a liberação dos recursos que não se destinam ao pagamento de despesas obrigatórias, os projetos de investimento são especialmente afetados, pois o ritmo da liberação só se acelera no segundo semestre de cada ano. Tendo em conta que todos os procedimentos requeridos para executar esses investimentos (licitações e licenciamentos), na maior parte das vezes, toma muito tempo não há condições para cumprir o cronograma de implantação dos projetos ao fim do exercício financeiro.[16] Para viabilizar sua execução foi preciso garantir que pudessem ter continuidade sem que se precisasse incluí-los no orçamento do ano seguinte, o que foi feito mediante uma nova interpretação da figura dos Restos a Pagar, cujos valores alcançaram níveis inusitados nos últimos anos.

---

[15] O resultado é um pouco melhor se forem computados os investimentos realizados pelas estatais federais, mas ainda assim os índices estão muito aquém das necessidades nacionais.

[16] Almeida (2009) mostra que gestores de projetos de investimento cujos valores superam R$ 1 bilhão apontam a licitação e as auditorias como razões principais para o baixo índice de execução orçamentária no exercício financeiro.

TABELA 7. INVESTIMENTO PÚBLICO — 1995-2009 (UNIÃO, ESTADOS, MUNICÍPIOS E ESTATAIS)

Anos	União (A)	Estados e municípios (B)	FBCF da adm. pública (C)	[C] (% do PIB)	Estatais federais (D)	FBCF do setor público (E = C + D)	[E] (% do PIB)
1995	2.710	11.776	14.486	2,05	11.446	25.932	3,67
1996	2.991	15.366	18.357	2,18	12.338	30.695	3,64
1997	3.700	14.290	17.990	1,92	14.175	32.165	3,42
1998	4.147	19.425	23.572	2,41	13.124	36.695	3,75
1999	2.857	13.695	16.552	1,55	8.366	24.918	2,34
2000	2.781	17.483	20.264	1,72	9.283	29.547	2,51
2001	5.398	19.128	24.525	1,88	11.212	35.737	2,74
2002	6.590	26.328	32.918	2,23	16.591	49.509	3,35
2003	3.270	22.992	26.263	1,54	18.665	44.928	2,64
2004	4.055	27.719	31.774	1,64	19.695	51.468	2,65
2005	7.005	28.655	35.660	1,66	21.827	57.487	2,68
2006	8.935	37.899	46.834	1,98	23.371	70.205	2,96
2007	11.459	37.233	48.692	1,83	29.125	77.817	2,93
2008	13.673	55.269	68.942	2,29	42.637	111.579	3,71
2009*	19.873	57.719	77.592	2,48	59.841	137.433	4,38
Taxas médias por período de governo (% do PIB)							
FHC 1				2,14			3,62
FHC 2				1,85			2,73
Lula 1				1,70			2,73
Lula 2				2,20			3,68

Fonte: Gobetti (2010), apud Almeida (2011).
* Estimativa preliminar para estados e municípios considerando RREO de outubro de 2009.

O Estado de costas para o futuro

O crescimento dos Restos a Pagar foi uma saída para contornar as limitações à expansão dos investimentos, mas a magnitude que assumiu desorganiza o processo orçamentário, compromete a qualidade da gestão pública e dificulta a transparência do orçamento.[17] Uma vez que as despesas assim represadas são pagas com a receita do ano corrente, a execução dos investimentos abrigados nessa figura orçamentária compete com os programas que fazem parte do orçamento aprovado para esse mesmo ano que não exibem o selo de despesas obrigatórias.[18] Dito de outro modo: a parte do Estado que foi encolhendo ao longo do tempo também dividiu-se em duas: uma cuida do passado e outra, do presente.

Há dois aspectos adicionais com respeito a implicações do crescimento dos Restos a Pagar que precisam ser destacados. Um refere-se ao uso desse expediente para aumentar o resultado primário e, assim, atender às metas fiscais.[19] Outro trata do distanciamento da execução da despesa dos valores autorizados no orçamento do respectivo orçamento financeiro. No primeiro caso, o governo adia despesas previstas no orçamento para o ano seguinte, de modo a melhorar o resultado fiscal. No segundo, o governo executa despesas represadas de orçamentos de anos anteriores, distanciando a execução do gasto das prioridades previstas no orçamento do ano corrente.

As despesas inscritas em Restos a Pagar cresceram a um ritmo acentuado a partir de 2007, elevando para R$ 129 bilhões o montante de despesas assim

---

[17] Há duas espécies de Restos a Pagar: os processados e os não processados. A primeira refere-se a uma obrigação já reconhecida pelo governo cujo pagamento não é realizado no exercício financeiro correspondente. A segunda refere-se a despesas autorizadas no orçamento cuja obrigação de pagar não foi reconhecida, isto é, a despesa não foi processada. Parte dessa segunda espécie pode não ser paga caso o serviço não seja prestado ou a obra não seja realizada.

[18] Essa competição se estende às emendas parlamentares, que também compõem uma parcela expressiva dos Restos a Pagar acumulados.

[19] Segundo Almeida (2011), isso teria acontecido em 2004, quando os R$ 8,6 bilhões de despesas processadas em 2003 foram pagos em 2004, contribuindo com 0,25 ponto percentual para a meta de superávit primário desse ano. Já os valores elevados dessa rubrica em 2009 e 2010 seriam apenas resultado de um ajuste contábil para levar em conta o fato de que a folha de pagamento de dezembro da previdência social é empenhada em dezembro, mas o pagamento ocorre em janeiro do ano seguinte.

represadas no início de 2010, sendo a maior parte (cerca de 80%) da espécie de despesas não processadas. O crescimento do estoque represado foi acompanhado de um também expressivo crescimento dos pagamentos, conforme pode ser visto nos gráficos 10 e 11.

GRÁFICO 10. PAGAMENTO ANUAL DOS RESTOS A PAGAR PROCESSADOS (R$ MILHÕES, JUL. 2011)

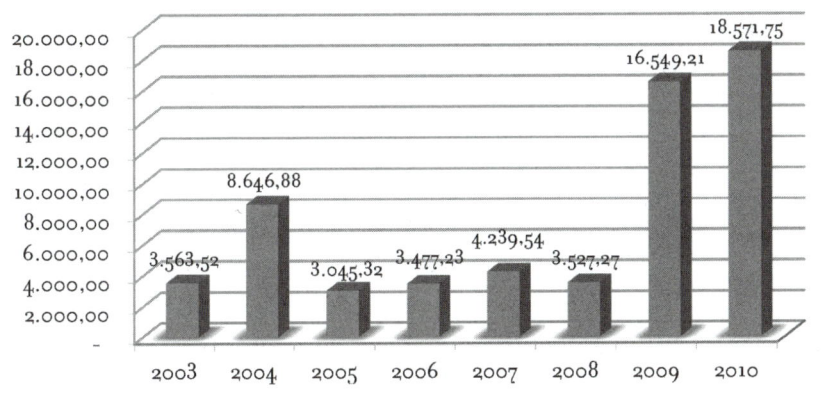

Fonte: Siga Brasil.
Obs.: Em 2009 e 2010, a execução dos RAPs processados passou a incluir a última folha do ano da previdência social.
Elaboração: Mansueto Almeida.

GRÁFICO 11. PAGAMENTO ANUAL DOS RESTOS A PAGAR NÃO PROCESSADOS (R$ MILHÕES, JUL. 2011)

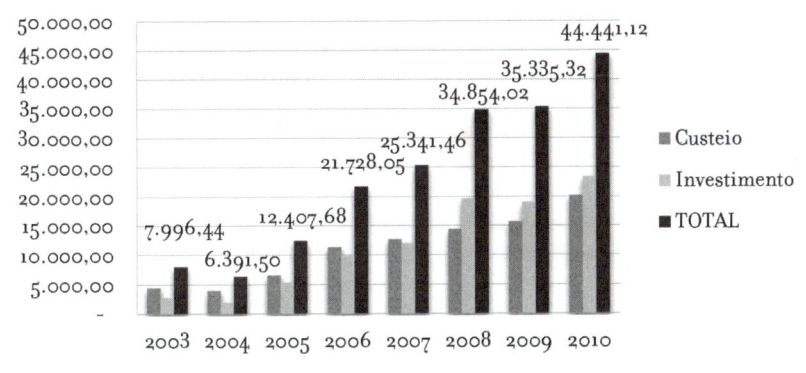

Fonte: Siga Brasil.
Elaboração: Mansueto Almeida.

A ampliação do pagamento dos Restos a Pagar não processados merece uma atenção especial. Conforme indica o gráfico 11, o pagamento de despesas previstas em orçamentos de anos anteriores vem crescendo continuamente desde 2005, tendo alcançado a expressiva cifra de R$ 45 bilhões em 2010. Pouco mais da metade desse montante refere-se à liberação de investimentos represados (gráfico 12)[20] e o restante a despesas de custeio.

O acúmulo de investimentos represados sob a forma de Restos a Pagar não processados ainda pode ser explicado por dificuldades para a conclusão de obras ou a entrega de serviços, devido a dificuldades para cumprir as exigências legais, ou a interrupções decorrentes de mandatos judiciais. Assim, pode ser visto como mais uma opção para lidar com a desorganização do processo orçamentário e evitar a descontinuidade de investimentos importantes para o crescimento do país, além de estar sujeito a cancelamentos caso o projeto não saia do papel. No caso de despesas de custeio, todavia, esse argumento não se aplica. A contenção da despesa prevista no orçamento parece resultar de uma manobra deliberada para retardar a execução das despesas previstas, de modo a evitar o descumprimento das metas fiscais, o que pode se justificar do ponto de vista macroeconômico, mas gera efeitos perversos para o propósito de melhorar a eficiência e a eficácia da gestão pública.[21]

---

[20] Concentrados nos ministérios dos Transporte, Cidades, Educação, Integração Nacional, Defesa e Saúde. O total de quase R$ 18 bilhões liberados em 2010 corresponde a quase a metade dos R$ 38 bilhões de investimentos realizados por esses seis ministérios nesse ano.

[21] O levantamento efetuado por Mansueto Almeida mostra que 80% das despesas de custeio inscritas em RAPs não processados referem-se ao adiamento da regularização dos créditos acumulados de PIS/Cofins que os contribuintes utilizam para pagar parte do Imposto de Renda devido. Até que esses valores sejam contabilizados como receita do Imposto de Renda, a parcela devida a estados e municípios na arrecadação do IR fica retida e integra os RAPs não processados. No período 2007-2010, esses valores se situaram na casa dos R$ 6 bilhões, tendo atingido a cifra de R$ 10 bilhões em novembro de 2011. Embora esta não seja uma cifra muito expressiva, a tendência é de crescimento, à medida que a competitividade da economia demanda o integral reconhecimento de créditos tributários acumulados, o que adiciona novos pontos de geração de conflitos federativos. Nos ministérios da Saúde e da Educação, o pagamento de despesas de custeio de anos anteriores foi de R$ 4,8 e 2,7 bilhões, respectivamente, e no Ministério das Cidades, uma cifra mais modesta (R$ 1,6 bilhão) tende a crescer devido a pagamentos do programa Minha Casa Minha Vida.

GRÁFICO 12. EXECUÇÃO DO INVESTIMENTO EM 2010 (% DO ORÇAMENTO DO
ANO E % DO PAGAMENTO DE RAPs NÃO PROCESSADOS)

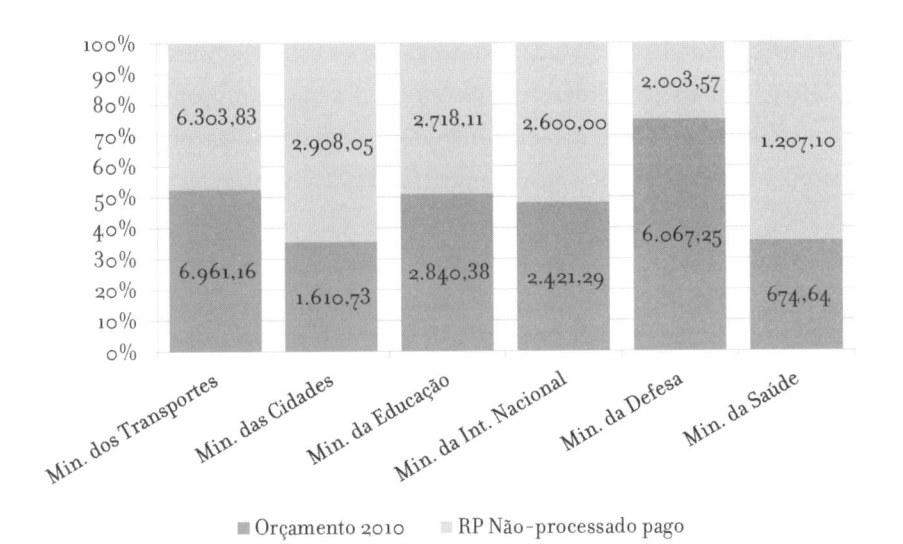

Fonte: Siga Brasil.
Elaboração: Mansueto Almeida.

À medida que cresce o volume de despesas inscritas em Restos a Pagar, a despesa executada no ano vai perdendo relação com as que foram escolhidas para serem pagas nesse mesmo ano durante o processo de elaboração e aprovação do orçamento. Em decorrência, não só aumenta a irrelevância do orçamento, como de pouca utilidade é disponibilizar a execução da despesa na internet para fins de dar transparência ao orçamento. De outra parte, como já mencionado, cresce a parcela da despesa realizada que trata de regularizar o que foi decidido no passado com prejuízo para a execução da despesa que deveria cuidar do presente e do futuro.

As perspectivas de mudança nesse cenário no futuro próximo são remotas. O impacto do reajuste do salário mínimo nas contas da previdência, os desembolsos com subsídios do programa Minha Casa Minha Vida, o custo financeiro do Programa de Sustentação dos Investimentos (PSI) e o impacto das desonerações tributárias destinadas a atenuar os efeitos da crise externa sobre a economia brasileira exercerão novas pressões sobre as contas públicas, acentuando os desequilíbrios apontados e exigindo renovados esforços para manter o compromisso com a responsabilidade fiscal, especialmente num contexto em que a expectativa é de um crescimento inferior a 4%. Nesse cenário, avulta a necessidade de ultrapassar os estreitos limites de buscar medidas pontuais para lidar com um problema que tem profundas raízes estruturais. Urge pôr em debate a importância de promover uma ampla reforma fiscal, na qual a reforma orçamentária pode vir a exercer um papel de liderança.

A partição do Estado expulsou outros direitos sociais do orçamento

O art. 6º da Constituição Federal reza o seguinte: "são direitos sociais, a educação, a saúde, o trabalho, a moradia, o lazer, a segurança, a previdência social, a proteção à maternidade e à infância, a assistência aos desamparados, na forma desta Constituição". No entanto, como vimos, alguns desses direitos, especialmente aqueles fortemente relacionados com o processo de urbanização, foram sendo expulsos do espaço orçamentário à medida que este foi sendo crescentemente ocupado pelos demais.

O fato de essa questão não ter sido objeto de questionamentos e debates chama a atenção, pois o descaso a que foi relegada a questão urbana é particularmente severo em face do ritmo de urbanização experimentado pelo Brasil em decorrência do rápido declínio da população rural. Em 2010 os habitantes de áreas rurais haviam se reduzido a 16% da população total, num período em que a população brasileira dobrou de tamanho.

Estranhamente, o encolhimento da população rural não resultou de um êxodo provocado pela redução das oportunidades de emprego no campo, em decorrência do desenvolvimento tecnológico incorporado pela agricultura brasileira. Cresceu a participação da população com mais de 20 anos no total dos habitantes de áreas rurais entre 1970 e 2010, enquanto caía a participação dos menores de 20 anos. O declínio da população com idades mais baixas pode indicar que a queda nos índices de fecundidade se estendeu ao campo, mas o aumento da população economicamente ativa demanda outra explicação.

Parte desse resultado pode ser explicado por mudanças regionais, com a migração de mão de obra rural para regiões em que a modernização tecnológica da atividade agrícola não foi intensa, como no Norte e no Nordeste. Mas é provável que parte desse grupo tenha se abrigado nos novos benefícios previdenciários e assistenciais, como os concedidos a deficientes físicos e a pessoas que comprovem não ter condições mínimas de prover seu sustento. Além disso, a expansão dos programas de transferência de renda a famílias pobres no período mais recente foi acentuada na década passada.

Nesse caso, a expansão dos benefícios previdenciários e assistenciais a famílias rurais teria contribuído para atenuar o êxodo rural, além de prover o sustento das crianças, contrariando a crítica usual que aponta para a inversão de prioridades representada pelo direcionamento das transferências a pessoas idosas em detrimento do atendimento das gerações futuras. Também é provável que a retenção de jovens em idade ativa nas áreas rurais tenha a ver com dificuldades de emprego nas áreas urbanas, especialmente em atividades que demandam algum tipo de qualificação.

Na área urbana, a magnitude do crescimento da população economicamente ativa é revelada pelo fato de que, em números absolutos, a população nessa faixa etária em 2010 (70% do total) já era maior do que todos os habitantes do país em 1970. O desafio de gerar empregos de qualidade para essa população, que tende a crescer nos próximos anos, mediante a combinação de expansão dos investimentos com programas de qualificação profissional para grande parte dos jovens que demandarão trabalho é de grande monta e o Estado, como vimos, não está capacitado para enfrentá-lo (tabela 8).[22]

---

[22] Pode-se arguir que a ampliação da guerra fiscal entre os estados brasileiros para atrair investimentos seja explicada pela pressão que as lideranças políticas das regiões menos desenvolvidas enfrentam para adotar medidas que contribuam para gerar empregos para os jovens que demandam trabalho em suas cidades.

TABELA 8. Parcela da população por faixa etária, segundo a situação do domicílio — 1970-2010 (%)

Faixa etária	1970		1980		1991		2000		2010	
	Rural	Urb.	Rural	Urb.	Rural	Urb.	Rural	Urb.	Rural	Urb.
0 a 4 anos	17	13	16	13	13	11	11	9	8	7
5 a 9 anos	16	13	15	11	14	11	12	9	10	8
10 a 14 anos	13	12	13	11	13	11	12	10	11	9
15 a 19 anos	11	11	11	11	11	10	11	10	10	9
20 a 64 anos	40	47	41	49	44	52	48	55	54	61
65 a 79 anos	2	3	3	4	4	4	5	5	6	6
80 anos ou +	0	1	0	1	1	1	1	1	1	2
Total	44	56	32	68	24	76	19	81	16	84

Fonte: Censos demográficos do IBGE.

O rápido processo de urbanização foi acompanhado por importantes mudanças na ocupação do território, movidas pela concentração da produção industrial e, mais recentemente, pela modernização e expansão da fronteira agrícola e mineral. Segundo estudiosos da questão regional (Diniz e Lemos, 2005), as transformações promovidas pela dinâmica econômica no processo de ocupação do território brasileiro conduziram à configuração do seguinte padrão (ver figura):

• Concentração das atividades produtivas modernas, no campo da indústria e da prestação de serviços, nas regiões Sul e Sudeste; do agronegócio e da extração mineral terrestre no Centro-Oeste e na parte ocidental da região Norte; e de indústrias tradicionais e serviços ligados ao turismo no Nordeste. Importantes exceções a esse padrão são o polo eletrônico de Manaus e a exploração de petróleo no mar territorial, no litoral do Rio de Janeiro e do Espírito Santo.

• Grande disparidade na distribuição das atividades mencionadas em cada uma das macrorregiões, com polos produtivos dinâmicos convivendo com extensas áreas que apresentam baixo dinamismo econômico e até mesmo estagnação.

- Crescente descolamento da repartição territorial das atividades produtivas dos limites políticos das jurisdições de cada ente federado, tendo em vista o comando que as cidades exercem sobre o processo de ocupação do território.

- Aceleradas transformações na dinâmica demográfica, impulsionadas pelos fatos já mencionados, que seguem na direção da concentração populacional nas grandes metrópoles e em cidades de porte médio que compõem a rede urbana brasileira, com o consequente esvaziamento do campo e mudanças na natureza e na concentração da pobreza.

CONFIGURAÇÃO DA REDE DE CIDADES COM MAIS DE 50 MIL HABITANTES

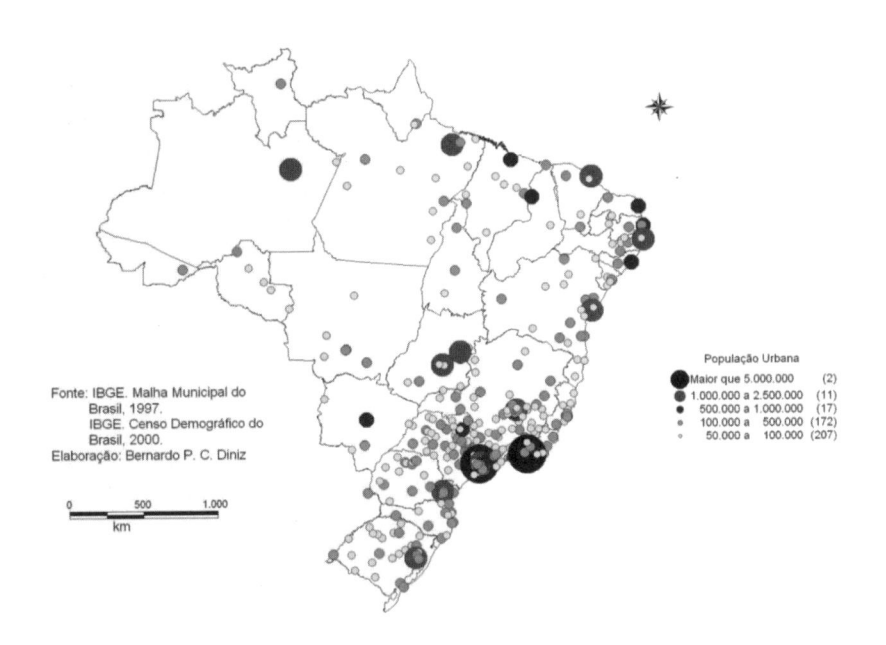

Fonte: IBGE. Malha Municipal do Brasil, 1997.
IBGE. Censo Demográfico do Brasil, 2000.
Elaboração: Bernardo P. C. Diniz

População Urbana
Maior que 5.000.000 (2)
1.000.000 a 2.500.000 (11)
500.000 a 1.000.000 (17)
100.000 a 500.000 (172)
50.000 a 100.000 (207)

Fonte: Diniz (2011).

O impacto da dinâmica econômica no território esvaziou os pequenos municípios, concentrando uma parcela crescente da população em cidades com mais de 100 mil habitantes. Em 2010, 21% de toda a população brasileira acotovelavam-se em apenas 15 municípios com mais de 1 milhão de habitantes, cujas áreas, somadas, correspondiam a apenas 0,3% do território nacional. Em números absolutos, essa população já era maior do que todos os habitantes das zonas rurais. Nas quatro décadas concluídas em 2010, o deslocamento populacional levou a que cerca de dois terços da população urbana passasse a morar em cidades com mais de 100 mil habitantes (tabela 9).[23]

TABELA 9. DISTRIBUIÇÃO DA POPULAÇÃO RURAL E URBANA POR FAIXA ETÁRIA, SEGUNDO CONCENTRAÇÃO POPULACIONAL — 2010 (%)

Faixa etária	0 a 4 anos	5 a 9 anos	10 a 14 anos	15 a 19 anos	20 a 64 anos	65 a 79 anos	80 anos ou mais	Total
Rural	8	10	11	10	54	6	2	16
Até 20 mil	7	8	9	9	57	7	2	10
De 20 a 50 mil	8	8	9	9	58	6	2	12
De 50 a 100 mil	7	8	9	9	59	6	2	10
De 100 a 250 mil	7	8	9	9	61	5	1	14
De 250 a 500 mil	7	7	9	9	62	5	1	11
De 500 mil a 1 milhão	7	7	8	9	63	6	1	8
Acima de 1 milhão	6	7	8	8	63	6	2	21
Urbana total	7	8	9	9	61	6	2	84
Total	7	8	9	9	60	6	2	100

Fonte: Censos demográficos do IBGE.

---

[23] A repercussão do processo de urbanização na demanda por empregos em regiões menos desenvolvidas contribuiu para a expansão da guerra fiscal na ausência de uma política federal de desenvolvimento regional.

A magnitude dessas transformações também repercutiu na despesa pública, contribuindo para a expansão dos gastos com benefícios sociais, cujo crescimento revela uma aparente anomalia. Para entender esse fato, vale a pena destacar que dos quase 161 milhões de habitantes que viviam nas áreas urbanas em 2010, 7,3% (pouco menos de 12 milhões) tinham mais de 65 anos e, destes, a maioria vivia em cidades com mais de 100 mil habitantes.

O crescimento do contingente de idosos vivendo em cidades de maior porte, juntamente com o avanço da dissolução do matrimônio e a legalização de novos laços conjugais geraram um fenômeno que tem chamado a atenção dos analistas: o número de mulheres jovens que recebem pensão em decorrência da morte dos maridos.

A despesa do INSS com o pagamento de pensões por morte não encontra paralelo no mundo moderno. Em 2008, 3,5% do PIB foram despendidos com esse tipo de benefício, muitas vezes mais do que países europeus da OCDE, conhecidos pela generosidade de seus sistemas de bem-estar social (gráfico 13). É claro que o volume de pensões pagas a viúvas jovens não explica o tamanho do gasto com esse benefício, mas o fato de ter despertado a atenção dos analistas indica que tem contribuído significativamente para sua expansão.

GRÁFICO 13. DESPESAS COM PENSÃO POR MORTES — BRASIL E GRUPOS SELECIONADOS DE PAÍSES (% DO PIB)

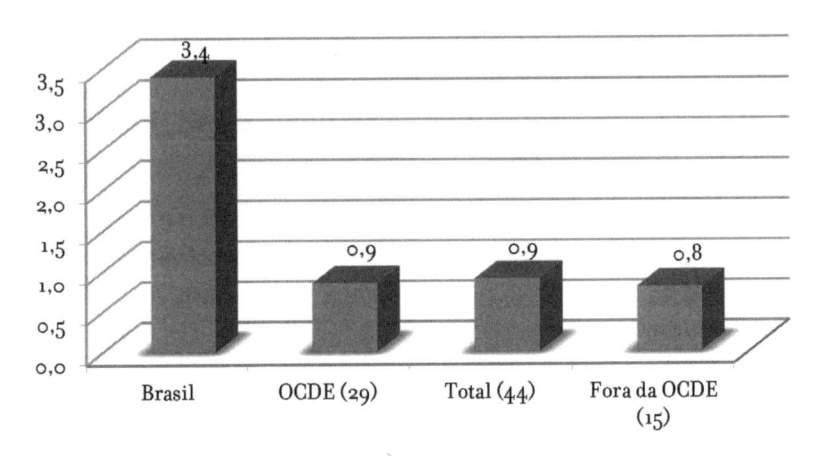

Fonte: Rocha e Caetano (2008), apud Almeida (2011).

A liberalidade das regras brasileiras explica essa distorção. Conforme assinala Mansueto Almeida (2011), para obter esse benefício não há exigência de cumprimento de um período mínimo de contribuição; não há necessidade de ser casado, basta comprovar união estável; não há restrições de idade para o recebimento da pensão; o benefício não cessa com um novo casamento; a pensão pode ser acumulada integralmente com a aposentadoria e com outras fontes de renda; e o valor do benefício é sempre integral, independemente do número ou da idade dos dependentes.

De outra parte, o crescimento da força de trabalho urbana também deve ter contribuído para um fenômeno recente de difícil explicação: o crescimento dos pagamentos de auxílios a trabalhadores em razão de doença, reclusão e acidentes, bem como do seguro-desemprego, em um contexto de aceleração da economia e de aquecimento do mercado de trabalho.

No tocante aos auxílios, o gráfico 14 mostra uma grande mudança no patamar dos gastos, que parece ter-se estabilizado em um nível próximo a R$ 1,3 bilhão entre 2004 e 2010, muito acima do nível em que se situava no período anterior. O mesmo comportamento se repete no caso dos gastos com o seguro-desemprego: um aumento contínuo a partir de 2002, que leva a um dispêndio da ordem de R$ 32 bilhões em 2010, mais do que dobrando o nível de gastos da segunda metade dos anos 1990 (tabela 10).

GRÁFICO 14. BENEFÍCIOS EMITIDOS (AUXÍLIOS-DOENÇA, RECLUSÃO E ACIDENTE) — 1993-2010

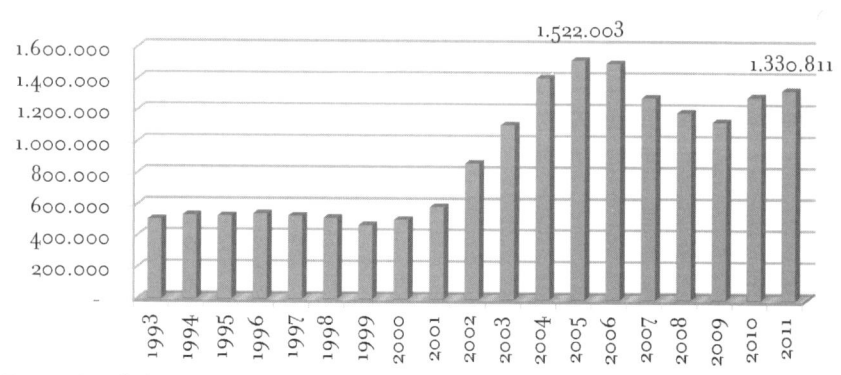

Fonte: Almeida (2011).

TABELA 10. Seguro-desemprego + abono salarial, taxa de desemprego na Região Metropolitana e saldo de admissões (Caged) — 1997-2010

Anos	Valor R$ bilhões de 2011	Taxa de crescimento %	Taxa de desemprego dez. %	Saldo de admissões Caged
1997	10,10	—	—	-35.735
1998	10,09	-0,1	—	-581.744
1999	10,61	5,1	—	-196.001
2000	9,53	-10,1	—	657.596
2001	10,79	13,2	—	591.079
2002	12,81	18,7	10,5	762.415
2003	12,64	-1,3	10,9	645.433
2004	13,73	8,6	9,6	1.523.276
2005	15,41	12,2	9,6	1.253.981
2006	19,03	23,5	8,4	1.228.686
2007	22,38	17,6	7,4	1.617.392
2008	23,93	7,0	6,8	1.452.204
2009	30,13	25,9	6,8	995.110
2010	31,81	5,6	5,3	2.136.947

Fonte: Almeida (2011).

O aumento das despesas com auxílio-doença tem sido atribuído a brechas na legislação e a um menor rigor nas perícias médicas, decorrente da terceirização da prestação desse serviço; mas, assim como no caso do seguro-desemprego, pode ser também consequência do crescimento da força de trabalho urbana, com baixa qualificação profissional, e do aumento da formalização das relações trabalhistas,[24] associados ao alto índice de rotatividade no emprego (gráfico 15).

---

[24] De 2002 a 2011, 13,2 milhões de trabalhadores foram incorporados ao emprego formal, segundo dados do Caged.

O efeito da alta rotatividade nos gastos com seguro-desemprego é facilmente entendido, principalmente quando essa rotatividade é grande na faixa dos trabalhadores que ganham até dois salários mínimos. Nesse caso, as vantagens decorrentes da demissão forçada são significativas quando o mercado está aquecido, pois o trabalhador recebe seguro-desemprego, FGTS, aviso prévio e proporcional de férias, voltando ao mercado de trabalho ao término do período (Camargo, 2009, apud Almeida, 2011).

GRÁFICO 15. ADMISSÕES E DESLIGAMENTOS — CAGED — 2001-2011

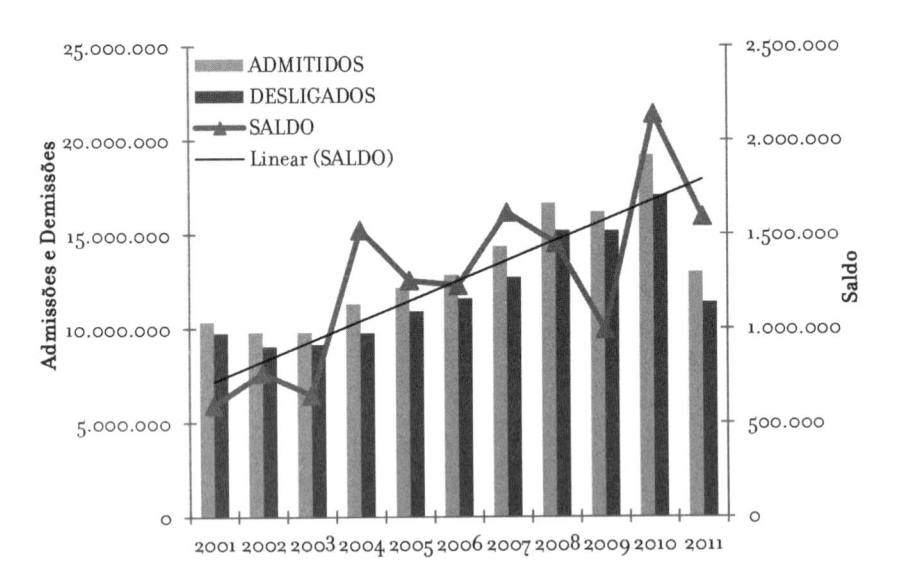

Fonte: Almeida (2011).

O efeito das condições de funcionamento do mercado de trabalho é menos evidente no caso do crescimento dos gastos com os auxílios concedidos pelo INSS, mas pode-se arguir, por exemplo, que a baixa qualificação profissional amplia as chances de adquirir doenças no ambiente de trabalho e de ser vítima de acidentes. De outra parte, a deterioração da infraestrutura urbana, com a precariedade das condições de moradia e de saneamento, bem como do trânsito nas grandes cidades, expõe o trabalhador de baixa renda a todo tipo de doenças, incluindo as de cunho mental, e a acidentes de trânsito, cuja explosão recente tem gerado grande alarme.

Das carências urbanas que repercutem na saúde da população, o saneamento é sem dúvida a mais grave. Nas últimas décadas, alguns avanços foram registrados em áreas como abastecimento de água e coleta de lixo, embora a um ritmo insuficiente, pois 20% dos domicílios brasileiros não estão conectados a uma rede de abastecimento de água e não são atendidos pela coleta de lixo (gráfico 16). O acesso a uma rede de esgoto, no entanto, é muito menor. Apenas 55% desses domicílios despejam a água usada em uma rede geral, e nem todo o líquido escoado pela rede é submetido a tratamento adequado antes de ser despejado na natureza.[25]

GRÁFICO 16. TIPO DE ESGOTAMENTO SANITÁRIO — 1970-2010

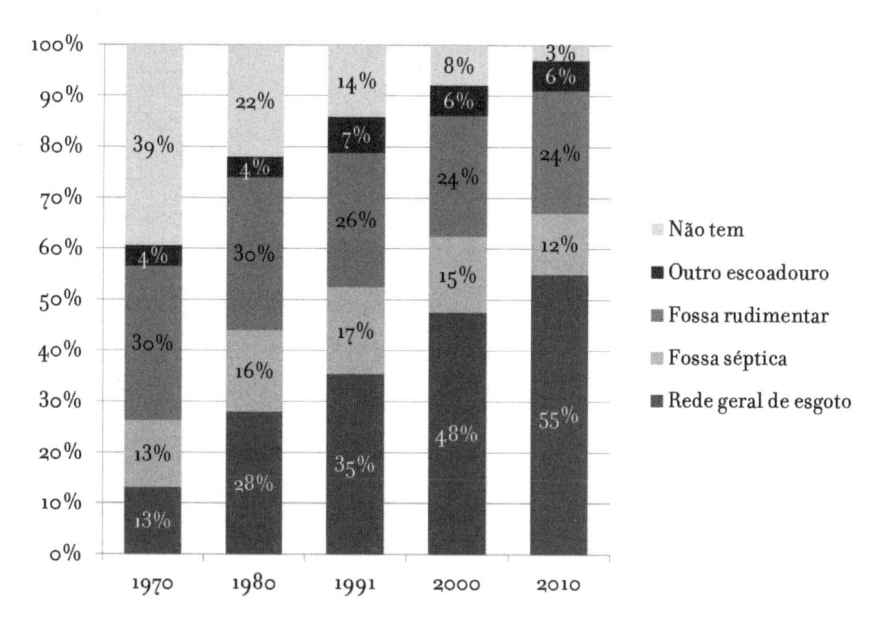

Fonte: Censos demográficos do IBGE.

---

[25] Em um terço dos domicílios brasileiros (19 milhões), habitados por famílias de baixa renda, as instalações sanitárias são inadequadas ou inexistentes. Como tais domicílios abrigam famílias mais numerosas, o número de habitantes nessas condições é bem maior.

Os efeitos da precariedade dos transportes e da situação do trânsito também têm sérias repercussões, especialmente se atentarmos para o fato de que 40% da população brasileira vivem em apenas 99 municípios, cujas populações superam 250 mil habitantes. Segundo documento oficial do Ministério das Cidades de 2007, a expansão do transporte individual, que vicejou na ausência de medidas para expandir e modernizar o transporte coletivo, acarretou a redução dos índices de mobilidade e acessibilidade, degradação das condições ambientais, desperdício de tempo em congestionamentos crônicos e elevada mortalidade decorrente de acidentes de trânsito. O estresse gerado pelo tempo de deslocamento para o trabalho e a multiplicação dos acidentes nas vias urbanas repercutem na dificuldade que o Sistema Único de Saúde (SUS) enfrenta para prestar os serviços que a população dele espera.

A desigualdade na repartição da renda urbana é outro fator que gera impactos nas demandas sobre o Estado e contribui para sua deformação. No período em análise, a pobreza e a indigência adquiriram um caráter essencialmente urbano (Rocha, 2006) e os dados reunidos nas tabelas 11 e 12 deixam isso bem claro. A população de baixa renda não se concentrou em qualquer cidade, deslocou-se para as metrópoles e para as cidades de grande porte.

Como proporção da população total de cada grupo de municípios, a população com renda inferior a meio salário mínimo diminui com o tamanho das cidades, mas o número de indigentes vivendo em municípios com mais de 250 mil habitantes é muito maior do que os que vivem em cidades menores. Ademais, a sobrevivência nas grandes cidades é mais difícil para os que têm baixa renda. Os quase 11 milhões de domicílios brasileiros que se localizam em cidades com mais de 250 mil habitantes e exibem renda familiar *per capita* inferior a um salário mínimo enfrentam condições extremamente adversas. E mesmo a população idosa, que vive nas cidades grandes recebendo um salário mínimo dos programas assistenciais, não pode ser considerada em situação favorável.

À medida que as mudanças no processo de urbanização propiciaram o reforço da destinação de recursos públicos para programas de transferência de renda, o governo federal foi incapaz de intervir para evitar a deterioração da infraestrutura urbana e da qualidade de vida nas cidades. Com a capacidade de investimento dos estados também estando seriamente limitada, o problema ficou a cargo dos municípios, que além de não terem condições de lidar sozinhos com o tamanho dos problemas, não conseguem lidar com a dimensão supramunicipal da questão urbana nas grandes cidades.

A dimensão do problema apontado é visível nos dados exibidos no gráfico 17. O crescimento das despesas com o custeio dos programas de transferência de renda (Loas, Bolsa Família e seguro-desemprego) levou esses gastos a 1,84% do PIB em 2010, um índice quatro vezes maior do que o total dos investimentos federais em habitação, saneamento e urbanismo. Em valores absolutos, a média dos investimentos nas áreas urbanas foi de apenas R$ 8,8 bilhões, totalizando R$ 23 bilhões ao longo de todo o período; mais ou menos o mesmo valor previsto para o impacto do aumento do salário mínimo nas contas da previdência.

GRÁFICO 17. Custeio social *versus* investimento social — 2002-2010 (% do PIB)

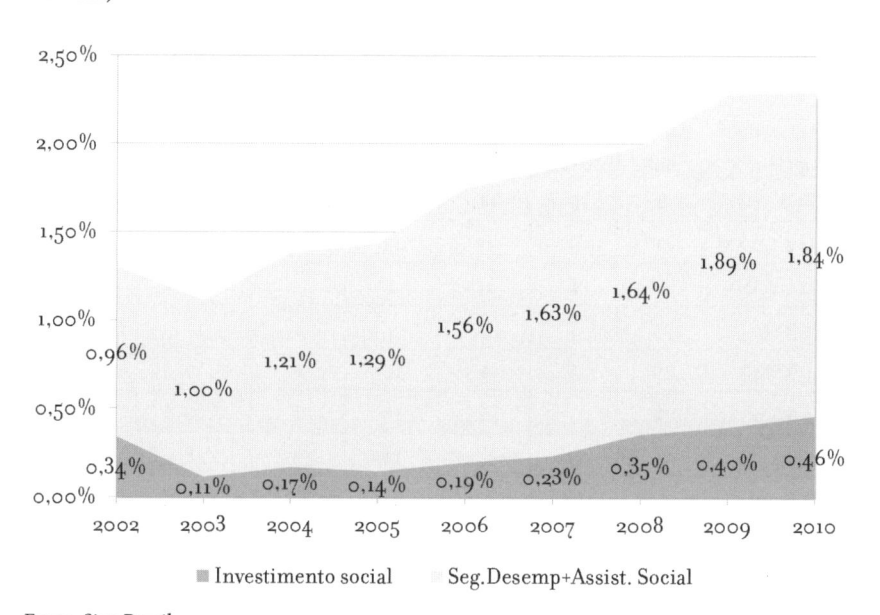

Fonte: Siga Brasil.
Investimento social = investimento em segurança pública, saúde, educação, urbanismo, habitação, saneamento e gestão ambiental.
Elaboração: Mansueto Almeida.

TABELA 11. Parcela de famílias por faixa de renda, segundo concentração populacional — 2010 (%)

Renda familiar per capita	Até 20 mil	De 20 a 50 mil	De 50 a 100 mil	De 100 a 250 mil	De 250 a 500 mil	De 500 mil a 1 milhão	Acima de 1 milhão	Total
Até 1/4 de SM	16	16	11	6	5	5	4	9
De 1/4 a 1/2 SM	23	23	21	17	16	16	14	18
De 1/2 a 1 SM	32	30	30	30	28	28	24	29
De 1 a 2 SM	17	18	21	26	26	25	23	22
De 2 a 3 SM	4	5	6	8	9	9	9	7
De 3 a 5 SM	2	3	4	5	7	7	9	5
Mais de 5 SM	1	2	3	4	6	6	12	5
Sem rendimento	5	5	4	4	4	4	4	4
Total	100	100	100	100	100	100	100	100

Fonte: Dados dos censos do IBGE.

TABELA 12. Variação da parcela de famílias por concentração populacional, segundo faixas de renda — 1991-2010 (%)

Renda familiar per capita	Até 20 mil	De 20 a 50 mil	De 50 a 100 mil	De 100 a 250 mil	De 250 a 500 mil	De 500 mil a 1 milhão	Acima de 1 milhão
Até 1/4 de SM	-8	-9	-4	13	29	73	28
De 1/4 a 1/2 SM	-18	-18	-13	13	34	67	28
De 1/2 a 1 SM	3	-6	-14	2	10	30	-4
De 1 a 2 SM	15	1	-9	9	4	17	-15
De 2 a 3 SM	13	3	-6	18	4	17	-15
De 3 a 5 SM	5	1	-6	18	1	20	-10
Mais de 5 SM	-15	-16	-13	14	-3	18	0
Total	-9	-13	-11	14	16	36	0

Fonte: Dados dos censos do IBGE.

Estudo do McKinsey Global Institute (2011) aponta para o congestionamento e a poluição como evidências de deseconomias de escala nas grandes cidades latino-americanas provocadas pela insuficiência e precariedade das vias de trânsito, pela má qualidade do transporte público e pelo abandono do planejamento urbano, com prejuízo para a qualidade de vida nas cidades e para a competitividade do país. A isso se somam a carência de serviços adequados de saneamento e o aumento da violência, compondo um quadro que não favorece a decisão de localização de novos investimentos no Brasil.

As consequências

O processo de partição do Estado descrito tornou-o incapaz de responder de forma adequada à necessidade de expandir os investimentos para sustentar um crescimento compatível com os empregos que precisam ser gerados, e de ajustar suas intervenções a mudanças nas demandas da sociedade decorrentes das transformações nelas provocadas pelas dinâmicas demográfica, social e territorial, com consequências perversas para o futuro do país. Em decorrência, o perfil do gasto não pode se ajustar às mudanças no perfil das demandas sociais provocadas pelas profundas alterações na pirâmide demográfica, na repartição da renda familiar e no grau de urbanização do país.

A atrofia da parte do Estado que precisa cuidar dos desafios que as deficiências de infraestrutura impõem à competitividade e ao crescimento demanda uma urgente atenção a esse problema. Sem reformas que revertam a fragmentação e recomponham a unidade do Estado, recuperando o perfil equilibrado condizente com a intenção dos constituintes, o bônus demográfico não poderá ser aproveitado e o Brasil corre o risco de ficar aprisionado no *middle income trap*.

O enfrentamento desse desafio é uma tarefa árdua, pois a superação dos problemas que levaram à situação vigente requer que as distorções geradas pelo processo de partição do Estado sejam claramente expostas e amplamente debatidas. O tempo é curto. Segundo especialistas — como Alves, Vasconcelos e Carvalho (2010), Arbache (2011), McKinsey (2011), Tafner e Carvalho (2011) —, o bônus demográfico se esgota em no máximo duas décadas, tornando mais difícil sair da armadilha mencionada.

A reforma esquecida

O gasto escapou do orçamento

O debate recente sobre o crescimento das despesas e a ineficiência da gestão pública ignora a importância da destruição do processo orçamentário para esse resultado. Discute-se a necessidade de limitar a expansão da despesa e melhorar sua qualidade para conter o crescimento do Estado, sem atentar para o papel que o orçamento público exerce nas modernas democracias no que diz respeito a esses objetivos. Ignorar que as decisões que condicionam o comportamento do gasto público são tomadas à margem do espaço orçamentário torna inócuas as demandas para conter o crescimento dos gastos mediante a imposição de limites legais.

Com a dissolução do processo orçamentário, a política da despesa pública se divide em duas arenas distintas. Numa vicejam os interesses que têm direitos pré-assegurados sobre o orçamento, cujos representantes estão fortemente mobilizados para demandar maiores vantagens e barrar qualquer tentativa de reduzi-las.[26] Noutra atuam os que dependem de conseguir abocanhar um pedaço da pequena parcela que não está previamente reservada, tanto nos gabinetes do Executivo quanto no processo de votação do orçamento pelo Congresso.

Na arena maior, o que se dá é um embate recorrente entre setores da sociedade que se organizaram durante o processo de elaboração da Constituição para ocupar espaço privilegiado no orçamento e os dirigentes do Poder Executivo que são responsáveis pelo cumprimento das metas fiscais. Estes tentam promover mudanças institucionais para evitar a ocorrência de desequilíbrios no curto e médio prazos e aqueles buscam apoio no Legislativo e em setores do Executivo para bloquear o avanço dessas mudanças. No outro sentido, são os responsáveis pela gestão macroeconômica que tentam angariar o apoio da sociedade para evitar que o Congresso apoie medidas que irão ampliar ainda

---

[26] A garantia de que esses direitos têm acesso preferencial ao orçamento se dá mediante a instituição de receitas próprias, a adoção de vinculações orçamentárias e as obrigações assumidas com o funcionalismo e em contratos financeiros. Além destas, tem aumentado o recurso ao Judiciário para adquirir esse *status*, especialmente nas áreas da saúde e da assistência social.

mais as garantias e os gastos. Os debates sobre as regras de reajuste do salário mínimo, os recursos para a saúde e o aumento da remuneração do judiciário são alguns exemplos.

É na arena que discute a apropriação da pequena parcela do orçamento não previamente capturada que o jogo orçamentário, tal como concebido na literatura especializada, é jogado (Monteiro, 2011). Mas é nela que as relações entre os poderes Executivo e Legislativo foram se acomodando a uma situação peculiar, que, segundo a tese do chamado presidencialismo de coalizão, sustentaria a governabilidade num contexto de fragmentação da representação partidária, de ausência de fidelidade aos partidos e de aumento do controle do Executivo sobre a liberação das verbas orçamentárias.

Nessa pequena arena, o jogo é marcado pelo poder que o Executivo foi assumindo sobre a execução orçamentária em decorrência das medidas adotadas para sustentar o ajuste fiscal necessário à estabilidade macroeconômica, com destaque para a Desvinculação de Recursos da União (DRU) e a Lei de Responsabilidade Fiscal (LRF), e pelo incentivo que os parlamentares têm para multiplicar o número de emendas à proposta orçamentária enviada pelo Executivo, pois sabem que depois sua liberação terá de ser negociada (Monteiro, 2011).

Embora o Executivo controle o que se passa nessa arena, esse controle é atenuado pelo poder dos parlamentares para aprovar medidas que dificultam a manutenção do equilíbrio das contas públicas, de modo a forçar a liberação das emendas, ou para trancar a pauta do Legislativo, a fim de postergar a aprovação de leis de interesse do governo. Os parlamentares ainda usam desse mesmo poder para aprovar medidas do interesse do Executivo em troca da liberação das emendas, construindo um precário equilíbrio nas relações entre esses poderes, equilíbrio que precisa ser renovado a cada momento em que uma decisão importante precisa ser negociada.

A irrelevância do orçamento enquanto *locus* de definição de prioridades e de escolhas sobre a distribuição dos recursos públicos é acompanhada da destruição do processo orçamentário, que retira do Estado a capacidade de enxergar adiante, de organizar a gestão das políticas públicas e de conciliar a sustentação do equilíbrio fiscal com as exigências do crescimento econômico e da redução das disparidades sociais.

Por seu turno, a desorganização do processo orçamentário se reflete na qualidade da gestão do Estado, visto que as organizações públicas se ressentem da ausência de um horizonte mais largo para assegurar a continuidade dos projetos, da indefinição quanto ao montante dos recursos com que contará e das incertezas no que toca à regularidade dos fluxos financeiros.

Novamente, porém, o debate sobre a qualidade da gestão pública ignora o estrago provocado pela destruição do processo orçamentário. Como ressalta Armando Cunha (2011), as iniciativas e experiências de reforma da gestão pública no Brasil nos últimos 20 anos refletem a repetição de estratégias similares adotadas nas democracias anglo-americanas — Austrália, Canadá, Nova Zelândia, Inglaterra e Estados Unidos —, que se assentavam na busca de maior produtividade, na utilização de mecanismos de mercado, no foco nos clientes e na descentralização decisória e operacional, revelando a influência exercida por recomendações para incorporar práticas de gestão empresarial no setor público.

Essa influência continua forte no Brasil, a despeito da revisão que a literatura internacional promoveu nos últimos anos, com a adoção de novos termos, como *soft new public management*, ou *responsive government*, para reforçar as especificidades da gestão no setor público e dar nova orientação aos movimentos de reforma nessa área. Ainda segundo Armando Cunha, a reorientação em tela apoia-se na descrença quanto aos benefícios da adoção de mecanismos de mercado na prestação de serviços públicos, enfatizando a opção pelo desenvolvimento da aprendizagem social. Nessa reorientação das proposições de reforma da gestão pública, a noção de cliente, adotada nos momentos iniciais da proposta da Nova Gestão Pública (NGP), também foi revista para que incorporasse o conceito de cidadania, abrigando uma visão coletiva e menos individual nas relações entre as organizações governamentais e seus públicos. Contribuições recentes vêm enfatizando que reformas na gestão pública têm a ver com política e com administração, e que, por trás de rótulos idênticos, as funções gerenciais assumem significados distintos nas organizações empresariais e nas organizações do setor público.

A inadequação das propostas inspiradas na adoção de métodos de gestão privada na administração pública foi demonstrada entre nós com a proposta de adotar um novo modelo de gerenciamento dos projetos incluídos no programa Brasil em Ação, criado no primeiro mandato do presidente Fernando Henrique Cardoso. Apesar de todos os cuidados tomados para assegurar a economia de recursos e o cumprimento das metas estabelecidas, o calcanhar de aquiles do projeto foi a malsucedida tentativa de assegurar que os recursos necessários à execução dos programas não fossem afetados pela dinâmica orçamentária do governo federal. Apesar de estar bem-concedida, ela não estava alinhada com a autonomia dos ministros para decidir onde aplicar os recursos liberados pelo Tesouro. Com a adoção da chamada "política de prioridades invertidas", eles aplicavam em outros gastos de sua pasta os recursos teoricamente liberados para a execução do programa, exercendo pressão política para liberar mais recursos para que os projetos desse programa não fossem interrompidos (Cunha, 2011).

Uma boa gestão fiscal não se confunde com uma boa gestão pública

A crise de 1998, que exigiu a assinatura de novo acordo com o FMI para evitar a derrocada do real, implantou um novo modelo de gestão fiscal no país, assentado nas novas regras estabelecidas pela LRF. O objetivo principal da LRF é prevenir a ocorrência de desequilíbrios nas contas públicas que comprometam a sustentação da estabilidade macroeconômica e, para isso, impõe severos limites à realização de despesas e ao endividamento, de modo a garantir o cumprimento de metas fiscais.

Mas é bom lembrar que uma boa gestão fiscal não se confunde com uma boa gestão pública. A contribuição da LRF para a gestão fiscal constitui um inegável avanço, que deve ser preservado. É preciso, porém, evoluir na direção de reformas institucionais que conciliem a qualidade da gestão fiscal macroeconômica com a eficiência da gestão pública. Em outras palavras, é preciso colocar a reforma orçamentária no topo da agenda das reformas institucionais necessárias ao desenvolvimento do país.

A insatisfação da sociedade brasileira com a baixa qualidade dos serviços que o Estado oferece como contrapartida dos pesados impostos que cobra é crescente, mesmo no caso daqueles protegidos por garantias constitucionais, como a educação e a saúde, para não falar em segurança pública, transporte coletivo, saneamento básico e acesso à justiça, por exemplo. Mas a má qualidade dos serviços é associada ora à falta de recursos (saúde), ora à inoperância da máquina pública. Ninguém se preocupa com o orçamento. A sociedade brasileira se esqueceu de que o orçamento deve ser o instrumento por meio do qual as escolhas públicas devem ser feitas, cabendo à execução orçamentária assegurar sua implementação.

A dificuldade da reforma orçamentária não está em definir o que deve ser feito, o que, de resto, já foi objeto de documentos recentes (Almeida e Nerosky, 2006; e Leal, 2010) e, sim, em fazer com que o entendimento construído no nível técnico seja absorvido pelas lideranças políticas, tanto no âmbito do Executivo quanto no do Legislativo. Por isso, mais importante do que o desenho da reforma é a construção de seu processo. Isso requer o estabelecimento das etapas a serem cumpridas até que um novo modelo orçamentário seja plenamente implantado. O prazo requerido para a conclusão desse processo não pode ser definido de antemão, pois depende do ritmo que for possível imprimir à realização das mudanças necessárias para alcançar os objetivos da reforma.

Por isso, um requisito fundamental para essa reforma é a construção de uma sólida liderança, apoiada em uma bandeira capaz de congregar os distintos interesses nela envolvidos, e dotada da responsabilidade e da capacidade para conduzir o processo, formar alianças, superar divergências e pavimentar o caminho a ser percorrido.

A essa liderança cabe construir o compromisso político com a reforma, sem o qual, como demonstram as experiências internacionais importantes nessa área, as chances de sucesso são remotas. Importante também para a construção desse compromisso é a ocorrência de um fato que reforce a compreensão da necessidade da reforma, como uma situação de crise fiscal, uma importante transição do poder político, ou pressões do Legislativo para recuperar o poder de intervir no orçamento. Em alguma medida, esses aspectos estariam presentes no Brasil, mas o fato novo, já mencionado, é a crescente insatisfação da sociedade brasileira, em todos os níveis, com a qualidade dos serviços que o Estado oferece à população.

Considerações finais

Os primeiros resultados do estudo que vem sendo conduzido provocam uma reflexão que abre uma nova perspectiva para encarar o debate sobre o comportamento da despesa do governo e a qualidade da gestão pública. Essa nova perspectiva remete essa questão ao tipo de Estado que os constituintes de 1988 tencionavam criar e o que de fato foi ocorrendo ao longo das duas décadas que se seguiram à regulamentação dos novos dispositivos constitucionais.

À luz do preâmbulo reproduzido no início deste capítulo e da amplitude dos direitos previstos na Constituição, pode-se intuir que os que elaboraram a nova Carta Constitucional almejavam construir um Estado capaz de oferecer a todos os cidadãos, independentemente de seu local de nascimento e moradia, iguais oportunidades de ascensão social. E, para isso, o orçamento do Estado deveria espelhar um perfil equilibrado, de modo a criar as condições necessárias ao atendimento desse propósito. Ainda que de forma incompleta, pois, até o momento, o retrato do Estado revela apenas a face do governo federal, as evidências colhidas sugerem que ele foi se afastando do modelo idealizado. Deformações acumuladas ao longo do tempo indicam um crescente desequilíbrio que destrói a unidade dessa figura. O Estado se divide à medida que partes dele crescem autonomamente e acabam se dividindo, e que outras definham por perder espaço no orçamento.

As razões para a partição do Estado apresentadas neste capítulo remontam a preferências por acesso a recursos do Estado, atribuídas a alguns setores importantes para a isonomia de oportunidades mencionada, mas que, ao ocupar espaço cada vez maior no orçamento, não permitem que outras demandas também importantes para esse mesmo objetivo sejam atendidas.

A partição do Estado repercute na eficiência de sua gestão e nos resultados de sua atuação. Como os problemas que impedem que a população que depende do Estado para superar as barreiras à mobilidade social são interdependentes, o estrangulamento financeiro de uma parte do Estado reduz a eficácia do todo. Boas condições de saúde e índices satisfatórios de desempenho educacional dependem de boas condições de moradia e de saneamento, de facilidades de acesso à escola e de boas condições de nutrição na fase pré-escolar, para citar apenas algumas. Se o Estado se desequilibra o resultado é obviamente insatisfatório.

Referências

ALMEIDA, A. J.; NEROSKY, L. C. *Diagnóstico do processo orçamentário federal e propostas de medidas de reforma:* modelos orçamentários em outros países. Brasília: Ministério do Planejamento, Orçamento e Gestão, 2006. (Projeto Eurobrasil 2000.)

ALMEIDA, M. *Entraves ao investimento público no Brasil.* 2009 (inédito).

_____. Estrutura do gasto público do Brasil: evolução histórica e desafios. 2011. (Relatório preliminar Projeto Gestão Pública e Desenvolvimento.)

ALVES, J. E. D.; VASCONCELOS, D. S.; CARVALHO, A. A. *Estrutura etária, bônus demográfico e população economicamente ativa no Brasil:* cenários de longo prazo e suas implicações para o mercado de trabalho. Brasília: Cepal, Ipea, 2010. (Textos para Discussão Cepal-Ipea, 10.)

ARBACHE, J. *Transformação demográfica e competitividade internacional da economia brasileira.* Rio de Janeiro: BNDES, 2011.

CUNHA, A. S. M. Reforma da gestão pública e reinvenção do orçamento: reflexões e perspectivas sobre o contexto brasileiro. 2011. (Relatório preliminar Projeto Gestão Pública.)

DINIZ, C. C. Dinâmica territorial, política regional e questão tributária no Brasil. Brasília, 2011. (*Paper* apresentado no Seminário Federação e Guerra Fiscal.)

_____; LEMOS, M. B. *Economia e território.* Belo Horizonte: UFMG, 2005.

GIAMBIAGI, F. *A política fiscal do governo Lula em perspectiva histórica:* qual é o limite para o aumento do gasto público? Rio de Janeiro: Ipea, 2006. (Texto para Discussão, 1.169.)

LEAL, Carlos Ivan Simonsen. Orçamento público e competitividade internacional. *Interesse Nacional*, v. 3, n. 9, abr./jun. 2010.

McKINSEY GLOBAL INSTITUTE. *Building globally competitive cities:* the key to Latin American growth. s.l.: McKinsey Global Institute, 2011.

MONTEIRO, J. V. O ambiente institucional-constitucional da política de gasto público e das escolhas orçamentárias em geral. 2011. (Relatório preliminar Projeto Gestão Pública e Desenvolvimento.)

PEREIRA, Osny Duarte. *Constituinte – anteprojeto da Comissão Afonso Arinos*. Brasília: UnB, 1987.

REZENDE, F.; OLIVEIRA, F.; ARAUJO, E. *O dilema fiscal: remendar ou reformar?* Rio de Janeiro: FGV, 2007.

REZENDE, Fernando. *Finanças públicas*. São Paulo: Atlas, 2001.

REYES, D. G. C. Dinâmica socioeconômica e demandas sociais. 2011. (Relatório preliminar Projeto Gestão Pública e Desenvolvimento.)

ROCHA, S. *Alguns aspectos relativos à evolução 2003-2004 da pobreza e da indigência no Brasil*. Rio de Janeiro: Instituto de Estudos do Trabalho e Sociedade, 2006. Disponível em: <http://www.iets.org.br/biblioteca/alguns_aspectos_relativos_a_evolucao_2003-2004.pdf>. Acesso em: 24/10/2011.

TAFNER, P.; CARVALHO, M. Rumo a uma política social flexível. In: GIAMBIAGI, F.; PORTO, C. (Orgs.). *2022: propostas para um Brasil melhor no ano do bicentenário*. Rio de Janeiro: Campus, 2011.

2

Rumos e caminhos para a reforma orçamentária

Fernando Rezende
Armando Cunha

Uma questão de importância estratégica para a sustentação do desenvolvimento econômico e social do país não tem merecido a devida atenção: o orçamento público. Por vários motivos, o processo orçamentário brasileiro foi acumulando problemas que criam limitações ao efetivo uso pelo Estado de um instrumento de fundamental importância para a eficácia das políticas públicas e para aliviar as restrições fiscais à ampliação das medidas que visam promover a competitividade do parque produtivo brasileiro. Importa, pois, provocar um debate sobre essa questão, adotar iniciativas para melhorar a qualidade do processo orçamentário e associar essas iniciativas à promoção de uma ampla reforma da gestão pública no país, a exemplo do que se verifica em algumas experiências internacionais nessa área.

A reforma orçamentária é mais um passo importante para dar continuidade ao processo de reformas institucionais que tiveram como objetivo inicial promover o ajuste das contas públicas e construir um regime fiscal condizente com a necessidade de sustentar a estabilidade macroeconômica e reduzir a vulnerabilidade a crises externas.

Um marco importante das reformas promovidas no passado recente foi a aprovação da Lei de Responsabilidade Fiscal (LRF). Mais importante ainda do que a aprovação dessa lei foi a afirmação de uma nova cultura baseada no firme compromisso das lideranças políticas com o equilíbrio das contas públicas e na adoção das medidas necessárias para preservar a estabilidade da economia.

Essas reformas contribuíram para que a economia brasileira retomasse uma trajetória de crescimento, que, embora exiba índices de expansão econômica inferiores aos registrados pelos demais países emergentes, apoia-se em uma situação fiscal mais sólida e em um sistema financeiro que goza de boa saúde, ao mesmo tempo em que as disparidades sociais diminuem e o regime democrático se aperfeiçoa. Enquanto, no Brasil, se observa o crescimento da classe média, os países desenvolvidos exibem resultados opostos, com forte aumento da concentração da renda na pequena fração da população com rendas elevadas.

Os fatos são auspiciosos, mas a sustentação desse modelo de crescimento não está *a priori* garantida. As transformações em curso na geopolítica e na economia mundial impõem grandes desafios de natureza estratégica que demandam preparação para que o Brasil possa enfrentá-los com maiores chances de sucesso. Os desafios que se apresentam ao desenvolvimento brasileiro neste terceiro milênio requerem que se repense o Estado por distintas perspectivas: em suas relações com a sociedade, na escolha das estratégias requeridas, na reorganização de estruturas e processos e na necessidade de ter em conta o rico mosaico cultural do país, a fim de procurar garantir a harmonia entre as distintas dimensões do desenvolvimento. Nessa tarefa, há que contemplar a importância de dotar o país de condições para acompanhar o ritmo acelerado da inovação tecnológica no terreno da informação, da produção e da capacidade gerencial.

No calor das mudanças provocadas por essas transformações avulta a necessidade de o país definir a estratégia a ser adotada para sustentar o modelo de crescimento com inclusão social que nos últimos anos promoveu inegáveis avanços nos campos da redução da pobreza e das desigualdades sociais. A par disso, cumpre promover as mudanças necessárias para recriar as condições indispensáveis para uma eficiente implementação dessa estratégia, entre as quais a reforma do processo orçamentário deveria assumir inegável prioridade.

Deficiências do atual regime orçamentário e as qualidades do orçamento público

Por sua importância para a vida econômica, social e política de uma nação, o orçamento público deve ser dotado de características que permitam responder afirmativamente às seguintes questões, que buscam aferir sua aderência a quatro atributos principais que este deve exibir para obter um selo de qualidade: equilíbrio, previsibilidade, compreensão e contribuição para a vitalidade democrática.

- *Equilíbrio.* Em que medida as decisões sobre a composição e a alocação dos recursos que compõem o orçamento, bem como a implementação das políticas nele contempladas, contribuem para o equilíbrio macroeconômico e para a distribuição dos frutos do progresso de forma mais equilibrada na sociedade?

- *Previsibilidade.* O orçamento aprovado deriva de decisões assentadas em um projeto nacional de desenvolvimento e tem a credibilidade indispensável para que sirva de orientação para decisões e ações adotadas por agentes públicos e privados?

- *Compreensão.* A leitura e a análise do orçamento público permitem que a sociedade delas extraia um claro entendimento quanto aos objetivos perseguidos pelo governo a curto e médio prazos, bem como às ações adotadas para estes serem alcançados?

- *Contribuição para a vitalidade democrática.* O processo de formulação, aprovação e implementação do orçamento oferece oportunidades para que os cidadãos participem das escolhas orçamentárias, particularmente no tocante a políticas que afetam os indivíduos e a coletividade?

Em face das distorções que o processo orçamentário brasileiro foi acumulando ao longo das últimas décadas, é impossível responder afirmativamente a qualquer das perguntas formuladas, o que implica a existência de enormes barreiras ao alcance do objetivo de melhorar a eficiência e a eficácia da gestão pública. Questões como o desequilíbrio na repartição dos recursos, a irregularidade na execução orçamentária, a prevalência de uma visão setorial na gestão das políticas públicas, a má qualidade dos projetos e a ausência de garantias de continuidade dos investimentos impedem que o gestor governamental possa administrar com competência seus programas. Não se trata de falta de conhecimento sobre o que precisa ser feito e, sim, de ausência de condições efetivas para uma gestão eficiente.

O encurtamento da perspectiva temporal da política orçamentária é outro aspecto que merece ser destacado. O predomínio do curto prazo passou a ser conveniente, pois qualquer tentativa de racionalizar as escolhas orçamentárias, planejar a despesa pública e regularizar a execução orçamentária reduz a liberdade do Executivo para controlar a realização da despesa e o poder de barganha do Legislativo para negociar as questões de seu interesse.

Para que o processo orçamentário tenha qualidade, é essencial a existência de um regime de financiamento que propicie previsibilidade aos gestores públicos com respeito à disponibilidade de recursos no prazo necessário para a conclusão das obras e à operação dos serviços, bem como assegure a sincronia entre os cronogramas físicos e financeiros, de modo a evitar atrasos e paralisações que inviabilizam a conclusão dos investimentos no prazo previsto e aumentam os custos em razão de um descompasso nesses cronogramas.

Incertezas quanto às previsões de receitas e à execução orçamentária geram instabilidade macroeconômica e acarretam desequilíbrios sociais. A atual composição das receitas orçamentárias apresenta alta participação de tributos economicamente ineficientes e socialmente injustos. O encurtamento dos prazos em que as decisões são tomadas e a existência de controles sobre a liberação dos recursos tornam o orçamento imprevisível, tanto para os agentes públicos quanto para os agentes privados. Incertezas, imprevisibilidade e deficiências na mensuração e na avaliação de programas, projetos e ações prejudicam a eficiência da gestão e a eficácia das políticas públicas, ao passo que as dificuldades de compreensão do orçamento público limitam o controle social, daí decorrendo baixo grau de *accountability* pública e limitada contribuição do orçamento para a democracia.

A previsibilidade e a estabilidade financeira são necessárias, mas não bastam. É preciso ainda que a execução dos projetos disponha de um sistema de acompanhamento que permita a adequada compreensão de outros motivos que podem propiciar a ocorrência de atrasos na execução desses cronogramas, de modo que os administradores públicos possam intervir preventivamente para evitar que isso ocorra, ou atuar com rapidez para corrigir o problema. Ademais, as informações geradas por esse sistema devem atender aos requisitos de visibilidade e transparência, a fim de que os demais poderes da República e a sociedade possam atuar supletivamente com vistas ao objetivo de garantir a eficiência no uso dos recursos e a eficácia dos investimentos realizados.

A adoção de uma visão estratégica nas escolhas sobre a alocação de recursos orçamentários reforça o foco nos resultados a serem alcançados pelos programas e projetos na ação governamental. O foco nos resultados requer que o orçamento seja reconhecido como um instrumento importante, não apenas para a gestão governamental, mas também para o exercício do controle social sobre o Estado. Isso significa que o orçamento precisa ser transparente, isto é, que as informações nele contidas possam ser traduzidas em linguagem acessível a distintos segmentos da sociedade, sejam múltiplas as formas de acesso, que seus resultados adquiram credibilidade e que a população se interesse em participar do processo de elaboração e em acompanhar sua execução.

A participação da sociedade é importante, pois a contribuição do orçamento público para a vitalidade democrática não se restringe, naturalmente, às relações entre os poderes Executivo e Legislativo. Para tanto, propiciar o acesso e a compreensão das informações orçamentárias é essencial (Rezende e Cunha, 2002). Tal condição deve se beneficiar do grau de organização da sociedade e das novas facilidades propiciadas pela tecnologia da informação e da comunicação, que podem contribuir para o aumento do interesse dos cidadãos no orçamento público e para o surgimento de diferentes formas de envolvimento social com a dinâmica orçamentária nos anos à frente.

A figura 1 sintetiza as distintas questões a serem contempladas em um processo de reformas que almeje alcançar o objetivo de assegurar a qualidade do orçamento.

As principais relações entre as qualidades do orçamento público e as mudanças requeridas para o seu alcance e sustentação, exibidas na figura, podem ser assim resumidas:

- A redução das incertezas e a melhoria na qualidade do financiamento contribuem para o *equilíbrio* e a *previsibilidade*. A *previsibilidade* se beneficia da ampliação do horizonte temporal e de melhorias na composição da receita, ao passo que o *equilíbrio* concorre para a eficiência e a eficácia das políticas públicas.

- De outra parte, a *previsibilidade* facilita a *compreensão* e esta contribui para um maior grau de *accountability* pública. Juntas, eficácia e *accountability* reforçam a contribuição do orçamento para a *vitalidade democrática*.

* Em conjunto, a confiança nas previsões de receita, a estabilidade da execução orçamentária, a qualidade da informação e a clareza da exposição contribuem para reduzir incertezas, ampliar o horizonte do orçamento, aumentar a eficiência da gestão e a eficácia das políticas e dar transparência ao processo orçamentário.

FIGURA 1. AS QUALIDADES DO ORÇAMENTO PÚBLICO E AS TRILHAS PARA AS REFORMAS

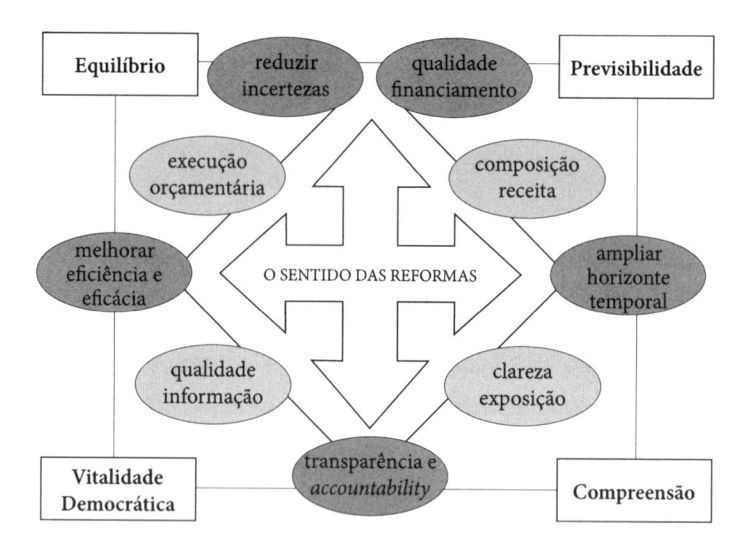

Barreiras e limitações ao avanço do processo de reformas

A acomodação experimentada pelo processo orçamentário a uma nova realidade gerada pela redemocratização do país teria, segundo a análise de alguns estudiosos da ciência política, repercutido positivamente no relacionamento dos poderes Executivo e Legislativo, contribuindo para a operação "presidencialismo de coalizão" (Cheibub, Figueiredo e Limongi, 2009; e Pereira e Mueller, 2004). Vários estudos que exploraram essa tese comprovaram a funcionalidade desse regime para a governabilidade democrática. Não obstante o fato apontado, a sustentação desse regime contribuiu para que o foco da política da despesa pública se distanciasse de um debate estratégico sobre as prioridades de alocação dos recursos públicos para se concentrar no processo de execução orçamentária e, não, nas etapas de elaboração e aprovação do orçamento.

Em parte, a funcionalidade do arranjo construído reflete a acomodação a uma realidade decorrente de decisões derivadas dos trabalhos da Constituinte de 1988, os quais tinham em mira reforçar os pilares da democracia mediante a recomposição do equilíbrio entre os poderes da República e o fortalecimento da Federação, para reduzir a excessiva concentração de poderes e de recursos na União promovida pelo regime militar. Adicionalmente, a liberalização das regras que regulam a formação de partidos políticos objetivava ampliar as possibilidades de representação da diversidade de situações que marcam a sociedade brasileira.

Mas a sintonia no alcance desses objetivos foi atropelada pelos eventos que se sucederam à promulgação do novo texto constitucional. A partir de 1999, a exigência de ajuste das contas públicas provocou grande impacto no país. Para serem atingidas, as metas do superávit primário demandaram sucessivos incrementos na carga tributária, uma vez que a contenção de despesas esbarrava na forte rigidez de seus principais componentes. Ao mesmo tempo, por se apoiar no aumento das contribuições sociais, o crescimento da carga tributária engendrava novos aumentos de gasto, contribuindo para a formação de um "efeito cremalheira" (Rezende, Oliveira e Araujo, 2007), com repercussões negativas no processo orçamentário.

O impacto no processo orçamentário repercutiu na área política na medida em que o Executivo precisou negociar com o Legislativo a aprovação de medidas necessárias para sustentar a estabilidade da economia. Em decorrência, as regras do processo orçamentário se adaptaram a essa nova situação. A proposta orçamentária enviada pelo Executivo passa por uma substancial revisão das estimativas de receita, efetuada pelo Congresso para acomodar suas emendas ao orçamento, o que, por seu turno, conduz a um posterior contingenciamento de despesas promovido pelo Executivo. A administração desse contingenciamento constitui um dos pilares da funcionalidade do regime que sustenta o chamado "presidencialismo de coalizão".

A funcionalidade desse regime foi reforçada com a adoção de novos expedientes, como a acumulação dos "Restos a Pagar", pois a negociação para a liberação de emendas parlamentares passou a alcançar vários anos passados, além do corrente. Mas o peso do passado sufocou o presente e ofuscou o futuro. A política da despesa pública se distanciou de uma visão estratégica das prioridades nacionais para se concentrar no processo de execução orçamentária. O ritual de elaboração e aprovação do orçamento e dos planos plurianuais tornou-se uma mera formalidade, sendo substituído por regimes especiais de execução orçamentária para projetos considerados prioritários pelo Executivo.

A consequência foi a fragilização do processo orçamentário. A disputa entre os poderes se estendeu ao controle sobre a mesa diretora da Câmara e do Senado, tendo em vista o poder do presidente das duas casas para decidir o que é posto em votação no plenário, alcançando também a escolha de presidentes e relatores das comissões mais importantes. No âmbito do Executivo, a necessidade de acomodar a diversidade de interesses das diversas facções que compõem sua base no Congresso levou a uma multiplicação do número de ministérios e à politização de cargos diretivos em importantes organizações da administração pública.

A acumulação de todos esses fatos repercutiu intensamente no processo orçamentário, cabendo assinalar, entre outras implicações, o encurtamento da perspectiva temporal da política orçamentária. Qualquer tentativa de racionalizar as escolhas orçamentárias, planejar a despesa pública e regularizar a execução do orçamento esbarra em dificuldades criadas pela necessidade de sustentar o precário equilíbrio que garante a aprovação das medidas necessárias para preservar a estabilidade econômica e continuar avançando no campo social.

A intervenção do Judiciário na despesa pública, motivada pela demanda de segmentos da população para obter na justiça o direito de fazer valer alguns preceitos constitucionais, com destaque para a distribuição gratuita de medicamentos, que representa uma conta importante dos gastos em saúde, também cresceu na área da assistência social, adicionando novas fontes de pressão sobre o orçamento.

Na atualidade, as crescentes tensões que rondam as relações entre o Executivo e o Legislativo indicam que a funcionalidade do modelo, com respeito ao equilíbrio nas relações do Executivo com o Legislativo, começa a exibir fissuras decorrentes do aumento dos conflitos gerados pelo represamento de emendas parlamentares e pela dificuldade de lidar com negociações que envolvem compromissos assumidos em vários anos passados, além do ano corrente. Quando o modelo se depara com uma conjuntura econômica desfavorável, os conflitos emergem com maior intensidade e reforçam os sinais de que a oportunidade de discutir mudanças no processo orçamentário, concebidas em bases realistas, não deve ser perdida.

O estabelecimento de condições propícias à realização de mudanças

O teor e a intensidade das reformas orçamentárias estão condicionados pelo caráter multifacetado do orçamento público. O orçamento tem a ver com a política, a economia e a arquitetura legal existente. Ademais, o orçamento está estreitamente ligado à prestação de serviços públicos à sociedade e, por essa perspectiva, as decisões orçamentárias e sua implementação precisam levar em conta a dinâmica da gestão no âmbito das diferentes organizações do setor público.

Assim, qualquer esforço para direcionar reformas orçamentárias requer, inicialmente, a exploração de duas classes de conexões relevantes. Primeiro, como obter a congruência entre os componentes das reformas que tratam da importância do orçamento como instrumento de política macroeconômica e como expressão de estruturas e relações políticas e institucionais, no marco dos ditames legais e sob as distintas esferas de influência que interferem na sua composição. Segundo, a necessidade de compreender as relações entre essa ótica macroscópica da gestão orçamentária e o que se passa na "ponta" da ação governamental que responde pela prestação dos serviços públicos, pois a inexistência de condições adequadas para o exercício dessa função irá evidenciar as fragilidades organizacionais da administração pública.

Subjacente à ideia de reforma orçamentária está seu caráter contingencial. Assim, o esforço para promover reformas pressupõe o mapeamento e a modelagem das transformações necessárias e também o desenvolvimento da capacidade para transitar da situação prevalecente para a situação idealizada. Para tanto, a estratégia a ser seguida para a instauração de um processo de reforma que vise alcançar maior qualidade na gestão pública e propiciar sustentação ao desenvolvimento econômico e social precisa reunir e integrar três componentes essenciais: ideias e proposições para aperfeiçoar o processo orçamentário; obtenção do suporte político e social indispensável para empreender as mudanças necessárias; e existência da capacidade operacional requerida para obter os resultados desejados (figura 2).

FIGURA 2. COMPONENTES DE UMA ESTRATÉGIA DE REFORMA ORÇAMENTÁRIA

Fonte: Adaptado de Moore (1995).

Na elaboração dessa estratégia importa atentar para as mudanças econômicas e sociais que ocorrem no mundo e também para aquelas que se processam internamente.

Em decorrência, consideramos essencial que a estratégia em tela reflita: a) os atuais e prospectivos desafios enfrentados no processo de crescimento da produção econômica do país; b) os novos e prospectivos arranjos políticos e institucionais que influenciam e são influenciados pela dinâmica orçamentária; c) as novas demandas e pressões advindas dos cidadãos; e d) os imperativos práticos associados com a formulação e a implementação de políticas públicas e com a prestação dos serviços públicos que estejam alinhados com as questões anteriores.

As trilhas para as reformas

Os caminhos a serem trilhados no rumo da reforma orçamentária têm a ver com as cinco categorias de mudanças a serem adotadas para que o orçamento exiba os quatro atributos essenciais a um orçamento de qualidade abordados anteriormente e sintetizados na figura 1.

O quadro a seguir apresenta um mapa das sugestões a serem adotadas para que a caminhada no rumo desejado obtenha sucesso. Ele exibe os problemas que precisam ser removidos a fim de reduzir as incertezas orçamentárias, ampliar o horizonte temporal das decisões, melhorar a eficiência e a eficácia do gasto, propiciar a transparência das informações e a *accountability* dos governantes e melhorar a qualidade do financiamento do governo. Além disso, enumera as consequências da não solução dos problemas apontados.

Como qualquer mapa, este se apoia no conhecimento acumulado sobre o tema, tanto o propiciado por experiências internacionais quanto o advindo da experiência e de estudos e análises sobre o caso brasileiro. Dadas as incertezas que cercam essa caminhada, as escolhas a serem feitas para dar os primeiros passos requerem uma cuidadosa avaliação, e esses passos precisam ser constantemente monitorados para permitir ajustes na direção e na velocidade do avanço.

QUADRO 1. Caminhos, problemas, consequências e recomendações

Trilhas	O problema	As consequências
Reduzir incertezas	Estimativas de receita sem credibilidade. Arritmia na execução orçamentária. Falta de confiança nas informações.	Instabilidade macroeconômica. Ineficiência na gestão pública. Dificuldade de fazer avaliações.
Ampliar o horizonte temporal	Investimentos sem perspectivas de continuidade. Ajuste do plano plurianual ao orçamento anual e não o contrário. Ausência de visão estratégica. Contribuição do orçamento para o caráter pró-cíclico da política fiscal.	Atrasos e aumento nos custos dos investimentos. Perda da credibilidade do Estado como promotor do desenvolvimento. Desperdício de recursos públicos.
Melhorar a eficiência e a eficácia	Ausência de processos adequados de monitoramento e avaliação. Foco nos setores e não nos problemas. Difíceis coordenação intersetorial e cooperação intergovernamental na formulação e gestão das políticas públicas.	Alta relação custo-benefício. Falta de informações para que a sociedade cobre a eficiência dos governantes.
Transparência e *accountability*	Dificuldade de compreensão das informações divulgadas. Receio de comprometer o ajuste fiscal.	Desinteresse da sociedade pelo orçamento público. Dificuldade de mobilização e participação.
Qualidade do financiamento	Tributação pesada dos salários. Limitações à utilização de créditos. Incentivos do ICMS às exportações. Carga tributária elevada. ICMS na origem. Multiplicidade de tributos incidentes sobre mercadorias e serviços.	Inibe o emprego e onera as exportações. Oneram investimentos e exportações. Prejudicam a competitividade nacional. Limita atividades de micro, pequenas e médias empresas. Promove guerra fiscal, ineficiência econômica e conflitos federativos. Gera distorções econômicas e iniquidades sociais.

Comentários finais

A cuidadosa avaliação das limitações econômicas, políticas e sociais enfrentadas em um processo de reformas é essencial para evitar resistências e reações que impeçam seu avanço e possam até mesmo criar mais dificuldades à frente. As limitações econômicas referem-se à importância de preservar o compromisso com a responsabilidade fiscal. As limitações políticas remontam à tese da funcionalidade do regime vigente para a governabilidade de nossa democracia. E as limitações sociais apontam para a necessidade de evitar retrocessos com respeito aos avanços alcançados na redução das desigualdades e da pobreza.

Nesse contexto, a escolha dos primeiros passos deve orientar-se pela necessidade de abrir brechas nas limitações apontadas, mediante a revisão dos procedimentos aplicados à execução orçamentária, ao relacionamento entre os poderes e à identificação de iniquidades e desperdícios, bem como apoiar-se em um debate que explore alternativas e identifique resistências, de modo a se chegar ao acordo necessário para o início da caminhada.

Referências

CHEIBUB, José Antonio; FIGUEIREDO, Argelina; LIMONGI, Fernando. Political parties and governors as determinants of Legislative behavior in Brazil's Chamber of Deputies, 1988-2006. *Latin American Politics and Society*, 2009.

MOORE, Mark H. *Creating public value*: strategic management in government. Cambridge: Harvard University Press, 1995.

PEREIRA, Carlos; MUELLER, Bernardo. The cost of governing: Strategic behavior of the president and legislators in Brazil's budgetary process. *Comparative Political Studies*, v. 37, n. 7, Sept. 2004.

REZENDE, Fernando; CUNHA, Armando (Orgs.). *Contribuintes e cidadãos*: compreendendo o orçamento federal. Rio de Janeiro: FGV, 2002.

_____; OLIVEIRA, F.; ARAUJO, E. *O dilema fiscal*: remendar ou reformar? Rio de Janeiro, FGV, 2007.

PARTE II

Gasto público: dimensões e perspectivas

3

Estrutura do gasto público no Brasil: evolução histórica e desafios

Entre 1991 e 2010, o gasto primário do governo central — exclusive transferências a estados e municípios — aumentou de 11,1% para 17,5% do PIB no Brasil.[1] Apesar desse crescimento de quase sete pontos percentuais do PIB nesses 20 anos, o esforço de equilíbrio fiscal aumentou a partir de 1999, quando o país passou a gerar, sistematicamente, superávit primário para pagar os juros da dívida interna e externa.

Mas esse maior esforço de economia por parte do governo central não foi acompanhado pela redução da despesa primária, o que significa que essa maior economia decorreu de uma expansão da carga tributária nas últimas duas décadas, em especial do crescimento de impostos vinculados e contribuições sociais. De 1970 a 1992, a carga tributária no Brasil flutuava em torno de 25% do PIB, tendo subido para cerca de 36% do PIB no período recente, ao mesmo tempo em que o Estado brasileiro diminuía o investimento público e aumentava a participação de impostos de má qualidade, que incidem em cascata e não sobre o valor adicionado. Uma vez que o padrão de crescimento do gasto público no Brasil desde o início da década de 1990 foi expressivo, para onde foi esse dinheiro? Que contas apresentaram maior crescimento? O custeio do governo federal está descontrolado?

---

[1] Se computarmos as transferências para estados e municípios, o crescimento do gasto no período passa de 13,7% para 21,71% do PIB — não considerando a capitalização da Petrobras —, um crescimento de oito pontos percentuais no PIB.

Este capítulo procura responder a essas questões analisando em detalhe a despesa primária do governo federal desde 1991, concentrando esta análise a partir de 1999, dada a maior disponibilidade de dados. Além dessa introdução, o capítulo está estruturado em 10 seções. Na seguinte, faço uma rápida análise do crescimento da despesa primária desde 1991 e uma análise mais a fundo a partir de 1999, quando examino, entre outras coisas, se a eleição de um partido historicamente identificado com a agenda dos movimentos sociais modificou o padrão do crescimento do gasto público ou se o crescimento do gasto seguiu o mesmo padrão de governos anteriores. Em especial, mostro que, apesar de existir na sociedade brasileira a percepção de um inchamento do Estado brasileiro e de desperdícios que poderiam ser combatidos por um choque de gestão, o crescimento maior do gasto público decorre de um modelo econômico baseado em aumentos sucessivos de transferências para famílias, que tomam a forma de gastos sociais e reajustes reais do salário mínimo. Nessa seção, desenvolvo o conceito de custeio administrativo correspondente aos gastos de custeio quando se retiram os gastos do INSS, custeio das funções saúde e educação, gastos sociais de transferências de renda como as despesas da Lei Orgânica de Assistência Social (Loas), despesas com seguro-desemprego, abono salarial e despesas com o Bolsa Família.

A terceira seção trata do crescimento do gasto com pessoal e destaca que, apesar do aumento nos vencimentos dos funcionários públicos desde 2008, não houve um aumento substancial no total desse gasto como proporção do PIB. Mas a simples comparação dessa despesa como proporção do PIB pode dar uma ideia equivocada de uma falsa estabilidade que não aconteceu. Um ponto de especial interesse é o comportamento das aposentadorias dos funcionários públicos, que volta mais uma vez a ser motivo de preocupação com o número elevado de funcionários que poderão requerer o benefício da aposentadoria ao longo dos próximos quatro anos.

A quarta seção analisa o comportamento dos gastos do Regime Geral da Previdência Social (RGPS) ou INSS — o item da despesa primária que mais cresceu de 1991 a 2010. A quinta seção faz uma análise mais detalhada dos gastos sociais ligados aos programas de transferência de renda e mostra no que consistem esses programas. Apesar de o crescimento do gasto social ter sido uma política de governo, quase metade do crescimento desse gasto não parece ter relação com a redução da pobreza ou com a redução de desigualdades, como é o caso da expansão inesperada do seguro-desemprego.

A sexta seção enfoca o comportamento dos gastos com as funções saúde e educação, destacando que, nessas duas áreas, o Brasil não gasta pouco em relação a sua renda *per capita*, apesar da percepção de que falta dinheiro para essas duas áreas. Na sétima seção discuto o comportamento do investimento público, a crescente relação entre o Tesouro Nacional e o Banco Nacional de Desenvolvimento Econômico e Social (BNDES), bem como a execução crescente dos Restos a Pagar.

A oitava seção investiga em maiores detalhes a dinâmica dos Restos a Pagar, diferenciando os processados dos não processados, como essa dívida tem sido paga e o que explica seu crescimento. Mostra que aumentou muito o saldo e a execução dos Restos a Pagar não processados, despesas que tiveram recursos empenhados, mas não foram reconhecidas como executadas (a obra pública ainda não foi entregue ou o serviço ainda não foi prestado).

A nona seção procura mostrar que é possível aumentar sensivelmente a execução de gastos de elevado impacto social (saneamento, urbanismo, segurança etc.), gastos que, apesar de importantes, têm efeitos mais difusos na sociedade e, por isso, não contam em sua defesa com os mesmos grupos organizados que demandam a manutenção das regras muitas vezes injustas de funcionamento da previdência pública e privada no Brasil e até a manutenção de subsídios econômicos e financeiros.

A décima seção trata das perspectivas de crescimento do gasto público e dos impactos financeiros das práticas contábeis não tradicionais que marcaram a execução orçamentária nos últimos anos. Discuto nessa seção alguns estudos recentes que apontam para a continuidade do crescimento dos gastos sociais e para trajetórias diferentes de crescimento de alguns itens da despesa. Um ponto que parece ser comum a esses estudos é que, independentemente da política de valorização do salário mínimo, ainda haverá nas próximas duas décadas pressões pelo aumento dos gastos sociais devido às mudanças demográficas já em curso na sociedade brasileira, sendo também necessário o esforço para elevar os gastos por aluno no ensino básico.

A seção mostra o dilema entre autores que concordam que o crescimento do gasto público precisa ser controlado de forma gradual e aqueles que põem em xeque esse gradualismo e ajustes baseados apenas no lado da despesa, sem que se modifique o financiamento do gasto, que, desde a Constituição Federal de 1988, passou a depender de uma combinação perversa de impostos de má qualidade, com incidência cumulativa, e de mecanismos incipientes de desoneração tributária, como é o caso da Desvinculação da Receita da União (DRU), que não cumpre mais com sua função de aumentar o superávit primário por meio da desvinculação de recursos orçamentários do Orçamento da Seguridade Social (OSS).

Nas considerações finais resumo os principais dilemas para o controle da expansão dos gastos públicos e destaco que a decisão de controlar essa expansão é uma decisão política. Não existe um tamanho ótimo de gasto público como proporção do PIB, nem tampouco um tamanho ideal de carga tributária em relação ao PIB. Em uma sociedade, o gasto público e, consequentemente, o tamanho da carga tributária são decisões políticas que refletem a escolha social do modelo de desenvolvimento de uma determinada economia, embora esse modelo esteja sujeito a regras do jogo político e ao *lobby* dos grupos mais organizados da sociedade. Argumento que há espaço para melhorar a eficiência e a eficácia desse gasto, que, apesar de crescer seguindo o padrão observado em outros países democráticos, parece esconder uma elevada ineficiência e distorções que não parecem claras para o cidadão brasileiro, como é o caso da categoria "gastos sociais", que inclui programas com forte impacto na renda dos mais pobres — como o Bolsa Família — até despesas que não têm qualquer relação com a redução da pobreza ou com a queda da desigualdade, como é o caso das aposentadorias de funcionários públicos.

Evolução histórica do gasto público primário: 1991-2010

Existe uma clara percepção na sociedade brasileira de que o aumento do gasto público primário do governo federal nas últimas duas décadas foi acompanhado pelo inchamento do Estado brasileiro. Na visão do cidadão comum, o

Estado brasileiro é grande, gasta mal e desperdiça recursos escassos com o pagamento do funcionalismo, recursos que poderiam ser utilizados no combate à pobreza, no financiamento da educação, na expansão dos gastos com saúde e no aumento do investimento público. Apesar de existirem indícios de que o Brasil tem problemas sérios no que tange à qualidade do gasto público com saúde (Medici, 2011) e educação (Veloso, 2011), a percepção de que o Estado brasileiro inchou nas duas últimas década precisa ser mais bem-qualificada.

Quando se examina o crescimento da despesa primária como proporção do PIB (tabela 1), não há dúvidas de que houve uma forte expansão do gasto público nos últimos 20 anos. O gasto público não financeiro do governo federal (despesa primária) passou de 11,1% do PIB em 1991 para 17,4% em 2010. E apesar de a despesa primária ter se reduzido como proporção do PIB em alguns anos, todos os presidentes brasileiros, desde 1990, terminaram seus respectivos mandatos com uma despesa primária como proporção do PIB maior do que a existente quando tomaram posse.

Vale destacar que o crescimento da despesa pública foi mais intenso na primeira metade da década de 1990, quando em apenas três anos a despesa primária cresceu quase três pontos percentuais do PIB. Esse crescimento foi particularmente concentrado no gasto com pessoal e nas despesas com INSS. No caso dos gastos com pessoal, esse forte aumento está relacionado ao crescimento expressivo dos gastos com a aposentadoria dos servidores públicos. Apenas em 1991, 45 mil funcionários públicos se aposentaram, o que equivale ao número de novos aposentados acumulado em quatro anos, de acordo com a média de 2000 a 2010.[2] O gasto do governo federal com inativos passou de 1% do PIB em 1990 para algo próximo a 2,2% do PIB em 1995, mantendo-se em torno de 2% do PIB até 2010.

---

[2] Giambiagi (2006) destaca que o aumento do gasto com pessoal de mais de um ponto percentual do PIB na primeira metade da década de 1990 está relacionado aos gastos com os inativos do setor público.

TABELA 1. DESPESA NÃO FINANCEIRA DO GOVERNO FEDERAL — 1991-2011 (%
DO PIB)

Anos	Pessoal	INSS	Outros	Despesa primária
1991	3,8	3,4	3,9%	11,1
1992	3,9	4,2	3,4%	11,5
1993	4,5	4,9	3,6%	13,0
1994	5,1	4,9	4,0%	14,0
1995	5,6	5,0	4,2%	14,8
1996	5,3	5,3	4,0%	14,6
1997	4,3	5,0	4,7%	14,0
1998	4,6	5,5	5,0%	15,0
1999	4,5	5,5	4,5%	14,5
2000	4,6	5,6	4,6%	14,7
2001	4,8	5,8	5,0%	15,6
2002	4,8	6,0	5,0%	15,7
2003	4,5	6,3	4,4%	15,1
2004	4,3	6,5	4,8%	15,6
2005	4,3	6,8	5,3%	16,4
2006	4,5	7,0	5,5%	17,0
2007	4,4	7,0	5,8%	17,1
2008	4,3	6,6	5,5%	16,4
2009	4,7	6,9	6,0%	17,7
2010	4,4	6,8	6,3%	17,4

Fontes: Para dados de 1991 a 1996, Giambiagi (2006); e, para 1997 a 2010, Tesouro Nacional.
Obs.: A despesa de 2010 exclui a capitalização da Petrobras.

O forte aumento do gasto com inativos mostrado no gráfico 1 resulta da regulamentação do Regime Jurídico Único (RJU) pela Lei nº 8.112 de 1990, quando cerca de 80% dos funcionários públicos civis da União regidos pelo regime celetista passaram para o regime estatutário, ganhando o direito ao benefício da aposentadoria integral e à paridade de vencimentos (Pacheco

Filho e Winckler, 2005). Ademais, benefícios como a contagem em dobro da licença-prêmio não gozada para fins do cálculo do tempo de aposentadoria; o aumento da remuneração no momento da aposentadoria, com a integração de acréscimos e gratificações; e a não exigência de um período mínimo de contribuição no RJU além dos dois anos exigidos de estágio probatório foram regras que tornaram o sistema de aposentadoria dos servidores públicos insustentável no longo prazo e aumentaram rapidamente o gasto do governo com esse item até 1995.[3]

GRÁFICO 1. Gastos com inativos da União — 1990-2010 (% do PIB)

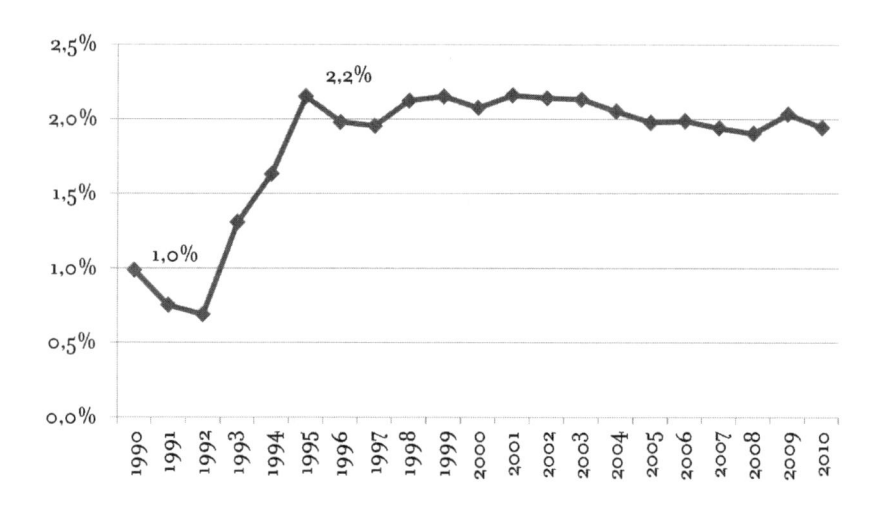

Fonte: Boletim Estatístico de Pessoal — MPO.

Outra despesa que apresentou forte crescimento na primeira metade da década de 1990 foi a despesa com o INSS, aumento em parte devido a mudanças

---

[3] Essas distorções foram em parte solucionadas pela reforma da previdência, através da Emenda Constitucional nº 20, de 1998, tendo havido nos quatro anos que antecederam essa reforma novo *boom* de aposentadorias de servidores públicos, com 25 mil a 30 mil servidores públicos federais se aposentando a cada ano. Depois da promulgação da referida emenda, o fluxo de aposentadorias de servidores públicos civis se estabilizou em torno de 10 mil funcionários por ano.

introduzidas pela Constituição de 1998. Entre as mudanças importantes que tiveram forte impacto no crescimento das despesas com o INSS destacam-se a redução em cinco anos na idade mínima para a aposentadoria rural e o estabelecimento do piso previdenciário de um salário mínimo para aposentadorias, pensões e benefícios assistenciais (aposentadoria por invalidez e aposentadoria de trabalhadores rurais que não podiam comprovar atividade). Adicionalmente, a Constituição de 1988 criou o Benefício da Prestação Continuada (BPC) para deficientes físicos, estabelecendo o piso de um salário mínimo mesmo para pessoas que nunca haviam contribuído com a previdência. Antes, o valor desse benefício era de meio salário mínimo e havia a exigência de pelo menos um ano de contribuição.

Apesar de o crescimento dos gastos com o INSS ter se concentrado mais no período imediatamente posterior à promulgação da Carta Magna e de o RGPS ter passado por uma reforma parcial no governo FHC, que instituiu o fator previdenciário, os gastos com o INSS voltaram a crescer no período recente com a política de valorização real do salário mínimo, que se intensificou no governo do presidente Lula a partir de 2003.

De 1991 a 1997, 55,4% do crescimento da despesa primária do governo federal decorreram da expansão das despesas do INSS. Se somarmos a essa conta a despesa com pessoal do governo federal, essas duas contas responderam por 72% do crescimento do gasto do governo federal nesse período. Além disso, no momento em que o governo tentou controlar a expansão do gasto com a previdência pública e privada por meio da Emenda Constitucional nº 20/1998, surgiram novos gastos, previstos na Constituição de 1988, mas que só se tornaram reais após serem regulamentados na segunda metade da década de 1990 e com a estabilização da inflação. Vale destacar: a) a norma operacional básica do SUS, de 1996, e a Emenda Constitucional nº 29, de 2000, para os gastos do setor da saúde; b) a criação do Fundo de Manutenção e Desenvolvimento do Ensino Fundamental e de Valorização do Magistério (Fundef), criado em 1996 e implementado a partir de janeiro de 1998; c) a política de valorização do salário mínimo; e d) a implementação dos novos programas de transferência de renda, que passaram a ter importância crescente no final do governo Fernando Henrique Cardoso, em 2002, e ao longo de todo o governo Lula (2003-2010).

No caso do período mais recente, pode-se ser mais específico na análise das contas públicas, graças ao banco de dados do Sistema Integrado de Administração Financeira (Siafi) ou a outros bancos de dados que se comunicam com o Siafi.[4] Em seguida, analiso em maior detalhe as contas fiscais desde 1999, ano em que o Brasil começa a gerar, sistematicamente, superávits primários, ao mesmo tempo em que o gasto público continua crescendo em termos reais e como percentagem do PIB.

O detalhamento do gasto público federal: 1999-2010

Em geral, políticos, profissionais liberais e a imprensa destacam o crescimento das despesas de custeio do governo federal como o principal fator que explicaria o crescimento do gasto público não financeiro do governo federal.[5] É comum escutar que o governo é perdulário, que gasta muito e mal. Apesar desses diagnósticos não estarem totalmente equivocados, pois é fato que o Brasil tem uma despesa de país desenvolvido para a qualidade de serviços de um país de terceiro mundo, falar que o governo gasta muito e que um "choque de gestão" resolveria todos os problemas de crescimento do gasto público não parece correto.

---

[4] Um banco de dados que permite uma análise detalhada das contas públicas é o sistema de consultas Siga Brasil do Senado Federal. Esse banco de dados faz a interface entre o usuário e o Siafi e, com senha de especialista, é possível fazer consultas detalhadas sobre a execução do gasto público desde 2001.

[5] A classificação das contas públicas por Grupo de Natureza da Despesa (GND) divide o gasto do governo federal da seguinte forma: gastos com pessoal (GND-1), juros e encargos da dívida (GND-2), outras despesas correntes (GND-3), investimento público (GND-4), inversões financeiras (GND-5), amortização da dívida (GND-6), reserva do regime próprio de previdência social (GND-7) e reserva de contingência (GND-8). As contas identificadas com a despesa do INSS e com transferências sociais estão agrupadas no GND-3, sendo assim despesas de custeio. Mas essas despesas de custeio diferem de outras despesas de custeio, como, por exemplo, passagens de avião. No dia a dia, políticos e a imprensa utilizam o termo custeio identificando-o normalmente com esse segundo tipo de despesa, apesar de o crescimento das despesas de custeio estar mais ligado ao crescimento das transferências para famílias e, não, ao inchamento do Estado brasileiro.

Como mostrarei nesta seção, parcela substancial do crescimento do gasto público desde 1999 está ligada a uma política "voluntária"[6] de crescimento dos gastos, com destaque para a política de valorização do salário mínimo e a expansão dos programas de transferência de renda. Assim, apesar de o aumento de eficiência da máquina pública poder produzir alguma economia, não me parece que o crescimento do gasto público seja fruto de um descontrole ou "inchaço da máquina pública". Para acompanhar o crescimento recente do gasto público de forma mais detalhada é preciso desagregar os dados divulgados pelo Tesouro Nacional.

Um dos problemas das análises do gasto público é que as contas são apresentadas de forma muito agregada. Basicamente, as contas fiscais divulgadas todos os meses pelo Tesouro Nacional trabalham com a seguinte divisão: a) pessoal e encargos sociais; b) benefícios previdenciários (INSS); c) custeio e capital; d) transferências do Tesouro ao Banco Central; e e) despesas do Banco Central. A conta Custeio e Capital é subdividida em quatro subcontas: i) despesas do FAT; ii) subsídios e subvenções econômicas; iii) benefícios assistenciais (Loas e Renda Mensal Vitalícia — RMV); e iv) outras despesas de custeio e capital (OCC). Recentemente, a partir de 2006, as despesas com investimento passaram a ser discriminadas pelo Tesouro Nacional na conta de OCC.

Apesar do maior detalhamento das contas fiscais feito pelo Tesouro Nacional desde 2006, gastos sociais importantes como os recursos do Bolsa Família, as despesas do Ministério da Saúde com o Fundo Nacional de Saúde (FNS),[7] os gastos do Ministério da Educação com o Fundo Nacional de Desenvolvimento da Educação (FNDE), que financia o Programa Nacional do Livro Didático, o transporte escolar, a alimentação escolar, entre outros gastos vinculados à educação, ficam "escondidos" na rubrica geral OCC. Esse nível de agregação

---

[6] O termo "voluntário" deve ser entendido com cautela. O uso desse termo ao longo deste capítulo mostra que o crescimento do gasto foi planejado, decorreu de decisões políticas que estão na Constituição Federal de 1988 e, posteriormente, de uma política de governo de recuperação do valor real do salário mínimo que serve de piso para as despesas do INSS e da Loas/RMV. No entanto, parte do que aqui chamo de voluntário é na verdade uma resposta política aos grupos mais organizados da sociedade.

[7] O FNS é o gestor financeiro, na esfera federal, dos recursos do SUS.

dificulta um acompanhamento mais detalhado dos gastos públicos, já que o aumento de recursos para o SUS ou para a merenda escolar são equiparados ao gasto com passagens aéreas, compra de material de consumo etc.

É justamente para evitar esse tipo de problema que este capítulo introduz o conceito de "custeio administrativo", formado pelos gastos de custeio (GND-3), após a retirada das seguintes contas da OCC, com base no Siafi: a) gastos com aposentadorias, reformas e pensões do INSS; b) gastos sociais (benefício mensal ao deficiente e ao idoso, outros benefícios assistenciais, outros benefícios de natureza social, como seguro-desemprego e abono salarial, outros auxílios financeiros a pessoas físicas, como o Bolsa Família); c) despesas de custeio dos ministérios da Educação e da Saúde; e d) distribuição de receitas.[8]

Os dados mostrados a seguir foram construídos da seguinte forma: primeiro, os dados da despesa primária foram retirados das publicações do Tesouro Nacional e as transferências a estados e municípios foram excluídas, já que essas transferências são contabilizadas pelo Tesouro Nacional como deduções da receita bruta.

Segundo, para que os dados ficassem o mais próximo possível da tabela de apuração do resultado primário do Tesouro Nacional, trabalhei com a despesa paga, ou seja, a despesa liquidada e paga do orçamento do ano, mais a execução (pagamento) dos Restos a Pagar (RAPs) processados e não processados.[9]

Terceiro, os dados a seguir foram organizados da seguinte maneira: a despesa total, o gasto com pessoal, as despesas do INSS e a categoria outros (soma

---

[8] Almeida (2010) fez essa separação dos gastos com base nos elementos da despesa. A metodologia atual foi melhorada por considerar a classificação funcional dos gastos. Por exemplo, independentemente do elemento de despesa, o gasto de custeio com saúde foi contabilizado de acordo com a seguinte rotina: GND-3 (outras despesas correntes) para Função 10: Saúde.

[9] RAPs são despesas de um exercício fiscal pagas no ano fiscal posterior ao de sua aprovação na Lei Orçamentária Anual. Os RAPs se dividem em dois tipos: processados e não processados. Quando a despesa pública é liquidada, isso significa que o serviço que deu origem a esse gasto já foi efetuado e reconhecido pelo ordenador de despesas, faltando apenas o desembolso efetivo do dinheiro. Essa despesa liquidada mas ainda não paga é a que dá origem aos RAPs processados. Já no caso de RAPs não processados, a despesa foi planejada, autorizada e empenhada, mas o ordenador de despesas ainda não reconheceu a prestação do serviço ou a execução do investimento e, assim, a despesa não foi liquidada e o empenho passou para o exercício financeiro seguinte.

das transferências do Tesouro Nacional ao Banco Central e das despesas do Banco Central) são dados oficiais extraídos das tabelas do Tesouro Nacional. As outras contas (custeio social, custeio da saúde e educação) são construídas a partir dos dados do Siafi.[10]

TABELA 2. Gastos não financeiros do governo federal — 1999-2010 (R$ bilhões de 2011 — IPCA)

Anos	Pessoal	INSS	Custeio administrativo	Custeio saúde e educação	Gastos sociais	Investimento	Outros	Total
1999	104,35	128,19	37,08	40,88	13,78	11,72	1,93	337,92
2000	110,73	135,26	36,42	42,75	14,31	15,90	1,93	357,30
2001	119,69	144,27	25,01	45,50	22,53	29,08	2,09	388,18
2002	126,47	156,60	29,73	48,08	25,27	25,04	2,14	413,32
2003	115,74	163,50	30,11	44,48	25,92	10,39	2,61	392,74
2004	120,37	180,94	32,15	47,77	33,93	17,26	3,16	435,58
2005	123,72	195,86	42,44	51,16	37,27	18,37	3,03	471,86
2006	136,03	213,51	43,71	51,88	47,52	22,54	3,14	518,33
2007	144,72	230,42	48,03	58,95	53,88	27,49	3,09	566,59
2008	153,40	233,99	38,67	62,35	58,16	33,15	4,07	583,79
2009	169,67	251,59	39,26	68,53	68,39	38,19	4,53	640,15
2010	177,66	271,97	44,12	78,82	73,83	50,27	4,56	701,23
1999-2010	73,31	143,78	7,05	37,94	60,05	38,55	2,63	363,31

Fontes: Tesouro Nacional e Siafi.
Obs.: Exclui a capitalização da Petrobras em 2010. Os valores foram atualizados pelo IPCA acumulado de julho de cada ano até julho de 2011.

---

[10] O custeio social corresponde às despesas de custeio (GND-3) agrupadas nas funções 8 (assistência social) e 11 (trabalho). Nessas contas estão as despesas com a Loas, o Bolsa Família e as despesas do FAT (seguro-desemprego e abono salarial). O custeio da educação é a despesa de custeio (GND-3) para função 12 (educação) e o custeio da saúde, a despesa de custeio para função 10 (saúde).

Por fim, a conta "custeio administrativo" é uma conta residual, calculada da seguinte forma: despesa primária – gasto com pessoal – INSS – custeio da saúde e da educação – custeio social – investimento público. É justamente para essa conta que os políticos defendem maior controle.[11] A partir dessa classificação detalhada, têm-se os seguintes valores para o gasto público não financeiro do governo federal, em valores reais e como proporção do PIB, de 1999 a 2010:

TABELA 3. GASTOS NÃO FINANCEIROS DO GOVERNO FEDERAL — 1999-2010 (% DO PIB)

Anos	Pessoal	INSS	Custeio administrativo	Custeio saúde e educação	Gastos sociais	Investimento	Outros	Total
1999	4,5	5,5	1,6	1,8	0,6	0,5	0,1	14,5
2000	4,6	5,6	1,5	1,8	0,6	0,7	0,1	14,7
2001	4,8	5,8	1,0	1,8	0,9	1,2	0,1	15,6
2002	4,8	6,0	1,1	1,8	1,0	1,0	0,1	15,7
2003	4,5	6,3	1,2	1,7	1,0	0,4	0,1	15,1
2004	4,3	6,5	1,2	1,7	1,2	0,6	0,1	15,6
2005	4,3	6,8	1,5	1,8	1,3	0,6	0,1	16,4
2006	4,5	7,0	1,4	1,7	1,6	0,7	0,1	17,0
2007	4,4	7,0	1,5	1,8	1,6	0,8	0,1	17,1
2008	4,3	6,6	1,1	1,8	1,6	0,9	0,1	16,4
2009	4,7	6,9	1,1	1,9	1,9	1,1	0,1	17,7
2010	4,4	6,8	1,1	2,0	1,8	1,2	0,1	17,4
1999-2010	-0,1	1,3	-0,5	0,2	1,2	0,7	0,0	2,9

Fontes: Tesouro Nacional e Siafi.
Obs.: Exclui capitalização da Petrobras em 2010.

---

[11] Em matéria publicada em jornal de grande circulação nacional em maio de 2011, o secretário do Tesouro Nacional, Arno Augustin, afirmou ser favorável ao controle do crescimento do gasto com pessoal e do custeio administrativo. Quando questionado sobre o controle do crescimento das outras despesas de custeio, o secretário afirmou: "Não achamos razoável que a lei diga que o gasto-fim com educação e saúde não possa ser aumentado, ou os gastos da área social".

Como se observa nas tabelas 2 e 3, a despesa não financeira do governo federal (a valores de julho de 2011) passou de R$ 337,92 bilhões em 1999 para R$ 701,23 bilhões em 2010 — um crescimento de 3 pontos percentuais do PIB. É importante destacar que, se a despesa primária do governo federal tivesse mantido a relação de 14,5% do PIB do início da série, mesmo assim poderia ter aumentado em R$ 226,39 bilhões de 1999 a 2010, o correspondente a uma média anual de R$ 20,6 bilhões de crescimento real nesse período. Contudo, o crescimento médio anual foi de R$ 36,3 bilhões ao ano, 76,5% acima do valor necessário para estabilizar a despesa como proporção do PIB em seu valor de 1999.

Uma vez que o crescimento do PIB brasileiro se acelerou a partir de 2004, esses dados indicam que o governo federal perdeu uma chance de estabilizar o crescimento do gasto público como proporção do PIB, sem precisar cortar a execução de alguns de seus programas. O importante para o equilíbrio de longo prazo das contas públicas não é que haja necessariamente um corte nominal de despesas, mas que a velocidade de seu crescimento em relação ao PIB seja controlada. De 1999 a 2010, o crescimento do PIB nominal do Brasil foi de 254% e o crescimento da despesa primária nominal, de 326%, muito acima, portanto, do crescimento do PIB. Nesse período, o que se destacou foi o crescimento do gasto público real do segundo mandato do presidente Luiz Inácio Lula da Silva, de 2007 a 2010 (gráfico 2), apesar de esse crescimento como percentual do PIB ter sido um pouco menor do que o observado no primeiro mandato.

GRÁFICO 2. CRESCIMENTO REAL DA DESPESA PRIMÁRIA DO GOVERNO FEDERAL (R$ BILHÕES, JUL. 2011)

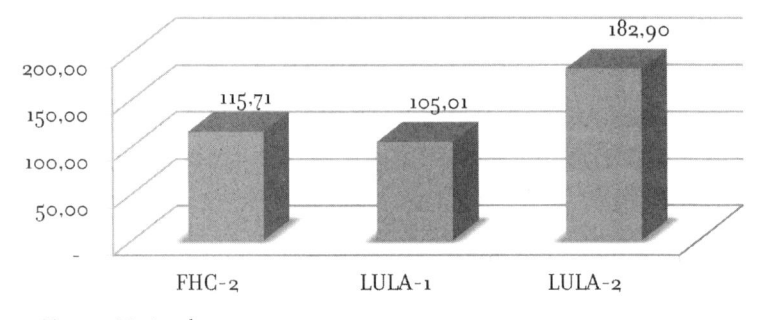

Fonte: Tesouro Nacional.
Obs.: Dados atualizados pelo IPCA acumulado de 12 meses terminados em julho.

Um fato que pode explicar o forte crescimento da despesa primária real do governo federal de 2007 a 2010, é a crise econômica que atingiu a economia brasileira em setembro de 2008, após a falência do banco norte-americano Lehman Brothers, e que obrigou o governo adotar uma política fiscal expansionista para evitar que os efeitos recessivos da crise fossem ainda maiores do que os observados. Porém, faz-se política anticíclica aumentando os gastos que podem ser reduzidos quando a economia volta a crescer, como os gastos com investimento público. No segundo mandato do presidente Lula, os gastos que mais cresceram foram as despesas com pessoal (ativo e inativo) e as despesas do INSS (gráfico 3). Como esses gastos, como se sabe, são permanentes, não puderam ser reduzidos no pós-crise.

GRÁFICO 3. CRESCIMENTO REAL DA DESPESA PÚBLICA PRIMÁRIA — 2007-2010 (R$ BILHÕES DE 2011)

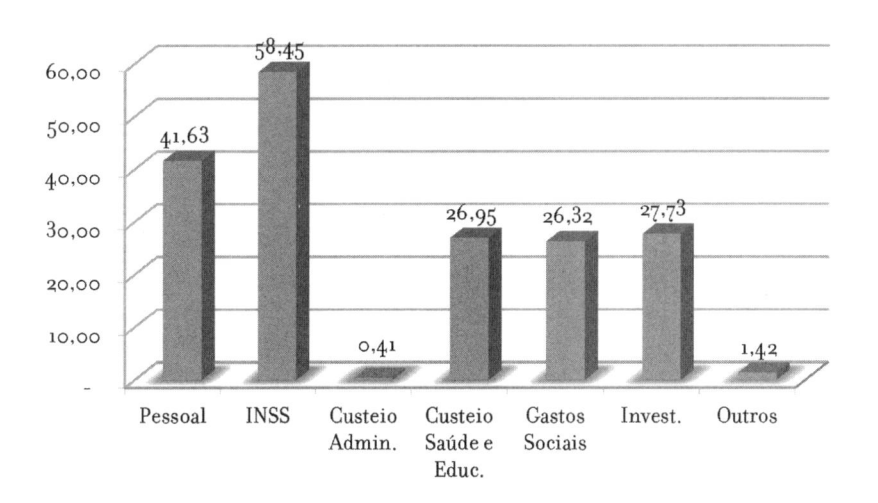

Fonte: Tesouro Nacional.
Obs.: Dados atualizados pelo IPCA acumulado de 12 meses terminados em julho.

Em um país como o Brasil, em que 80% do crescimento do gasto primário do governo federal nos últimos 11 anos decorreram do crescimento dos gastos sociais (+1,2 ponto percentual do PIB) e dos gastos do INSS (+1,3 ponto do

PIB), é difícil conseguir alguma economia fiscal no curto prazo. Quando o governo tenta fazer um esforço fiscal maior em apenas um ano, normalmente essa economia maior recai sobre a execução do investimento público. Em 1999, quando foi estabelecida a meta de superávit primário de 3,25% do PIB e, em 2003, quando essa meta foi elevada para 4,25%, o investimento público nos dois anos atingiu os menores valores da série histórica desde 1999: 0,5% e 0,4% do PIB, respectivamente.[12]

Algo surpreendente nos dados analisados acima é o comportamento do chamado custeio administrativo, que passou de 1,6% do PIB para 1,1% no período. É claro que isso não significa, necessariamente, que o custeio não seja um problema. Um governo mais eficiente pode, em princípio, controlar melhor a expansão do gasto público. Mas os dados desta seção não deixam dúvidas de que uma parcela substancial do crescimento do gasto público está relacionada ao crescimento dos gastos do INSS e dos programas sociais, gastos que decorreram de políticas de governo e que foram também afetados pela política de valorização do salário mínimo, utilizado como piso pela previdência e em alguns benefícios sociais.

Em outras palavras, é discutível a tese de que o crescimento do gasto público no Brasil reflete um inchamento do Estado ou um descontrole do custeio. Os dados parecem mostrar que boa parte da expansão do gasto decorreu de medidas planejadas — como a política de valorização do salário mínimo —, que, por um lado, trazem amplos benefícios para a sociedade; mas, por outro, requerem uma maior arrecadação tributária para o seu financiamento. As seções a seguir investigam os grupos de despesas apresentados nas tabelas: gastos com pessoal, INSS, gastos sociais, custeio da saúde e da educação e investimento público.

---

[12] Em 2011, devido ao risco de aumento da taxa de inflação, a presidenta Dilma implementou um corte R$ 50 bilhões no orçamento aprovado para o seu primeiro ano de governo. Mas esse corte foi feito no orçamento aprovado e, não, no gasto público efetivo, que cresceu R$ 47,2 bilhões ou 9,2% de janeiro a setembro de 2011. Nesse mesmo período, a execução do investimento público foi reduzida em R$ 900 milhões, corroborando a tese de que a execução do investimento público acaba sendo prejudicada nas tentativas de ajuste fiscal de curto prazo.

Despesas com pessoal: crescimento ou estabilidade?

Um dado que chega a ser surpreendente tendo em vista o que é noticiado pela imprensa é a estabilidade dos gastos com pessoal em relação ao PIB. Como se observa na tabela 3, o gasto do governo federal com pessoal (ativo e inativo) passou de 4,5% do PIB em 1999 para 4,8% no final do governo do presidente Fernando Henrique Cardoso, terminando a série em 4,6%.

De 1999 a 2010, o gasto com pessoal como proporção do PIB ficou praticamente constante para um aumento da despesa primária de 3 pontos do PIB, o que parece sugerir que o crescimento do gasto com pessoal da União não é um problema ou que o governo economizou nesta conta. É preciso, no entanto, certa cautela na interpretação da despesa primária em relação ao PIB, pois um dos benefícios de um crescimento mais rápido da economia é a possibilidade de o governo aumentar sua arrecadação e seus gastos, sem que para isso tenha de aumentar sua participação na economia. Quando se leva em conta que as condições externas foram favoráveis ao crescimento da economia brasileira desde 2003 e que o PIB cresceu de 2001 a 2010 a uma taxa média real de 3,6% ao ano — taxa substancialmente maior do que a taxa média de crescimento na década de 1990, que foi de 2,6% —, o correto seria esperar uma diminuição no peso do gasto da União com a folha de pessoal como percentagem do PIB. Por que essa diminuição não ocorreu? A resposta para essa pergunta envolve duas explicações: a) o aumento do número de funcionários públicos interrompeu a trajetória de redução quantitativa observada na década de 1990; b) a concessão de aumentos salariais e a reestruturação das carreiras de funcionários públicos, que ocasionou aumentos salariais expressivos nas carreiras de gestão do serviço público.

Em 1991, o Executivo Federal tinha 998 mil servidores ativos em sua folha de pagamento. Ao longo da década de 1990, o número de servidores contratados não bastou para compensar os que se aposentavam e, em 2002, o quantitativo de servidores do Executivo havia se reduzido para 809 mil. A partir de 2003, porém, o setor público voltou a fazer concursos e a contratar novos funcionários de forma consistente e, assim, o número de funcionários públicos tornou a crescer ano após ano, revertendo toda a redução iniciada nos anos 1990. Essa mesma tendência se aplica ao quantitativo total dos servidores ativos da União (Executivo, Legislativo e Judiciário), que, após uma redução de 121 mil servidores de 1995 a 2002, aumentou em 220 mil servidores de 2003 a agosto de 2011. Assim, parte do aumento do gasto com pessoal é explicado pela expansão quantitativa do número de funcionários públicos na ativa desde 2003.

GRÁFICO 4. QUANTITATIVO DE SERVIDORES DO EXECUTIVO (ATIVOS) — 1991-AGO. 2011

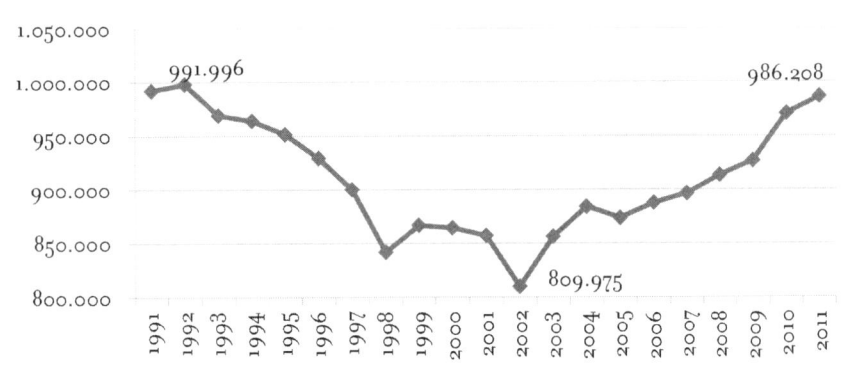

Fonte: Ministério do Planejamento.

GRÁFICO 5. QUANTITATIVO DE SERVIDORES DA UNIÃO (ATIVOS) — 1991-AGO. 2011

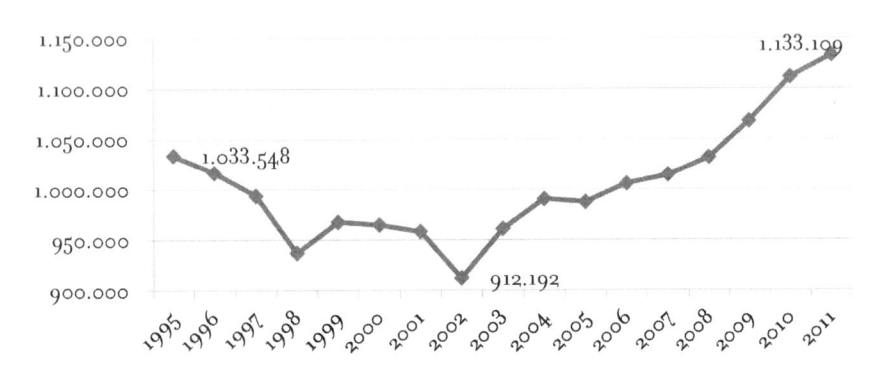

Fonte: Ministério do Planejamento.

É importante destacar que a dinâmica de redução do total de servidores na ativa mostrada no gráfico 5 foi determinada pela redução das contratações de servidores civis do Executivo e pela estabilidade no quantitativo dos militares. Mas, ao contrário do Executivo, as contratações no Legislativo e no Judiciário seguiram dinâmica própria e aumentaram quase continuamente desde 1995, com destaque para o número de servidores ativos do Poder Judiciário, que cresceu 88% de 1995 a 2011. Em um contexto como este, é difícil ter uma grande economia no gasto com pessoal, até porque, como já destacado, houve uma reestruturação de carreiras do setor público a partir de 2008.

GRÁFICO 6. QUANTITATIVO DOS SERVIDORES DO LEGISLATIVO (ATIVOS) — 1995-AGO. 2011

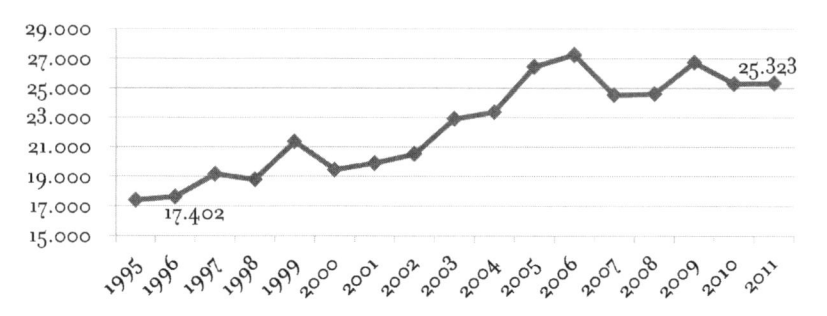

Fonte: Ministério do Planejamento.

GRÁFICO 7. QUANTITATIVO DOS SERVIDORES DO JUDICIÁRIO (ATIVOS) — 1995-AGO. 2011

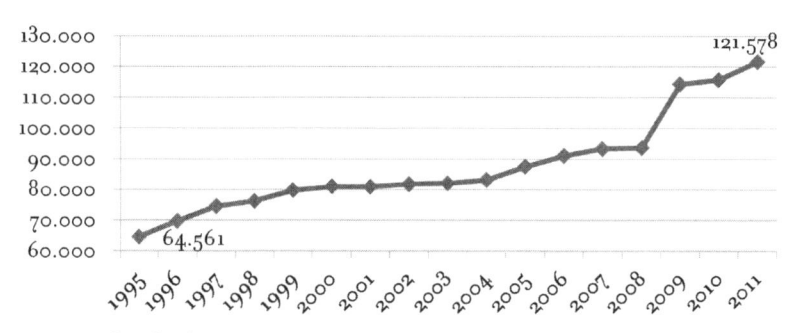

Fonte: Ministério do Planejamento.

É possível ser mais específico quanto ao comportamento da despesa com pessoal por poder. Para tanto, basta trabalhar com dados publicados pelo Ministério do Planejamento, que diferem um pouco dos dados do Tesouro Nacional, mas mostram exatamente a mesma tendência. Quando se analisa o comportamento da despesa com pessoal por poderes, os resultados são mais interessantes. A folha dos servidores ativos do Judiciário, como percentagem do PIB, aumentou 110% de 1995 a 2010, enquanto a folha do Legislativo e do Executivo diminuiu nesse período. A folha de pessoal ativo do Judiciário passou de 0,28% para 0,58% do PIB de 1995 a 2010, um crescimento de 0,3 ponto percentual do PIB, que compensou mais da metade da queda de 0,49 ponto do PIB da folha de pessoal dos servidores do Executivo no mesmo período.

TABELA 4. GASTOS COM PESSOAL ATIVO POR PODER — 1995-2010 (% DO PIB)

Anos	Executivo (civis e militares)	MPU	Legislativo	Judiciário	Transferências intergovernamentais	Total
1995	2,46	0,03	0,12	0,28	0,34	3,22
1996	2,21	0,03	0,12	0,29	0,24	2,87
1997	2,09	0,03	0,13	0,35	0,22	2,79
1998	1,97	0,04	0,13	0,45	0,22	2,77
1999	1,92	0,03	0,13	0,43	0,21	2,69
2000	2,06	0,04	0,12	0,46	0,22	2,86
2001	2,00	0,05	0,13	0,52	0,22	2,87
2002	2,09	0,05	0,13	0,48	0,23	2,94
2003	1,89	0,05	0,14	0,46	0,03	2,51
2004	1,90	0,05	0,14	0,49	0,02	2,55
2005	1,80	0,05	0,14	0,47	0,24	2,69
2006	1,90	0,06	0,16	0,60	0,12	2,84
2007	1,90	0,06	0,14	0,58	0,15	2,83
2008	1,92	0,07	0,13	0,60	0,13	2,86
2009	2,10	0,07	0,12	0,69	0,15	3,12
2010	1,97	0,06	0,12	0,58	0,19	2,92

Fonte: Boletim Estatístico de Pessoal — MPO.

No que diz respeito aos aposentados do serviço público por poder, os dados de 1995 a 2010 mostram uma pequena redução do gasto com aposentadorias do Executivo, como percentagem do PIB. No total, a despesa com pessoal inativo do governo federal para os três poderes manteve-se próxima de 2% do PIB, valor que já reflete o *boom* de aposentadorias do serviço público da primeira metade dos anos 1990 em decorrência da regulamentação do RJU, como já destacado.

TABELA 5. GASTOS COM PESSOAL INATIVO POR PODER — 1995-2010 (% DO PIB)

Anos	Executivo (civis e militares)	MPU	Legislativo	Judiciário	Transferências intergovernamentais	Total
1995	2,01	0,01	0,05	0,09	0,00	2,15
1996	1,85	0,01	0,05	0,09	0,00	1,98
1997	1,80	0,01	0,05	0,10	0,00	1,95
1998	1,95	0,01	0,06	0,12	0,00	2,12
1999	1,96	0,01	0,06	0,13	0,00	2,15
2000	1,89	0,01	0,06	0,13	0,00	2,07
2001	1,98	0,02	0,05	0,13	0,00	2,16
2002	1,93	0,02	0,07	0,14	0,00	2,14
2003	1,92	0,02	0,07	0,14	0,00	2,13
2004	1,84	0,02	0,07	0,14	0,00	2,05
2005	1,78	0,01	0,07	0,13	0,00	1,98
2006	1,78	0,01	0,07	0,13	0,00	1,99
2007	1,74	0,01	0,07	0,13	0,00	1,94
2008	1,71	0,02	0,06	0,13	0,00	1,90
2009	1,84	0,01	0,06	0,13	0,00	2,03
2010	1,75	0,01	0,06	0,12	0,00	1,94

Fonte: Boletim Estatístico de Pessoal — MPO.

Apesar da estabilidade dos gastos com inativos da União desde 1995, mudanças recentes na carreira dos servidores antes da regulamentação do Fundo de Previdência Complementar dos funcionários públicos, aprovado em 2003, podem alterar essa dinâmica, como detalho a seguir.

Na administração do presidente Fernando Henrique Cardoso, o governo estabeleceu, por meio da Lei nº 9.625, de 7 de abril de 1998, a Gratificação por Desempenho e Produtividade (GDP), que passou a representar metade do salário de várias carreiras do serviço público. No entanto, ao se aposentar, o servidor público perdia automaticamente metade da gratificação por desempenho, o que significa que seu salário de aposentadoria era reduzido em 25%. O estabelecimento da GDP foi uma maneira de quebrar a paridade do vínculo dos salários de ativos e inativos do setor público, o que, em conjunto com a reforma da previdência de 1998 (Emenda Constitucional nº 20/98), ajudou o governo a controlar o crescimento do gasto com pessoal.

Os funcionários públicos nunca aceitaram o estabelecimento da GDP e a perda salarial que esse mecanismo produzia na hora da aposentadoria. Assim, depois de várias negociações, no segundo mandato do presidente Lula foi aprovada a Lei nº 11.890, de 24 de dezembro de 2008, que acabou com a GDP para várias carreiras, reclassificadas como carreiras típicas de Estado, e concedeu generoso aumento salarial a vários funcionários públicos, alterando não só a conta de pessoal dos servidores da ativa, mas também aumentando o custo para o governo com os servidores aposentados.

De julho de 2008 a julho de 2010, as carreiras de gestão do governo federal — analista de finanças e controle, analista de planejamento e orçamento, analista de comércio exterior, especialista em políticas públicas e gestão governamental, técnico de finanças e controle, técnico de planejamento e orçamento — tiveram um aumento de 52,8% no salário de início de carreira e de 56,9% no salário de final de carreira (tabela 6) para uma inflação acumulada no período de 9,9% (IPCA de julho de 2008 a agosto de 2010). Simultaneamente, como a GDP foi abolida e transformada em "subsídio", isso significou também que, ao se aposentar, o servidor público não mais perdia metade da GDP correspondente a 25% do seu salário. Com isso, o aumento de salário dos novos aposentados foi ainda maior: 108,9%.[13]

---

[13] É importante destacar que essa reestruturação de carreiras não teve grandes repercussões na imprensa, o que mostra que, em geral, modificações legais que venham a favorecer os servidores públicos não encontram grande resistência, seja por parte da sociedade, seja do Congresso Nacional. O maior empecilho a esses reajustes parece ser o próprio Executivo. Por isso, quando o projeto é do seu interesse, as resistências a esses aumentos são mínimas ou inexistentes.

TABELA 6. REESTRUTURAÇÃO DAS CARREIRAS DE FUNCIONÁRIOS PÚBLICOS (LEI Nº 11.890/2008)

	Carreira	Salário inicial	Salário final	Aposentadoria
2008 (R$)	Auditor da Receita Federal	10.155,32	13.382,26	11.038,51
	Delegado da Polícia Federal	11.614,10	16.683,98	16.683,98
	Grupo de gestão	8.484,53	11.775,69	8.846,74
2010 (R$)	Auditor da Receita Federal	13.600,00	19.451,00	19.451,00
	Delegado da Polícia Federal	13.368,68	19.699,82	19.699,82
	Grupo de gestão	12.960,77	18.478,45	18.478,45
2008-2010 (%)	Auditor da Receita Federal	33,90	45,30	76,20
	Delegado da Polícia Federal	15,10	18,10	18,10
	Grupo de gestão	52,80	56,90	108,90

Fonte: Ministério do Planejamento.
Obs.: Grupo de gestão: analista de finanças e controle, analista de planejamento e orçamento, analista de comércio exterior, especialista em políticas públicas e gestão governamental, técnico de finanças e controle, técnico de planejamento e orçamento.

O aumento do número de funcionários públicos desde 2003, em conjunto com o aumento de salário dos servidores decorrente das reestruturações de carreiras a partir de 2008 explicam por que não houve uma economia do gasto com pessoal como proporção do PIB, apesar do crescimento mais rápido da economia a partir de 2004. Mas, como tem sido salientado pelo próprio governo, pode-se esperar nos anos seguintes uma redução dessa despesa como percentagem do PIB, já que não se preveem mais aumentos tão elevados como os concedidos entre 2008 e 2010. Dois fatores, porém, podem frustrar essa expectativa de economia substancial na despesa com pessoal.

Primeiro, os reajustes das várias carreiras de servidores públicos não foram lineares. Algumas ganharam mais do que outras, ou a vantagem de algumas diminuiu em relação a outras. Por exemplo, em 2008, como se observa na tabela 6, o salário de final de carreira de um delegado da Polícia Federal era 42% superior ao salário de final de carreira de um gestor e 25% superior ao salário de final de carreira de um auditor da Receita Federal. Em 2010, essas diferenças foram reduzidas para 7% e 1%, respectivamente. Esse exemplo vale também para as carreiras do Legislativo e do Judiciário em comparação com as do Executivo. Os funcionários do Legislativo e do Judiciário viram suas vantagens salariais diminuírem sensivelmente em relação aos funcionários do Executivo desde 2008; assim, os integrantes dessas carreiras já iniciaram em 2011 demandas de recomposição salarial, como é o caso dos servidores do Judiciário e do Ministério Público da União. Se aprovados, os reajustes pleiteados produziriam um impacto fiscal de R$ 7,7 bilhões já em 2012.[14]

Segundo, ao longo dos próximos quatro anos (2012 a 2015) há uma "janela aberta", na qual 252 mil servidores públicos civis poderão requerer o direito de se aposentar. Em uma estimativa conservadora, mesmo supondo que apenas metade desses funcionários públicos exercerá esse direito, isso corresponderia a uma média anual de 31.500 servidores públicos aposentados por ano; mais do que o triplo da média dos últimos anos e semelhante ao *boom* de aposentadorias ocorrido nos dois anos (1995 e 1996) que se seguiram ao Plano Real, quando vários funcionários ficaram receosos da reforma da previdência de 1998 e da perda de direitos que decorreria de tal reforma (gráfico 8).

Em resumo, apesar da estabilidade da despesa com pessoal em relação ao PIB de 1999 a 2010, esse dado não deixa claro a real expansão do gasto com pessoal do setor público no Brasil. Não julgo o mérito da necessidade ou não da expansão do número de servidores públicos e da reestruturação de carreiras. O crescimento expressivo do número de servidores do Judiciário desde 1995, por exemplo, talvez tenha sido necessário para o melhor funcionamento da justiça. Talvez, inclusive, sejam necessários até mais funcionários.

---

[14] Esses aumentos estão previstos em vários projetos de lei (PLs) em tramitação no 2º semestre de 2011: PLs nos 7.749/2010 e 2.197/2011, que tratam de subsídios da magistratura; PLs nos 7.753/2010 e 2.198/2011, que tratam de subsídios do Ministério Público da União (MPU); e PLs nos 6.613/2009, 6.697/2009 e 2.199/2011, que tratam da reestruturação das carreiras do Poder Judiciário e do MPU.

GRÁFICO 8. EVOLUÇÃO DO QUANTITATIVO DE NOVAS APOSENTADORIAS CIVIS DA UNIÃO — 1991-AGO. 2011

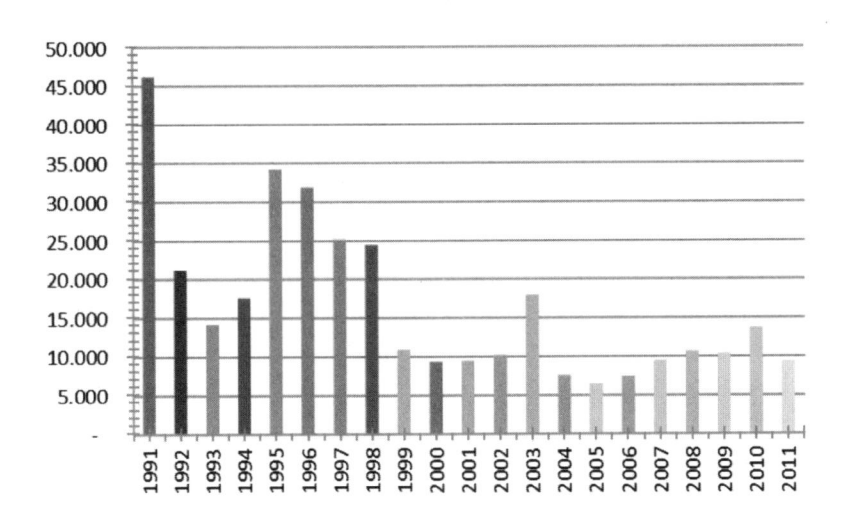

Fonte: Ministério do Planejamento.

Chamo a atenção, porém, para o fato de que essas novas contratações e aumentos salariais tiveram um custo elevado, que fica oculto na comparação da despesa em relação ao PIB. Na década 2000-2010, o PIB cresceu mais rápido (3,6% ao ano) do que nas duas décadas anteriores: 2,6% ao ano na década de 1990 e 1,7% ao ano na de 1980. Assim, seria natural esperar a concessão de aumentos salariais e a contratação de novos funcionários, mas também a redução da despesa com pessoal em relação ao PIB, algo que de fato aconteceu no primeiro mandato (2003-2006) do presidente Luiz Inácio Lula da Silva e que foi revertido ao longo do segundo mandato, quando a despesa com pessoal apresentou crescimento real de R$ 41,6 bilhões em quatro anos.

GRÁFICO 9. CRESCIMENTO DO GASTO COM PESSOAL DA UNIÃO (ATIVO E INATIVO) — 1999-2010 (R$ BILHÕES, JUL. 2011)

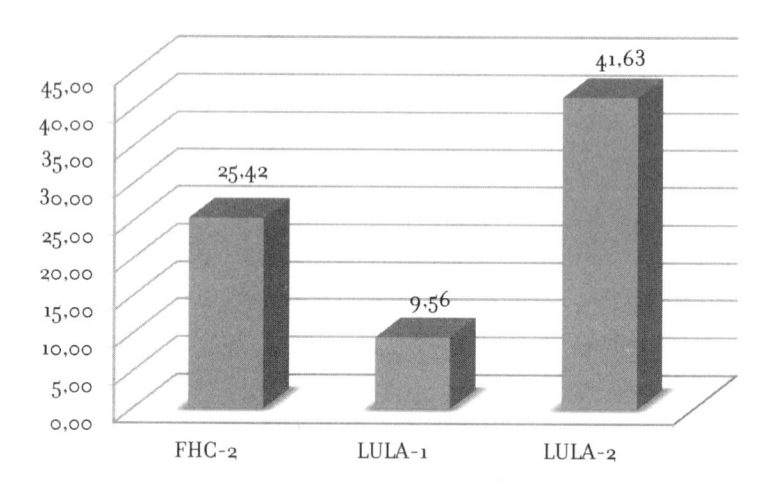

Fonte: Tesouro Nacional. Elaboração: Mansueto Almeida.

É difícil projetar o que acontecerá com a despesa com pessoal nos próximos anos, pois isso dependerá da real vontade do governo de se contrapor a novos pedidos de aumento salarial, inclusive de funcionários do Legislativo e do Judiciário; da evolução quantitativa de novos funcionários públicos; e ainda do aumento do número de novos aposentados pelo serviço público, que em nada será afetado pela regulamentação do Fundo de Previdência Complementar para os servidores públicos, aprovado na reforma da previdência de 2003 (Emenda Constitucional nº 41/2003), mas ainda não regulamentado.

Gastos com previdência (INSS): um problema ou uma escolha social?

Como se pode observar nas tabelas 1, 2 e 3, que detalham o comportamento do gasto público, não há dúvida de que as despesas do INSS são a categoria da despesa que mais cresce desde 1991. No início da década de 1990, essa despesa representava 3,5% do PIB e atualmente representa 7%, um crescimento de 100%. No período mais recente (tabela 3), as despesas com o INSS passaram de 5% do PIB em 1999 para 7% em 2006, diminuíram e voltaram a subir para esse valor em 2010.

O forte crescimento dos gastos do INSS é fácil de explicar e, ao mesmo tempo, preocupa, porque esse gasto ainda ocorreu em pleno bônus demográfico, situação na qual o percentual da população adulta economicamente ativa (15-60 anos) é muito maior do que a proporção de crianças e idosos. Segundo projeções (Arbache, 2011), o auge do bônus demográfico no Brasil ocorrerá no final da década atual, em 2020, quando a proporção de adultos (15-60 anos) será de 70,4% da população. Após esse período, no entanto, o Brasil entrará em uma trajetória na qual a população economicamente ativa terá de trabalhar para sustentar um número cada vez maior de crianças e idosos. Arbache sintetiza o desafio que será a mudança na composição da população brasileira já na próxima década:

> Com a tendência de declínio da taxa de fecundidade e o rápido envelhecimento populacional, o Brasil passará no futuro próximo pelo seu maior desafio para alcançar a prosperidade econômica e o progresso social, que será encontrar meios de fazer a renda *per capita* crescer ao mesmo tempo em que aumentarão a razão de dependência e os custos previdenciários [Arbache, 2011:3].

Em outras palavras, a tendência das despesas do INSS é de crescimento, em decorrência de uma mudança demográfica já em curso no Brasil e que aumentará a razão de dependência (população com 65 anos ou mais dividida pela população de 15-64 anos, em idade ativa). Em 2006, como mostra Caetano (2006:19-20), o gasto total com previdência no Brasil era de 12% do PIB[15] para uma razão de dependência de 9,1%. Pela média mundial, esse gasto equivaleria a um país com taxa de dependência de 25-30%.

---

[15] O gasto total com previdência inclui não só o gasto do INSS, mas também a despesa dos governos federal, estaduais e municipais com previdência e as despesas da Loas. Nas despesas do INSS não estão incluídas a despesa com inativos do setor público, computada na folha de pessoal.

É verdade que uma parcela dos gastos com previdência no Brasil são gastos que não tiveram contrapartida de contribuição, sendo assim gastos sociais e, não, gastos previdenciários propriamente ditos. Se fizéssemos as devidas correções, isto é, se computássemos todos os gastos com aposentadorias e pensões rurais e as despesas da Loas como gastos sociais e não previdenciários, a redução dos gastos previdenciários seria de cerca de 2 pontos do PIB: 1,5% do PIB para as aposentadorias rurais e 0,5% para a Loas. Mesmo assim, o Brasil continuaria com um gasto previdenciário de 10% do PIB, equivalente a um país com razão de dependência de 20-25%. Ou seja, mesmo retirando da conta da previdência despesas que são, na verdade, políticas sociais, o Brasil ainda gasta muito com previdência e tal gasto tende a aumentar, segundo as regras atuais, dado o crescimento da população com mais de 60 anos em relação à população total ao longo das próximas duas décadas (Tafner e Carvalho, 2011).

No debate sobre a previdência no Brasil, em especial sobre o INSS, é preciso separar questões estruturais, como o elevado gasto com pensões, de questões de curto prazo, como a política de valorização do salário mínimo e regras de concessão de auxílios (doença, reclusão e acidente), um gasto que teve forte crescimento no primeiro mandato do presidente Lula (2003-2006) e que foi posteriormente controlado.

Um dos problemas estruturais mais sérios no Brasil é o elevado gasto com pensões por morte. O país gasta com pensões quase 3,5% do seu PIB, mais do que o triplo dos países da Organização para a Cooperação e o Desenvolvimento Econômico (OCDE). Assim, cerca de 2,5% do PIB do que o Brasil gasta a mais com previdência para sua razão de dependência de menos de 10% decorrem de anomalias nas regras de concessão e cálculo de pensões por morte.

No caso do Brasil: a) não há exigência de um período mínimo de contribuição; b) não há necessidade de o beneficiado ser casado, basta comprovar união estável; c) não há restrições de idade para o viúvo ou a viúva receber pensões por morte; d) a pensão por morte não termina com a contratação de novo matrimônio; e) a pensão pode ser acumulada integralmente com a aposentadoria e outras fontes de renda; e f) o benefício da pensão por morte é sempre integral, não dependendo do número de dependentes nem de sua idade. No restante do mundo, Rocha e Caetano (2008) mostram que as condições são diferentes. Em geral, não é permitido acumular pensões com outras fontes de renda e, quando permitido, os valores das pensões são reduzidos; pensionistas mais jovens recebem benefícios menores; a pensão termina com um novo matrimônio e há a exigência de um período contributivo mínimo.

GRÁFICO 10. DESPESAS COM PENSÕES POR MORTES — BRASIL E GRUPOS SELECIONADOS DE PAÍSES (% DO PIB)

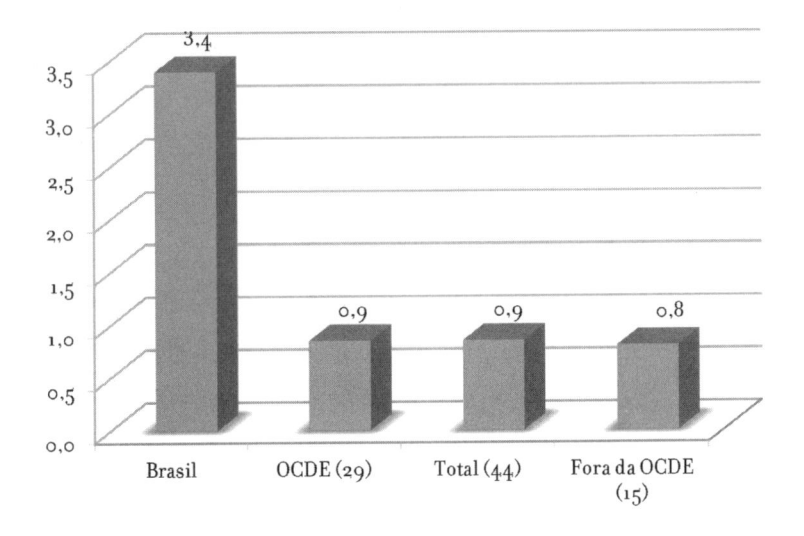

Fonte: Rocha e Caetano (2008).

O atual ministro da Previdência, Garibaldi Alves Filho, deixou claro o problema das pensões por morte no Brasil em entrevista ao jornal *O Estado de S. Paulo*. Segundo o ministro: "Como especialistas mostram, o Brasil deve ser o único país que paga pensões ao deus-dará. Isso vem se repetindo e se renovando. As pessoas não se conscientizam de que é preciso mudar" (Simão e Nogueira, 2011). Esse é um problema estrutural; assim, não há como reduzir esse gasto com medidas tipicamente associadas à eficiência do setor público, que decorreria de um choque de gestão.

Quanto ao crescimento dos gastos do INSS nos últimos 11 anos, dois fatores conjunturais adicionais o explicam. O primeiro foi o inesperado crescimento dos auxílios (doença, reclusão e acidente), que mais do que triplicaram entre 2000 e 2005. Em decorrência disso, o gasto do INSS atualizado para 2011 com esses auxílios passou de R$ 7,8 bilhões (0,31% do PIB), em 2001, para R$ 21,7 bilhões (0,71%), em 2006, um crescimento real de 180% em um período de cinco anos. Mas por que, subitamente, os segurados do INSS passaram a ficar doentes?

GRÁFICO 11. BENEFÍCIOS EMITIDOS (AUXÍLIOS-DOENÇA, RECLUSÃO E ACIDENTE) — 1993-2010

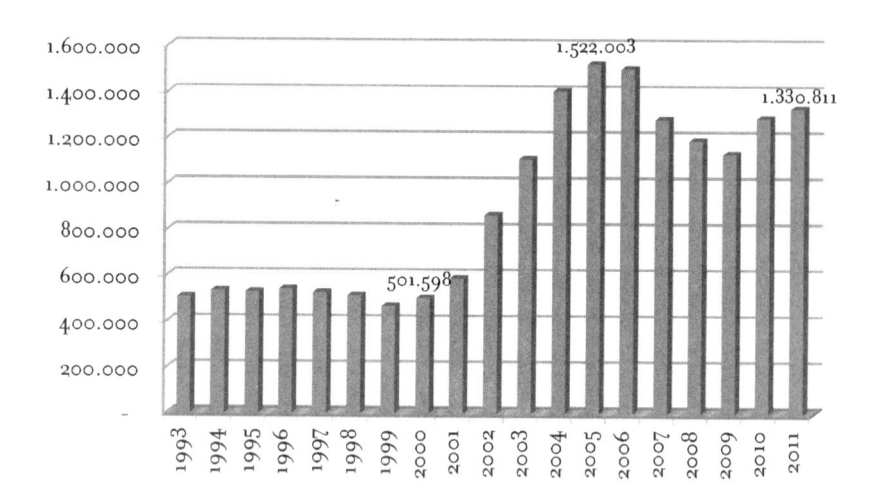

Fonte: Ministério da Previdência Social.

Mora (2007) identifica que parte do crescimento das despesas do INSS com auxílios-doença seria explicado por dois fatores: a) a postergação da idade em que os contribuintes passaram a se aposentar após a criação do fator previdenciário pela Lei nº 9.876, de 26 de novembro de 1999, o que levou a um aumento do universo dos potenciais usuários dos benefícios (pessoas mais velhas continuaram no mercado de trabalho); e b) distorções momentâneas no mecanismo de cálculo dos benefícios, que possibilitaram um ganho financeiro para os trabalhadores que percebiam entre um e dois salários mínimos e passaram a receber auxílio-doença. Há ainda outra explicação levantada pelo próprio governo, em 2006, que foi a falta de controle nas perícias médicas, que passaram a ser feitas por médicos terceirizados.

De qualquer forma, apesar da aprovação do Projeto de Lei nº 261/2005, de autoria do senador Aloizio Mercadante, pelo Senado em 2007, mudando a forma de cálculo dos benefícios do auxílio-doença, essa lei ainda se encontrava em tramitação na Câmara dos Deputados em 2011 e, ao que parece, o governo conseguiu controlar o crescimento desse gasto meramente com medidas administrativas e maior controle das perícias médicas. Esse maior controle pode ser identificado na queda dos benefícios emitidos a partir de 2007, que levou à redução desse gasto de R$ 21,7 bilhões (0,71% do PIB) em 2006 para R$ 19,3 bilhões (0,49%) em 2010.

Como essa despesa se estabilizou em um patamar elevado, ainda haveria espaço para novas reduções. O montante do que pode ser economizado é incerto, dada a crescente formalização da mão de obra, que aumenta o universo de trabalhadores que passam a ter direito a esse benefício (exigência de contribuição previdenciária de no mínimo 12 meses). De qualquer forma, o caso do auxílio (doença, reclusão e acidente) é uma amostra de que medidas administrativas são também importantes para explicar a dinâmica dos gastos do INSS.[16]

Outra medida conjuntural que afeta o valor dos gastos do INSS é a política de valorização do salário mínimo. O crescimento do salário mínimo real no Brasil é expressivo, como mostra o gráfico 12. Em janeiro de 2000, o salário mínimo (a valores de 2011) era de R$ 293,55 e, em setembro de 2011, o salário mínimo real chegou a R$ 545, o que representa um crescimento de 86%. Como o salário mínimo é o piso-base dos benefícios pagos pelo INSS, uma parcela considerável do crescimento dos gastos do INSS decorreu da política

---

[16] Ao que parece, o crescimento dos gastos do INSS com auxílios (doença, reclusão e acidente) voltou a ser importante em 2011. De janeiro a setembro de 2011, a emissão de auxílios-doença aumentou em 16%, ante um crescimento de apenas 4,6% no mesmo período do ano passado em relação a 2009. Isso pode explicar a tentativa do governo de modificar o cálculo do auxílio-doença por meio da Medida Provisória nº 529/2011, convertida na Lei nº 12.470/2011, que trata das contribuições previdenciárias dos microempreendedores individuais. Essa tentativa foi, porém, abortada por acordo de lideranças na Câmara dos Deputados em julho de 2011.

de valorização do salário mínimo, que é uma "decisão voluntária" de política econômica, ainda que sujeita ao *lobby* dos grupos organizados que mais se beneficiam dessa política.

GRÁFICO 12. SALÁRIO MÍNIMO REAL — 1995-SET. 2011

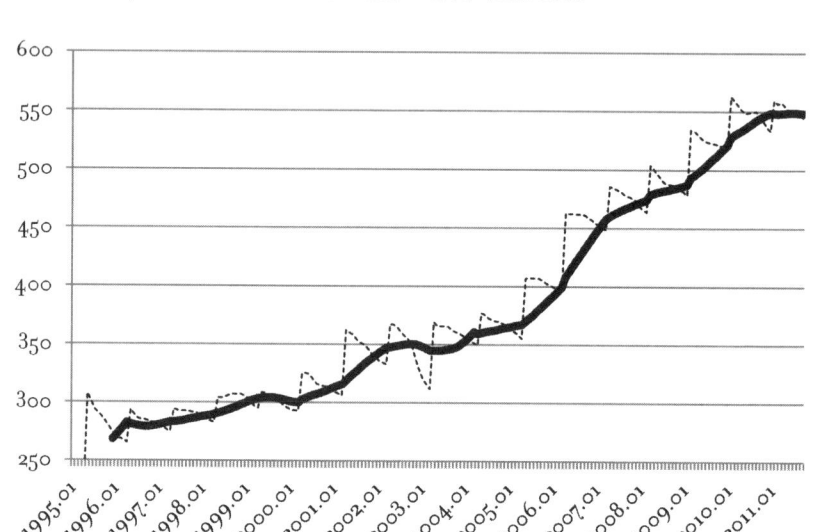

Fonte: Ipeadata.

Se, por um lado, o crescimento real do salário mínimo tem impacto positivo na demanda agregada, por outro, esse crescimento puxa o gasto público. Por exemplo, de acordo com as estimativas oficiais do Projeto de Lei de Diretrizes Orçamentárias de 2012, cada R$ 1 a mais de reajuste do salário mínimo ocasiona um aumento na despesa pública de R$ 306 milhões, dos quais R$ 194,7 milhões representam o aumento do déficit do Regime Geral de Previdência Social (RGPS).

É fácil calcular o impacto fiscal da política de valorização do salário mínimo em vigor. Tal política estabelece que o salário mínimo no ano T será reajustado de acordo com o crescimento real do PIB de T-2, mais a inflação (INPC) de T-1. Para 2012, com o reajuste nominal esperado de 14%, o impacto do crescimento do salário mínimo nas contas públicas será de R$ 23,3 bilhões.

Para 2013 e 2014, se o crescimento do PIB real ficar em 4,5% e a inflação no centro da meta (4,5%), o salário mínimo passará de R$ 545, em 2011, para R$ 740,91 em 2014, último ano do mandato da presidenta Dilma Rousseff. Pelos parâmetros da LDO de 2012, isso representará um crescimento da despesa primária acumulada em três anos (2012, 2013 e 2014) de R$ 60 bilhões, sendo R$ 38 bilhões o crescimento do déficit do INSS decorrente apenas da política atual de valorização do salário mínimo, sem se computar o crescimento do gasto decorrente do crescimento do número de aposentados.

A decisão quanto à velocidade do reajuste do salário mínimo é política, não havendo uma política ótima de reajuste do mínimo. No entanto, não há como controlar o crescimento do gasto público e do gasto do INSS caso os reajustes do salário mínimo real continuem ocorrendo à mesma velocidade dos últimos anos. Como já mostrado, a regra atual de reajuste do salário mínimo implicará um crescimento da despesa de R$ 20 bilhões ao ano no período 2012-2014.

Em resumo, apesar das mudanças institucionais ocorridas desde 1998 no RGPS, tais mudanças foram mais do que compensadas por problemas estruturais (regra na concessão de pensões) e por fatores conjunturais (auxílio-doença e política de valorização do salário mínimo), que contribuíram para que a despesa do INSS passasse de 5,5% para 7% do PIB entre 1999 e 2010. Não há expectativa de redução desses gastos, dada a regra atual de reajuste do salário mínimo e a manutenção das regras atuais para aposentadorias e pensões no Brasil. Além disso, preocupa o fato de que está terminando o bônus demográfico no Brasil e, assim, a partir de 2020 haverá uma pressão adicional nos gastos do INSS decorrente do envelhecimento da população.

Dessa forma, é muito provável que seja efetuado algum tipo de reforma no RGPS (INSS) e no Regime Próprio dos Servidores Públicos (RPPS) nos próximos anos, dependendo a extensão dessa reforma, entre outras coisas, do debate político e do agravamento da questão fiscal, que, desde 1999, se sustenta pela excepcional capacidade do Brasil de aumentar sua arrecadação graças, em parte, ao *boom* de *commodities*, que propiciou ganhos nos termos de troca da economia brasileira no século atual.

Gastos sociais: crescimento voluntário ou descontrole?

Depois dos gastos do INSS, a despesa que mais cresceu de 1999 a 2010 (ver tabelas 2 e 3) foram os gastos sociais, cujo aumento no período foi de quase R$ 60 bilhões (valores de 2011). Entende-se por gastos sociais todas as despesas de custeio das funções 8 (assistência social) e 11 (trabalho). No caso da assistência social, os dois principais programas são os desembolsos para o Benefício de Prestação Continuada da Loas e as transferências de renda do Bolsa Família; no caso da função trabalho, o programa mais importante é o pagamento do abono salarial e do seguro-desemprego.

Todos os demais programas chamados de "sociais", como, por exemplo, o programa de erradicação do trabalho infantil, a aquisição de alimentos da agricultura familiar, a proteção social básica etc., estão agrupados nas tabelas 7 e 8, na categoria "Outros". Esses programas não correspondem nem a 5% do custeio total dos gastos sociais, que, como já apontado, são dominados pelos programas de transferência de renda: Loas, seguro-desemprego + abono salarial e Bolsa Família.

Dado o forte crescimento do gasto social desde 1999, em especial ao longo dos oito anos de governo do presidente Luiz Inácio Lula da Silva (2003-2010), uma pergunta relevante é até que ponto o crescimento desses programas de transferência de renda decorreu de "decisões voluntárias" de política de governo e até que ponto foi fruto de eventos inesperados. Ao que parece, essas duas causas foram importantes.

No caso do Bolsa Família, o crescimento do programa decorreu de uma decisão voluntária do governo. Este é um programa barato — 0,37% do PIB — e um dos programas sociais mais eficazes e eficientes no combate à pobreza, já que é muito focalizado (Barros, 2007). No entanto, como lembra Souza (2011:181), seu maior mérito é que a política social de transferência chega aos mais pobres, mas o programa não tem sido muito efetivo em estimular a acumulação de capital humano por parte das novas gerações.

TABELA 7. CUSTEIO SOCIAL — PROGRAMAS (R$ BILHÕES DE 2011)

	2002	2006	2010
Despesas do FAT	14,3	19,9	32,3
Loas/RMV	9,0	14,9	23,7
Bolsa Família	0,0	9,5	14,4
Outros	2,0	3,1	3,4
Total	25,27	47,52	73,83

Fonte: Siafi.

TABELA 8. CUSTEIO SOCIAL — PROGRAMAS (% DO PIB)

	2002	2006	2010
Despesas FAT	0,54	0,65	0,80
LOAS	0,34	0,49	0,59
Bolsa-Família	0,00	0,31	0,36
Outros	0,06	0,06	0,05
Total	0,95	1,52	1,80

Fonte: Siafi.

Segundo Souza (2011:177), quando se compara uma criança que recebia Bolsa Escola em 2000 (programa precursor do Bolsa Família) e que continuou a receber transferências por oito anos consecutivos (dos sete aos 14 anos) com outra criança que não recebeu transferência de renda, aos 15 anos, a criança que recebeu o Bolsa Escola (ou o Bolsa Família) teria apenas 0,2 ano de escolaridade a mais. Ou seja, embora o Bolsa Família seja um programa barato e bem focalizado, parece não ter impacto significativo na formação de capital humano e, dados os valores baixos, não tem também grande impacto na redução da pobreza.

Contudo, como o Bolsa Família é um programa bem focalizado, seria um mecanismo muito mais eficiente do que aumentos do salário mínimo tanto para reduzir a desigualdade de renda quanto para reduzir a extrema pobreza. Barros (2007), por exemplo, mostra que o Bolsa Família é 2,4 vezes mais efetivo que o salário mínimo para elevar a renda dos 40% mais pobres, quase cinco vezes mais efetivo para elevar a renda dos 20% mais pobres e cerca de 10 vezes mais efetivo para elevar a renda dos 10% mais pobres. Quanto à desigualdade de renda, aumentos do Bolsa Família concentram-se na renda dos 40% mais pobres, enquanto aumentos do salário mínimo impactam mais as famílias situadas no meio da distribuição de renda. Assim, aumentos do Bolsa Família são também mais efetivos que os do salário mínimo para reduzir a desigualdade de renda.

As razões para esse maior efeito do Bolsa Família na redução da desigualdade e da pobreza são simples. Primeiro, os trabalhadores formais e informais que ganham salário mínimo ou valores próximos ao mínimo não pertencem às famílias mais pobres. Apenas 15% desses trabalhadores se encontram entre os 20% mais pobres. Segundo, apesar de o salário mínimo ser o piso da previdência, apenas 15% dos idosos brasileiros, segundo Barros (2007), vivem em famílias pobres, ao contrário de 60% das crianças que vivem nessas famílias.

O problema é que programas de transferência de renda não bastam para combater efetivamente a pobreza em todas as suas dimensões, como destacado por Souza (2011), que propõe o uso do cadastro único como um meio de ampliar outras ações sociais direcionadas às famílias pobres. Um problema maior no que diz respeito à eficiência dos gastos sociais é o que ocorre com o seguro-desemprego, que não para de crescer, apesar da queda da taxa de desemprego e do crescimento da formalização.

O inesperado crescimento do seguro-desemprego

Nos últimos anos, o mercado de trabalho brasileiro vem apresentando saldo líquido de contratações e diminuição da taxa de desemprego. Em julho de 2011, segundo a Pesquisa Mensal do Emprego (PME) do IBGE, a taxa de desemprego era de 6%, em comparação aos 11,9% de julho de 2002. Essa queda do desemprego foi acompanhada também do crescimento da formalização. De acordo com dados do MTE, de 2002 até julho de 2011, o emprego formal aumentou em

13,2 milhões (saldo líquido de contratações do Caged). Assim, as estatísticas do mercado de trabalho têm sido bastante positivas.

Apesar do comportamento positivo do mercado de trabalho, nesse mesmo período aconteceu algo inesperado em relação ao seguro-desemprego.[17] Os gastos com seguro-desemprego aumentaram e já começam a preocupar, pois, como em vários outros países, essa é uma despesa primária financiada por impostos (ou contribuições, no caso do Brasil). A tabela 9 mostra que, desde 2004, os desembolsos com o seguro-desemprego e o abono salarial não pararam de crescer, apesar da queda da taxa de desemprego.

TABELA 9. SEGURO-DESEMPREGO + ABONO SALARIAL, TAXA DE DESEMPREGO REGIÃO METROPOLITANA E SALDO DE ADMISSÕES (CAGED) — 1997-2010

Anos	Valor R$ bilhões de 2011	Taxa de crescimento %	Taxa de desemprego Dez. %	Saldo de admissões Caged
1997	10,10		-	-35.735
1998	10,09	-0,1%	-	-581.744
1999	10,61	5,1%	-	-196.001
2000	9,53	-10,1%	-	657.596
2001	10,79	13,2%	-	591.079
2002	12,81	18,7%	10,5	762.415
2003	12,64	-1,3%	10,9	645.433
2004	13,73	8,6%	9,6	1.523.276
2005	15,41	12,2%	9,6	1.253.981
2006	19,03	23,5%	8,4	1.228.686
2007	22,38	17,6%	7,4	1.617.392
2008	23,93	7,0%	6,8	1.452.204
2009	30,13	25,9%	6,8	995.110
2010	31,81	5,6%	5,3	2.136.947

Fontes: Siafi, IBGE e Caged.

---

[17] Esse seguro é uma renda para trabalhadores que perdem o emprego. No Brasil, a assistência financeira é concedida em, no máximo, cinco parcelas, de forma contínua ou alternada, a cada período aquisitivo (carência) de 16 meses.

Em 2010, por exemplo, os desembolsos com seguro-desemprego e abono salarial foram, em termos reais, 33% superiores aos desembolsos de 2008, apesar da queda da taxa de desemprego e do recorde de formalização em 2010: saldo de admissões de 2,1 milhões de trabalhadores. A pergunta relevante quando se analisa a dinâmica do seguro-desemprego é entender por que os gastos com seguro-desemprego no Brasil crescem independentemente do ciclo econômico. Há um conjunto de hipóteses para responder a essa pergunta. Primeiro, os dados de contratação da mão de obra do Caged mostram de forma clara que há um aumento não só das admissões, mas também das demissões. Assim, como a taxa de rotatividade da força de trabalho no Brasil é elevada, quanto maior a formalização, maiores serão os desembolsos do seguro-desemprego (gráfico 13).

GRÁFICO 13. ADMISSÕES E DESLIGAMENTOS (CAGED) — 2001-2011

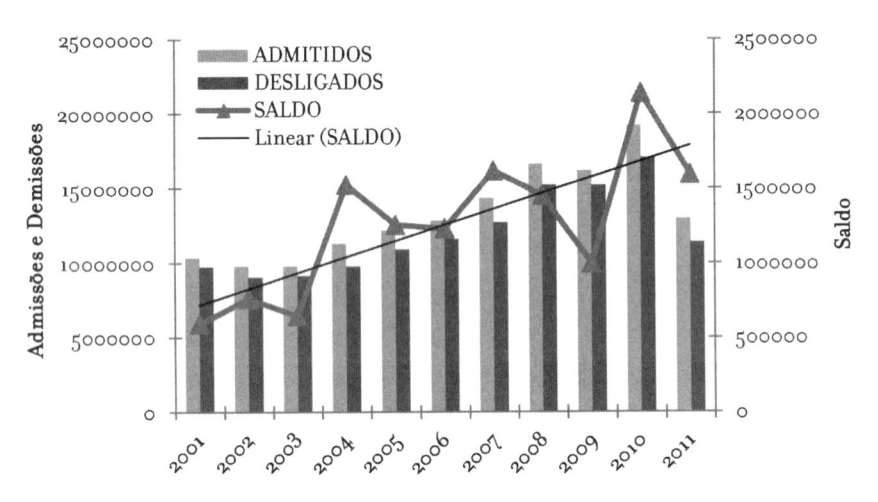

Fontes: Caged, Ministério do Trabalho.

Segundo, dados do Caged também mostram que o aumento da formalização ocorre principalmente no caso de trabalhadores com rendimento mensal de até dois salários mínimos (gráfico 14). Como o abono salarial é um benefício concedido a trabalhadores que ganham até dois salários mínimos e mais de 80%

do total de admissões no mercado de trabalho brasileiro são de trabalhadores que ganham até esse valor, o aumento no número de trabalhadores com carteira registrada leva a um aumento dos desembolsos do FAT com abonos salariais.

GRÁFICO 14. PERCENTUAL DOS TRABALHADORES CONTRATADOS COM RENDIMENTO MENSAL DE 0-2 SMs

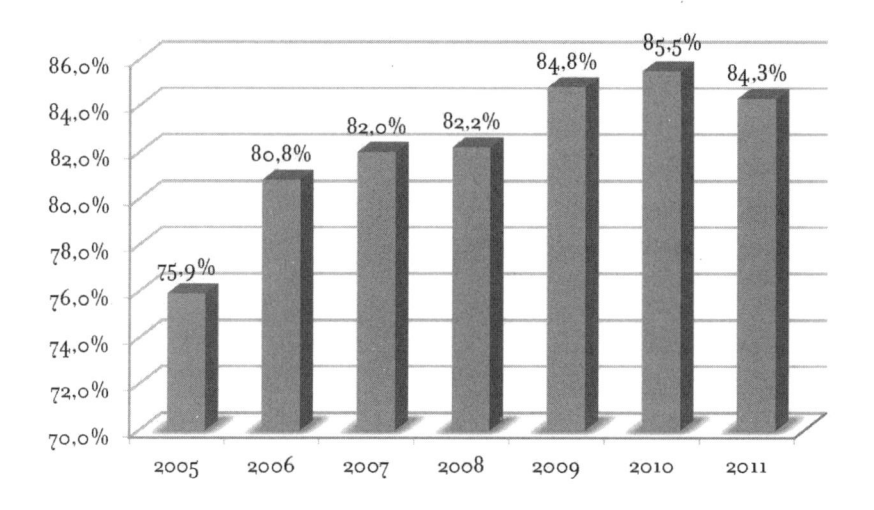

Fonte: Caged/MTE.

Terceiro, os trabalhadores que ganham até dois salários mínimos recebem pouco ou nenhum treinamento das empresas. Assim, quando o mercado de trabalho está muito aquecido, pode ser vantajoso para alguns desses trabalhadores forçarem sua demissão, receberem seguro-desemprego, FGTS, aviso prévio e proporcional de férias e, depois, voltar para o mercado formal (Camargo, 2009). Nesse caso, parte do crescimento do seguro-desemprego decorreria de demissões induzidas pelos próprios trabalhadores.

O fato é que o seguro-desemprego no Brasil não funciona conforme o esperado. Faz-se, pois, necessário um maior controle do programa, além da exigência de contrapartidas, como, por exemplo, que o segurado busque efetivamente um posto de trabalho compatível com sua qualificação e participe de cursos de qualificação.[18] De qualquer forma, uma vez que os desembolsos com seguro-desemprego e abono salarial respondem por 44% do total dos gastos sociais (ver tabela 7), pode-se afirmar que quase metade do que denomino aqui "gasto social" não só não tem qualquer relação com a redução da pobreza, como também tem um custo crescente para o setor público.

Custeio da saúde e da educação: crescimento, escolhas e qualidade dos serviços

Os dados aqui analisados da despesa primária mostram que, desde 1999, as despesas de custeio da saúde e da educação têm acompanhado o crescimento do PIB. Ao longo da série que se estende de 1999 a 2010, o custeio das funções saúde e educação subiu de 1,8% para 2% do PIB, o que representa um crescimento da despesa real de R$ 38 bilhões. Há que se ter dois cuidados na interpretação desses dados. Primeiro, o custeio não representa todo o gasto com educação e saúde. No caso da educação, por exemplo, parcela substancial da despesa diz respeito a gastos com pessoal (professores de universidades federais). Segundo, a parte dos recursos transferidos a estados e municípios que será por eles aplicada nessas funções não está computada nos números acima.

Apesar dessas ressalvas, o crescimento das despesas com o seguro-desemprego, os benefícios previstos na Loas e o programa Bolsa Família contribui para uma expressiva queda na participação do custeio dos programas de educação e saúde no total desses gastos. Em outras palavras, de 1999 a 2010, a política social via transferência de renda ganhou importância em relação ao custeio dos programas de saúde e educação.

---

[18] No Brasil, o número máximo de parcelas do seguro-desemprego é inferior ao que vigora em países desenvolvidos como os EUA (26 semanas) e Alemanha (máximo de um ano para pessoas com menos de 45 anos). Mas, no caso brasileiro, parece não haver qualquer condicionalidade além da carência e do tempo mínimo de carteira de trabalho registrada para que o trabalhador usufrua do benefício. Na verdade, um trabalhador que recebe seguro-desemprego pode ter seu benefício cancelado se recusar outro emprego condizente com sua qualificação e remuneração anteriores. No entanto, não fica claro como o MTE exerce, ou não, esse tipo de controle.

GRÁFICO 15. RELAÇÃO ENTRE O CUSTEIO DOS PROGRAMAS DE EDUCAÇÃO E SAÚDE E DEMAIS GASTOS SOCIAIS

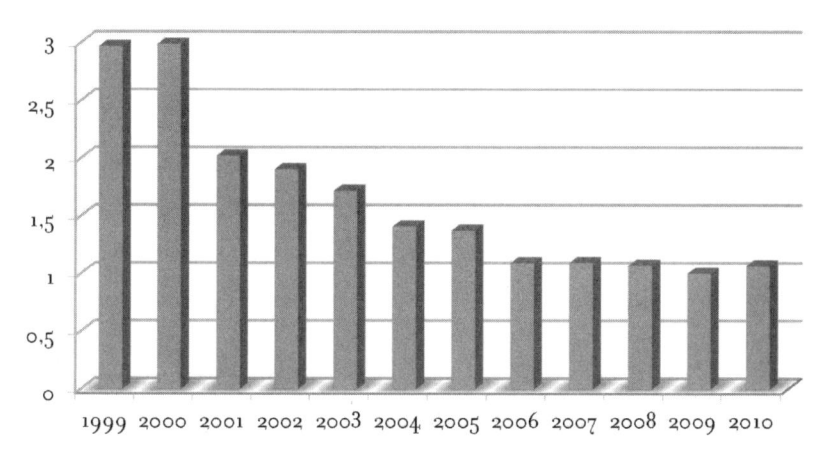

Obs.: Gastos sociais: Despesas do FAT + Loas + Bolsa Família.

É importante destacar, porém, que os gastos com saúde e educação no Brasil não são pequenos, e quando se computa, além do custeio, os gastos com pessoal ativo e investimento, os gastos com saúde do governo federal mantêm sua participação no PIB de 2002 a 2010 e o gasto com educação aumenta (gráfico 16).

GRÁFICO 16. DESPESA TOTAL DO GOVERNO FEDERAL COM SAÚDE E EDUCAÇÃO (PESSOAL ATIVO + CUSTEIO + INVESTIMENTO) — 2002-2010 (% DO PIB)

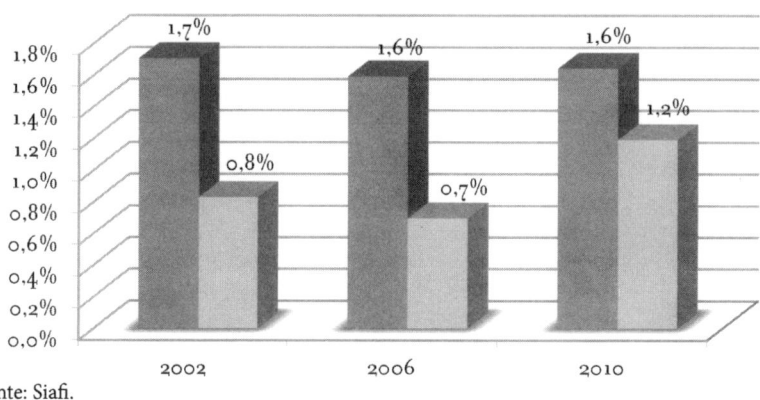

Fonte: Siafi.

Vários problemas dos gastos com educação e saúde no Brasil não são visíveis quando se olha apenas o dado agregado do gasto. No caso da educação, Veloso (2011) e Tafner e Carvalho (2011) mostram que, no Brasil, o gasto com alunos no ensino superior — gasto público por aluno em relação ao PIB *per capita* — é proporcionalmente maior do que em outros países, enquanto o gasto por aluno nos ensinos fundamental e médio é menor. Em relação à qualidade, a universalização da educação na década de 1990 foi seguida por forte queda na qualidade, e os alunos brasileiros estão entre os piores avaliados em testes internacionais como o Programme for International Student Assessment (Pisa). Apesar dos problemas, muito se avançou na agenda de avaliação da qualidade da educação no Brasil com o Exame Nacional do Ensino Médio (Enem) em 1998, a prova Brasil em 2005 e com o Índice de Desenvolvimento da Educação Básica (Ideb) em 2007.

Há três consensos em relação aos gastos com educação no Brasil. Primeiro, o país não gasta pouco. O setor público gasta com educação pouco mais de 5% do PIB, o que estaria até um tanto acima do esperado dado o nível de renda *per capita* no Brasil (Veloso, 2011:235-237). Segundo, não se sabe exatamente a melhor forma de melhorar o gasto com educação no Brasil, já que existem várias formas de aumentar a eficiência do gasto, como *charter schools, vouchers*, recrutamento de professores entre os melhores alunos das universidades, programas de educação integrados com programas de saúde, esportes etc. Menezes (2011) sugere, por exemplo, que o governo implemente uma série de projetos pilotos e faça avaliações para decidir em que programa, ou programas, o Estado deveria se concentrar para melhorar a qualidade da educação. Terceiro, há consenso também quanto ao fato de que o Brasil ainda investe pouco na pré-escola, fundamental para melhorar o aprendizado de crianças de famílias de baixa renda, e de que o nosso ensino médio segue um modelo único voltado excessivamente para quem pretende ingressar no ensino superior (Schwartzman, 2011).

No caso dos gastos com saúde, ocorre algo semelhante aos gastos com educação. Dado o nível de renda *per capita* brasileiro, o gasto público *per capita* com saúde no país está de acordo com o esperado considerando-se a média mundial (Medici, 2011:44-45). Mas, no Brasil, gasta-se muito com procedimentos complexos e pouco com programas de prevenção, como o Programa de Saúde da Família.[19] Um dado que mostra o problema da equidade de acesso aos serviços de saúde no Brasil é a participação crescente de medicamentos excepcionais para tratamento de doenças mais complexas. Isso ocorre, segundo Medici (2011:63-65) porque os usuários de serviços privados de saúde acabam fazendo procedimentos de exames mais complexos na rede pública, já que, muitas vezes, os médicos que atendem na rede privada, credenciados por planos de saúde privados, são os mesmos que trabalham no Sistema Público de Saúde.

GRÁFICO 17. EVOLUÇÃO DOS GASTOS COM MEDICAMENTOS DO MINISTÉRIO DA SAÚDE — 2003-NOV. 2011 (R$ MILHÕES CORRENTES)

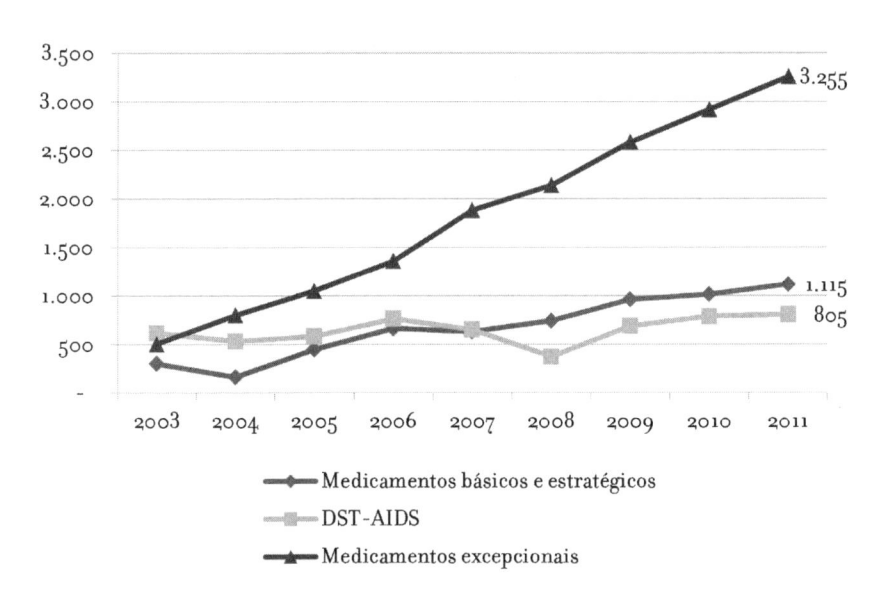

──◆── Medicamentos básicos e estratégicos
──■── DST-AIDS
──▲── Medicamentos excepcionais

---

[19] O gasto *per capita* com saúde no Brasil supera em mais de três vezes o gasto *per capita* chinês. No entanto, os indicadores de expectativa de vida e mortalidade infantil são semelhantes, o que mostra que a China parece ser mais eficiente do que o Brasil, por concentrar seus gastos em ações de prevenção. Ver Thomas (2005:172-173).

Em 2003, a soma dos gastos com medicamentos básicos e estratégicos se assemelhava ao gasto com medicamentos excepcionais (R$ 500 milhões). Desde então, a trajetória de crescimento desses gastos ficou diferente, com o predomínio da compra de medicamentos excepcionais, que, até novembro de 2011, correspondeu a um gasto (R$ 3,2 bilhões) quase três vezes maior do que a despesa com medicamentos básicos e estratégicos, essenciais para atender à saúde das famílias de menor poder aquisitivo.

Além disso, como o SUS no Brasil é universal e integral, há uma crescente judicialização dos gastos com saúde, o que prejudica o planejamento e o funcionamento eficiente do sistema. De 2005 a 2010, os valores gastos pelo Ministério da Saúde para cumprir decisões judiciais que determinavam o fornecimento de medicamentos de alto custo aumentaram em mais de 5.000%. Em 2005, foram gastos R$ 2,24 milhões contra R$ 132,58 milhões em 2010, devido a decisões judiciais em que a União foi citada em 3,4 mil ações (Bassette, 2011). O grande problema com esses procedimentos é que são mais utilizados por famílias de classe média usuárias de planos privados e a judicialização ocasiona compras de medicamentos em lotes menores, o que aumenta o custo para o SUS.

É importante destacar que os gastos com medicamentos decorrentes de judicialização pesam muito mais nos orçamentos dos estados. Segundo Bassette (2011), "quando alguém decide entrar com uma ação para receber um remédio pode acionar qualquer esfera de governo: municipal, estadual ou federal. Como as prefeituras têm menos recursos, em geral, os advogados processam o estado onde o paciente mora. As ações contra a União são mais raras porque tendem a ser mais demoradas". Apenas o governo de São Paulo, por exemplo, gasta com a compra de medicamentos decorrente de ações judiciais algo como R$ 57 milhões por mês ou cerca de R$ 700 milhões por ano. Tal como na educação, parece haver a necessidade de mais recursos para gastar com a saúde, mas, nas condições atuais, um orçamento maior sem as reformas necessárias pode se transformar em mais desperdício.

Um ponto adicional que será destacado mais adiante, baseado em Tafner e Carvalho (2011), é que, devido às mudanças demográficas já em curso, o gasto com saúde no Brasil deverá continuar se expandindo. Antes, porém, de entrar nessa discussão sobre o crescimento dos gastos na próxima década, convém examinar o comportamento do investimento público, um dos grandes desafios para o crescimento da economia brasileira e para a redução do chamado "custo Brasil".

O desafio do investimento público

Uma das surpresas desagradáveis da análise das contas públicas feitas neste capítulo foi o baixo crescimento do investimento público. De 1999 a 2010, o investimento público aumentou em R$ 38,6 bilhões, o que corresponde a uma média anual de crescimento de apenas R$ 3,5 bilhões. Nesse período, o crescimento do investimento público foi de 0,8 ponto percentual do PIB, mas como 1999 foi um ano atípico, dado o estabelecimento do superávit primário em 3,25% do PIB, quando comparado com o final do governo Fernando Henrique Cardoso, o crescimento do investimento público de 2002 a 2010 foi de apenas 0,3 ponto percentual do PIB, valor um pouco superior ao crescimento do seguro-desemprego.

Gobetti (2010) calculou o comportamento do investimento público em todos os níveis de governo e nas estatais federais de 1995 a 2009. De acordo com o autor, o investimento público (sem as estatais) passou de 2,05% em 1995 para 2,48% do PIB em 2009. Quando se incluem as estatais federais, o crescimento do investimento público é um pouco maior (de 0,7 ponto percentual do PIB), mas ainda pequeno se comparado ao crescimento da despesa primária nesse período (3,5 pontos percentuais do PIB).

Em trabalho recente, Frischtak e Chateaubriand (2011) calcularam os investimentos público e privado de 2001 a 2010 em infraestrutura. Segundo os autores, os investimentos totais em infraestrutura nesse período oscilaram em torno de 2-2,5% do PIB (exceto em 2001), muito abaixo do patamar mínimo necessário para evitar sua degradação, estimado em 3% do PIB. Segundo Frischtak e Chateaubriand, no caso brasileiro, tanto o investimento público quanto o privado em infraestrutura são baixos.

TABELA 10. INVESTIMENTO PÚBLICO — 1995-2009 (UNIÃO, ESTADOS, MUNICÍPIOS E ESTATAIS)

Anos	União (A)	Estados e municípios (B)	FBCF da adm. pública (C)	[C] (% do PIB)	Estatais federais (D)	FBCF do setor público (E = C + D)	[E] (% do PIB)
1995	2.710	11.776	14.486	2,05	11.446	25.932	3,67
1996	2.991	15.366	18.357	2,18	12.338	30.695	3,64
1997	3.700	14.290	17.990	1,92	14.175	32.165	3,42
1998	4.147	19.425	23.572	2,41	13.124	36.695	3,75
1999	2.857	13.695	16.552	1,55	8.366	24.918	2,34
2000	2.781	17.483	20.264	1,72	9.283	29.547	2,51
2001	5.398	19.128	24.525	1,88	11.212	35.737	2,74
2002	6.590	26.328	32.918	2,23	16.591	49.509	3,35
2003	3.270	22.992	26.263	1,54	18.665	44.928	2,64
2004	4.055	27.719	31.774	1,64	19.695	51.468	2,65
2005	7.005	28.655	35.660	1,66	21.827	57.487	2.68
2006	8.935	37.899	46.834	1,98	23.371	70.205	2,96
2007	11.459	37.233	48.692	1,83	29.125	77.817	2,93
2008	13.673	55.269	68.942	2,29	42.637	111.579	3,71
2009*	19.873	57.719	77.592	2,48	59.841	137.433	4,38
Taxas médias por período de governo (% do PIB)							
FHC 1				2,14			3,62
FHC 2				1,85			2,73
Lula 1				1,70			2,73
Lula 2				2,20			3,68

Fonte: Gobetti (2010).
* Estimativa preliminar para estados e municípios considerando RREO de outubro de 2009.

Por que o investimento público é tão baixo no Brasil? O problema é de falta de recursos ou de falta de capacidade para executar obras de investimento? Não há uma resposta simples para essa pergunta, mas parece que nossa baixa capacidade de investimento não está ligada apenas à falta de recursos. No caso da execução direta do investimento público, Almeida (2009) mostra que, em obras de orçamento elevado, acima de R$ 1 bilhão, é comum os gestores apontarem problemas de licitação e de auditoria como entraves ao investimento. Mas quando se investigam as causas dos fatores que limitam a execução do investimento público sem controlar pelo orçamento dos projetos, a não disponibilidade financeira de recursos decorrente de contingenciamento no início de cada ano parece importante.

Há ainda dois problemas relativos à execução do investimento público. Primeiro, grande parte da execução do investimento público decorre da execução dos Restos a Pagar (RAP). Tradicionalmente, mais da metade da execução do investimento público corresponde ao pagamento de RAPs de anos anteriores. Alguns analistas acreditam que isso não seja um problema, pois o governo federal iniciaria o ano já com recursos empenhados do ano anterior para dar continuidade aos projetos de investimento. Porém, do ponto de vista microeconômico, todos os anos os deputados e senadores discutem prioridades para o ano seguinte no orçamento, que, na verdade, pode simplesmente não se transformar em investimento ou ter sua execução adiada por um ou mais anos de acordo com a discricionariedade do governo federal.

O gráfico 18 mostra que, a partir de 2006, a parcela do orçamento do ano na execução do investimento público perdeu importância e, nos últimos três anos (2008, 2009 e 2010), a execução dos RAPs passaram a ter importância maior do que o orçamento do ano para o investimento, ou seja, a execução do investimento público deixou cada vez mais de refletir as prioridades decididas por ocasião do projeto de lei orçamentária do ano.

O segundo problema relativo ao investimento público são os empréstimos crescentes do Tesouro Nacional ao BNDES sem que o Tesouro tenha elevado sua poupança para capitalizar o banco. Normalmente, o governo pode elevar o investimento público diretamente ou fazê-lo indiretamente por meio de concessões, como fez com as hidrelétricas da região Norte e pretende fazer com alguns aeroportos. Nesse caso, o governo ajuda indiretamente os grupos privados responsáveis pelo investimento mediante a concessão de empréstimos de longo prazo mais baratos pelo BNDES. Embora a parcela maior da participação do BNDES no financiamento de obras de infraestrutura seja uma decisão legítima do governo, o que preocupa é o crescente volume de empréstimos do Tesouro Nacional ao BNDES, financiados por meio de emissão de dívida, e o impacto dessas emissões no crescimento da dívida líquida do setor público (DLSP) devido ao diferencial de juros, como explico mais adiante.

GRÁFICO 18. EXECUÇÃO DO INVESTIMENTO PÚBLICO E PERCENTAGEM DO ORÇAMENTO DO ANO E RESTOS A PAGAR — 2002-2010 (R$ BILHÕES DE 2011)

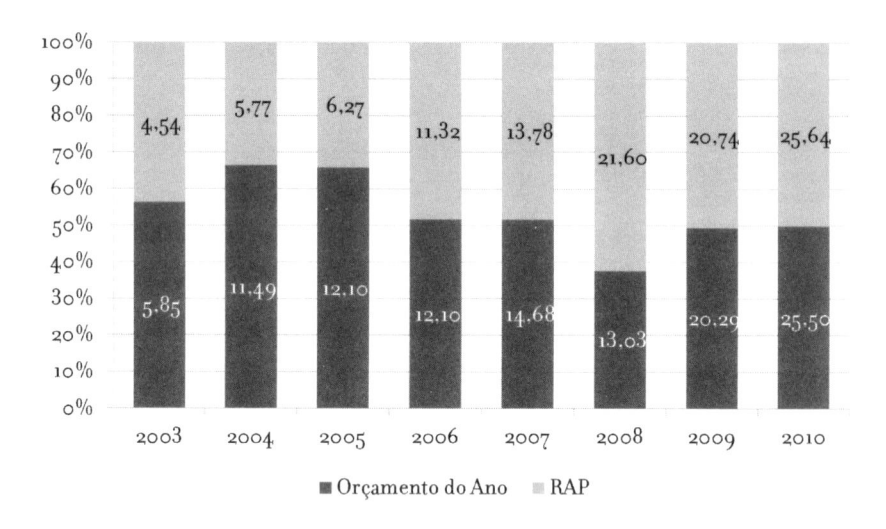

Fonte: Siga Brasil.

Em resumo, apesar do forte crescimento da despesa primária, o investimento público do governo federal cresceu pouco desde 2002 e, em 2010, atingiu seu maior valor dos últimos 11 anos: 1,3% do PIB. Como já alertei, além de o investimento público no Brasil ser relativamente baixo diante do forte crescimento da despesa primária observado desde o início da década de 1990, mais da metade da execução do investimento são RAPs — quase um orçamento paralelo. Adicionalmente, parece que o governo tem sido mais efetivo em contribuir para o aumento da taxa de investimento via empréstimos do Tesouro Nacional ao BNDES do que via aumento direto do investimento público. O problema desse mecanismo, contudo, com abordarei a seguir, é que essa forma de financiamento não é sustentável para aumentar a taxa de investimento.

A dinâmica dos Restos a Pagar: eficiência ou truque contábil?

Vimos que mais da metade da execução do investimento público é, na verdade, execução de recursos orçamentários de anos anteriores, denominados Restos a Pagar. Mas a execução de RAPs está longe de ser uma prática exclusiva do orçamento de investimento público. Essa prática vem afetando de forma crescente também as despesas de custeio, como veremos. De início é preciso diferenciar os diversos tipos de RAPs.

Dois tipos de RAPs dependem da fase da execução da despesa pública. O gasto público passa por várias fases: gasto planejado, autorizado, empenhado, liquidado e pago. Quando a despesa pública é empenhada e liquidada, o serviço que deu origem a esse gasto já foi efetuado e reconhecido pelo ordenador de despesas, faltando apenas o desembolso efetivo do dinheiro. Nesse caso, se o serviço já foi reconhecido (liquidado), mas ainda não foi pago, no ano seguinte essa despesa liquidada do ano anterior e não cancelada se transforma em Restos a Pagar processados.

Por sua vez, algumas despesas autorizadas tiveram o recurso orçamentário para a sua execução devidamente empenhado, mas por algum motivo o serviço não foi efetuado ou a obra pública não foi entregue na sua totalidade. Nesse caso, quando a execução da obra ou serviço ainda não foi reconhecida pelo ordenador de despesas, mas seu empenho não foi cancelado e, sim, transferido para ser executado no ano seguinte, chama-se esse tipo de despesa (recursos empenhados, mas a despesa não foi liquidada ou paga) de Restos a Pagar não processados. O aumento do saldo dos RAPs processados e não processados é mostrado no anexo 1. Tratarei aqui da análise dos valores dos RAPs não cancelados e efetivamente pagos no exercício do ano seguinte.

Um dos debates quanto ao uso de RAPs refere-se à possibilidade de o governo utilizar esse instrumento para, temporariamente, não pagar despesas devidas em um ano e, assim, inflar o resultado primário planejado naquele ano. Como a apuração do superávit primário no Brasil se dá pelo regime de caixa, despesas que ocorreram, mas não foram pagas, podem ajudar o governo a cumprir sua meta fiscal. Esse é o caso, principalmente, dos RAPs processados, uma vez que a despesa já ocorreu, mas ainda não foi paga, não afetando, assim, a despesa primária. Além disso, a dívida do governo com seus fornecedores classificada como "Restos a Pagar" é considerada uma dívida flutuante que não entra na contabilidade da DLSP. Assim sendo, o aumento do saldo dos RAPs processados não afeta o cálculo do resultado primário pela variação da DLSP, ou, como se fala no jargão da contabilidade pública, no cálculo do resultado primário pelo "abaixo da linha", isto é, pela ótica do financiamento.

O gráfico 19 mostra o comportamento do pagamento de RAPs processados a valores atualizados de julho de 2011. De 2003 a 2010, destacam-se os anos de 2004, 2009 e 2010, quando os pagamentos desse tipo de RAP parecem ter crescido sensivelmente. No caso de 2009 e 2010, houve uma mudança na forma de contabilizar os gastos previdenciários pelo Siafi, que passou a considerar o pagamento da última folha do ano em janeiro do ano seguinte como o pagamento de RAPs processados. Mas essa mudança não teve impacto na forma de cálculo do gasto primário.

O mesmo, porém, não pode ser dito da elevada execução de RAPs processados em 2004 (R$ 8,6 bilhões), que foram despesas liquidadas em 2003, mas pagas apenas em 2004 para evitar seu impacto no resultado primário de 2003, ano em que o governo federal elevou a meta do superávit primário em 0,5 ponto percentual do PIB, de 3,75% para 4,25%. Esse aumento na postergação do pagamento de despesas liquidadas equivaleu à metade do esforço adicional de economia do setor público (0,25% do PIB) em 2003. Desde então, não parece que o governo tenha feito uso de "truques contábeis" com esse tipo de RAP.[20]

---

[20] Em 2009 e 2010, por exemplo, se retirarmos da execução de RAPs processados o pagamento de despesas previdenciárias — uma mudança que não afetou o cálculo do primário, como já explicado —, o pagamento anual em 2009 e 2010 foi de, respectivamente, R$ 2,8 bilhões e R$ 3,9 bilhões, valores próximos da média de pagamentos de 2005 a 2008, que foi de R$ 2,8 bilhões em valores correntes.

GRÁFICO 19. PAGAMENTO ANUAL DOS RAPs PROCESSADOS
(R$ MILHÕES, JUL. 2011)

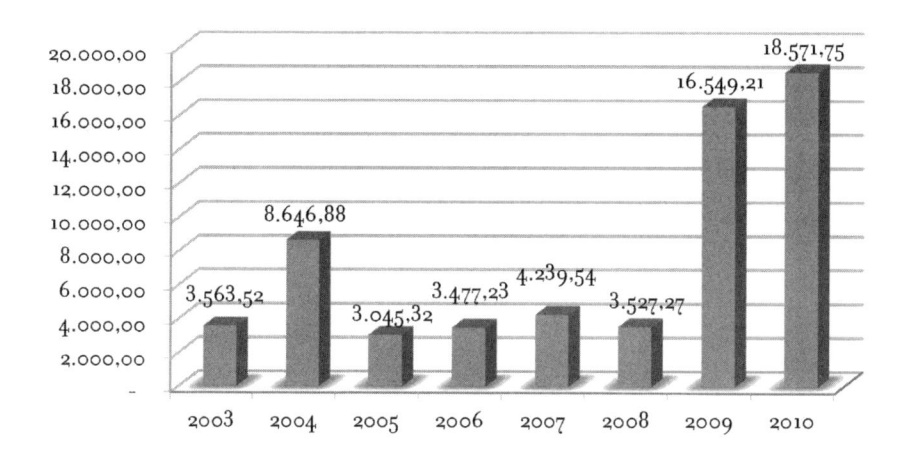

Fonte: Siga Brasil.
Obs.: Em 2009 e 2010 a execução dos RAPs processados passou a incluir a última folha do ano da previdência social.

No debate sobre a postergação do pagamento de despesas como forma de aumentar artificialmente o resultado primário, o único conceito que deve causar preocupação é o de RAPs processados, já que apenas nesse caso a despesa de fato já ocorreu. No caso dos RAPs não processados, a despesa ainda não foi liquidada, apenas o recurso para financiar tal despesa foi empenhado. Mas nem sempre é assim. É muito difícil separar dois tipos de situações: a) a situação na qual uma obra ou serviço ainda está em uma fase muito inicial de execução e teve seu dinheiro empenhado e não cancelado no final do ano, um exemplo legítimo de RAP não processado; e b) a situação na qual a obra ou serviço já foi quase totalmente executado ao longo do ano, mas o ordenador da despesa ainda não reconheceu que o serviço ou a obra pública foi entregue. Nesse caso, o empenho que ficou para ser liquidado e pago no ano seguinte também é classificado como RAP não processado, apesar de (a) e (b) refletirem situações completamente diferentes.

A grande dúvida em relação à execução recente dos RAPs não processados é até que ponto há atrasos voluntários de liquidações de serviços já prestados e obras públicas já executadas para postergar o pagamento de um serviço já executado. É bem possível que isso esteja acontecendo, dado o elevado aumento dos pagamentos de RAPs não processados, tanto de despesas de custeio quanto de despesas de investimento, desde 2005. No total, os pagamentos de RAPs não processados passaram de uma média de R$ 7,2 bilhões em 2003 e 2004 para R$ 44 bilhões em 2010 (gráfico 20). Se, para alguns, o aumento da execução de RAPs não processados pode ser eficiente do ponto de vista macro por facilitar o andamento de obras de investimento já iniciadas, por outro, esse tipo de despesa pode esconder, como explicado, um atraso na liquidação de despesas já executadas.

GRÁFICO 20. PAGAMENTO ANUAL DE RAPs NÃO PROCESSADOS (R$ MILHÕES, JUL. 2011)

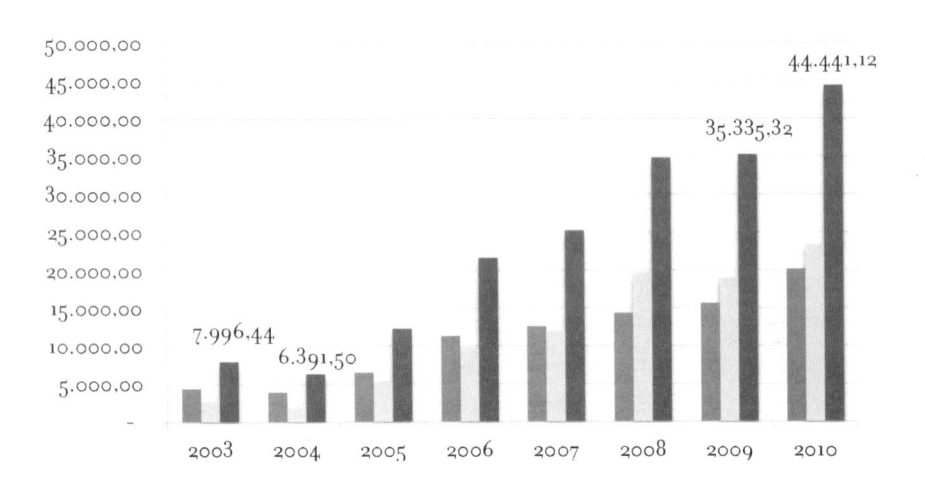

Fonte: Siga Brasil.

Posso ser mais específico ainda e abrir as despesas de custeio e de investimento que dão origem aos elevados valores de RAPs não processados que acabo de mostrar. Para simplificar, concentrei a análise apenas no ano de 2010, mas o padrão para os demais anos não é muito diferente. No caso do investimento, a execução dos RAPs não processados em 2010 concentrou-se nos seguintes ministérios: a) Ministério dos Transportes (R$ 6,3 bilhões); b) Ministério das Cidades (R$ 2,9 bilhões); c) Ministério da Educação (R$ 2,7 bilhões); d) Ministério da Integração Nacional (R$ 2,6 bilhões); e) Ministério da Defesa (R$ 2 bilhões); e f) Ministério da Saúde (R$ 1,2 bilhão).[21] Em 2010, esses seis ministérios investiram R$ 38,3 bilhões, tomando 46% dessa execução (R$ 17,7 bilhões) a forma de pagamentos de RAPs não processados. Isso significa o mesmo que dizer que praticamente metade do investimento público desses seis ministérios não teve como origem as prioridades identificadas no processo orçamentário do ano em questão.

Em certos casos, como se observa no gráfico 21 para os ministérios da Saúde e das Cidades, a execução do investimento do orçamento do ano foi de apenas 30%, correspondendo 70% a pagamentos referentes a RAPs não processados.

GRÁFICO 21. EXECUÇÃO DO INVESTIMENTO EM 2010 (% DO ORÇAMENTO DO ANO E % DO PAGAMENTO DE RAPs NÃO PROCESSADOS)

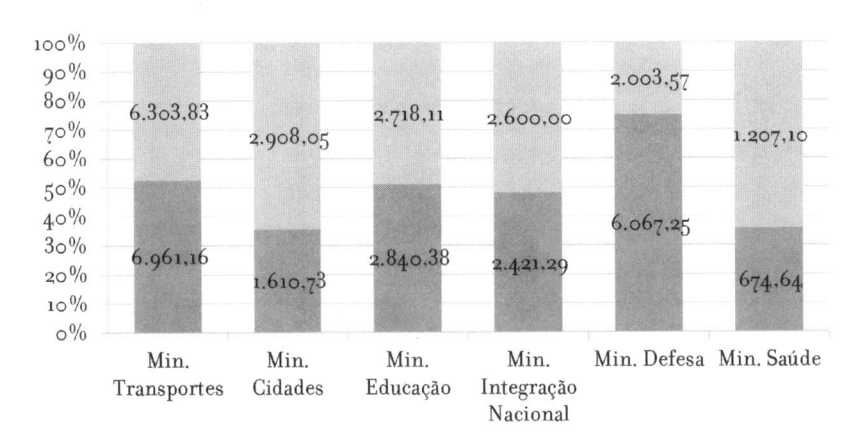

Fonte: Siga Brasil.

---

[21] Valores corrigidos para julho de 2011 pelo IPCA acumulado dos últimos 12 meses.

No caso das despesas de custeio, há também um padrão na execução dos RAPs não processados. Em 2010, quase 80% da execução de RAPs não processados concentraram-se em cinco ministérios: a) Ministério da Fazenda (R$ 6 bilhões); b) Ministério da Saúde (R$ 4,8 bilhões); c) Ministério da Educação (R$ 2,7 bilhões); d) Ministério da Defesa (R$ 1,4 bilhão); e e) Ministério da Cidades (R$ 1,6 bilhão). Mas, no que diz respeito a esses ministérios, é importante destacar dois pontos.

Primeiro, o elevado valor da execução de RAPs não processados do Ministério da Fazenda decorre de um procedimento específico ligado ao recolhimento de impostos. Como as empresas utilizam créditos acumulados de outros tributos, em geral PIS e Cofins, para deduzir débitos do Imposto de Renda, a Secretaria da Receita Federal deveria deduzir esses valores da arrecadação dos outros tributos e adicioná-los à receita do IR. Mas isso não é feito automaticamente, somente depois de alguns meses e sem regra fixa. Portanto, o volume elevado de RAPs não processados pagos pelo Ministério da Fazenda todos os anos é explicado por essa sistemática de correção do recolhimento de impostos, que deveriam ter sido compartilhados desde o seu recolhimento com estados e municípios.

Como se observa no gráfico 22, esses valores são crescentes e há sempre a demanda por parte de estados e municípios para que sejam pagos corrigidos pela Selic. De 2006 a 2010, a média desses pagamentos foi de R$ 5,7 bilhões ao ano, receitas que deveriam ter sido compartilhadas no ano anterior com estados e municípios. Em 2011, até novembro, o pagamento dessas despesas — RAPs não processados de recolhimento de impostos que deveriam ter sido contabilizados como Imposto de Renda — chegou a R$ 10 bilhões, uma receita considerável, que deveria ter sido compartilhada com os entes subnacionais no ano anterior mas permaneceu como receita do governo federal e que, quando compartilhada, não teve seus valores corrigidos pela Selic.

GRÁFICO 22. Execução dos RAPs não processados do Ministério da Fazenda (R$ milhões, jul. 2011)

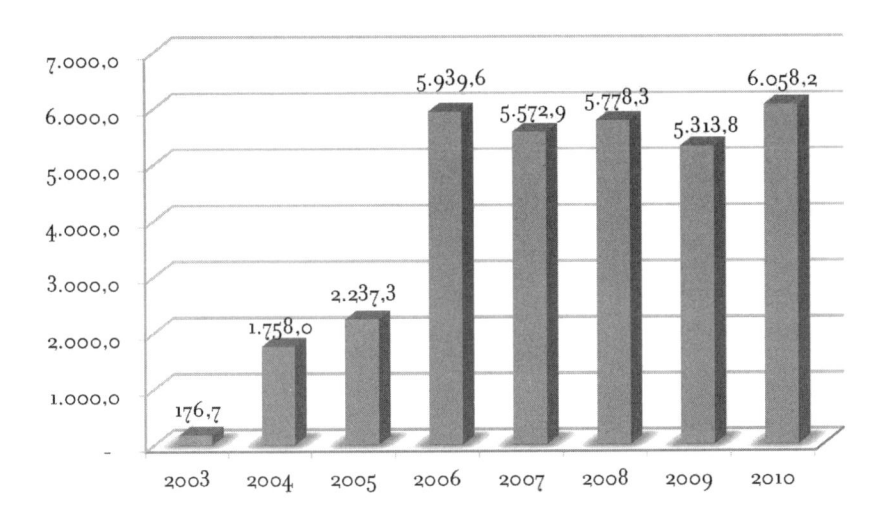

Fonte: Siga Brasil.

Segundo, apesar do pagamento de RAPs não processados do Ministério da Cidade ter sido de apenas R$ 1,6 bilhão em 2010, a tendência dessa conta nos próximos anos é de forte crescimento devido aos pagamentos do programa Minha Casa Minha Vida. As transferências que o governo federal faz para o Fundo de Arrendamento Residencial (FAR), que vai subsidiar a venda de imóveis para famílias de baixa renda, são despesas de custeio e, como a liquidação e o pagamento desses gastos são "pedalados" para o ano seguinte, o saldo e a execução dos RAPs não processados do Ministério das Cidades tendem a aumentar para valores expressivos a partir de 2011. Em 2011, até novembro, por exemplo, o Ministério das Cidades pagou R$ 5,7 bilhões de RAPs não processados, valor muito superior ao dos anos anteriores.

Em resumo, ao longo dos anos houve um crescimento excessivo na execução de RAPs não processados, o que pode sugerir não só flexibilidade do governo na execução do orçamento, mas também flexibilidade em liquidar e pagar despesas. Cabe destacar que a estratégia de utilizar a postergação do reconhecimento e do pagamento de despesas só faz sentido quando: a) o governo já trabalha com uma redução do resultado primário para o ano seguinte; ou b) quando o governo projeta um aumento de receita no futuro, suficiente para pagar parte das despesas postergadas para o exercício fiscal subsequente.

Mostrei nesta seção que o crescimento dos RAPs não processados afeta tanto a despesa de custeio como a de investimento. Vale notar que as despesas de custeio são mais difíceis de cancelar, pois podem estar sujeitas a contratos de fornecimento de serviços para o governo.[22]

Classificação das despesas sociais: uma nova abordagem

A Constituição Federal estabelece no art. 6º, capítulo II, que trata dos direitos sociais, que: "São direitos sociais a educação, a saúde, o trabalho, a moradia, o lazer, a segurança, a previdência social, a proteção à maternidade e à infância, a assistência aos desamparados, na forma desta Constituição". Por isso, em princípio, programas nas áreas de segurança pública ou mesmo ações voltadas para a melhoria das condições de moradia das famílias de baixa renda nas áreas de saneamento e habitação podem ser classificadas como programas sociais de acordo com a Constituição Federal.

Mas, como já destacado, ao longo das duas últimas décadas houve uma ênfase talvez demasiada em duas categorias específicas de "direitos sociais": a) previdência social (pública e privada); e b) assistência social (renda mensal vitalícia, Loas/BPC, Bolsa Família). Existe hoje na sociedade brasileira a ideia

---

[22] No último ano do governo Fernando Henrique Cardoso, em 2002, a Lei de Diretrizes Orçamentária (LDO) — Lei nº 10.524, de 25 de julho de 2002, estabeleceu no §3º do art. 39, subseção II (Das vedações), da seção I do capítulo III que: "Art. 39. São vedados quaisquer procedimentos pelos ordenadores de despesa que viabilizem a execução de despesas sem comprovada e suficiente disponibilidade de dotação orçamentária [...] §3º Os Restos a Pagar não processados, relativos a despesas discricionárias e não financeiras, inscritos no exercício de 2003 não excederão a 50% (cinquenta por cento) do valor inscrito no exercício de 2002". Infelizmente, esse parágrafo foi retirado da LDO nas suas edições posteriores e, desde 2006, o saldo dos RAPs não processados passou a crescer de forma contínua, o que mostra um evidente descontrole dessa conta.

de que política social envolve, necessariamente, aumento de transferência de renda, sem que se questione, por exemplo, o efeito dessas maiores transferências na redução da pobreza em comparação a programas alternativos, como investimentos em saneamento e habitação.

O Ipea (2011:12), por exemplo, levantou o crescimento do gasto social no Brasil de 1995 a 2009 e mostrou que as áreas de política social com maiores gastos são, respectivamente, o Regime Geral de Previdência Social (RGPS) e os benefícios pagos a servidores públicos federais. De 1995 a 2009, segundo o Ipea, o gasto social federal com previdência pública e privada passou de 7,4% para 9,7% do PIB. Esse crescimento é substancial quando, segundo revelam dados do mesmo estudo, o gasto federal em habitação, urbanismo e saneamento não chegou a 1% do PIB em 2009.

Além disso, a classificação funcional dos gastos em vigor no Brasil, que coloca o gasto com previdência pública e privada na categoria de "seguridade social", não ajuda no debate sobre a eficiência e eficácia de políticas de combate à pobreza, já que o aumento das despesas com aposentadorias de servidores públicos, como destacado no trabalho do Ipea, são "gastos sociais".

Como o governo trabalha com recursos escassos, talvez fosse melhor para o debate atual fugir da "camisa de força" da classificação funcional dos gastos sociais e trabalhar com outra classificação, na qual esses gastos fossem divididos em dois grupos distintos: a) gastos sociais decorrentes de transferências de renda com assistência social e seguro-desemprego; e b) gastos sociais ligados ao investimento nas áreas de segurança pública, saúde, educação, urbanismo, habitação, saneamento e gestão ambiental.

O que se quer saber é até que ponto a política social no Brasil privilegia transferências de renda (exclusive previdência) *vis-à-vis* investimentos públicos que impactam outras dimensões da pobreza não relacionada apenas a deficiências de renda. Os anexos III e IV mostram os valores reais e como proporção do PIB desse exercício, resumido no gráfico 23.

GRÁFICO 23. CUSTEIO SOCIAL *VERSUS* INVESTIMENTO SOCIAL —
2002-2010 (% DO PIB)

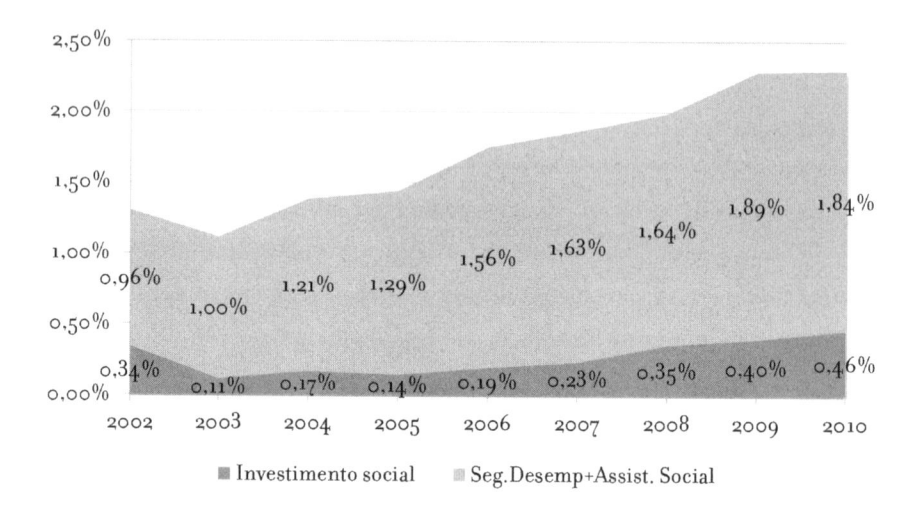

■ Investimento social   ▨ Seg.Desemp+Assist. Social

Fonte: Siga Brasil.
Obs.: Investimento social = investimento em segurança pública, saúde, educação, urbanismo,
habitação, saneamento e gestão ambiental.

Pode-se ver pelo gráfico 23 que a execução do investimento público do orçamento da União nas funções segurança pública, saúde, educação, urbanismo,
habitação, saneamento e gestão ambiental não passou de 0,5 ponto percentual
do PIB de 2002 a 2010. No acumulado de 2002 a 2010, o investimento público
em todas essas funções foi de R$ 79,6 bilhões, o que equivale a uma média
anual de R$ 8,8 bilhões ou de 0,3% do PIB. Qualquer que seja o critério, a con-
clusão a que se chega é que o investimento público em funções que poderiam
ajudar no combate à pobreza foi muito baixo.

Quando se examina apenas o investimento nas funções saneamento, habitação e urbanismo, mais uma vez os valores investidos surpreendem. No
acumulado de 2002 a 2010, o investimento público ao longo desses nove anos
nessas três áreas foi de apenas R$ 23 bilhões (valores atualizados para 2011),
valor equivalente ao impacto que o reajuste do salário mínimo teve nas contas

públicas em 2012. Isso mostra claramente que o combate à pobreza por meio do aumento do investimento público em obras de saneamento, habitação e urbanismo não tem recebido a mesma prioridade que recebem os programas de transferência de renda, que produzem um impacto mais imediato na sensação de bem-estar.

Por outro lado, dado o baixo valor da execução desses investimentos com impacto social, o custo de duplicá-los é pequeno se comparado ao tamanho do orçamento público. Em 2010, por exemplo, o governo federal investiu R$ 2,8 bilhões em urbanismo, R$ 254,9 milhões em habitação e R$ 1,7 bilhão em saneamento. Assim, duplicar o investimento nessas três funções significa um crescimento da despesa de R$ 4,8 bilhões, valor pequeno considerando-se o tamanho do orçamento público.

No caso específico do investimento em habitação é preciso fazer um esclarecimento. Desde 2009, o governo adotou um programa de construção de casas populares denominado Minha Casa Minha Vida (MCMV). Como esse programa, porém, não é considerado investimento, não aparece nos dados que acabo de apresentar. O MCMV funciona da seguinte maneira. A Caixa Econômica Federal libera crédito para que as construtoras construam imóveis para famílias de baixa renda segundo as especificações determinadas pelo governo e, quando os imóveis ficam prontos e são vendidos para essas famílias, o governo faz transferências para o Fundo de Arrendamento Residencial (FAR), que concede subsídios para que as famílias possam adquirir os imóveis (ver diagrama).

FINANCIAMENTO DO MINHA CASA MINHA VIDA

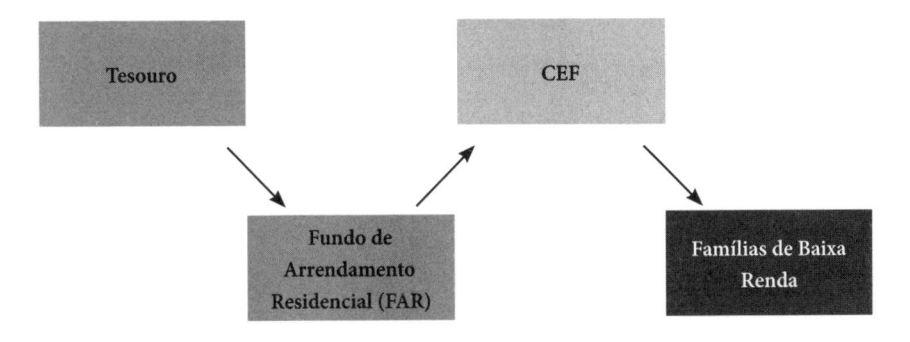

Essas transferências do Tesouro Nacional para o Fundo de Arrendamento Residencial são consideradas gastos de custeio. Mas podemos incluir todas essas transferência ao FAR na nossa conta de investimento social para ver o impacto do programa nesse tipo de investimento. Em 2010, de um total autorizado de R$ 4,70 bilhões de transferências ao FAR, o Tesouro transferiu apenas R$ 810 milhões. Assim, o "investimento" total em habitação do governo federal passaria de R$ 254,9 milhões para R$ 1 bilhão com o Minha Casa Minha Vida.[23]

Em 2011, o governo ampliou o MCMV, que passou a contar com subsídios de R$ 72 bilhões para os próximos quatro anos. Não está claro se de fato o volume de subsídios será tão elevado, pois isso significaria uma despesa extra anual de R$ 18 bilhões — um volume de recursos substancial e equivalente a todo o investimento público em segurança pública, saúde, educação, urbanismo, habitação, saneamento e gestão ambiental de 2010.

Por fim, o que se destaca na comparação entre investimento social e transferências sociais (exclusive previdência) é o crescimento desse segundo grupo, que subiu de 0,96% do PIB em 2002 para 1,90% em 2010. Nessa conta encontram-se os gastos com o Loas/BPC, o Bolsa Família e o seguro-desemprego. De 2002 a 2010, a média anual de gastos com essas transferências foi de R$ 47 bilhões, superior ao quíntuplo do valor anual gasto com investimento social. Assim, ao que parece, o Brasil desenvolveu de forma excessiva uma política social voltada para transferências que nem sempre produzem impactos sobre a pobreza, já que, no caso do seguro-desemprego, os desembolsos desse programa crescem continuamente, independentemente do ciclo econômico, e, no caso do Loas/BPC, o valor básico da renda desses programas é muito superior ao valor necessário para reduzir a pobreza.[24]

---

[23] Em 2011, porém, a execução do MCMV aumentou sensivelmente. O orçamento autorizado para o programa no ano, via transferências do Tesouro para o FAR, era de R$ 9,4 bilhões. Desse total, R$ 4 bilhões haviam sido pagos até agosto de 2011, o que puxou a execução do Programa de Aceleração do Crescimento (PAC). O que não está claro até o momento é como o governo vai expandir esse novo programa de habitação sem mudar o ritmo de execução das transferências de renda, que continuam crescendo ao mesmo ritmo observado desde 2002.

[24] Segundo cálculos de Tafner e Carvalho (2011:183), mesmo que o benefício da Loas fosse 55% menor do que seu valor atual, seu impacto sobre a redução da pobreza seria exatamente igual. Ou seja, tudo o que se transfere acima desse valor não tem impacto sobre a redução da pobreza.

O ponto importante discutido nesta seção é que o Brasil investe muito pouco no social e gasta talvez exageradamente com políticas de transferência de
renda cujos benefícios são indexados ao salário mínimo. De 2002 a 2010, o
investimento público acumulado em saneamento, habitação e urbanismo foi
de R$ 23,2 bilhões, valor semelhante ao impacto que teria o reajuste do salário
mínimo em 14% em um único ano.

Assim, no debate sobre política social, talvez seja o momento de mostrar
para a sociedade opções diferentes de crescimento do gasto social, aumentando gradualmente a participação do investimento e reduzindo a dos programas
de transferência de renda. É claro que o ideal seria aumentar o investimento e
os programas de transferência de renda, mas isso significaria aumentar ainda
mais a carga tributária em um país de renda média como o Brasil, que já osten-
ta uma das maiores cargas tributárias do mundo.

Perspectivas e desafios para o controle do gasto público

Como já abordado, o dilema fiscal por que passa o Brasil na década atual é que,
apesar de o país ter um gasto fiscal elevado, o que exige em contrapartida uma
carga tributária elevada de mais de 36% do PIB, mesmo assim a tendência de
vários itens do gasto ainda é de crescimento. Esta seção vai investigar os fatores de pressão fiscal de três categorias: fatores de pressão fiscal no longo prazo,
fatores de pressão do gasto fiscal no curto prazo e operações não tradicionais
do Tesouro Nacional que podem aumentar o risco fiscal.

Fatores de pressão fiscal no longo prazo

Os maiores fatores de risco fiscal no longo prazo no Brasil estão ligados aos
possíveis efeitos das mudanças demográficas nos gastos com previdência,
saúde e educação. Sua estabilidade ou não depende da velocidade do crescimento do PIB. Como veremos adiante, se o PIB brasileiro crescer menos
de 4% ao ano ao longo das próximas duas décadas será muito difícil evitar o
crescimento do gasto não financeiro do governo federal como percentagem

do PIB, o que significa espaço limitado para a redução da atual carga tributária.

No caso da previdência social, já destaquei que o Brasil ainda é um país jovem, com apenas 10% de sua população com mais de 60 anos de idade. Mas, segundo Tafner e Carvalho (2011), ao longo das próximas duas décadas, a população brasileira crescerá a uma taxa de 0,57% ao ano, enquanto a população idosa (mais de 60 anos) crescerá a uma taxa 3,78% ao ano, aumentando sua participação no total da população de 10% (19,2 milhões de pessoas) em 2010 para 18,7% (40,4 milhões de pessoas) em 2030.

Tafner e Carvalho (2011) fazem previsões do impacto do envelhecimento da população nos gastos do INSS (aposentadorias, pensões, Loas e renda mensal vitalícia) e chegam à conclusão, baseando-se em hipóteses bastante conservadoras,[25] de que, ao longo dos próximos 20 anos, o número de benefícios será multiplicado por 2,3, passando de 23,7 milhões para 49,8 milhões. Isso resultará em um crescimento real de 4,3% ao ano nos gastos do INSS de 2011 até 2030. Ou seja, a perspectiva dos gastos com previdência no Brasil, apenas devido a mudanças demográficas, é de crescimento, apesar de o país já gastar com previdência pública e privada (inclusive Loas) cerca de 12% do PIB, o dobro do que seria esperado dada a nossa razão de dependência.

É importante destacar também que a mudança na composição demográfica pela qual passará o Brasil nas próximas duas décadas afeta não só os gastos com previdência social, mas também o custeio da saúde, já que o aumento do percentual de pessoas com mais de 60 anos significará gastos maiores com procedimentos complexos. Novamente, Tafner e Carvalho (2011) estimam que essas mudanças demográficas ocasionarão um crescimento real de 4,6% ao ano nos gastos com saúde ao longo das próximas duas décadas.

No que diz respeito aos gastos com educação, já destaquei que o Brasil não gasta pouco (5% do PIB) para o seu nível de renda, mas há um problema na composição desses gastos (Tafner e Carvalho, 2011; e Veloso, 2011). O Brasil, se

---

[25] O valor real médio das aposentadorias e pensões do INSS cresceria apenas 1% ao ano de 2011 a 2022 e ficaria constante a partir desse ano.

comparado aos países da OCDE, gasta muito com alunos no ensino superior e pouco com alunos no ensino fundamental e médio (gráfico 24). Enquanto no Brasil se gasta cino vezes mais por aluno no ensino superior do que no ensino básico, nos países da OCDE, por exemplo, essa diferença não chega a 0,3.[26] Assim, no caso do Brasil, há ainda o desafio da mudança de composição — aumento do gasto por aluno no ensino básico e redução da diferença do gasto por aluno entre ensino básico e superior.

GRÁFICO 24. GASTO COM EDUCAÇÃO POR ESTUDANTE (R$ DE 2009)

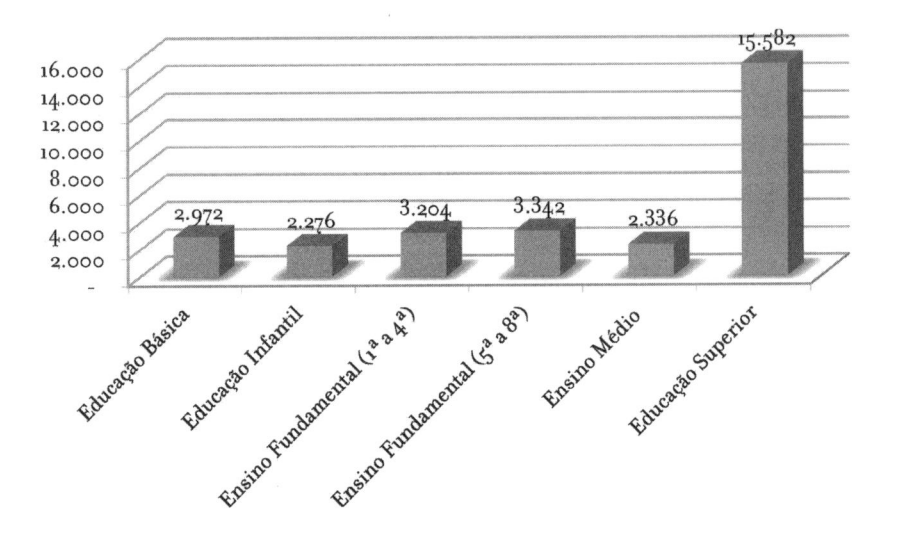

Fonte: Inep.

Tafner e Carvalho (2011) fazem estimativas para o crescimento dos gastos com educação, baseadas na premissa de que o Brasil vai aumentar o gasto por aluno no ensino básico (fundamental e médio), chegando a 75% dos valores da OCDE até 2030, e de que o gasto *per capita* por aluno com educação superior

---

[26] De acordo com a publicação *Education at a glance* (2011), os países da OCDE gastavam US$ 9.148 por aluno de nível superior (excluindo gastos com P&D das universidades) e US$ 7.617 por aluno nos ensinos fundamental e médio.

será reduzido para valores próximos aos dos países da OCDE. Os autores estimam que os gastos com educação teriam de crescer a uma taxa real próxima de 4,1% ao ano de 2010 a 2020 e de 2,9% ao ano na década seguinte.[27]

O cenário de crescimento dos gastos sociais (previdência social + saúde + educação) estimados por Tafner e Carvalho (2011) aponta para um crescimento real desses gastos de 4,6% ao ano entre 2010 e 2020 e de 4,1% de 2010 a 2030. Ou seja, a única maneira de esses gastos ficarem estáveis como proporção do PIB é o Brasil crescer pelo menos 4% ao ano nos próximos 20 anos. A questão pertinente nesse cenário é que, como a tendência dos gastos sociais é crescer no mínimo 4,5% ao ano na próxima década, isso parece limitar qualquer redução nessas despesas que abra espaço para crescimento do investimento público com redução de carga tributária.

TABELA 11. SIMULAÇÃO DA EVOLUÇÃO DO GASTO COM EDUCAÇÃO, SAÚDE E PREVIDÊNCIA DO SETOR PÚBLICO — 2010-2030

Anos	Educação	Saúde	Previdência	Total	Taxa média de crescimento anual
2010	214.795	166.965	266.693	648.452	—
2015	263.387	209.237	337.691	810.314	4,60
2020	322.750	262.208	432.705	1.017.664	4,70
2025	372.777	328.628	526.732	1.228.137	3,80
2030	429.684	405.537	618.351	1.453.571	3,40

Fonte: Tafner e Carvalho (2011:172, tabela 11.10).
Obs.: Os valores da tabela original, a preços de 2009, foram atualizados para 2011, utilizando o índice de correção de 12,80%: 5,91% para 2010 e 6,5% para 2011; os valores da tabela referem-se a gastos de municípios, estados e governo federal.

---

[27] Essas projeções baseiam-se na expansão da taxa de matrículas no ensino infantil, médio e superior, entre 2010 e 2030, de 27,4% para 71,2%, de 57% para 81,5% e de 18,3% para 34,4%, respectivamente. No caso do ensino fundamental, a expansão da taxa de matrícula projetada será menor: de 92,7% para 98,6%, já que nesse nível de ensino a cobertura já é quase universal. Ver Tafner e Carvalho (2011:167, tabela 11.4).

As estimativas da tabela 11 podem ser apresentadas como proporção do PIB considerando-se duas trajetórias diferentes de crescimento do PIB real para os próximos 20 anos: i) crescimento real médio de 3,5% ao ano; e ii) crescimento real médio de 4,5% ao ano. Como se observa nos gráficos 25 e 26, somente quando o PIB cresce 4,5% ao ano há uma redução do gasto social e, ainda sim, essa economia, de 2010 a 2030, seria de apenas um ponto percentual do PIB. Se o crescimento médio do PIB for de 3,5%, o gasto social do setor público no Brasil crescerá até 2025, estabilizando-se por volta de 17,2% do PIB até 2030. Em resumo, o atual contrato social do Brasil foi estabelecido para uma economia que cresce no mínimo 4,5% ao ano.

GRÁFICO 25. GASTO SOCIAL — 2010-2030 — CRESCIMENTO DO PIB DE 3,5% AO ANO (% DO PIB)

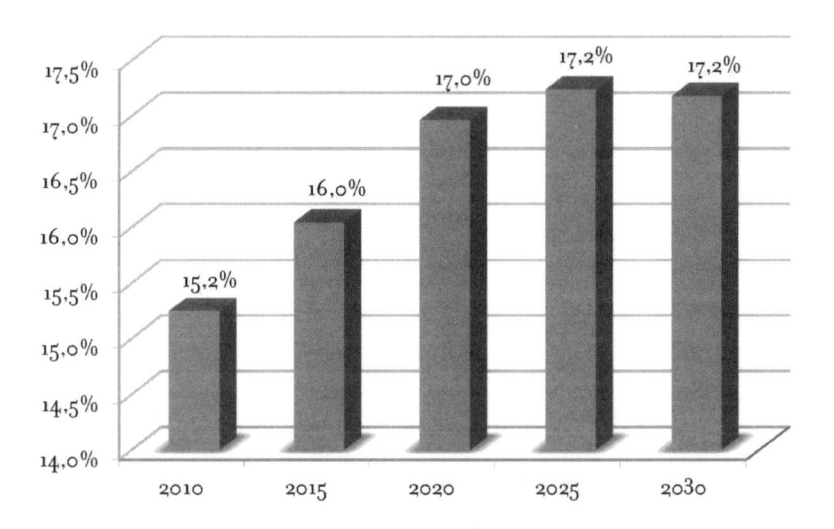

GRÁFICO 26. GASTO SOCIAL — 2010-2030 — CRESCIMENTO DO PIB DE 4,5%
AO ANO (% DO PIB)

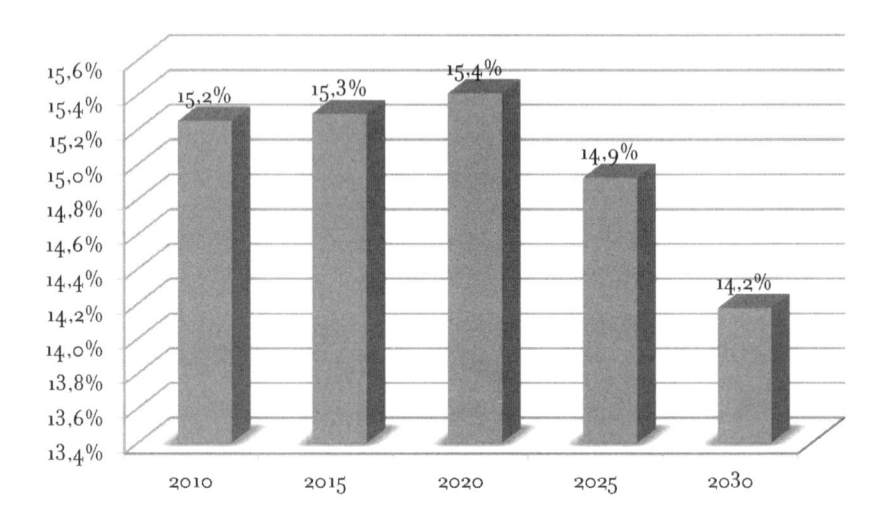

Os autores se preocuparam em fazer essas simulações para tentar encontrar mecanismos mais baratos de expansão do gasto social. Eles sugerem, por
exemplo, maior flexibilidade da política social, com a mudança de prioridades
que decorreria da desvinculação entre os benefícios da Loas/RMV e do salário mínimo e a desindexação dos benefícios previdenciários do valor do salário
mínimo. A eventual economia decorrente de tais medidas seria redirecionada,
por completo, para o programa Bolsa Família, contribuindo para a redução
da pobreza e para a eliminação da extrema pobreza até 2030. Assim, Tafner e
Carvalho (2011) defendem uma mudança na composição do gasto social, mas
tal mudança não significaria economia de recursos, ou seja, a flexibilidade da
política social proposta pelos autores não levaria a uma redução dos gastos,
que poderiam ser redirecionados para investimento público e/ou redução da
carga tributária.

As simulações de Tafner e Carvalho (2011) para os gastos sociais podem ser
complementadas por estimativas mais completas para os demais itens de despesa pública feitas por Giambiagi e Barbosa (2011). Esses autores tentaram esti-
mar a dinâmica do comportamento do gasto público de 2011 a 2022, com base

em uma série de premissas para o crescimento dos gastos sociais, dos gastos com pessoal, do investimento público e dos gastos com juros (ver anexo II). O cenário de Giambiagi e Barbosa baseia-se nas seguintes hipóteses: a) mudança na política de valorização do salário mínimo, que passaria a ter reajuste real de apenas 1% ao ano; b) redução substancial no gasto com funcionários públicos ao longo dos próximos 10 anos, diminuindo o peso da folha de pessoal dos atuais 4,5% para 3,2% do PIB em 2022; c) manutenção do superávit primário do setor público em 3% do PIB; d) forte elevação da poupança pública, a partir da redução da taxa de juros para níveis internacionais nos próximos 10 anos.

Nesta última hipótese, o peso dos juros nominais, como percentagem do PIB, nas contas do setor público consolidado passaria dos atuais 5,5% do PIB para algo como 0,6% em 2022, sendo essa redução dos juros a principal fonte de aumento da poupança pública, pois os autores trabalham com a manutenção da atual carga tributária, uma redução pequena da despesa corrente (excluindo investimento) — praticamente equivalente à redução da folha de pessoal (ativos e inativos) do governo federal —, e ausência de reforma tributária.

Mas há mais uma hipótese crucial nas projeções de Giambiagi e Barbosa. Em suas simulações, os autores trabalham com a hipótese de um aumento quase contínuo na poupança pública — devido ao efeito combinado de redução dos gastos com pessoal e, principalmente, de redução dos juros, que se transformam em aumento da poupança pública e em maior investimento público e privado, o que garantiria, ao longo dos próximos 10 anos, um crescimento real do PIB de, em média, 4,7% ao ano.[28]

O problema dessas premissas é que partem do pressuposto de que é possível o Brasil crescer mais rapidamente nos próximos 10 anos com um mero ajuste do lado da despesa, mantida a atual estrutura tributária baseada no peso excessivo de impostos que incidem em cascata (contribuições sociais) e que diminuem a competitividade da indústria brasileira.[29] Como se discute mais

---

[28] Giambiagi e Barbosa (2011:131, nota de rodapé 24). Nesta nota, os autores deixam claro que suas projeções dependem da combinação de queda da taxa de juros para níveis internacionais nos próximos 10 anos e crescimento do PIB de 4,7% ao ano.

[29] Os autores trabalham ainda com a hipótese de que o crédito do Tesouro Nacional para as instituições financeiras oficiais ficaria constante (12% do PIB) nos próximos 10 anos, o mesmo

adiante, não é possível chegar a consenso quanto a um ajuste apenas do lado da despesa, sem ajustes do lado tributário.

Fatores de pressão fiscal no curto prazo

No curto prazo (até 2014), é difícil também encontrar fontes de economia substancial que permitam reduzir a carga tributária e aumentar o investimento público. Ao contrário das expectativas do início do mandato da presidente Dilma, a economia fiscal de 2011 foi gerada por um conjunto de fatores que não mais se repetirão nos próximos três anos. O primeiro foi o reajuste real zero do salário mínimo. Em 2010, o salário mínimo passou de R$ 510 para R$ 545, um reajuste de 6,8% para uma inflação de 6,5% (INPC) naquele ano. Como já destacado, pela regra atual de reajuste do salário mínimo, esperam-se reajustes reais entre 3% e 4,5%, dependendo do crescimento do PIB ao longo dos próximos anos. Essa regra tem forte impacto nas contas públicas porque cada R$ 1 a mais de salário mínimo leva a um aumento da despesa não financeira do governo federal de R$ 306 milhões. Em 2011, o aumento do salário mínimo foi de R$ 35 e, em 2012, o salário mínimo aumentou R$ 77, ocasionando um crescimento da despesa primária de R$ 23,9 bilhões.

Para se ter uma ideia dos valores expressivos do crescimento do salário mínimo ao longo dos próximos anos, pode-se trabalhar apenas com aumentos reais e comparar esse crescimento real com o crescimento real de itens da despesa no segundo governo Lula. Em 2012, o crescimento real do salário mínimo foi de 7,5%, em 2013 será de 2,7%, e, sendo otimistas, de 4,5% em 2014. Isso significa um impacto na despesa primária real acumulada de 2012 a 2014, apenas devido à regra de correção do salário mínimo de 26,2 bilhões, equivalente a todo o crescimento do custeio de saúde e educação no segundo mandato do presidente Lula (2007-2010) e muito próximo do crescimento do investimento público da União de 2007 a 2010.

---

ocorrendo com a acumulação de reservas, que se manteriam no nível atual, próximo a 14% do PIB.

GRÁFICO 27. IMPACTO FISCAL DE CRESCIMENTO REAL DO SALÁRIO,
INVESTIMENTO PÚBLICO E CUSTEIO DE SAÚDE E EDUCAÇÃO
(R$ BILHÕES DE 2011)

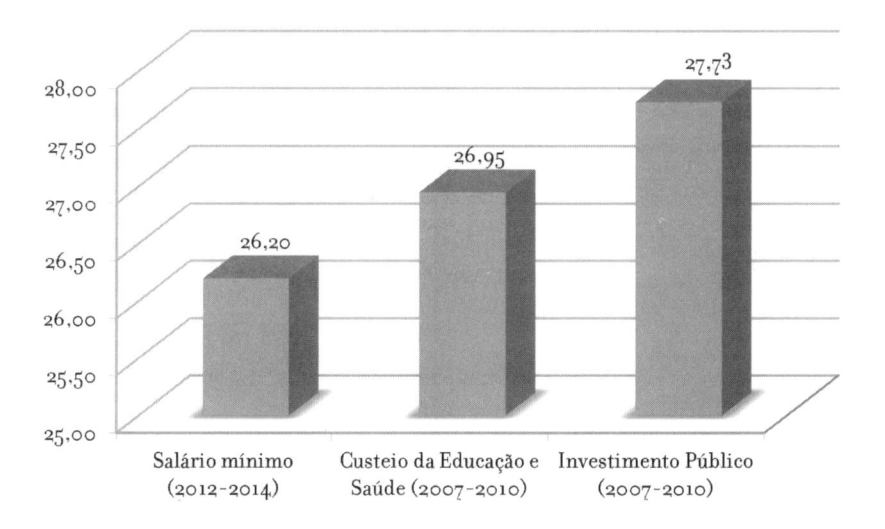

Obs.: Simulação de crescimento real do salário mínimo (2012-2014), comparado com o crescimento real do custeio de educação e saúde do governo federal, e crescimento do investimento público da União no segundo governo Lula.

O segundo fator que explica a maior economia fiscal em 2011 e que não deve se repetir nos próximos anos, pelo menos na mesma proporção, foi o forte crescimento da receita. Quando se exclui a receita de cessão onerosa de barris de petróleo do Pré-sal, a receita bruta da União até outubro de 2010 havia sido de R$ 675,9 bilhões, e em 2011 cresceu para R$ 810,3 bilhões, um crescimento nominal de praticamente 20%, quase o dobro do crescimento do PIB nominal no período, que foi de 11,3%. Parte do crescimento excepcional da receita de 2011 reflete o crescimento real do PIB de 7,5% em 2010, quando as empresas estavam compensando prejuízos de 2009, o ano da crise no qual o crescimento da economia brasileira foi de -0,3%. Dada a crescente formalização da economia, é possível que o governo consiga continuar aumentando a arrecadação a uma velocidade mais rápida do que o crescimento do PIB. No entanto, pode-se afirmar que é quase impossível que a arrecadação cresça a uma taxa que corresponda ao dobro do crescimento do PIB nominal, até porque, com a desaceleração da economia mundial, o governo adotou um pacote de desonerações fiscais no âmbito do plano Brasil Maior que levará a uma perda de arrecadação de cerca de R$ 26 bilhões.

O terceiro e último fator que explica o bom desempenho do resultado primário em 2011 foi a forte desaceleração no crescimento do investimento público. Em 2010, o investimento público cresceu R$ 13 bilhões, ou 38%. Depois desse crescimento excepcional, em 2011, até outubro, o investimento público da União sofreu uma redução de R$ 1,4 bilhão, uma queda nominal de 3,7%. Para os próximos anos, espera-se crescimento do investimento público, já que o Brasil terá que fazer os investimentos necessários para a Copa do Mundo, as Olimpíadas e nos portos, aeroportos e rodovias, fundamentais para o crescimento do país.

Quanto a isso, vale lembrar que, na última pesquisa de competitividade do *World Economic Forum*, o Brasil passou da 84ª posição para a 104ª no *ranking* de infraestrutura entre 142 países estudados, uma piora de 20 posições no *ranking*. Na qualidade da infraestrutura portuária, o Brasil ocupa a 130ª posição, ficando entre os 20 piores países do mundo; na qualidade de nossas rodovias, estamos na 118ª posição, ou seja, entre os 25 piores países do mundo; e na qualidade da infraestrutura aeroportuária, estamos na 122ª posição, novamente entre os 20 piores países do mundo. Assim, o governo federal não terá como deixar de aumentar o investimento público, podendo, porém, transferir para a iniciativa privada, por meio de concessões, a responsabilidade por uma parcela desses investimentos.

É consensual que parte do esforço para aumentar a taxa de investimento da economia brasileira de 18% para 24% do PIB virá do crescimento do investimento público. Mas um crescimento de três pontos percentuais do PIB em investimento público significa dobrar a execução do investimento dos três níveis de governo (excluindo as estatais). Assim, se o Brasil quiser crescer mais rápido, o setor público terá de aumentar substancialmente a execução do investimento público ou definir um novo marco regulatório que seja atrativo o bastante para que o setor privado se interesse em fazer esses novos investimentos.

Em resumo, os três fatores que explicam o forte crescimento do resultado primário em 2011 não devem se repetir ao longo dos próximos três anos. Além disso, como abordarei a seguir, novas práticas fiscais podem elevar ainda mais a pressão fiscal nos próximos três anos, caso não ocorra uma redução permanente da taxa de juros doméstica.

Novas despesas e riscos fiscais

Quando tratei do investimento público, alertei brevemente para o fato de que parte do esforço do governo para aumentar a taxa de investimento na economia ocorre de forma indireta, por meio de empréstimos aos bancos públicos, em especial ao BNDES. Esta seção explica os problemas fiscais envolvidos nessa complicada relação e explora também outro programa do governo federal, o Minha Casa Minha Vida (MCMV), que deu origem a uma nova despesa primária.

IMPACTOS FISCAIS DAS OPERAÇÕES DO TESOURO NACIONAL COM O BNDES

Não haveria problema algum se o governo tivesse decidido aumentar sua economia — o resultado primário — para fazer capitalizações do BNDES, tal como fez com o Fundo Soberano, que na época gerou uma despesa primária. Mas, ao contrário dessas capitalizações, as operações de empréstimo para o BNDES tiveram como fonte de recursos a expansão da dívida bruta do setor público, algo impossível de se fazer nas áreas de educação e saúde, já que, pela Lei de Responsabilidade Fiscal, para aumentar gastos correntes, por menores que sejam, é preciso definir uma fonte permanente de recursos.

Como se observa no gráfico 28, os empréstimos do Tesouro Nacional ao BNDES passaram de um saldo de menos de R$ 10 bilhões até 2007 para quase R$ 300 bilhões em 2011. Contudo, ao que parece, nem todos esses repasses de crédito do Tesouro para o BNDES se transformaram em adição líquida ao financiamento de novos investimentos. É possível que parte desses empréstimos tenha substituído fontes privadas de financiamento ao investimento, como parece sugerir Pinheiro (2011), já que os desembolsos do BNDES passaram de 1% do PIB em 1995 para 4,6% em 2010, e a taxa de investimento no Brasil passou de 18,3% do PIB em 1995 para 19,4% em 2010, um crescimento muito inferior à expansão dos desembolsos do BNDES.

GRÁFICO 28. SALDO DOS EMPRÉSTIMOS DO TESOURO NACIONAL PARA O BNDES — 2006-2011 (R$ MILHÕES CORRENTES)

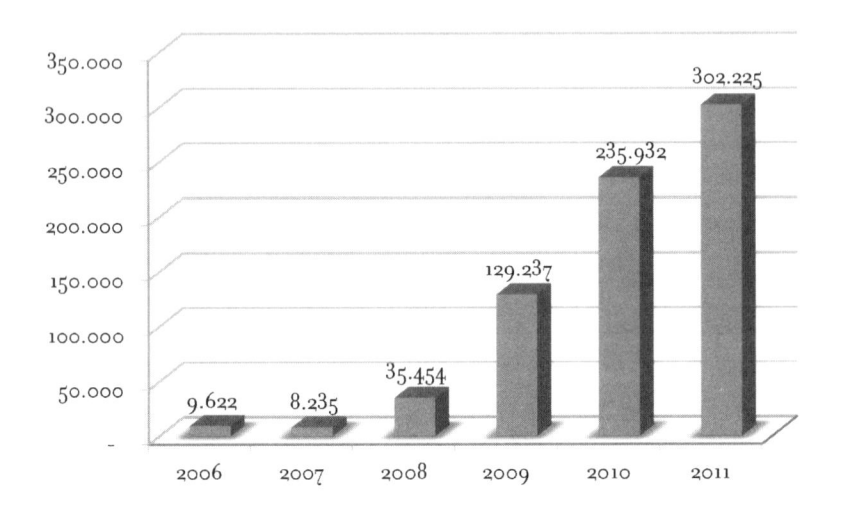

Fonte: Banco Central.
Obs.: Inclui o empréstimo de R$ 55 bilhões aprovado para 2011.

Há pelo menos três problemas nessas operações crescentes entre o Tesouro Nacional e o BNDES. O primeiro é que essas operações não são neutras no crescimento da dívida líquida do setor público (DLSP) (Almeida, 2011a). Os empréstimos do Tesouro Nacional ao BNDES ocasionam dois tipos de custo: i) o custo financeiro decorrente da diferença entre a taxa de juros que o Tesouro Nacional paga para se endividar (Selic) e a taxa que cobra do BNDES (taxa de juros de longo prazo — TJLP); e ii) o custo do subsídio orçamentário do Programa de Sustentação do Investimento (PSI), que cobre o diferencial entre o encargo do mutuário final e o custo da fonte de recursos (TJLP), acrescido da remuneração do BNDES e dos agentes financeiros por ele credenciados, ou da Finep (ver §2º da MP nº 526/2011).

No caso do primeiro custo — o custo financeiro do diferencial de juros —, embora esse custo não seja explicitado pelo Tesouro Nacional, ele afeta a taxa de juros implícita da DLSP e, assim, acaba tornando a dinâmica da DLSP menos sensível ao comportamento da taxa de juros básica da economia, a Selic. O relatório de inflação do 1º trimestre de 2011 do Banco Central (2011:45-48) destaca essa dinâmica (ver tabela 12). De 2003 a 2010, enquanto a taxa de juros Selic recuava em 13,5 pontos, de 23,3% ao ano para 9,8% ao ano, a taxa de juros implícita da DLSP decrescia em apenas 2,6 pontos — de 17,5% ao ano em 2003 para 14,9% ao ano em 2010. Segundo o Banco Central, os motivos que explicam essa pouca sensibilidade da redução da taxa de juros que incide sobre a DLSP decorreram de três fatores: a) o aumento da composição da DLSP financiada por títulos prefixados de 9,8% em 2003 para 41,8% em 2010; b) o aumento do estoque de reservas internacionais de US$ 49,3 bilhões em 2003 para US$ 288,6 bilhões em 2010; e c) créditos vinculados à TJLP, que passaram de 8,8% da DLSP para 26,4% na composição da DLSP no mesmo período. Este último fator é explicado pelos repasses crescentes do Tesouro Nacional ao BNDES.

TABELA 12. SELIC, JUROS NOMINAIS E TAXA IMPLÍCITA DA DLSP (% AO ANO)

Anos	Selic %	Juros nominais % do PIB	Taxa implícita		
			Dívida líquida total	Créditos	Débitos
2002	19,2	7,7	15,6	8,8	12,9
2003	23,3	8,5	17,5	12,2	15,0
2004	16,2	6,6	14,4	8,6	12,7
2005	19,0	7,4	17,2	6,7	14,0
2006	15,1	6,8	16,3	6,6	13,0
2007	11,8	6,1	15,1	5,9	11,7
2008	12,5	5,5	14,6	7,0	11,9
2009	9,9	5,4	14,5	2,9	9,9
2010	9,8	5,3	14,9	4,3	10,1

Fonte: Banco Central (2011:45, tabela 1).

O segundo problema com as operações de empréstimo do Tesouro Nacional para o BNDES está ligado ao segundo tipo de custo dessas operações — o custo orçamentário dos subsídios dados pelo Tesouro Nacional ao BNDES e a seus agentes financeiros no âmbito do Programa de Sustentação do Investimento. O PSI teve início em 2009 e os subsídios tinham como limite o volume total de R$ 44 bilhões de empréstimos. Em 2010, o volume total de empréstimos passíveis de subsídios passou para R$ 134 bilhões e, em 2011, foi novamente ampliado para R$ 208 bilhões. Esse segundo tipo de custo — o custo orçamentário do PSI — é dado pelo diferencial entre o encargo do mutuário final e o custo da fonte de recursos (TJLP), acrescido da remuneração do BNDES, dos agentes financeiros por ele credenciados ou da Finep (ver §2º da MP nº 526/2011), um mecanismo de subsídio que se assemelha ao funcionamento do crédito rural, no qual o Tesouro Nacional determina a taxa de juros para os agricultores e cobre o subsídio como uma despesa primária.

Apesar de esse segundo tipo de custo das operações do Tesouro Nacional com o BNDES ser mais transparente, pois o subsídio está explícito no orçamento, se tal subsídio não for pago talvez deixe uma conta grande, que mais cedo ou mais tarde terá de ser paga pelo Tesouro Nacional. Por exemplo, desde a sua criação em 2009 até novembro de 2011, o Tesouro Nacional pagou apenas R$ 429 milhões de subsídios desse programa, um montante muito inferior ao planejado e autorizado para 2011. Do total pago em 2011 de R$ 429 milhões, R$ 400 milhões são RAPs de 2010, quando nada foi pago. Esse é justamente o problema, pois, como os subsídios dessas operações não estão sendo plenamente pagos no ano fiscal em que são devidos, corre-se o risco de criar um esqueleto para o futuro, já que não se sabe quando esses subsídios serão efetivamente pagos ou mesmo qual o seu fluxo de pagamento. Atualmente, o BNDES vem pagando os subsídios aos seus agentes privados e ficando com um crédito a receber do Tesouro Nacional.

Um terceiro problema das operações do Tesouro Nacional com o BNDES é algo um pouco mais complicado, mas ajuda o governo a apresentar um resultado primário maior do que apresentaria em outras circunstâncias. As operações de empréstimo do Tesouro Nacional para o BNDES ocorrem, na verdade, mediante a emissão de títulos pelo Tesouro Nacional, que os repassa ao BNDES, que por sua vez transforma esses títulos em recurso financeiro à medida que precise do dinheiro para ser emprestado. Mas quando o BNDES recebe esses títulos do Tesouro, fica com uma carteira de títulos que rende a taxa Selic e contrai uma dívida junto ao Tesouro de custo inferior (TJLP).

GRÁFICO 29. PAGAMENTO DOS SUBSÍDIOS FISCAIS DO PSI/BNDES (R$ MILHÕES)

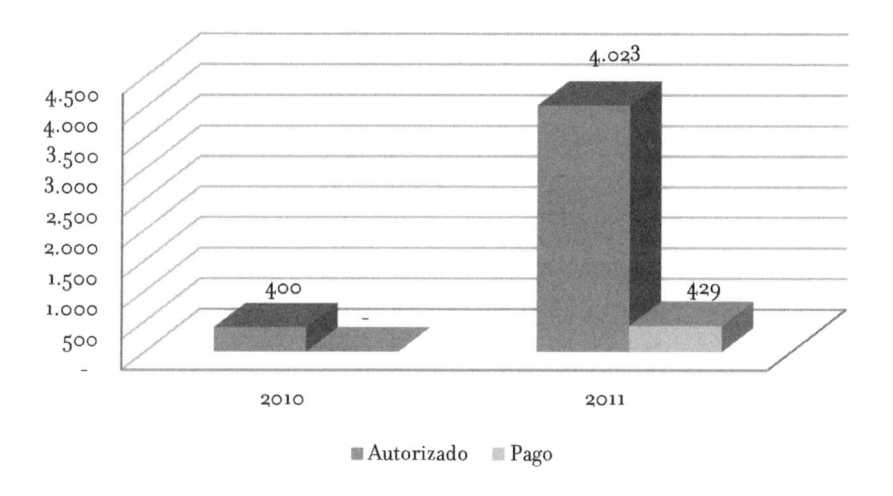

Fonte: Siafi.
Obs.: Os valores para 2011 são desembolsos até novembro.

Em outras palavras, o BNDES carrega uma carteira de títulos que permite ao banco ter um ganho financeiro, pois o retorno dos títulos (Selic) é maior que o custo de sua dívida (TJLP) para com o Tesouro Nacional. Assim, o banco aumenta seu lucro e os repasses de dividendos para seu controlador único — o Tesouro Nacional. Qual o problema dessas operações? O problema é que as emissões de dívida inflam artificialmente o lucro do BNDES e permitem que parte da emissão de dívida seja transformada em receita primária. Os gráficos 30 e 31 mostram que, ao mesmo tempo em que os empréstimos do Tesouro Nacional para o BNDES aumentaram, a partir de 2008, aumentou o carregamento de títulos públicos pelo banco e o pagamento de dividendos. Como o

BNDES precisa de mais recursos, o correto seria o banco se capitalizar com os dividendos. Mas não faz isso porque, nesse caso, o Tesouro perderia uma importante receita primária (dividendos do BNDES), que, em parte, decorre de uma mera operação contábil.

GRÁFICO 30. APLICAÇÕES DO BNDES EM TÍTULOS PÚBLICOS (R$ BILHÕES)

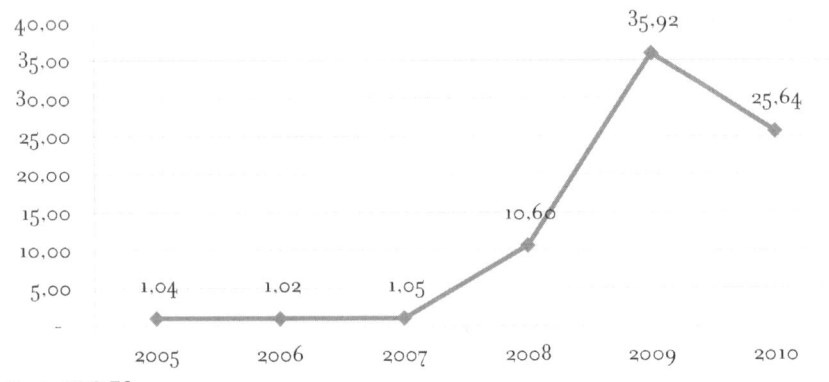

Fonte: BNDES.
Obs.: Saldo no final do ano.

GRÁFICO 31. PAGAMENTO DE DIVIDENDOS PELO BNDES AO TESOURO NACIONAL — 2001-2010 (R$ BILHÕES)

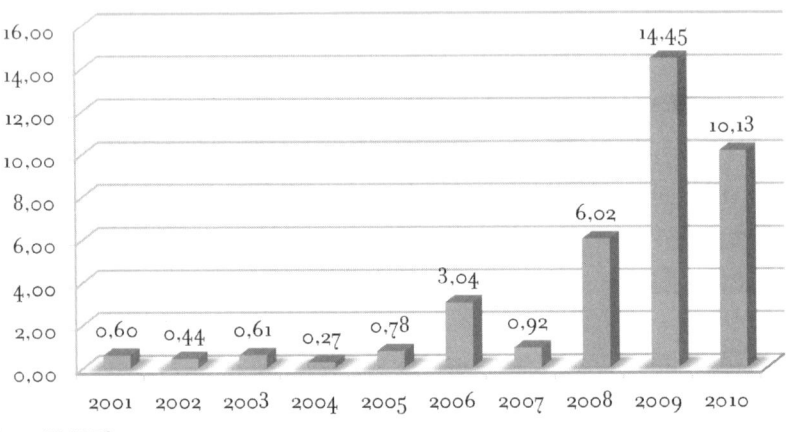

Fonte: BNDES.

A crescente importância dos empréstimos do Tesouro Nacional ao BNDES pode ser vista no gráfico 32, que mostra que os empréstimos do Tesouro Nacional já representavam mais de 50% do passivo total do BNDES em 2010. Ou seja, ao contrário do padrão de financiamento do banco que prevaleceu desde a Constituição Federal de 1988, que estabeleceu que 40% da arrecadação anual do Fundo de Amparo ao Trabalhador (FAT) seria emprestado ao BNDES, o principal *funding* externo do banco passou a ser suas operações de empréstimo com seu controlador, o Tesouro Nacional. Dada a magnitude dessas operações, é preciso um cuidado extra em novas operações, pois seus custos e riscos fiscais serão cada vez maiores.

GRÁFICO 32. PARTICIPAÇÃO DOS EMPRÉSTIMOS DO TESOURO NACIONAL NO PASSIVO DO BNDES — 2001-2010

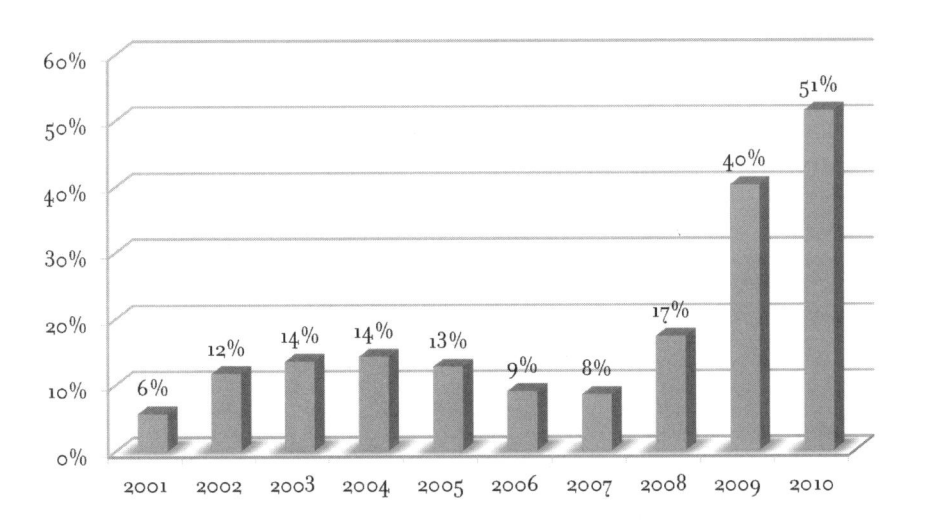

Fonte: BNDES.

IMPACTOS FISCAIS DO PROGRAMA MINHA CASA MINHA VIDA

Um dos novos programas do governo federal possibilita a construção de casas (ou apartamentos) populares para famílias de baixa renda. O Minha

Casa Minha Vida é um programa que depende muito mais da agilidade do setor privado e da Caixa Econômica Federal do que propriamente da estrutura do setor público. Como já explicado, a CEF libera empréstimos para as construtoras e, quando os imóveis ficam prontos e são comercializados, o Tesouro Nacional transfere recursos para o Fundo de Arrendamento Residencial (FAR), cujo objetivo é subsidiar a venda de imóveis para famílias de baixa renda.

As transferências de recursos do Tesouro Nacional para o FAR são, de acordo com a contabilidade pública, uma despesa primária de custeio. Em 2011, essas transferências foram responsáveis pelo forte crescimento do custeio do governo federal. De acordo com o relatório mensal do Tesouro Nacional de apuração do resultado primário, o crescimento do custeio em 2011 (sem recursos do FAT, INSS e Loas), até agosto, chegou a 11,8%. Mas quando se retiram as despesas com o MCMV, o crescimento se reduz para 6,4%.

O programa Minha Casa Minha Vida deu origem a uma nova despesa primária, não existente há dois anos e que, nos próximos quatro anos, será uma fonte permanente de pressão sobre a despesa de custeio do setor público (apesar de esses gastos aumentarem o investimento privado). O MCMV lançado em 2009 envolvia subsídios de R$ 16 bilhões, que ainda estão sendo pagos, e o novo programa, de acordo com informações dadas por ocasião de seu lançamento, envolve subsídios de até R$ 72 bilhões. Mas não fica claro se todo esse valor é uma despesa primária.

De qualquer forma e tal como no caso do PSI, o que preocupa nesse programa é o fato de os atrasos nos pagamentos devidos pelo Tesouro Nacional ao FAR acabarem criando um passivo fiscal para o futuro. Em 2010 e 2011, como se observa no gráfico 33, as transferência do Tesouro para o FAR ficaram muito aquém do programado e, em 2011, todos os valores pagos (R$ 5,1 bilhões) até novembro dizem respeito ao orçamento do ano anterior: pagamento de RAPs. Para 2012, o Projeto de Lei Orçamentária previu que as transferências do Tesouro para o FAR fossem de R$ 8,3, mas a maior parte desse valor não foi paga no ano e se transformou em Restos a Pagar não processados.

GRÁFICO 33. VALORES AUTORIZADOS E EXECUTADOS DO FAR (MCMV) (R$ BILHÕES)

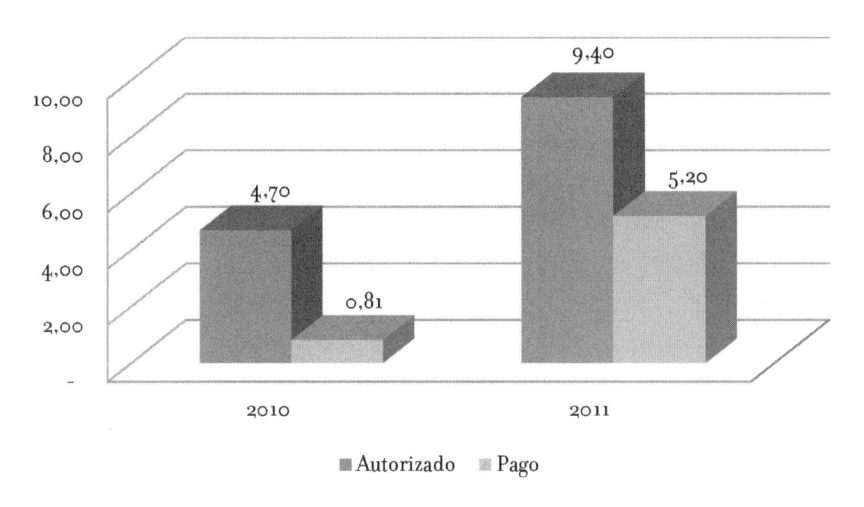

Fonte: Siafi.
Obs.: Transferências do Tesouro Nacional para o FAR.

Efeito cremalheira, desvinculações e contribuições sociais

Em vez do ajuste fiscal gradual, na linha de Giambiagi e Barbosa (2011), já explicado, Rezende, Oliveira e Araújo (2007) defendem tese mais radical. Segundo esses autores, a Constituição Federal brasileira de 1988 criou uma armadilha no que diz respeito à despesa, à receita, ao equilíbrio federativo e à discussão do processo orçamentário que leva a um equilíbrio no qual o governo federal tenta fugir das vinculações institucionais por meio do aumento de contribuições não repartidas com estados e municípios. O crescimento das contribuições concorre para o crescimento do resultado primário pelo mecanismo da desvinculação das receitas, iniciado em 1994 com o Fundo Social de Emergência (FSE), renovado em 1996 sob a denominação de Fundo de Estabilização Fiscal (FEF) e, a partir de 2000, renomeado de Desvinculação da Receita da União (DRU).

Rezende, Oliveira e Araújo (2007:29-79) apontam que esse mecanismo temporário de conciliação dos maiores gastos com seguridade social, decorrentes da Constituição Federal, com a necessidade de aumentar o resultado primário mediante esse mecanismo de aumento das contribuições sociais aliadas ao mecanismo de desvinculação ocasiona um problema que denominaram "efeito cremalheira". O problema é que cada R$ 20 desvinculados de R$ 100 arrecadados via contribuições sociais geram, em momento posterior, uma nova vinculação em cima de R$ 80, o que passa a exigir um novo crescimento da receita para fazer frente a esses gastos maiores e assim por diante.

É claro que nem toda vinculação é necessariamente gasta nos períodos posteriores. Mas os grupos organizados fazem sua parte para mostrar que o recurso existe e, assim, ao longo do tempo, o gasto do orçamento da seguridade social (OSS) cresce, diminuindo a eficácia do equilíbrio fiscal. Foi isso exatamente o que aconteceu com a extinção da Contribuição Provisória sobre Movimentação ou Transmissão de Valores e de Créditos e Direitos de Natureza Financeira (CPMF) e com o crescimento contínuo das despesas da seguridade social, que tornaram o mecanismo da desvinculação de receitas irrelevante para o equilíbrio fiscal.

Dados da Secretaria de Orçamento Federal (SOF) reproduzidos no gráfico 34 mostram o forte crescimento do déficit do orçamento da seguridade social, que tornou inútil o uso da DRU como mecanismo essencial para o alcance da meta do resultado primário. Nos últimos anos, mais eficaz do que o uso da desvinculação das receitas do OSS tem sido a não execução do orçamento de alguns fundos setoriais, como o Fundo de Universalização dos Serviços de Telecomunicações (Fust), o Fundo para o Desenvolvimento Tecnológico das Telecomunicações (Funttel) e o Fundo Nacional de Desenvolvimento Científico e Tecnológico (FNDCT), para elevar a meta do resultado primário. Esses três fundos, em 2010, executaram apenas metade do orçamento conjunto de R$ 3,9 bilhões já autorizado.

GRÁFICO 34. RESULTADO PRIMÁRIO DO ORÇAMENTO DA SEGURIDADE SOCIAL (R$ MILHÕES CORRENTES)

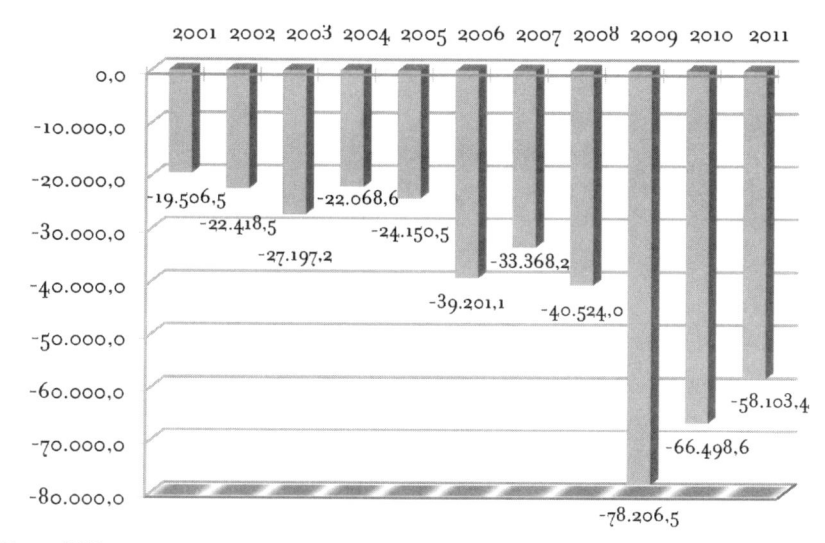

Fonte: SOF.

Desde 2009, o governo federal passou a utilizar recursos livres do orçamento fiscal para cobrir despesas da seguridade social, já que os recursos desvinculados pela DRU começaram a ser menores do que o déficit do OSS (Tavares e Moura, 2011). De acordo com o Projeto de Lei Orçamentário Anual para 2012, por exemplo, a DRU retiraria R$ 54 bilhões das contribuições sociais, mas o OSS projeta um déficit de R$ 66 bilhões e, assim, mesmo sem a DRU, restariam R$ 12 bilhões a descoberto, montante adicional a ser aportado pelo orçamento fiscal para cobrir a seguridade social. Ao que parece, a tese do efeito cremalheira defendida por Rezende, Oliveira e Araújo veio a se confirmar.

Além do efeito cremalheira propriamente dito, outro ponto levantado por Rezende, Oliveira e Araújo (2007:48-53) é que, ao longo dos anos, a tentativa de criar novos "impostos" via contribuições sociais ou de majorar as alíquotas das contribuições já existentes para não repartir o aumento da arrecadação com estados e municípios teve o efeito adverso de aumentar a participação dos tributos de má qualidade — as contribuições sociais e impostos que incidem em cascata. Segundo os autores, esses tributos "de má qualidade" — com destaque para CPMF, PIS/Pasep, Cofins, IOF, ISS — aumentaram sua participação na arrecadação total de 1998 a 2005 em quase 10 pontos percentuais.

No período mais recente, mesmo com a extinção da CPMF em dezembro de 2007, esse quadro não se alterou devido ao forte crescimento da arrecadação de impostos cumulativos como PIS/Pasep, Cofins e IOF. Em 2007, esses três impostos arrecadavam juntos 5,15% do PIB e, em 2010, sua participação na arrecadação aumentou para 5,67% do PIB, compensando em parte a redução da CPMF.

O difícil consenso para o ajuste fiscal

O quadro preocupante que acabo de mostrar, caracterizado pelo crescimento dos gastos públicos no curto e no longo prazo, por novos programas de subsídios que podem gerar pressões fiscais adicionais, por um padrão de arrecadação que ainda privilegia impostos cumulativos e leva a uma competição da base tributária entre governo federal e estados em setores estratégicos produtores de insumos básicos (petróleo, combustíveis e lubrificantes, energia elétrica e comunicações), mostra que será difícil aumentar a competitividade da indústria brasileira sem desmontar o cipoal de regras tributárias e reduzir o peso dos impostos cumulativos. A última edição da pesquisa comparativa de competitividade global do *World Economic Forum* deixa claro, mais uma vez, que um dos maiores inibidores da competitividade da economia brasileira continua sendo, além da baixa qualidade da nossa infraestrutura, o excesso de regulamentações e o peso dos impostos no mercado de produtos. Nesses dois quesitos, o Brasil ocupa a última posição no grupo de 142 países analisados pelo estudo (Schwab, 2011:127).

Mas o bom momento pelo qual passa a economia brasileira desde 2003 com os elevados ganhos nos termos de troca propiciados pelo crescimento de países emergentes, principalmente China e Índia, permitiu a aceleração do crescimento da economia brasileira, puxado pelo setor de *commodities*, independentemente dos aspectos tributários que prejudicam a competitividade da economia brasileira, e que explicam a perda de competitividade crescente da indústria brasileira (Almeida, 2011b). Não há dúvidas de que o Brasil conseguiu burlar fatores que limitam o nosso crescimento em bases sustentáveis graças ao fabuloso crescimento do preço de nossas exportações de produtos básicos.

De janeiro de 2003 a julho de 2011, o índice de preço das exportações de produtos básicos, calculado pela Fundação Centro de Estudos do Comércio Exterior (Funcex), aumentou 276%, enquanto o índice de quantum aumentou 136%. Assim, o crescimento do valor das exportações de produtos básicos do Brasil de US$ 21,2 bilhões em 2003 para US$ 90 bilhões em 2010 decorreu, principalmente, do crescimento dos preços das *commodities*. Esse efeito refletiu-se, inclusive, na mudança de composição da pauta das exportações brasileira, com a predominância crescente dos produtos básicos. De 2002 até junho de 2011, a participação dos produtos básicos na pauta de exportações aumentou de 28,1% para 47,5% e, no mesmo período, a participação dos manufaturados passou de 54,7% para 36,7%.

O maior problema com o nosso padrão de crescimento atual é que, em vez de a sociedade aproveitar o período de bonança para fazer os ajustes necessários no lado da despesa e da receita sem precisar passar pelos ajustes radicais que estão fazendo atualmente vários países da Europa — Grécia, Espanha, Irlanda e Itália —, parece não haver ainda consenso para avançar na agenda de reforma fiscal que é absolutamente necessária para que o crescimento da economia brasileira fique menos dependente dos ganhos dos termos de troca decorrentes do *boom* das *commodities*.

Como já destaquei, os gastos sociais no Brasil — com transferência de renda, saúde e educação — aumentaram muito desde o início dos anos 1990 e a recuperação do valor real do salário mínimo, que serve de piso para vários dos programas sociais, aumentou ainda mais o volume de gastos sociais e também os gastos da previdência. Apesar do resultado positivo dessas políticas para o crescimento do mercado interno, o negativo foi o crescimento excessivo da carga tributária.

Adicionalmente, é difícil continuar com a agenda de transferência de renda e com a desoneração dos investimentos produtivos e das exportações sem uma ampla reforma tributária. Estudos do Ipea (2011) mostram que, de 2004 a 2008, a carga tributária brasileira ficou mais regressiva. O que o governo dá às claras (transferências de renda) com uma mão tira às escondidas (impostos embutidos nos preços dos produtos) com a outra. Hoje, não há como avançar na agenda positiva para melhorar a progressividade da arrecadação e desonerar o investimento produtivo sem que se faça uma reforma tributária e se crie espaço fiscal para a redução da tributação sobre a indústria. Se, ao longo dos próximos 10 anos, mantivermos o mesmo ritmo de expansão dos gastos públicos do período pós-Constituição, precisaremos de um crescimento de arrecadação equivalente a, no mínimo, duas novas CPMFs para financiar essas novas despesas (Almeida, 2011a).

Embora ainda não exista consenso quanto à necessidade de um ajuste fiscal amplo por parte da sociedade, pode-se pelo menos iniciar um debate maior com a sociedade quanto aos dilemas envolvidos na expansão do gasto público e sobre medidas voltadas para racionalizar a execução desses gastos. Para tanto, é importante que a sociedade entenda que há maneiras mais eficazes de reduzir a pobreza e promover a inclusão social, mesmo que não haja consenso sobre a redução imediata do gasto público, como mostrei ao comparar o gasto social com o investimento social.

No entanto, para que o cenário de ganho fiscal com redução permanente de juros se materialize, por exemplo, é necessário manter o esforço fiscal atual, ao mesmo tempo em que se aumenta o investimento público sem recorrer a novos aumentos de carga tributária. O risco é continuar com o crescimento da despesa pública no mesmo ritmo dos últimos anos, o que poderia reverter a redução esperada dos juros e fazer com que se perca a chance de reduzir a carga tributária.

Considerações finais

O gasto público não financeiro do governo federal (excluída a repartição de receita) passou de 11,1% do PIB em 1991 para 17,4% em 2010. Quando se incluem as transferências para estados e municípios, o gasto público não financeiro do governo federal passa de 13,7% para 21,7% do PIB. O crescimento do gasto público ocorreu justamente em um período no qual diversas medidas importantes de controle dos gastos fiscais foram adotadas (ver anexo V) e o Brasil passou a gerar superávits primários consistentes a partir de 1999. Isso indica que, no Brasil, a maior responsabilidade fiscal baseou-se, como é do conhecimento público, no aumento da carga tributária.

Como a carga tributária em 2010 situava-se em torno de 35% do PIB, a sociedade vive hoje um dilema. Constatou-se neste capítulo que, como proporção do PIB, os gastos sociais em conjunto com o crescimento dos gastos com o INSS responderam por 80% do crescimento do gasto do governo como percentual do PIB nos últimos 11 anos. Assim, o grande dilema atual é se o Brasil continuará com esse modelo de crescimento que privilegia os gastos sociais via transferência de renda, dada a necessidade de aumentar o investimento público.

O debate quanto ao ritmo de expansão dos gastos públicos é importante porque para que o Brasil cresça acima de 5% ao ano será necessário aumentar o investimento público. Este é hoje um dos principais gargalos ao crescimento atual da economia brasileira (Blyde et al., 2009). Assim, no curto prazo, parece não haver muito espaço para a redução da carga tributária já que uma eventual economia seria compensada pela necessidade de aumentar o investimento público. A tendência de expansão do gasto público deve, portanto, continuar, mas não há espaço para ajustes fiscais profundos na economia brasileira sem que se comprometa a expansão do investimento público, como ocorreu em 2011.

Um ponto importante destacado ao longo deste capítulo é que, ao contrário da percepção comum de que há um crescimento excessivo dos gastos de custeio, o crescimento do "custeio administrativo", conceito de custeio quando se retiram programas sociais, INSS e custeio da saúde e da educação, não está descontrolado. Na verdade, nos últimos 11 anos, o custeio administrativo diminuiu como proporção do PIB. Assim, talvez apenas um choque de gestão não baste para gerar a economia necessária para expandir o investimento público sem ter de aumentar a carga tributária. A velocidade dos reajustes do salário mínimo e a expansão dos gastos sociais, por exemplo, são muito mais importantes para o controle dos gastos públicos do que um choque de gestão.

O capítulo também enfatizou que, às vezes, a análise da despesa pública em relação ao PIB não deixa muito claro o crescimento real de itens da despesa pública, como o dos gastos com pessoal, que poderiam ter passado nos últimos anos por um maior controle. Não há lei que diga que a despesa primária do governo federal tenha que acompanhar o crescimento do PIB. Na verdade, como, de 2001 a 2010, o crescimento anual do PIB foi de 3,6% ao ano, ao que parece o Brasil perdeu a oportunidade de reduzir o gasto como proporção do PIB e de criar espaço fiscal para o aumento do investimento público e avançar na reforma tributária, algo essencial para diminuir a dependência do Brasil do *boom* de *commodities* que esconde as ineficiências da nossa carga tributária, cada vez mais baseada em impostos de má qualidade.

Se não houver o consenso de que a despesa primária precisa ser controlada em conjunto com uma ampla reforma tributária, os recursos necessários para o crescimento do investimento público ficarão dependentes da criação de novos impostos, de uma redução da taxa de juros que diminua o serviço da dívida e/ou da redução do superávit primário. Outra possibilidade é o crescimento da dívida pública, como de fato já vem ocorrendo com os empréstimos crescentes do Tesouro Nacional ao BNDES. Essas operações, como se sabe, não alteram a dívida líquida do setor público de imediato, mas o diferencial de juros cria uma armadilha no longo prazo e dificulta a redução da taxa de juros que incide sobre a DLSP. Assim, utilizar o BNDES e aumentar as operações de empréstimo do Tesouro Nacional para este banco não irão resolver o dilema fiscal em que nos encontramos.

Por fim, não existe uma solução técnica para o dilema fiscal. Esse debate só poderá ser resolvido no âmbito político, razão pela qual seria interessante questionar junto à sociedade se é ou não desejável continuar com o padrão de crescimento dos gastos fiscais que se observa desde o início da década de 1990, que implica, necessariamente, maior carga tributária. Talvez a sociedade decida que é preciso um controle maior do crescimento dos gastos sociais, dos gastos do INSS e dos gastos com pessoal para possibilitar um maior crescimento do investimento público e a redução gradual da carga tributária. Mas talvez também opte por manter os reajustes reais do salário mínimo, o aumento dos gastos sociais e um crescimento menor do PIB. Essas duas alternativas e suas combinações têm custos; por isso, seria interessante que os custos e benefícios de cada alternativa fossem cada vez mais debatidos com a sociedade.

A reforma financeira do Brasil na segunda metade dos anos 1960 aumentou abruptamente a poupança pública doméstica via expansão de impostos e criação de mecanismos de poupança forçada, como o Fundo de Garantia por Tempo de Serviço (FGTS). De 1964 a 1970, estima-se que a carga tributária no Brasil tenha passado de 16% para 25% do PIB, um crescimento de quase 10 pontos percentuais do PIB em pouco mais de seis anos. É claro que, sem a necessidade de aumentar os gastos sociais em uma ditadura, todo esse aumento de arrecadação foi para financiar programas setoriais e aumentar o investimento público (Krieckhaus, 2002).

A redemocratização do Brasil, porém, levou a escolhas diferentes. A sociedade brasileira parece mostrar consistentemente que, mais do que crescer ao ritmo chinês, optou por políticas de transferência de renda, mesmo que essas políticas limitem o que poderia ser gasto com políticas setoriais e com investimento público para promover o crescimento mais rápido do PIB. A sociedade não quer mais o crescimento econômico que tivemos na chamada época do milagre brasileiro, à custa de programas sociais (inclusive previdência) e da piora da distribuição de renda, quando o Brasil chegou a crescer 11% ao ano com concentração de renda.

O modelo econômico vigente no período pós-constitucional ou o pacto social atual no Brasil baseia-se em um Estado de bem-estar social que leva o país a ter uma carga tributária elevada (35% do PIB) para o nosso estágio de desenvolvimento, que reflete escolhas da sociedade feitas no final dos anos 1980, quando redigimos uma nova Constituição, que, entre outras coisas, aumentou a proteção aos mais pobres e aos idosos. O problema é que o custo na margem desse modelo é cada vez maior e seu impacto na redução da pobreza cada vez menor, como parece ser o caso da política de valorização do salário mínimo.

Por outro lado, há como continuar investindo nas áreas sociais a um custo menor e a maneira de fazer isso parece ser uma mudança na composição do gasto social, com o aumento do investimento público em áreas sociais. Um exercício comparativo feito neste capítulo mostra que, de 2002 a 2010, o investimento público em funções de impacto social (segurança pública, educação, saúde, urbanismo, habitação, saneamento e gestão ambiental) foi em média de apenas R$ 8,8 bilhões ao ano; um valor pequeno se comparado aos gastos com programas de transferência de renda (excluída a previdência) e com seguro-desemprego, que tiveram desembolso médio de R$ 47 bilhões ao ano no período.

O modelo de crescimento do gasto público no Brasil, se, por um lado, reflete escolhas sociais, por outro, essas escolhas não estão isentas da atuação dos grupos mais organizados. Além disso, tomando por base projeções de diferentes autores, o capítulo mostra que a tendência do gasto público no Brasil é de crescimento no longo prazo, devido a mudanças demográficas já em curso na economia brasileira, e também no curto prazo. Assim, a decisão de não controlar a expansão do gasto significa aceitar um crescimento ainda maior do gasto público como proporção do PIB e, logo, uma maior carga tributária, o que pode prejudicar ainda mais a competitividade do setor industrial.

Sabe-se hoje que a baixa taxa de investimento no Brasil é um dos grandes obstáculos ao crescimento mais rápido da economia brasileira sem inflação. Mas a única forma de aumentar o investimento público sem novos aumentos da carga tributária é controlar o ritmo de expansão dos demais itens do gasto público, de tal forma que esse crescimento ocorra a um ritmo menor que o crescimento do PIB e, simultaneamente, avançar em um projeto de reforma tributária que simplifique impostos e reduza a participação de impostos cumulativos. Não está claro se esse consenso já existe na sociedade brasileira, pois, com a manutenção dos preços das *commodities* em patamar elevado, os efeitos negativos de uma alta carga tributária são momentaneamente reduzidos.

Não obstante, a estrutura de crescimento do gasto público no Brasil e seu financiamento parecem não ser compatíveis com o crescimento sustentado da economia brasileira, com aumento do investimento na indústria, que já dá sinais claros de que o Brasil se tornou um país caro para a produção de manufaturas.

Referências

ALMEIDA, M. *Entraves ao investimento público no Brasil.* 30/6/2009. (inédito)

_____. Gasto fiscal no Brasil: novos números para um velho dilema. *Insight – Inteligência*, n. 51. 4º trim. 2010.

_____. O perigo da sedução do curto prazo. *Valor Econômico*, 8 ago. 2011a.

_____. Política industrial e crescimento. *Radar: Tecnologia, Produção e Comércio Exterior*, Brasília, Ipea/Diretoria de Estudos e Políticas Setoriais de Inovação, Regulação e Infraestrutura, n. 16, 2011b.

ARBACHE, J. *Transformação demográfica e competitividade internacional da economia brasileira*. Rio de Janeiro: BNDES, 2011.

BANCO CENTRAL DO BRASIL. Relatório de Inflação. Março de 2011, Disponível em: <http://www.bcb.gov.br/htms/relinf/direita.asp?idioma=P&ano=2011&acaoAno=ABRIR&mes=03&acaoMes=ABRIR>.

BARROS, R. P. A efetividade do salário mínimo em comparação com a do programa Bolsa Família como instrumento de redução da pobreza e da desigualdade. In: BARROS, R. P. D.; FOGUEL, M. N.; ULYSSEA, G. *Desigualdade de renda no Brasil*: uma análise da queda recente. Rio de Janeiro: IPEA, 2007, p. 507-549.

BASSETTE, F. Gasto do governo com remédios via ação judicial cresce 5.000% em 6 anos. *O Estado de S. Paulo*, 28 abr. 2011.

BLYDE, J. et al. What is impeding growth in Brazil? In: AGOSIN, M.; FERNA-DEZ-ARIAS, E.; JARAMILLO, F. *Growing pains: binding constraints to productive investment in Latin America*. Washington, DC: IDB, 2009. p. 111-164.

CAETANO, M. *Determinantes da sustentabilidade e do custo previdenciário*: aspectos conceituais e comparações internacionais. Rio de Janeiro: Ipea, 2006. (Texto para Discussão, 1.226.)

CAMARGO, J. M. Desemprego, informalidade e rotatividade. In: GIAMBIA-GI, F.; BARROS, O. D. *Brasil pós-crise*: agenda para a próxima década. Rio de Janeiro: Campus-Elsevier, 2009. p. 231-244.

FRISCHTAK, C. R.; CHATEAUBRIAND, V. Os investimentos em infraestrutura no Brasil. *Inter.B Consultoria Internacional de Negócios*, 18 jul. 2011.

GIAMBIAGI, F. *A política fiscal do governo Lula em perspectiva histórica*: qual é o limite para o aumento do gasto público? Rio de Janeiro: Ipea, 2006. (Texto para Discussão, 1.169.)

_____; BARBOSA, F. H. Qual deve ser a meta fiscal de longo prazo? In: GIAMBIAGI, F.; PORTO, C. *2022: propostas para o Brasil melhor no ano do bicentenário*. Rio de Janeiro: Elsevier, 2011., p. 119-134.

GOBETTI, S. W. *Qual é a real taxa de investimento público no Brasil?* Instituto de Pesquisa Econômica Aplicada (IPEA). mimeo., 2010.

IPEA. *15 anos de gasto social federal:* notas sobre o período de 1995 a 2009. Rio de Janeiro: Ipea, 8 jul. 2011. (Comunicados do Ipea, 98.)

KRIECKHAUS, J. Reconceptualizing the developmental State: public savings and economic growth. *World Development,* v. 30, n. 10, 2002, p. 1.697-1.712.

MEDICI, A. Propostas para melhorar a cobertura, a eficiência e a qualidade no setor de saúde. In: LISBOA, E.; SCHWARTZMAN, S. *Brasil a nova agenda social.* Rio de Janeiro: LTC, 2011, p. 23-93.

MENEZES, N. A. Pré-escola, horas-aulas, ensino médio e avaliação. In: LISBOA, E.; SCHWARTZMAN, S. *Brasil a nova agenda social.* Rio de Janeiro: LTC, 2011, p. 270-275.

MORA, M. Auxílio-doença: contribuição para um diagnóstico. *Boletim de Conjuntura Ipea,* n. 77, 2007.

PACHECO FILHO, C.; WINCKLER, C. R. Reforma da previdência: o ajuste no serviço público. Indicadores Econômicos, FEE, v. 32, n. 4, p. 221-248, 2005.

PINHEIRO, A. C. Investimento ou poupança. *Valor Econômico,* 4 de novembro de 2011.

REZENDE, F.; OLIVEIRA, F.; ARAUJO, E. *O dilema fiscal:* remendar ou reformar? Rio de Janeiro: FGV, 2007.

ROCHA, R. R.; CAETANO, M. A. R. *O sistema previdenciário brasileiro:* uma avaliação de desempenho comparada. Rio de Janeiro: Ipea, 2008. (Texto para Discussão, 1.331.)

SCHWAB, K. The global competitiveness report 2011-2012. *World Economic Forum,* 2011.

SCHWARTZMAN, S. Pré-escola, horas-aulas, ensino médio e avaliação. In: LISBOA, E.; SCHWARTZMAN, S. *Brasil a nova agenda social.* Rio de Janeiro: LTC, 2011, p. 254-269.

SIMÃO, E.; NOGUEIRA, R. Brasil deve ser o único país que paga pensões ao deus-dará. *O Estado de S. Paulo,* 3 abr. 2011.

SOUZA, A. P. de. Políticas de distribuição de rendas no Brasil e o Bolsa Família. In: LISBOA, E.; SCHWARTZMAN, S. *Brasil a nova agenda social.* Rio de Janeiro: LTC, 2011. p. 166-186.

TAFNER, P.; CARVALHO, M. M. Rumo a uma política social flexível. In: GIAMBIAGI, F.; PORTO, C. *2022: propostas para o Brasil melhor no ano do bicentenário*. Rio de Janeiro: Elsevier, 2011, p. 163-187.

TAVARES, J. F. C.; MOURA, M. R. Desviculação dos recursos da União (DRU): impacto da prorrogação. Brasília: Câmara dos Deputados, 6 out. 2011, (Nota técnica do Núcleo de Assuntos Econômico-Fiscais da Câmara dos Deputados, 17/11.)

THOMAS, V. *O Brasil visto por dentro*: desenvolvimento em uma terra de contrastes. Rio de Janeiro: José Olympio, 2005.

VELOSO, F. A evolução recente e propostas para a melhoria da educação no Brasil. In: LISBOA, E.; SCHWARTZMAN, S. *Brasil a nova agenda social*. Rio de Janeiro: LTC, 2011, p. 215-253.

Anexo I: Saldo dos Restos a Pagar

TABELA 1. SALDO DOS RAPS NÃO PROCESSADOS INSCRITOS — CATEGORIA DAS DESPESAS (R$ MIL)

Anos	RAPs não processados				
	Pessoal	Outras despesas correntes	Investimentos	Outros	Total
2002	1.018.496	5.359.974	8.513.802	6.729.911	21.622.183
2003	591.717	6.359.999	4.255.725	3.307.173	14.514.614
2004	474.899	7.053.247	1.768.523	14.460.983	23.757.652
2005	602.485	7.304.318	5.525.316	3.890.046	17.322.165
2006	676.208	15.738.944	11.225.253	6.307.513	33.947.918
2007	929.357	16.294.612	14.107.869	7.415.943	38.747.781
2008	1.427.118	21.889.197	27.156.303	4.658.518	55.131.136
2009	1.460.146	25.940.440	35.573.324	4.791.217	67.765.127
2010	1.849.978	35.438.987	45.701.495	9.202.638	92.193.098
2011	1.345.691	42.298.305	48.341.923	11.298.641	103.284.560

Fonte: Tesouro Nacional.

TABELA 2. SALDO DOS RAPS PROCESSADOS INSCRITOS — CATEGORIA DAS DESPESAS (R$ MIL)

Anos	RAPs processados				
	Pessoal	Outras despesas correntes	Investimentos	Outros	Total
2002	–	2.027.231	800.250	598.097	3.425.578
2003	63.214	1.440.468	2.026.585	709.431	4.239.698
2004	29.477	4.063.737	3.496.781	360.153	7.950.148
2005	449.236	2.213.137	1.289.434	403.566	4.355.373
2006	345.356	2.120.843	2.044.313	337.306	4.847.818
2007	99.834	2.394.319	2.603.311	145.647	5.243.111
2008	523.254	2.441.284	3.661.553	387.708	7.013.799
2009	2.706.320	19.120.943	4.457.604	663.480	26.948.347
2010	645.053	15.986.389	5.204.298	1.094.741	22.930.481
2011	537.225	15.690.394	8.655.254	610.806	25.493.679

Fonte: Tesouro Nacional.

Anexo II: Simulações de Fabio Giambiagi e Fernando Honorato Barbosa (2011)

	2011	2012	2013	2014	2015	2016	2017	2018	2019	2020	2021	2022
Superávit primário	2,7	2,8	2,9	3,0	3,0	3,0	3,0	3,0	3,0	3,0	3,0	3,0
Estados e municípios	0,7	0,7	0,6	0,6	0,6	0,6	0,5	0,5	0,5	0,5	0,4	0,4
Empresas estatais (sem Petrobras)	–	–	–	–	–	–	–	–	–	–	–	–
Governo central (com ajuste metodológico)	2,1	2,2	2,3	2,4	2,5	2,5	2,5	2,5	2,6	2,6	2,6	2,6
RECEITA TOTAL	23,8	23,9	23,9	24,0	24,0	24,2	24,3	24,3	24,3	24,4	24,4	24,4
Despesa primária	21,8	21,7	21,6	21,6	21,6	21,7	21,8	21,8	21,8	21,8	21,8	21,8
Transferências a estados e municípios	3,9	3,9	3,9	3,9	3,9	4,0	4,0	4,0	4,0	4,0	4,0	4,0
Despesa corrente	16,8	16,6	16,5	16,3	16,2	16,0	15,9	15,7	15,6	15,4	15,3	15,1
INSS	7,1	7,1	7,1	7,0	7,0	7,0	7,0	7,0	7,0	7,0	6,9	6,9
Despesa com pessoal	4,5	4,4	4,2	4,1	4,0	3,9	3,8	3,7	3,5	3,4	3,3	3,2
Despesas do FAT	0,9	0,9	0,9	0,9	0,9	0,9	0,9	0,9	0,9	0,9	0,9	0,9
Loas/RMV	0,7	0,7	0,7	0,7	0,7	0,7	0,7	0,7	0,7	0,7	0,7	0,7
Bolsa Família	0,5	0,5	0,5	0,5	0,5	0,5	0,5	0,5	0,5	0,5	0,5	0,5
Saúde	1,5	1,5	1,5	1,5	1,5	1,5	1,5	1,5	1,5	1,5	1,5	1,5
Educação	0,5	0,5	0,5	0,5	0,5	0,5	0,5	0,5	0,5	0,5	0,5	0,5
Outros	1,3	1,3	1,3	1,2	1,2	1,2	1,1	1,1	1,1	1,1	1,1	1,1
Investimento	1,1	1,2	1,2	1,3	1,5	1,7	1,9	2,1	2,2	2,4	2,5	2,7

	2011	2012	2013	2014	2015	2016	2017	2018	2019	2020	2021	2022
Juros nominais (excluindo Petrobras) – % do PIB	5,5	5,1	4,4	3,9	3,3	2,8	2,0	1,6	1,4	1,2	0,8	0,6
NFSP (% do PIB) (– = superávit)	2,8	2,3	1,5	0,9	0,3	-0,2	-1,0	-1,4	-1,6	-1,8	-2,2	-2,4
Base monetária (% do PIB)	5,5	5,5	5,5	5,5	5,5	5,5	5,5	5,5	5,5	5,5	5,5	5,5
Dívida pública (sem base monetária) – % do PIB	34,5	33,6	32,0	29,9	27,5	24,8	21,6	18,1	14,7	11,4	8,0	4,6
Dívida pública líquida com base monetária (% do PIB)	40,0	39,1	37,5	35,4	33,0	30,2	27,0	23,6	20,2	16,8	13,4	10,0
Memo: ativos FAT + empréstimos a instituições financeiras oficiais (% do PIB)	12,0	12,0	12,0	12,0	12,0	12,0	12,0	12,0	12,0	12,0	12,0	12,0
Memo: reservas internacionais (% do PIB)	14,0	14,0	14,0	14,0	14,0	14,0	14,0	14,0	14,0	14,0	14,0	14,0
Memo: TJLP	6,0	6,0	6,0	6,0	6,0	6,0	6,0	6,0	6,0	6,0	6,0	6,0
Memo: rendimento das reservas internacionais (% ao ano)	2,0	2,5	3,0	3,5	4,0	4,5	5,0	5,0	5,0	5,0	5,0	5,0
Memo: Selic nominal (% ao ano)	10,8	10,2	9,2	8,7	8,2	7,6	6,6	6,1	6,1	6,1	5,6	5,6
Memo: taxa de juros nominal (% ao ano)	11,3	10,8	9,7	9,2	8,7	8,2	7,1	6,6	6,6	6,6	6,1	6,1
Poupança privada (% do PIB)	15,4	15,4	15,4	15,4	15,4	15,4	15,4	15,4	15,4	15,4	15,4	15,4
Poupança externa (% do PIB)	3,0	3,5	4,0	3,5	3,0	2,5	2,4	2,3	2,2	2,1	2,0	2,0
Poupança pública (% do PIB)	0,2	0,8	1,7	2,4	3,2	4,0	5,0	5,6	6,0	6,4	6,9	7,3
Poupança total (% do PIB)	18,5	19,6	21,1	21,3	21,5	21,8	22,7	23,3	23,6	23,8	24,3	24,7
Variação de estoques (% do PIB)	0,1	0,1	0,1	0,1	0,1	0,1	0,1	0,1	0,1	0,1	0,1	0,1
FBKF (% do PIB)	18,4	19,6	21,0	21,2	21,4	21,7	22,6	23,2	23,5	23,7	24,2	24,6
Taxa de desemprego (% da PEA)	6,4	6,1	5,8	5,5	5,3	5,2	5,2	5,0	4,8	4,6	4,4	4,1

Fonte: Giambiagi e Barbosa (2011:128, tabela 8.7).

Anexo III: Execução do investimento público social — 2002-2010

R$ MILHÕES DE JULHO DE 2011

	2002	2003	2004	2005	2006	2007	2008	2009	2010
06. Segurança pública	987,71	379,16	672,21	571,95	432,89	1.214,68	1.273,62	1.581,85	2.306,00
10. Saúde	3.468,96	1.108,47	1.837,66	1.415,10	2.051,16	1.860,28	1.563,41	1.986,56	2.487,68
12. Educação	1.471,71	717,44	615,3	680,51	1.136,30	1.728,76	2.675,96	3.381,15	6.136,84
15. Urbanismo	821,25	314,21	806,83	660,91	1.371,85	1.492,64	3.329,68	2.830,13	2.858,23
16. Habitação	298,49	50,25	250,27	115,49	173,29	573,72	621,54	566,37	254,96
17. Saneamento	294,98	31,04	39,15	65,6	49,76	55,49	1.769,16	1.813,86	1.730,64
18. Gestão ambiental	1.570,56	321,01	440,24	626,37	713,71	782,35	1.356,91	2.168,29	2.634,84
Total	8.913,66	2.921,59	4.661,67	4.135,92	5.928,95	7.707,92	12.590,28	14.328,20	18.409,17

% DO PIB

	2002	2003	2004	2005	2006	2007	2008	2009	2010
06. Segurança Pública	0,04	0,01	0,02	0,02	0,01	0,04	0,04	0,04	0,06
10. Saúde	0,13	0,04	0,07	0,05	0,07	0,06	0,04	0,05	0,06
12. Educação	0,06	0,0	0,02	0,02	0,04	0,05	0,08	0,09	0,15
15. Urbanismo	0,03	0,01	0,03	0,02	0,04	0,05	0,09	0,08	0,07
16. Habitação	0,01	0,00	0,01	0,00	0,01	0,02	0,02	0,02	0,01
17. Saneamento	0,01	0,00	0,00	0,00	0,00	0,00	0,05	0,05	0,04
18. Gestão ambiental	0,06	0,01	0,02	0,02	0,02	0,02	0,04	0,06	0,07
TOTAL	0,34	0,11	0,17	0,14	0,19	0,23	0,35	0,40	0,46

Fonte: Siga Brasil.

Anexo IV: Execução do custeio social — 2002-2010

R$ MILHÕES DE JULHO DE 2011

	2002	2003	2004	2005	2006	2007	2008	2009	2010
08. Assistência Social	11.055,8	12.195,8	19.729,4	20.905,3	27.416,6	30.475,0	33.333,3	36.913,4	41.364,5
11. Trabalho	14.211,2	13.721,3	14.200,5	16.365,0	20.099,9	23.409,1	24.830,9	31.472,0	32.468,7
Total	25.267,0	25.917,1	33.929,9	37.270,3	47.516,5	53.884,1	58.164,3	68.385,4	73.833,1

% DO PIB

	2002	2003	2004	2005	2006	2007	2008	2009	2010
08. Assistência social	0,42	0,47	0,71	0,73	0,90	0,92	0,94	1,02	1,03
11. Trabalho	0,54	0,53	0,51	0,57	0,66	0,71	0,70	0,87	0,81
Total	0,96	1,00	1,21	1,29	1,56	1,63	1,64	1,89	1,84

Fonte: Siga Brasil.

Anexo V: Principais medidas de ajuste fiscal no período 1985-2005

Ano	Medida adotada
1985	Fim da conta movimento do Banco do Brasil.
1986	Criação da Secretaria do Tesouro Nacional.
1987	Implantação do Sistema Único de Contas e Administração Financeira (Siafi). Transferência da administração da dívida pública do Banco Central para o Tesouro Nacional.
1988	Estabelecimento, pela Constituição Federal, da necessidade de aprovação de lei complementar dispondo sobre finanças públicas.
1993	Aprovação da Emenda Constitucional nº 3, que permitiu a estados e municípios oferecerem receitas próprias como garantia de obrigações contratadas junto à União.
1995	Início do programa de privatização.
1997	Implantação do Programa de Incentivo à Redução do Setor Público Estadual na Atividade Bancária (Proes). Aprovação da Lei nº 9.496, que instituiu o programa de apoio financeiro e de refinanciamento da dívida dos estados.
1998	Reforma administrativa. Emenda Constitucional nº 20, de 15 de dezembro, que modificou as regras da previdência social.
1999	Programa de Estabilidade Fiscal (PEF). Aprovação do fator previdenciário, por intermédio da Lei nº 9.876, durante a Reforma da Previdência iniciada em 1998, no governo Fernando Henrique Cardoso.
2000	Aprovação da Lei de Responsabilidade Fiscal, em maio.
2003	Promulgação da Emenda Constitucional nº 41, em 19 de dezembro, e publicação em 30 de dezembro, alterando as regras de concessão dos benefícios previdenciários a integrantes de regimes próprios de previdência social.

4

Dinâmica socioeconômica e demandas sociais

Daniela Castanhar Reyes

Não foram poucas as mudanças observadas nas últimas décadas. Entre 1950 e 2010, a mortalidade infantil caiu de 135 para 20 por mil nascidos vivos e a expectativa de vida aumentou de 50 para cerca de 73 anos. No início da década de 1960, a brasileira tinha mais de seis filhos, atualmente tem em média menos de dois (World Bank, 2011).

O presente capítulo está organizado em duas seções. A primeira apresenta as principais mudanças socioeconômicas e demográficas verificadas ao longo das últimas quatro décadas, e a segunda analisa o impacto dessas mudanças nas demandas sociais. No final, destaca-se a necessidade de reduzir a rigidez do orçamento para que o governo disponha da flexibilidade necessária para ajustar a alocação dos recursos públicos às mudanças no perfil e na intensidade das demandas da sociedade .

Dinâmica socioeconômica nas últimas quatro décadas

O ônus e o bônus demográficos

Desde 1970 o país vem apresentando uma tendência de desaceleração no ritmo de crescimento populacional. A principal causa é o declínio da taxa de fecundidade. Aliado à redução da taxa de mortalidade, o resultado tem sido o envelhecimento da população brasileira, amplamente divulgado nos últimos censos e contagens populacionais. Assim, toda a estrutura etária da população está se alterando.

O gráfico 1 mostra a evolução da composição etária da população brasileira desde o censo de 1970 até o de 2010. Enquanto o primeiro grupo — de zero a quatro anos — caiu pela metade, o grupo mais velho triplicou sua participação, passando de 0,5% para 1,5%. No acumulado, a população de até 19 anos teve seu peso reduzido de 53% para 33% do total. A população em idade ativa, aqui considerada entre 20 e 64 anos, aumentou de 44% para quase 60% da população total brasileira. E a população idosa, acima de 65 anos, cresceu de 3,2% para 7,4% do total. Aos poucos, o Brasil vem deixando de ser um país jovem, aumentando sua força de trabalho e, numa proporção muito maior, sua população de idosos.

GRÁFICO 1. PARTICIPAÇÃO DA POPULAÇÃO POR FAIXA ETÁRIA — 1970-2010

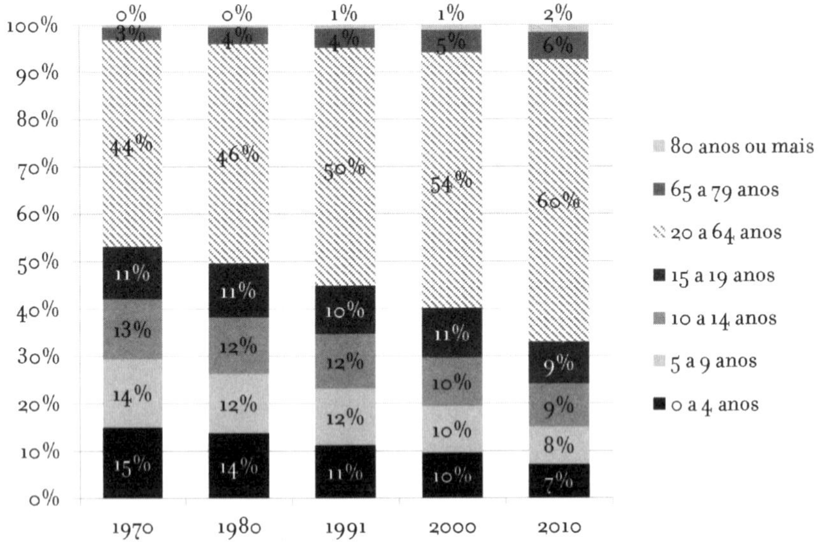

Fonte: Censos demográficos do IBGE.

Ao longo dessas quatro últimas décadas, a população do país mais do que dobrou, como se pode observar na tabela 1, ultrapassando a marca de 190 milhões de habitantes em 2010. No entanto, o ritmo de crescimento populacional vem diminuindo. A taxa geométrica média de variação registrada entre os censos de 1970 e 1980 era de 2,5% ao ano, entre 1980 e 1991 foi de 1,93% ao ano, entre 1991 e 2000 passou a 1,63% e entre 2000 e 2010 chegou a 1,17% ao ano.

Analisando a tabela com valores absolutos, pode-se ver que a população em idade economicamente ativa quase triplicou de tamanho e a com 80 anos ou mais aumentou em 6,5 vezes.

Já o total da população com até nove anos quase não variou entre 1970 e 2010, refletindo mais uma vez sua perda de importância em relação à estrutura etária brasileira.

TABELA 1. POPULAÇÃO POR FAIXA ETÁRIA — 1970-2010

Faixa etária	1970	1980	1991	2000	2010
0 a 4 anos	13.916.234	16.428.063	16.521.114	16.386.234	13.796.159
5 a 9 anos	13.356.493	14.771.793	17.420.159	16.576.257	14.969.375
10 a 14 anos	11.849.095	14.252.521	17.047.159	17.353.673	17.166.761
15 a 19 anos	10.319.667	13.569.436	15.017.472	17.949.301	16.990.870
20 a 64 anos	40.595.118	55.087.043	73.733.724	91.680.366	113.751.154
65 a 79 anos	2.495.471	4.198.153	5.956.196	8.139.349	11.145.895
80 anos ou mais	451.250	590.603	1.129.651	1.787.555	2.935.585
Total	92.983.328	119.011.052	146.825.475	169.872.854	190.755.799
Taxa de variação média		2,5%	1,93%	1,63%	1,17%

Fonte: Censos demográficos do IBGE.

Se, por um lado, o envelhecimento populacional traz um ônus, representado principalmente pelo aumento da conta previdenciária, por outro, o aumento da força de trabalho, ou seja, da população em idade ativa garante ao país um bônus, oriundo do maior potencial de crescimento.

Segundo Alves, Vasconcelos e Carvalho (2010), populações que passam por uma transição demográfica como a do Brasil experimentam dois efeitos positivos para o desenvolvimento. O primeiro é o aumento dos retornos econômicos para as famílias e para a economia, em virtude da maior expectativa de vida. O segundo diz respeito ao aumento da parcela da população em idade ativa decorrente da menor taxa de fecundidade, o que reduz a razão de dependência demográfica. Essas características constituem o que se convencionou

chamar de "bônus demográfico", situação especial, que, se devidamente aproveitada, pode impulsionar o desenvolvimento econômico.

Se a estrutura etária do país avança para um perfil mais adulto, as parcelas
de crianças e idosos diminuem, reduzindo o peso econômico das faixas etárias
dependentes da população economicamente ativa. Assim, conforme demonstram os autores, há um aumento da poupança, que se converte em investimento, possibilitando um reforço ao crescimento econômico no período de
incidência do bônus.

Mas a literatura sobre o tema refere-se ao bônus como uma oportunidade, que pode ou não ser aproveitada, dependendo da capacidade do país de
conduzir as políticas necessárias. Os mesmos autores destacam como condições fundamentais para o aproveitamento do bônus demográfico as políticas
macroeconômicas de manutenção do pleno emprego, de investimento em formação de capital humano e de acumulação de poupança. E concluem que, no
Brasil, segundo a análise de cenários distintos de projeções populacionais, é
iminente a ocorrência de um bônus, que deve variar apenas em intensidade e
elasticidade de tempo.

A ocupação do território

Sem dúvida, a transformação demográfica mais evidente ocorrida no país nas últimas décadas diz respeito ao esvaziamento do campo. Em 1970, a população rural representava 44% do total no Brasil. Em 2010, essa parcela ficou abaixo de 16%.

Na verdade, o processo de urbanização ganhou força no país a partir da
década de 1950, principalmente em função da política desenvolvimentista de
Juscelino Kubitschek. Desse modo, em 1970 o país já podia ser considerado
urbano, pois mais da metade de sua população se localizava nas cidades. A
busca por trabalho e melhores condições de vida, principalmente no Sudeste,
teve seu auge nas décadas de 1970 e 80. O êxodo rural foi tamanho que, mesmo
com a duplicação da população do país, a redução do número de habitantes na
área rural foi da ordem de 27%.

A tabela 2 apresenta a distribuição populacional segundo faixa etária e
situação do domicílio, rural ou urbano, ao longo do período estudado. Nela

pode-se observar o peso de cada grupo de idade no total da população rural e urbana. A última linha representa o peso da população total rural ou urbana em relação à população total do país.

De modo geral, em termos percentuais, a população mais jovem continua tendo peso maior na pirâmide etária rural do que na urbana, em detrimento da população economicamente ativa. Na outra ponta da pirâmide, o grupo com mais de 65 anos passou de 2% da população rural para 7% em 2010, parcela quase idêntica à da população urbana, 8%.

TABELA 2. PARCELA DA POPULAÇÃO POR FAIXA ETÁRIA, SEGUNDO A SITUAÇÃO DO DOMICÍLIO — 1970-2010 (%)

Faixa etária	1970		1980		1991		2000		2010	
	Rural	Urb.	Rural	Urb.	Rural	Urb.	Rural	Urb.	Rural	Urb.
0 a 4 anos	17	13	16	13	13	11	11	9	8	7
5 a 9 anos	16	13	15	11	14	11	12	9	10	8
10 a 14 anos	13	12	13	11	13	11	12	10	11	9
15 a 19 anos	11	11	11	11	11	10	11	10	10	9
20 a 64 anos	40	47	41	49	44	52	48	55	54	61
65 a 79 anos	2	3	3	4	4	4	5	5	6	6
80 anos ou +	0	1	0	1	1	1	1	1	1	2
Total	44	56	32	68	24	76	19	81	16	84

Fonte: Censos demográficos do IBGE.

A tabela 3 mostra a variação geométrica média entre cada um dos censos realizados e do período total. Note-se que a variação média observada entre 1970 e 2010 aumenta à medida que se passa dos grupos de idade mais jovens para os mais velhos. Cabe destacar que, apesar do aumento considerável da parcela da população em idade ativa no campo, em valores absolutos esse grupo se manteve praticamente inalterado, levando a uma variação nula entre as décadas de 1970 e 2010. Já nos centros urbanos, o tamanho da população nessa faixa etária em 2010 era maior do que o da população total do Brasil em 1970.

TABELA 3. VARIAÇÃO GEOMÉTRICA MÉDIA ANUAL DA POPULAÇÃO, POR
SITUAÇÃO DO DOMICÍLIO (%)

Faixa etária	1970-1980			1980-1991			1991-2000			2000-2010			Variação média 1970-2010		
	Rural	Urb.	Total	Rural	Urb.	Total	Rural	Urb.	Total	Rural	Urb.	Total	Rural	Urb.	Total
0 a 4 anos	-1,3	4,1	1,7	-2,3	1,2	0,1	-3,1	0,9	-0,1	-3,7	-1,2	-1,7	-2,6	1,3	0,0
5 a 9 anos	-1,3	2,8	1,0	-1,1	2,9	1,5	-3,0	0,3	-0,6	-2,9	-0,5	-1,0	-2,0	1,4	0,3
10 a 14 anos	-0,5	3,6	1,9	-0,9	2,9	1,6	-2,1	1,0	0,2	-1,8	0,3	-0,1	-1,3	2,0	0,9
15 a 19 anos	-0,4	4,8	2,8	-1,1	1,7	0,9	-0,9	2,9	2,0	-1,8	-0,3	-0,5	-1,1	2,2	1,3
20 a 64 anos	-0,4	5,0	3,1	0,1	3,6	2,7	-0,4	3,1	2,5	0,5	2,5	2,2	0,0	3,5	2,6
65 a 79 anos	3,3	6,4	5,3	0,6	4,2	3,2	0,3	4,4	3,5	2,1	3,4	3,2	1,6	4,6	3,8
80 anos ou +	-0,7	4,5	2,7	4,1	6,8	6,1	2,6	5,9	5,2	3,2	5,5	5,1	2,3	5,7	4,8
Total	-0,6	4,5	2,5	-0,7	3,0	1,9	-1,3	2,4	1,6	-0,7	1,6	1,2	-0,8	2,9	1,8

Fonte: Censos demográficos do IBGE.

Na sinopse do censo demográfico de 2010, o IBGE destaca que o crescimento populacional observado no último período intercensitário (2000-2010)
não foi uniforme. As regiões Norte e Centro-Oeste obtiveram as taxas mais
altas, principalmente em virtude da componente migratória. As 10 unidades
da Federação que mais cresceram em termos relativos situam-se nessas duas
regiões.

No entanto, por deter o maior contingente populacional, a região Sudeste
foi a que absorveu a maior parcela do incremento populacional em termos absolutos, parcela que representa 37,9% do crescimento total do país.

Buarque e Pares (2011) citam três componentes da transformação pela qual
o território brasileiro passou nas últimas décadas: interiorização da economia,
arrefecimento do processo de metropolização e formação de novas centralidades urbanas.

O primeiro movimento foi ocasionado, principalmente, pela expansão da
moderna agropecuária nas áreas de fronteira (cerrado) e das atividades mine-

rais na região Norte (Pará). O segundo refere-se à desaceleração recente da metropolização, que ocorreu até a década de 1980, em virtude das deseconomias de aglomeração geradas, como estrangulamento dos transportes, que estimularam a redistribuição da base econômica para o entorno da metrópole. O terceiro e último movimento — a formação de novas centralidades urbanas — é fruto da combinação dos dois já apresentados, o que vem permitindo a difusão de cidades de porte médio fora das metrópoles.

Porém, como mencionam os autores, a dispersão territorial da economia tem sido represada pela concentração de vantagens competitivas no território, como infraestrutura econômica, nível educacional e qualificação de mão de obra, nível de renda e escala da demanda de bens e serviços.

Para analisar esses novos padrões de urbanização, os municípios foram classificados em função do número total de habitantes, sendo criadas sete classes: até 20 mil habitantes, de 20 a 50 mil habitantes, de 50 a 100 mil habitantes, de 100 a 250 mil habitantes, de 250 a 500 mil habitantes, de 500 mil a 1 milhão de habitantes e acima de 1 milhão de habitantes.

Após quatro décadas, o grupo que reúne municípios com mais de 1 milhão de habitantes passou a concentrar 21% de toda a população brasileira, tirando o primeiro lugar da zona rural.

Constatou-se que o grupo dos municípios com 250 a 500 mil habitantes foi o que mais cresceu em termos percentuais. Em seguida, os municípios com 500 mil a 1 milhão de habitantes dobraram sua participação no total da população. Todos os demais grupos com mais de 50 mil habitantes também apresentaram crescimento populacional expressivo. A tabela 4 apresenta a evolução da distribuição populacional segundo o tamanho dos municípios entre 1970 e 2010.

Além do redirecionamento dos fluxos migratórios para as cidades médias, em detrimento dos grandes centros urbanos, o IBGE (2011a) destaca outras tendências em relação à mobilidade populacional, como deslocamentos de curta duração e por distâncias menores e movimentos pendulares como estratégia de sobrevivência.

TABELA 4. PARCELA DA POPULAÇÃO POR CONCENTRAÇÃO GEOGRÁFICA — 1970-2010 (%)

Concentração populacional	1970	1980	1991	2000	2010
Zona rural	44	32	24	19	16
Até 20 mil habitantes	8	8	9	11	10
De 20 a 50 mil habitantes	10	10	11	11	12
De 50 a 100 mil habitantes	6	9	10	10	9
De 100 a 250 mil habitantes	8	10	11	12	13
De 250 a 500 mil habitantes	5	6	9	10	11
De 500 mil a 1 milhão de habitantes	4	4	6	7	8
Acima de 1 milhão de habitantes	14	20	20	20	21

Fonte: Censos demográficos do IBGE.

Segundo a classificação adotada pelo IBGE (2011b), o percentual de municípios que tiveram perdas populacionais entre 2000 e 2010 foi maior entre aqueles de menor porte: 60% dos municípios com menos de 2 mil habitantes em 2010 apresentaram variação negativa da população na última década. Esse percentual diminui progressivamente até a faixa dos municípios com mais de 500 mil habitantes, onde não houve casos de decréscimo da população.

Ao se avaliar a taxa média geométrica de crescimento anual, os municípios com população entre 5 mil e 10 mil habitantes foram os que registraram as maiores perdas, 0,97% ao ano de média anual. Já os municípios que mais cresceram foram aqueles com população entre 100 mil e 500 mil habitantes: 2% de taxa média anual. Os municípios com mais de 1 milhão de habitantes passaram de 13, em 2000, para 15, em 2010.

Incentivos públicos, como renúncia fiscal, investimentos em infraestrutura industrial e de serviços, formação profissional e sistemas de informação, são apontados como determinantes no redirecionamento dos fluxos migratórios para as cidades médias (IBGE, 2011a).

A sinopse do censo de 2010 destaca que o crescimento da população residente no conjunto dos 27 municípios das capitais se assemelhou ao crescimento médio anual da população nos demais municípios. Mas, em geral, as capitais do Norte e do Nordeste cresceram mais que os demais municípios de suas respectivas unidades federativas (UFs). Já no Sudeste, os demais municípios se sobressaíram às capitais. Dessa forma, Rio de Janeiro e São Paulo, capitais que tradicionalmente atraem migrantes, vêm apresentando gradual redução de seu peso em relação à população total dos seus estados nas últimas décadas.

No que diz respeito à distribuição da população por faixa etária, nota-se que a parcela de crianças é menor nos municípios mais populosos. Em contrapartida, esses municípios apresentam maior participação da população economicamente ativa. A análise por grandes regiões revela que as estruturas mais jovens em 2010 se encontravam no Norte e no Nordeste, enquanto o Sudeste e o Sul apresentavam estruturas mais envelhecidas. Em situação intermediária estava a região Centro-Oeste.

As tabelas 5 e 6 trazem a distribuição da população por faixa etária, segundo as categorias de concentração populacional definidas para os censos de 1970 e 2010. A tabela 7 apresenta a taxa de variação média de cada categoria no período.

TABELA 5. DISTRIBUIÇÃO DA POPULAÇÃO RURAL E URBANA POR FAIXA ETÁRIA, SEGUNDO A CONCENTRAÇÃO POPULACIONAL — 1970 (%)

Faixa etária	Rural	Até 20 mil	De 20 a 50 mil	De 50 a 100 mil	De 100 a 250 mil	De 250 a 500 mil	De 500 mil a 1 milhão	Acima de 1 milhão	Urbana total	Total
0 a 4 anos	17,3	14,4	14,1	13,8	13,3	13,0	13,7	11,3	13,1	15,0
5 a 9 anos	15,7	14,7	14,5	14,0	13,6	13,1	13,2	11,5	13,4	14,4
10 a 14 anos	13,3	13,7	13,4	12,9	12,4	11,9	11,6	10,7	12,3	12,7
15 a 19 anos	11,1	11,3	11,5	11,5	11,4	11,1	11,1	10,4	11,1	11,1
20 a 64 anos	39,9	42,2	43,0	44,5	46,1	47,7	47,4	52,2	46,6	43,7
65 a 79 anos	2,3	3,1	2,9	2,8	2,7	2,8	2,5	3,4	3,0	2,7
80 anos ou +	0,4	0,6	0,6	0,5	0,5	0,5	0,4	0,6	0,5	0,5
Total	44,1	8,1	10,0	6,1	8,3	4,7	4,4	14,4	55,9	100,0

Fonte: Censos demográficos do IBGE.

TABELA 6. DISTRIBUIÇÃO DA POPULAÇÃO RURAL E URBANA POR FAIXA ETÁRIA, SEGUNDO A CONCENTRAÇÃO POPULACIONAL — 2010 (%)

Faixa etária	Rural	Até 20 mil	De 20 a 50 mil	De 50 a 100 mil	De 100 a 250 mil	De 250 a 500 mil	De 500 mil a 1 milhão	Acima de 1 milhão	Urbana total	Total
0 a 4 anos	8,4	7,4	7,6	7,4	7,2	7,0	6,7	6,4	7,0	7,2
5 a 9 anos	9,5	8,2	8,2	8,0	7,6	7,4	7,1	6,8	7,5	7,8
10 a 14 anos	10,8	9,3	9,4	9,1	8,8	8,6	8,2	7,9	8,7	9,0
15 a 19 anos	9,9	9,3	9,3	9,1	8,8	8,6	8,5	8,0	8,7	8,9
20 a 64 anos	54,0	57,1	57,8	59,2	61,1	61,6	62,7	63,1	60,7	59,6
65 a 79 anos	6,0	6,8	6,0	5,6	5,2	5,4	5,5	6,0	5,8	5,8
80 anos ou +	1,5	1,9	1,6	1,5	1,3	1,4	1,4	1,7	1,5	1,5
Total	15,6	10,3	11,5	9,5	13,5	10,6	8,1	20,9	84,4	100,0

Fonte: Censos demográficos do IBGE.

TABELA 7. VARIAÇÃO MÉDIA ANUAL DA POPULAÇÃO RURAL E URBANA POR FAIXA ETÁRIA, SEGUNDO A CONCENTRAÇÃO POPULACIONAL — 1970-2010 (%)

Faixa etária	Rural	Até 20 mil	De 20 a 50 mil	De 50 a 100 mil	De 100 a 250 mil	De 250 a 500 mil	De 500 mil a 1 milhão	Acima de 1 milhão	Urbana total	Total
0 a 4 anos	-2,6	0,7	0,6	1,4	1,5	2,3	1,5	1,3	1,3	0,0
5 a 9 anos	-2,0	0,9	0,8	1,5	1,6	2,5	1,8	1,4	1,4	0,3
10 a 14 anos	-1,3	1,5	1,3	2,1	2,2	3,1	2,5	2,0	2,0	0,9
15 a 19 anos	-1,1	1,9	1,6	2,4	2,4	3,3	2,7	2,1	2,2	1,3
20 a 64 anos	0,0	3,2	2,9	3,7	3,8	4,6	4,1	3,3	3,5	2,6
65 a 79 anos	1,6	4,5	4,1	4,8	4,8	5,7	5,4	4,3	4,6	3,8
80 anos ou +	2,3	5,4	5,0	5,7	5,7	6,7	6,4	5,7	5,7	4,8
Total	-0,8	2,4	2,2	3,0	3,1	3,9	3,4	2,8	2,9	1,8

Fonte: IBGE (Censos demográficos).

Segundo estudo do McKinsey Global Institute (2011), a América Latina é mais urbanizada do que qualquer outra região emergente. A região possui 198 cidades consideradas grandes (acima de 200 mil habitantes), que, juntas, contribuem com 60% do Produto Interno Bruto (PIB) total, sendo as 10 maiores responsáveis por metade desse percentual. Mas o estudo destaca que, na maioria dessas cidades (as *top* 10), como Rio de Janeiro e São Paulo, a taxa de crescimento caiu para abaixo da média nacional.

Muitas dessas cidades cresceram mais do que sua capacidade de infraestrutura, de sistema de transporte e de fornecimento de serviços públicos. O estudo faz duas recomendações para que a América Latina transforme seu perfil demográfico em vantagem: reformar e melhorar as regiões das grandes cidades e permitir o surgimento de um grupo maior de cidades médias de alta *performance*.

Desigualdades de renda e pobreza

Desde 1997 tem-se observado uma tendência sustentada de redução da desigualdade decorrente, principalmente, de dois fatores: a) política de valorização do salário mínimo, que garantiu ganhos maiores aos trabalhadores na base da distribuição; b) aumento do valor e da cobertura das transferências de renda (Rocha, 2007).

O índice de Gini, que mede o grau de desigualdade na distribuição de indivíduos segundo a renda, vem melhorando lenta e gradualmente, mas o Brasil ainda apresenta coeficientes muito elevados se comparado a outros países com mesmo nível de desenvolvimento. Segundo a Pnad 2009, o índice de Gini do rendimento médio mensal real domiciliar caiu de 0,514 para 0,509 entre 2008 e 2009.

Segundo Rocha (2006), a queda mais acentuada e sustentada da proporção de pobres e extremamente pobres (ou indigentes) nas localidades rurais e a redução da população rural tornam a pobreza e a indigência cada vez mais fenômenos urbanos e metropolitanos. A autora define 23 linhas de pobreza e indigência diferentes, levando em conta a diversidade de custo de vida observada entre as áreas rurais e urbanas, bem como entre as regiões do país. Em seu estudo, define como pobres aqueles cuja renda familiar *per capita* é inferior ao necessário para atender a suas necessidades básicas: alimentação, habitação, transporte, saúde, lazer, educação etc. Já indigentes ou extremamente pobres são aqueles cuja renda familiar *per capita* é inferior ao valor necessário para atender apenas às necessidades básicas de alimentação.

Os dados apresentados a seguir reforçam a constatação de que aumentou a população de baixa renda nos municípios mais populosos. Para observar a evolução da renda familiar *per capita* nas últimas duas décadas, distribuí as famílias por faixas de renda *per capita* e por concentração populacional (número de habitantes dos municípios). As tabelas 8, 9 e 10 mostram essa distribuição para os censos de 1991, 2000 e 2010.[1] Dada a falta de informações relativas ao censo de 2010, utilizei a distribuição da renda domiciliar *per capita*, em vez da familiar.

TABELA 8. PARCELA DE FAMÍLIAS POR FAIXA DE RENDA, SEGUNDO CONCENTRAÇÃO POPULACIONAL — 1991 (%)

Renda familiar per capita	Até 20 mil	De 20 a 50 mil	De 50 a 100 mil	De 100 a 250 mil	De 250 a 500 mil	De 500 mil a 1 milhão	Acima de 1 milhão	Total
Até ¼ de SM	31	29	20	12	8	7	5	17
Mais de ¼ a ½ SM	27	25	23	19	15	14	11	20
Mais de ½ a 1 SM	22	22	25	27	24	24	20	23
Mais de 1 a 2 SMs	11	13	18	23	25	25	24	19
Mais de 2 a 3 SMs	3	4	6	8	11	11	12	8
Mais de 3 a 5 SMs	2	3	4	6	9	9	11	6
Mais de 5 SMs	2	2	3	5	8	8	14	6
Sem rendimento	1	1	1	1	1	2	2	1
Total	100	100	100	100	100	100	100	100

Fonte: Dados dos censos do IBGE.

---

[1] Os dados sobre renda no nível municipal ainda estão sendo processados com base nos microdados de 1970 e 1980.

TABELA 9. PARCELA DE FAMÍLIAS POR FAIXA DE RENDA, SEGUNDO A
CONCENTRAÇÃO POPULACIONAL — 2000 (%)

Renda familiar *per capita*	Até 20 mil	De 20 a 50 mil	De 50 a 100 mil	De 100 a 250 mil	De 250 a 500 mil	De 500 mil a 1 milhão	Acima de 1 milhão	Total
Até ¼ de SM	15	14	9	5	4	4	3	8
Mais de ¼ a ½ SM	20	19	16	12	10	11	8	14
Mais de ½ a 1 SM	28	26	25	23	21	21	17	23
Mais de 1 a 2 SMs	18	18	22	25	25	23	22	21
Mais de 2 a 3 SMs	5	6	8	11	12	11	12	9
Mais de 3 a 5 SMs	4	5	7	9	11	11	12	8
Mais de 5 SMs	3	4	7	9	13	13	21	10
Sem rendimento	8	8	6	5	5	6	5	6
Total	100	100	100	100	100	100	100	100

Fonte: Dados dos censos do IBGE.

TABELA 10. PARCELA DE FAMÍLIAS POR FAIXA DE RENDA, SEGUNDO A
CONCENTRAÇÃO POPULACIONAL — 2010 (%)

Renda familiar *per capita*	Até 20 mil	De 20 a 50 mil	De 50 a 100 mil	De 100 a 250 mil	De 250 a 500 mil	De 500 mil a 1 milhão	Acima de 1 milhão	Total
Até ¼ de SM	16	16	11	6	5	5	4	9
Mais de ¼ a ½ SM	23	23	21	17	16	16	14	18
Mais de ½ a 1 SM	32	30	30	30	28	28	24	29
Mais de 1 a 2 SMs	17	18	21	26	26	25	23	22
Mais de 2 a 3 SMs	4	5	6	8	9	9	9	7
Mais de 3 a 5 SMs	2	3	4	5	7	7	9	5
Mais de 5 SMs	1	2	3	4	6	6	12	5
Sem rendimento	5	5	4	4	4	4	4	4
Total	100	100	100	100	100	100	100	100

Fonte: Dados dos censos do IBGE.

Como se pode observar, o peso das faixas de renda mais baixas (até um salário mínimo) em relação ao número total de famílias diminui à medida que se passa dos municípios menores para os maiores. O inverso ocorre com as faixas de renda mais altas (acima de dois salários). A faixa entre um e dois salários mínimos apresenta um perfil diferente: a parcela de famílias nessa faixa aumenta até as cidades de 100 a 500 mil habitantes e declina em seguida. Esse padrão só não se verifica em 1991, que apresenta ligeira diferença na faixa entre meio e um salário.

Entre 1991 e 2000 houve forte redução da parcela das famílias que viviam com até meio salário mínimo, em contraposição ao aumento experimentado por todas as faixas a partir de um salário mínimo. Já entre 2000 e 2010, a redução da pobreza não fica tão evidente devido ao fato de se utilizar faixas de renda como frações do salário mínimo. O forte ganho real do salário mínimo no período foi responsável por esse fenômeno, que em parte explica a melhora, ainda que pequena, da distribuição de renda no país.

Cálculos baseados na série histórica do Ipea, que acompanha mensalmente o salário mínimo real, deflacionado pelo INPC, revelam que o ganho do salário mínimo foi de 92% entre janeiro de 2000 e janeiro de 2010. Já entre 1991 e 2000, o ganho foi de apenas 0,39%.

Observa-se que a queda da parcela da população que ganha até meio salário mínimo *per capita* foi mais acentuada nos municípios menores. Nos municípios maiores, com mais de 500 mil habitantes, a redução só pode ser observada, mesmo assim de forma discreta, para a faixa de renda de até um quarto do salário mínimo. Com relação à segunda faixa, todos os segmentos com mais de 100 mil habitantes registraram aumento entre 1991 e 2010.

Outra análise permite identificar as regiões que contribuem mais, ou menos, para o total de famílias em cada faixa de renda. As tabelas 8 a 10 apresentam a composição por faixas de renda para cada segmento de concentração populacional, ou seja, uma análise vertical. A análise horizontal mostra a composição por segmento de concentração populacional para cada faixa de renda. As tabelas apresentadas no anexo 1 mostram que, em 1991, 33% das famílias que ganhavam até um quarto de salário mínimo estavam em municípios com até 20 mil habitantes. Em 2010 esse percentual caiu para 30%. Na segunda faixa de renda (entre um quarto e meio SM), a queda foi ainda maior, de 26% para 21%. No outro extremo, em 1991 apenas 2,4% das famílias com a menor faixa de renda viviam em municípios de 500 mil a 1 milhão de habitantes e 7% em municípios com mais de 1 milhão de habitantes. Em 2010, esses percentuais passaram para 4,2% e 9%, respectivamente.

A tabela 11, mostra a variação média, entre 1991 e 2010, das parcelas de cada segmento de concentração populacional por faixa de renda. Os municípios entre 500 mil e 1 milhão de habitantes foram responsáveis pelo maior aumento percentual da população com até meio salário mínimo *per capita*, seguido dos segmentos de municípios de 250 mil a 500 mil e com mais de 1 milhão de habitantes.

TABELA 11. VARIAÇÃO DA PARCELA DE FAMÍLIAS POR CONCENTRAÇÃO POPULACIONAL, SEGUNDO FAIXAS DE RENDA, ENTRE 1991 E 2010 (%)

Renda familiar *per capita*	Até 20 mil	De 20 a 50 mil	De 50 a 100 mil	De 100 a 250 mil	De 250 a 500 mil	De 500 mil a 1 milhão	Acima de 1 milhão
Até ¼ de SM	-8	-9	-4	13	29	73	28
Mais de ¼ a ½ SM	-18	-18	-13	13	34	67	28
Mais de ½ a 1 SM	3	-6	-14	2	10	30	-4
Mais de 1 a 2 SMs	15	1	-9	9	4	17	-15
Mais de 2 a 3 SMs	13	3	-6	18	4	17	-15
Mais de 3 a 5 SMs	5	1	-6	18	1	20	-10
Mais de 5 SMs	-15	-16	-13	14	-3	18	0
Total	-9	-13	-11	14	16	36	0

Fonte: Dados dos censos do IBGE.

Além do estudo já mencionado, muitos outros se dedicam a analisar a redução da pobreza na última década. O Ipea (2011) aponta como causas da redução da pobreza observada no Brasil entre 2004 e 2009 o crescimento econômico com distribuição de renda via inclusão no mercado de trabalho, o aumento real do salário mínimo e a expansão da cobertura e do valor das transferências focalizadas de renda. Ainda segundo o estudo, algumas características da população classificada como pobre — distribuição relativa geográfica, etária, racial e educacional — mudaram pouco no período analisado. O estudo destaca a redução da população pobre em termos tanto absolutos quanto percentuais. A investigação classifica as famílias em quatro estratos: extremamente pobres (renda menor que R$ 67), pobres (renda maior ou igual a R$ 67 e menor que R$ 134), vulneráveis (renda maior ou igual a R$ 134 e menor que R$ 465) e não pobres (renda maior ou igual a R$ 465).[2]

A comparação entre os dados da Pnad de 2004 e de 2009 mostra que o crescimento da população no período deveu-se exclusivamente ao crescimento da parcela classificada como não pobre. Assim, a parcela da população que vive com menos de um salário mínimo (extremamente pobres, pobres e vulneráveis) caiu de 71% para 58%.

No que diz respeito às características demográficas, o estudo chama a atenção para a baixa percentagem de idosos pobres, afirmando que o idoso na família passa a ser um seguro contra a pobreza e a pobreza extrema, em função da cobertura quase universal do grupo por transferências cujo piso é o salário mínimo (aposentadorias e pensões da previdência social e o benefício da prestação continuada). Em 2009, o peso das pessoas de 65 anos ou mais no grupo dos não pobres era de 12,6%, contra apenas 0,8% entre os extremamente pobres. Dessa forma, naquele ano, cerca de 68% dos idosos eram considerados não pobres.

No campo da educação as mudanças foram poucas. Apesar de sua baixa magnitude, tais mudanças foram sempre positivas e mais intensas entre os mais pobres. Porém, manteve-se a desigualdade: quanto menor a renda média do estrato, piores são os indicadores de escolaridade e analfabetismo. A faixa etária entre sete e 14 anos é uma exceção, pois a escolarização é quase universal em todos os estratos de renda.

Ainda segundo o estudo mencionado, é alta a incidência da pobreza extrema entre as famílias rurais de municípios pequenos, que em 2009 represen-

---

[2] As faixas foram definidas com base nas linhas de elegibilidade do programa Bolsa Família em 2003 — R$ 50 e R$ 100 (deflacionadas para outubro de 2009) — e o salário mínimo de 2009 — R$ 465.

tavam mais de um terço do total de famílias extremamente pobres no Brasil. O estudo usou o critério da Pnad, que classifica os municípios em: a) pertencentes a 10 regiões metropolitanas; b) autorrepresentativos, isto é, municípios não metropolitanos considerados grandes em termos populacionais; e c) não autorrepresentativos, isto é, os demais municípios. Para a análise em questão, os municípios metropolitanos e autorrepresentativos foram classificados como grandes e os não autorrepresentativos como pequenos. Com base nessa classificação por tamanho, na situação censitária dos domicílios (rurais e urbanos) e na desagregação da população por grandes regiões do Brasil (Norte, Nordeste, Sul, Sudeste e Centro-Oeste), o estudo criou 20 áreas de análise. Os municípios pequenos do Nordeste, principalmente os rurais, mas também aqueles localizados em áreas urbanas, foram identificados como área prioritária para intervenções de combate à pobreza extrema. Além de grande parte da população local ser extremamente pobre, tais municípios reúnem a maioria do total de pobres extremos do país.

Outras áreas foram destacadas pelo estudo. Nas zonas urbanas do Sudeste e nos grandes municípios urbanos nordestinos, a incidência da pobreza não é tão grande, mas a alta concentração populacional torna expressiva também a concentração dos extremamente pobres. O oposto ocorre nos pequenos municípios do Norte e nos grandes municípios rurais do Nordeste, que apresentam alta incidência de pobreza e baixa concentração populacional.

O estudo conclui que, apesar da importância da política social, sem crescimento e geração recorde de empregos, o aumento real do salário mínimo tem efeitos reduzidos. Até mesmo o Programa Bolsa Família (PBF) é menos efetivo, uma vez que o estudo demonstra a possibilidade de ascensão social para as famílias que dispõem de outra fonte de renda.

Apesar do mérito do estudo, por investigar o perfil da pobreza e áreas prioritárias de atuação para políticas públicas, há controvérsias sobre essa relação de causa e efeito. O crescimento e a geração recorde de empregos não surgem "do nada". A política agressiva de aumento real do salário mínimo permitiu o aquecimento do mercado interno, alavancando o crescimento econômico e, consequentemente, a geração de empregos, o que propiciou um círculo virtuoso na economia.

Carências urbanas

HABITAÇÃO E SERVIÇOS RELACIONADOS

No que diz respeito ao direito à moradia, as necessidades habitacionais podem se dividir em duas dimensões: déficit habitacional (necessidade de reposição total de unidades precárias e demanda não atendida dadas as condições de mercado) e inadequação (necessidade de melhoria de unidades habitacionais precárias).

Segundo o Ministério das Cidades (2010), o déficit habitacional vem caindo e está hoje em torno de 6 milhões de moradias. Lançado em 2009, o programa Minha Casa Minha Vida pretende construir ou reformar 3 milhões de moradias até 2014.

A inadequação habitacional é caracterizada, principalmente, pela densidade excessiva de moradores por dormitório e pela carência de serviços de infraestrutura. A análise dos censos demográficos desde 1970 indica que muita coisa mudou em termos de infraestrutura. Alguns aspectos são positivos, mas a maioria deixa a desejar.

Os gráficos a seguir mostram a evolução de quatro serviços urbanos prestados aos domicílios: abastecimento de água, esgotamento sanitário, iluminação elétrica e coleta de lixo. Este último só disponível a partir do censo de 1991. Dos quatro, o que mais se destaca positivamente é a abrangência da energia elétrica a quase 100% dos domicílios brasileiros (gráfico 2). Há quatro décadas, menos da metade dos domicílios tinha acesso a esse serviço. Quanto ao abastecimento de água, 83% dos domicílios já têm acesso por rede geral (gráfico 3). Nos dois casos, vemos que os principais avanços foram feitos nas décadas de 1970 e 80. A cobertura do serviço de coleta de lixo (gráfico 4) avançou bem nas últimas duas décadas. Atualmente, 87% dos domicílios têm coleta direta por serviço de limpeza ou via colocação do lixo em caçamba. Mas 10% do lixo ainda são queimados nas propriedades.

GRÁFICO 2. Iluminação elétrica — 1970-2010

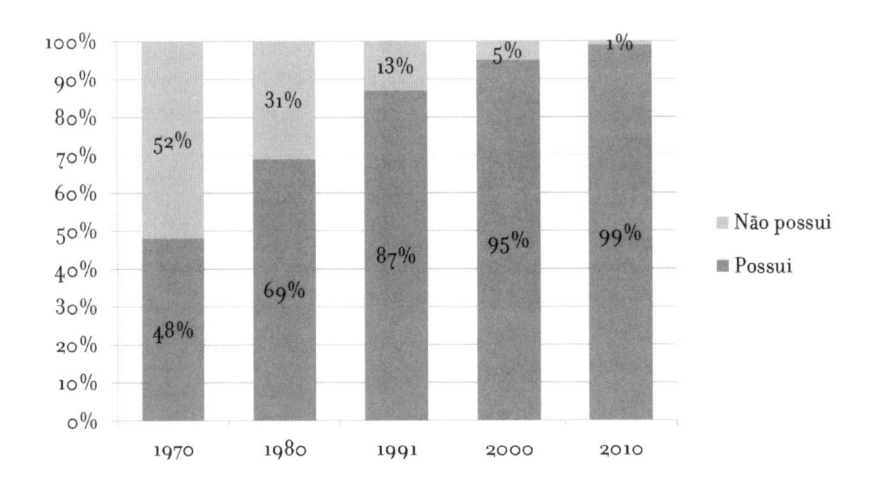

Fonte: Censos demográficos do IBGE.

GRÁFICO 3. Forma de abastecimento de água — 1970-2010

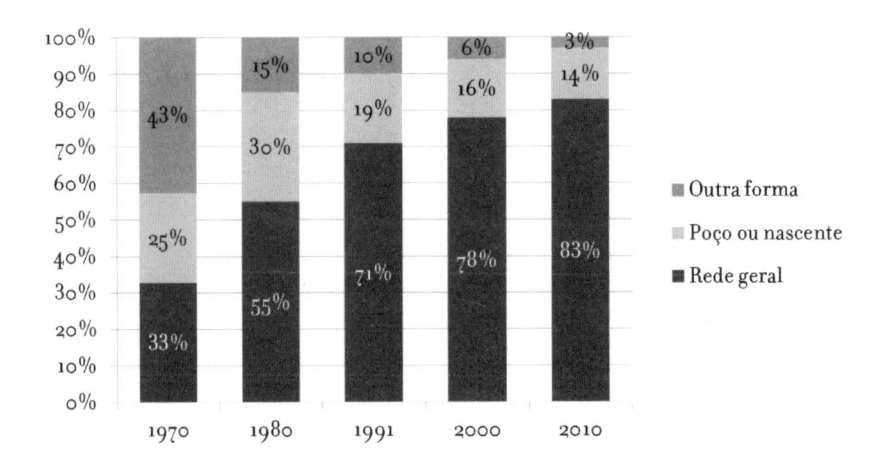

Fonte: Censos demográficos do IBGE.

GRÁFICO 4. FORMA DE COLETA DE LIXO — 1991-2010

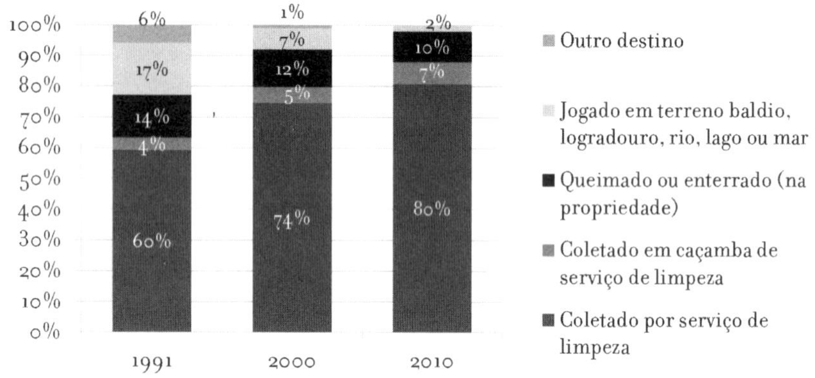

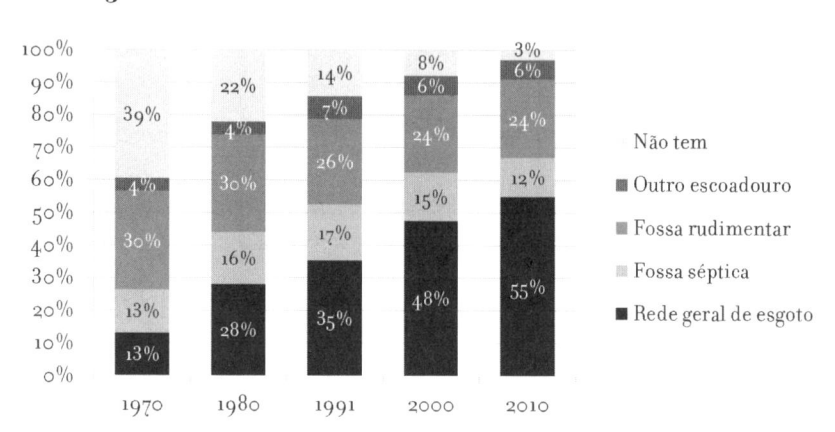

Fonte: Censos demográficos do IBGE.

A situação nacional quanto ao tipo de esgotamento sanitário é a que desperta maior preocupação (gráfico 5). Apenas 55% dos domicílios têm acesso a rede geral de esgoto, enquanto 24% ainda utilizam fossa rudimentar, um tipo de esgotamento arriscado para o meio ambiente, pois não há qualquer tratamento dos resíduos. Note-se que, em 1970, esse percentual era apenas pouco maior em termos relativos, 30%. Mesmo considerando as duas formas adequadas de esgotamento — rede geral e fossa séptica — o percentual atual ainda é baixo, 67%.

GRÁFICO 5. TIPO DE ESGOTAMENTO SANITÁRIO — 1970-2010

Fonte: Censos demográficos do IBGE.

As estatísticas relacionadas ao território nacional escondem uma diversidade muito grande em termos de tamanho dos municípios e nível de renda, salvo no caso do fornecimento de energia elétrica. Nesse serviço, a parcela de domicílios atendidos varia pouco em função do porte do município, de 97% a 99,9%, provavelmente um resultado bem-sucedido do programa Luz para Todos.[3] No quesito energia elétrica, os problemas giram mais em torno do alto custo, que tem aumentado acima da inflação, e da insegurança quanto a sua disponibilidade (CNI, 2009).

No que diz respeito ao abastecimento de água (gráfico 6), os municípios com mais de 100 mil habitantes apresentam percentual de cobertura por rede geral superior ao total do Brasil. As alternativas de abastecimento decrescem em participação à medida que aumenta o porte do município.

GRÁFICO 6. FORMA DE ABASTECIMENTO DE ÁGUA, POR FAIXA POPULACIONAL
— 2010

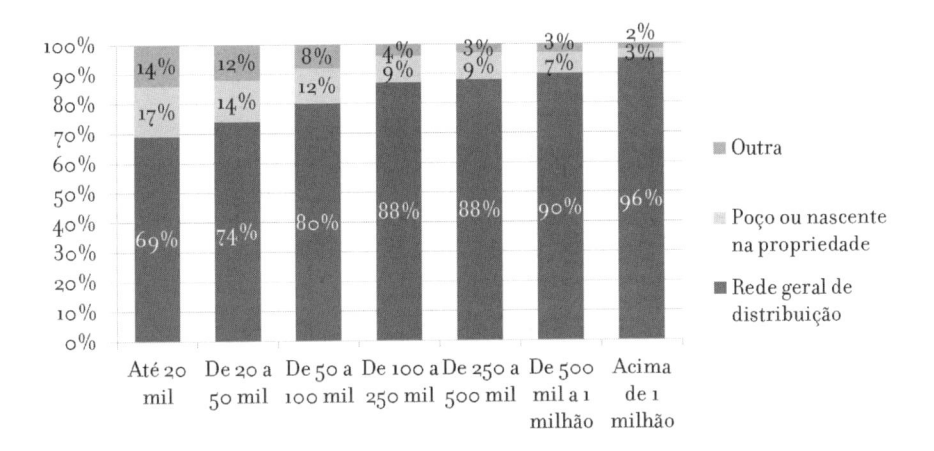

Fonte: Censos demográficos do IBGE.

---

[3] Programa lançado em 2003 com o objetivo de acabar com a exclusão elétrica no país, levando energia para mais de 10 milhões de pessoas no meio rural até 2008. O programa foi prorrogado até 2010 e, posteriormente, até 2011.

Quanto à coleta de lixo (gráfico 7), também podemos usar a população de 100 mil habitantes como limite para segmentar dois grandes grupos. Os municípios com mais de 100 mil habitantes apresentam perfil bem semelhante, com cerca de 90% dos domicílios sendo atendidos, via coleta direta, por serviço de limpeza e 5-9% via coleta em caçamba. A parcela coletada via caçamba é maior entre os municípios com mais de 1 milhão de habitantes, talvez em decorrência da grande concentração em favelas. Nos municípios menores, a cobertura por serviço de limpeza varia de 70% a 86%. Cabe destacar o alto percentual de domicílios que dão outro destino ao lixo — sendo este queimado, enterrado, jogado em terreno baldio, em rio etc. — nos municípios com até 50 mil habitantes. Segundo o censo de 2010, quase 90% dos municípios brasileiros se enquadram nessa faixa de população, totalizando 34% da população brasileira.

GRÁFICO 7. FORMA DE COLETA DE LIXO, POR FAIXA POPULACIONAL — 2010

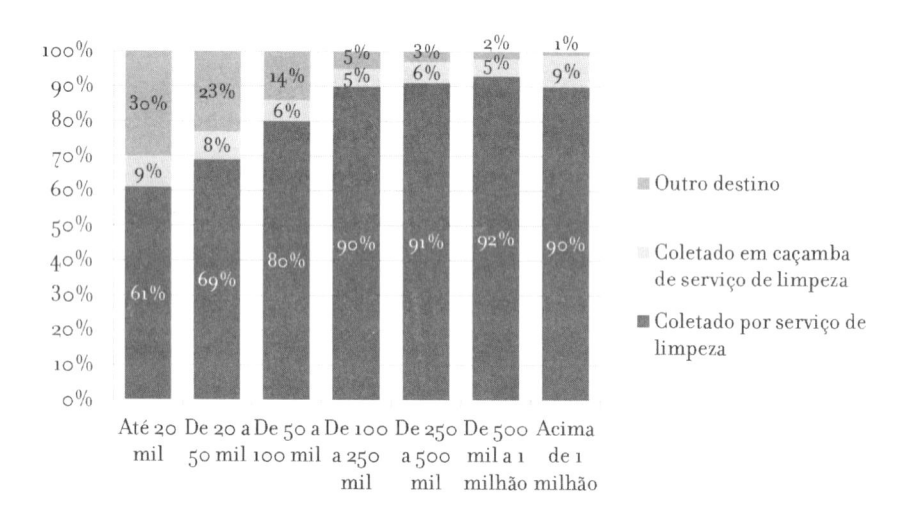

Fonte: Censos demográficos do IBGE.

Quanto ao tipo de esgotamento sanitário (gráfico 8), as disparidades são ainda maiores. Dos 5.565 municípios, apenas em 15 (aqueles com mais de 1 milhão de habitantes) 82% dos domicílios têm acesso à rede geral de esgoto. Nos municípios com população entre 250 mil e 1 milhão, o total de domicílios com acesso à rede geral ou à fossa séptica chega a 80%, mas cerca de 20% utilizam outros tipos de esgotamento, principalmente fossa rudimentar.

Somando-se todos os portes de municípios, são quase 19 milhões de domicílios com instalações sanitárias inadequadas ou ausentes, o que representa 33% do total de domicílios brasileiros. Considerando-se que, em sua maioria, esses domicílios são de baixa renda e que apresentam número médio maior de componentes por família, pode-se afirmar que mais de um terço da população brasileira vive nessas condições.

GRÁFICO 8. TIPO DE ESGOTAMENTO SANITÁRIO, POR FAIXA POPULACIONAL — 2010

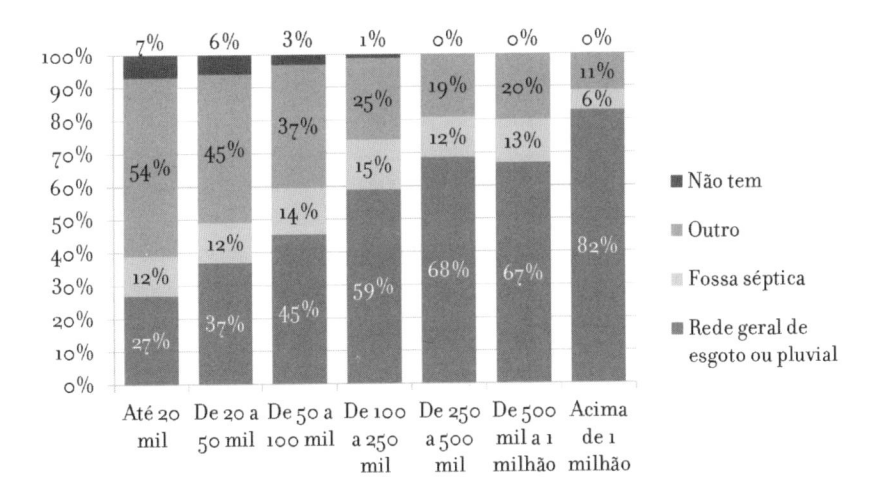

Fonte: Censos demográficos do IBGE.

As próximas tabelas retratam a desigualdade social no que diz respeito ao acesso a serviços urbanos. Apresentam a distribuição dos domicílios por quintis de renda, segundo tipos de coleta de lixo (tabela 12) e tipos de esgotamento sanitário (tabela 13) para o ano 2000, o mais recente disponível. A renda *per capita* foi deflacionada pelo INPC de outubro de 2011.

Enquanto 74% do total de domicílios tinham o lixo coletado por serviço de limpeza, apenas 47% dos domicílios com renda *per capita* de até R$ 128,83 tinham esse privilégio. Nada menos que 18% desses domicílios jogavam o lixo em terreno baldio ou logradouro, contra 1% do quintil mais alto (acima de R$ 930,50 *per capita*).

Quanto ao tipo de esgotamento sanitário as discrepâncias se mantêm. A fossa rudimentar é o principal tipo utilizado pelo primeiro quintil de renda (34%), seguido dos que simplesmente não têm escoadouro (25%), aparecendo apenas em terceiro lugar o uso da rede geral de esgoto (22%). O contraste com o último quintil de renda é gritante: 73% têm acesso à rede geral de esgoto e 16% à fossa séptica. E ainda: 62% dos que não possuem qualquer tipo de esgotamento sanitário estão no primeiro quintil de renda. O acumulado dos dois primeiros quintis chega a 84% do total de domicílios sem esgotamento sanitário.

TABELA 12. COLETA DE LIXO, POR QUINTIS DE RENDA — 2000 (%)

Coleta de lixo	Quintil 1 até R$ 128,83	Quintil 2 até R$ 268,41	Quintil 3 até R$ 448,78	Quintil 4 até R$ 930,50	Quintil 5 + de R$ 930,50	Total
Coletado por serviço de limpeza	47	67	77	87	93	74
Colocado em caçamba de serviço de limpeza	5	6	5	4	3	5
Queimado (na propriedade)	23	15	10	5	2	11
Enterrado (na propriedade)	2	2	1	1	0	1
Jogado em terreno baldio ou logradouro	18	8	5	2	1	7
Jogado em rio, lago ou mar	1	1	0	0	0	0
Outro destino	3	1	1	0	0	1
Total	100	100	100	100	100	100

Fonte: Dados extraídos do censo demográfico de 2000.

TABELA 13. ESGOTAMENTO SANITÁRIO POR QUINTIS DE RENDA — 2000 (%)

Esgotamento sanitário	Quintil 1 até R$ 128,83	Quintil 2 até R$ 268,41	Quintil 3 até R$ 448,78	Quintil 4 até R$ 930,50	Quintil 5 + de R$ 930,50	Total
Rede geral de esgoto ou pluvial	22	36	47	60	73	48
Fossa séptica	10	15	16	18	16	15
Fossa rudimentar	34	33	26	17	9	24
Vala	4	4	3	2	1	3
Rio, lago ou mar	3	3	3	2	1	2
Outro escoadouro	2	1	1	0	0	1
Não tem	25	8	5	1	0	8
Total	100	100	100	100	100	100

Fonte: Dados extraídos do censo demográfico de 2000.

SEGURANÇA PÚBLICA

No *ranking* dos principais problemas do país, a segurança pública e as drogas aparecem em 2º e em 3º lugar, respectivamente, perdendo apenas para a saúde (CNI, 2011). Estas foram as áreas apontadas por 33% e 29% dos entrevistados como as mais problemáticas para o país. Vale lembrar que cada entrevistado podia assinalar até duas áreas.

Nos últimos 12 meses (em relação à data de realização da pesquisa: 28 a 31 de julho de 2011), 30% dos entrevistados sofreram diretamente com a violência e 80% presenciaram atos de violência ou de criminalidade, como o uso de drogas. Outra constatação importante: a violência vem restringindo a circulação da população nas cidades.

A análise dos resultados da pesquisa por região e renda familiar demonstra percepções distintas. Em geral, a preocupação com segurança aumenta à medida que diminui a renda. Enquanto 35% dos entrevistados com renda familiar até um salário mínimo citaram a segurança pública como um dos maiores problemas do Brasil, entre os mais ricos, com renda familiar acima de 10 salários mínimos, essa parcela foi de 29%. Por região, os percentuais foram os

seguintes: Nordeste (40%), Norte e Centro-Oeste (32%), Sul (32%) e Sudeste
(29%). Os resultados por tamanho dos municípios não apresentaram uma tendência clara.

Uma estatística deixa evidente a maior incidência de violência nas grandes
cidades. Enquanto no total, 30% afirmaram ter sofrido violência (pessoalmen-
te ou em parente), nas cidades menores, de até 20 mil habitantes, a parcela foi
de apenas 14%; nas cidades médias (entre 20 e 100 mil habitantes) aumentou
para 26% e nas grandes (acima de 100 mil habitantes) para 38%.

A parcela de homicídios em relação à mortalidade total passou de 1,57%
em 1979 para 4,66% em 2009. Mas esse percentual já foi maior, 5,09% em 2003.
O gráfico 9 ilustra a evolução.

GRÁFICO 9. TAXA DE MORTALIDADE POR HOMICÍDIO — 1979-2009

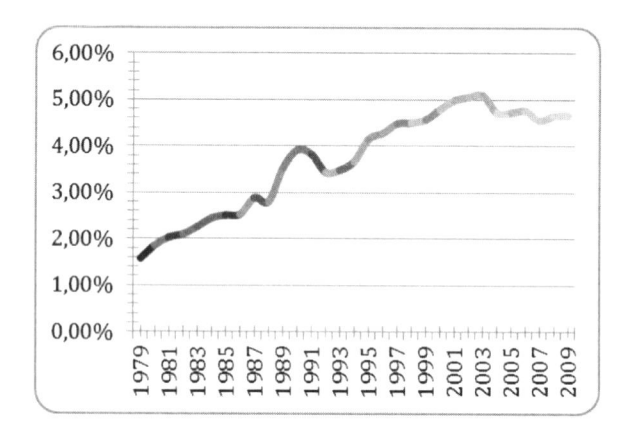

Fonte: MS/SVS/Dasis – Sistema de Informações sobre Mortalidade (SIM).

Após o pico de 2003, a taxa de mortalidade por homicídio começou a de-
clinar. Essa redução se deu em função das políticas de desarmamento desenvolvidas naquele ano, que retiraram de circulação um número significativo de
armas de fogo, além de regulamentarem sua compra, porte e utilização. Ainda
segundo Waiselfisz (2008), a partir de 1999 houve um deslocamento dos polos
dinâmicos da violência das grandes capitais e metrópoles para o interior dos

estados. Essa constatação é coerente com o movimento demográfico observado nas últimas décadas, que favoreceu o surgimento de um grupo importante de cidades de porte médio, fora das regiões metropolitanas. É natural que, à medida que essas cidades cresçam, seus problemas se assemelhem aos dos grandes centros urbanos.

Com relação à queda da taxa de mortalidade, cabe lembrar também que, a partir de 2004, o Brasil passou a registrar um aumento acentuado no número de empregos gerados, ultrapassando a faixa de 1 milhão por ano. Existem evidências suficientes de que a melhora da economia provoca queda nos índices de violência.

No entanto, apesar da aparente redução da taxa de homicídios, os índices de criminalidade no Brasil ainda são assustadores, inclusive quando comparados ao restante do mundo, representando na verdade um entrave pesado ao desenvolvimento econômico.

Segundo relatório de 2011 sobre homicídios divulgado pelo Escritório das Nações Unidas sobre Drogas e Crimes (UNODC), na América do Sul, o índice de homicídios brasileiro (22,7 por 100 mil habitantes) só é inferior ao venezuelano (49) e ao colombiano (33,4). O Brasil ocupa a 26ª posição no *ranking* mundial. O que assusta mesmo é o primeiro lugar ocupado pelo Brasil no número absoluto de homicídios, que totalizou 43.909 em 2009. Segundo o relatório, atrás do Brasil vem a Índia, com 40.752 vítimas.

Apesar de possíveis críticas relativas à confiabilidade das estatísticas de determinados países, a situação interna é grave o suficiente para justificar medidas urgentes de combate à criminalidade. Tendo em vista o baixo percentual de recursos destinados à segurança, tais medidas se traduzem principalmente em maior aporte de recursos.

Transportes

Não é difícil pensar em problemas relacionados à moradia e ao transporte, principalmente nas grandes cidades, depois que se observa a tabela 14. Nada menos que 40% da população vivem em 99 municípios, menos que 2% do total de municípios brasileiros. Mais da metade da população vive em municípios com mais de 100 mil habitantes, o que representa 5% do total.

Vivendo uma realidade completamente diferente, temos pouco mais de
33% da população, que moram em 4.957 municípios com até 50 mil habitantes.

TABELA 14. NÚMERO DE MUNICÍPIOS E POPULAÇÃO POR TAMANHO DOS
MUNICÍPIOS

Faixa da população	Nº de municípios	%	População	%
Até 20 mil habitantes	3.914	70,3	32.660.247	17,1
De 20 a 50 mil	1.043	18,7	31.344.671	16,4
De 50 a 100 mil	325	5,8	22.314.204	11,7
De 100 a 250 mil	184	3,3	27.595.348	14,5
De 250 a 500 mil	61	1,1	20.969.823	11,0
De 500 mil a 1 milhão	23	0,4	15.711.100	8,2
Acima de 1 milhão	15	0,3	40.160.406	21,1
Total	5.565	100	190.755.799	100

Fonte: Censo demográfico 2010, IBGE.

Quanto maior a cidade, maior a dependência de seus habitantes em relação
às redes de infraestrutura de circulação para garantir acesso a oportunidades
de trabalho e de consumo. O padrão de urbanização que vem ocorrendo no
Brasil agrava a desigualdade de renda por segregar a população de baixa renda
em áreas de difícil acesso e desprovidas de infraestrutura e de serviços (Ministério das Cidades, 2007).

Políticas urbanas que ao longo de décadas privilegiaram o uso do auto-
móvel levaram à deterioração das cidades brasileiras, causando redução nos
índices de mobilidade e acessibilidade, degradação das condições ambientais,
desperdício de tempo em congestionamentos crônicos, elevada mortalidade
devido a acidentes de trânsito e outros problemas. Segundo o "Caderno de referência para elaboração de plano de mobilidade urbana", elaborado pelo Ministério das Cidades (2007), esses problemas já estão presentes inclusive em
cidades de pequeno e médio portes.

O gráfico 10, extraído do "Relatório geral de mobilidade urbana 2010", elaborado pela Associação Nacional de Transportes Públicos (ANTP), apresenta a mobilidade por habitante, segundo o porte da cidade e o modo de transporte utilizado. O índice de mobilidade corresponde à razão entre o número de viagens e o número de habitantes por dia. Examinando o gráfico, vê-se como a necessidade de mobilidade aumenta com o porte dos municípios, sendo a exceção o uso de moto e bicicleta.

GRÁFICO 10. MOBILIDADE POR HABITANTE, POR PORTE DA CIDADE E MODO —
2010

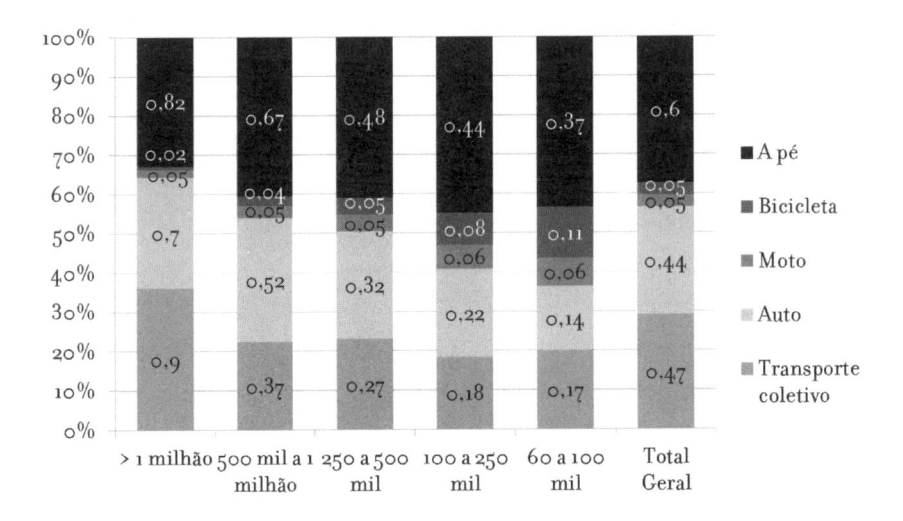

Fonte: Reproduzido de ANTP (2010).

O gráfico 11 mostra como a emissão de poluentes por habitante varia em função do tamanho dos municípios. Note-se que para todos os modos de transporte, a emissão de poluentes em municípios com mais de 1 milhão de habitantes é maior do que o total geral. O total de gramas de poluentes por habitantes/dia é quase o dobro do total geral do Brasil, contribuindo para a baixa qualidade de vida nessas cidades.

GRÁFICO 11. EMISSÃO DE POLUENTES POR HABITANTE, POR PORTE DE
MUNICÍPIO — 2010

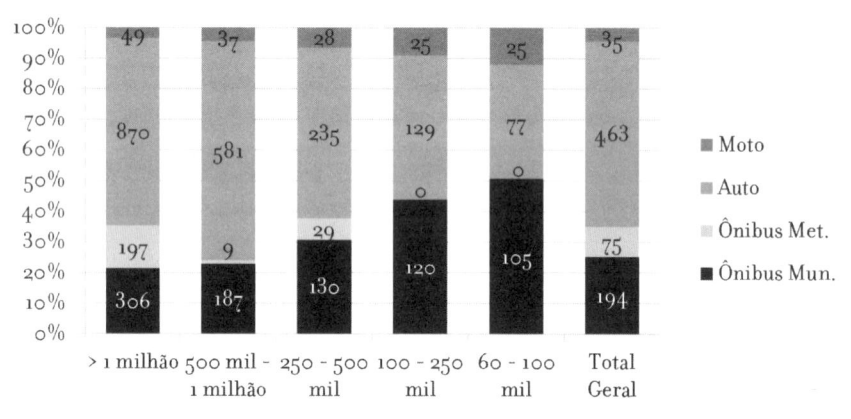

Fonte: Reproduzido de ANTP (2010).

Outra preocupação que aumenta de acordo com o porte do município diz respeito ao tempo gasto no transporte diariamente (gráfico 12). O tempo consumido em congestionamentos afeta diretamente a qualidade de vida das pessoas e indiretamente o crescimento econômico local. Vê-se no gráfico que, independentemente do porte do município, o tempo gasto no transporte individual é menor do que o do transporte coletivo.

GRÁFICO 12. CONSUMO DE TEMPO POR HABITANTE POR DIA (MINUTOS) — 2010

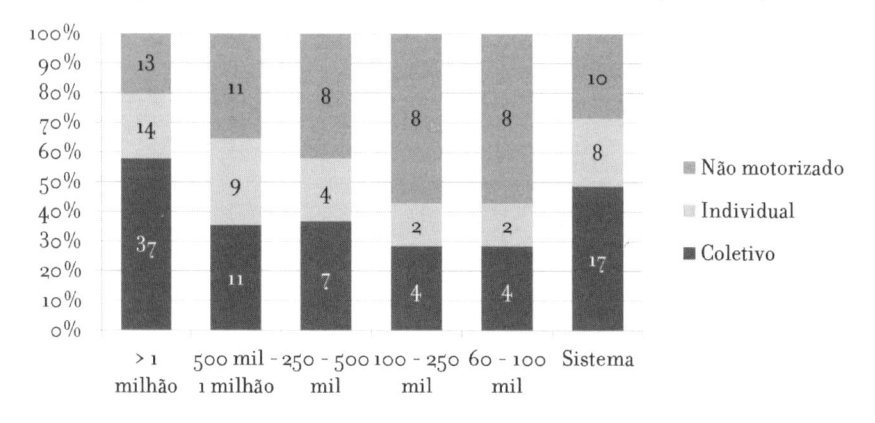

Fonte: Reproduzido de ANTP (2010).

Por fim, temos a diferença entre os custos do transporte individual e do coletivo, que também aumentam em relação direta com o porte do município (gráfico 13). O menor consumo de tempo do transporte individual, apresentado no gráfico 12 (menos da metade do transporte coletivo), é mais do que compensado pelo custo quatro vezes maior.

GRÁFICO 13. CUSTOS INDIVIDUAIS DA MOBILIDADE, POR MODO DE TRANSPORTE E PORTE DE MUNICÍPIO — 2010

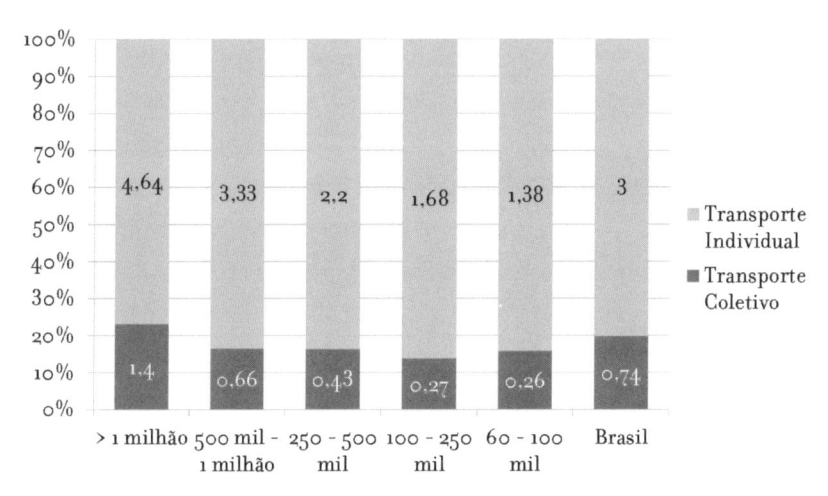

Fonte: Reproduzido de ANTP (2010).

A dinâmica socioeconômica e as responsabilidades públicas

Tendo em vista o quadro de transformações socioeconômicas e demográficas até aqui observado, o papel do Estado e sua responsabilidade para com a sociedade deveriam se adaptar para atender ao novo perfil das demandas sociais.

Rezende, Oliveira e Araújo (2007:135) lembram que o engessamento do orçamento não é uma peculiaridade do caso brasileiro, mas destacam nossa falta de autonomia para reorientar prioridades públicas: "a dualidade tributária criada pela Constituição de 1988 contribuiu para que o orçamento brasileiro atingisse um nível de rigidez que o impede de atuar como uma instância de definição de prioridades públicas e como instrumento de planejamento".

No caso das despesas tidas como discricionárias, nas quais se encaixam políticas sociais como saneamento e habitação, a situação é ainda mais grave, pois não contam com proteção legal. Dessa forma, o Estado não consegue atender à carência de serviços urbanos decorrente do crescimento acelerado e desordenado das grandes cidades.

Como será discutido na próxima seção, a mudança na estrutura etária da população tem implicações importantes nos setores da educação e da saúde. A diminuição da parcela em idade escolar em favor do aumento da população em idade ativa deveria reorientar a distribuição de recursos segundo níveis de ensino, mas o Estado não parece ter capacidade de resposta. Já o aumento da população idosa que se observa há mais de uma década pressiona os gastos com saúde.

Segundo Tafner e Carvalho (2011), as vinculações constitucionais na alocação de recursos orçamentários, em meio ao processo de montagem de políticas sociais, garantiram recursos crescentes para as áreas sociais. Mas, diante do quadro de transformação demográfica mencionado ao longo do estudo, a manutenção do modelo levará à perda de graus de liberdade na gestão orçamentária. A prioridade alocativa está engessada, o que impede o Estado de acompanhar as mudanças pelas quais o país vem passando. Segundo os autores, a política social deve visar a proteção de grupos fragilizados em aspectos variados, como renda, mercado de trabalho, educação e saúde. Seu argumento central concentra-se na flexibilização das ações, dos instrumentos e da alocação de recursos da política social, a fim de que esta seja capaz de atender às fragilidades criadas permanentemente na sociedade e de responder à demanda gerada pelas mudanças sociais.

O impacto da dinâmica socioeconômica nas demandas sociais

O ônus demográfico sufoca o bônus

O aumento das despesas previdenciárias e assistenciais reduz o espaço para investimentos públicos e limita o crescimento. Um espaço que já é estreito em função do baixo peso das despesas discricionárias na composição das despesas federais (Rezende, Oliveira e Araújo, 2007).

Segundo o Ipea (2010), o processo de envelhecimento altera a demanda por políticas públicas e a pressão pela distribuição de recursos na sociedade, impondo desafios ao Estado, ao mercado e às famílias. O estudo destaca a importância da renda dos idosos proveniente de seu trabalho, não só pelo aporte de renda, mas por ser um indicador de autonomia e integração social. Para evitar pressões no sistema previdenciário é necessário manter o trabalhador na ativa o maior tempo possível, por meio de políticas de saúde ocupacional para reduzir as aposentadorias por invalidez, da redução do preconceito em relação ao trabalho dos idosos e de propostas de capacitação para que estes acompanhem as mudanças tecnológicas.

A questão da previdência, cuja sustentabilidade já vem sendo discutida há muito tempo, é um dos principais desafios decorrentes do envelhecimento da população. A despeito das possíveis soluções que se apresentem para essa questão, Alves, Vasconcelos e Carvalho (2010) apontam a importância de o país aproveitar a oportunidade gerada pelo bônus demográfico para fazer frente aos problemas decorrentes do envelhecimento da população, que tendem a se agravar. Ou seja, é preciso saber usar os anos de bônus para acumular poupança e ativos econômicos de modo a assegurar a transição para a fase pós-bônus.

Segundo Alves, Vasconcelos e Carvalho (2010), não é possível assegurar que o envelhecimento populacional seja capaz de pôr fim ao cenário positivo proporcionado pelo bônus demográfico, pois os cenários de projeções populacionais não levam em conta todas as alternativas possíveis de políticas públicas.

Um estudo publicado pelo McKinsey Global Institute (2011) aborda o potencial bônus demográfico da América Latina em razão da relativa juventude de sua grande força de trabalho. Contudo, a publicação destaca que a região corre o risco de "ficar velha" antes de "ficar rica", caso seus governantes, empresários e sociedades não tomem atitudes hoje para reformar e desenvolver suas cidades e criar empregos mais produtivos na economia formal. O estudo destaca que, apesar da boa situação fiscal das cidades latino-americanas analisadas, a região tem pela frente desafios importantes relacionados à gestão de recursos e ao baixo nível de investimento. Comparadas aos *benchmarks* internacionais, as cidades latino-americanas não possuem déficits muito grandes. Mas o estudo atribui essa situação ao subinvestimento em setores críticos, como moradia, educação e saúde.

Segundo projeções de Tafner e Carvalho (2011), o aumento da expectativa de vida e da parcela de idosos na população fará com que os gastos públicos na área social sejam duplicados até 2030. Segundo os autores, até lá os maiores de 60 anos representarão um quinto da população total, gerando mais encargos com aposentadorias, pensões, assistência social e serviços de saúde.

Ainda segundo projeções do trabalho mencionado, o país terá de crescer em média 4% ao ano entre 2010 e 2030 para arcar com os gastos sociais decorrentes da transformação demográfica. A previdência será a principal responsável pelo aumento das despesas, em função do aumento da clientela. Já na saúde, considera-se não só o aumento da demanda por serviços resultante do envelhecimento, mas também um aumento do gasto por habitante, que ainda é muito baixo no Brasil. Na educação, apesar da projetada redução do número de beneficiários, os custos devem se manter em alta devido à necessidade de melhorar as taxas de matrícula e o gasto por aluno. Voltarei a abordar os setores da educação e da saúde mais adiante.

Ainda segundo Tafner e Carvalho (2011), entre 2010 e 2030, com a manutenção do crescimento da população em idade ativa, teremos a oportunidade de eliminar a extrema pobreza no país. Para tanto, os autores sugerem novas bases para a política social: flexibilidade de ações, de instrumentos e de alocação de recursos.

Ou seja, todos os estudos apontam, de um modo ou de outro, para a necessidade de ajuste da política pública em função das novas demandas sociais.

Desigualdades de renda e maior responsabilidade do Estado

A elevada desigualdade de renda e os níveis de pobreza encontrados no Brasil aumentam a pressão sobre o Estado no que diz respeito ao atendimento das demandas sociais, de modo a garantir a todos os cidadãos os direitos que lhes são assegurados na Constituição.

Não obstante, Tafner e Carvalho (2011) argumentam que o aumento de quase 18% dos gastos sociais entre 2000 e 2009 não foi suficiente para reduzir de forma acentuada a pobreza e a desigualdade no Brasil em virtude da má focalização desses gastos. Como as principais ações sociais são universalistas, elevam o padrão médio de vida dos brasileiros, em vez de beneficiar exclusivamente os segmentos mais carentes. Os autores destacam que a incidência da pobreza e da extrema pobreza é maior entre crianças e jovens. Segundo estatísticas da Pnad 2009, 43% das crianças de até 14 anos são pobres e 18% são extremamente pobres. Entre os indivíduos com 70 anos ou mais, essa parcela cai para 4,7% e para menos de 1%, respectivamente. A crítica central dos autores diz respeito ao fato de os benefícios da Lei Orgânica de Assistência Social (Loas) e da renda mensal vitalícia garantirem bem-estar excedente para os idosos, em vez de retirarem crianças e jovens da pobreza. No contexto de uma proposta de flexibilização da política social, os autores sugerem a desindexação dos benefícios mencionados do salário mínimo, a fim de liberar recursos para uma política ativa.

Educação

A princípio, ao contrário do que se poderia esperar, a redução da parcela da população em idade escolar não implica redução dos gastos com educação. As mudanças observadas na distribuição da população em idade escolar aumentam a demanda por ensino médio e qualificação profissional, pressionando as demandas por serviços de educação de melhor qualidade e mais caros.

O Brasil já se mostrou capaz de solucionar a questão do acesso à educação, com a universalização do ensino fundamental. Cabe agora se preocupar com a evasão escolar, de modo a garantir que os alunos que entram na escola concluam seus estudos, e principalmente com a questão da baixa qualidade do ensino, confirmada pelos resultados de avaliações nacionais e internacionais.

Barbosa Filho e Pessoa (2011) mostram, com base em dados da Organização para a Cooperação e o Desenvolvimento Econômico, que os gastos públicos por aluno no ensino básico no Brasil ainda estão muito abaixo da média dos países-membros da OCDE. Já em relação ao ensino superior, o gasto do país se aproxima da média. A razão entre o gasto com ensino superior e o gasto com ensino fundamental no Brasil está muito acima do normal, sendo cerca de seis vezes maior.

Há ainda outro padrão de gasto atípico no país. Enquanto nos demais países o gasto por aluno aumenta entre a pré-escola e o ensino médio, no Brasil o gasto com o ensino médio é inferior ao gasto com o ensino fundamental e a pré-escola. O resultado é que o gasto público com ensino superior está subsidiando, em sua maioria, alunos que teriam condições de frequentar universidades privadas, pois frequentam escolas privadas de ensino médio e conseguem com isso se preparar melhor para ingressar nas universidades públicas. Esse padrão atípico de gasto, aliado ao fato de que inúmeros estudos não encontram relação entre gasto por aluno ou remuneração de professores e qualidade do ensino nos levam a concluir que talvez o caminho não seja aumentar recursos, mas realocá-los segundo novas prioridades.

Alves, Vasconcelos e Carvalho (2010) destacam que, até 2030, para conciliar o desenvolvimento econômico com as estruturas populacionais vigentes no país, a questão da qualidade da educação é uma das mais importantes. Segundo os autores, universalizar o acesso até o nível médio, além de garantir maior capilaridade do ensino técnico e superior, representa apenas um lado do problema. Deve-se também preparar melhor aqueles que enfrentarão um mercado de trabalho mais dinâmico e baseado em novas tecnologias. De pouco adiantará ter mais pessoas em idade ativa se estas não puderem trabalhar e produzir, ou seja, a política macroeconômica deve ser favorável à empregabilidade.

Segundo o estudo do McKinsey Global Institute (2011), em 2025 mais de 15% da população das cidades latino-americanas terão entre 15 e 24 anos, pressionando a oferta pela educação de graus mais elevados e do ensino técnico. De acordo com as estimativas do instituto, até lá, o Rio de Janeiro precisa triplicar o número de cidadãos com diploma universitário.

Saúde

O envelhecimento da população repercute nas necessidades de expansão e melhoria dos serviços de saúde. Esse é um dos principais desafios a serem enfrentados pelo Brasil nos anos vindouros.

Saad (1990) já alertava sobre o início do processo de envelhecimento da população e suas implicações para a área da saúde. A redução da capacidade física e biológica do ser humano com o passar dos anos deixa os idosos mais suscetíveis a doenças e, portanto, mais assíduos como usuários de serviços de saúde. Como agravante, as doenças de maior incidência nesse grupo são as de caráter crônico-degenerativo, geralmente associadas a tratamentos de longa duração, com utilização mais intensiva de recursos físicos e financeiros.

No tocante à saúde, o governo terá de saber lidar com a demanda por medicina especializada em idosos, com as implicações do custo do tratamento de doenças típicas e com o tipo de atendimento adequado a essa parcela da população (Alves, Vasconcelos e Carvalho, 2010).

Segundo o Ipea (2010), o segmento idoso está mais heterogêneo, pois passou a incluir pessoas com 60 anos a mais de 100 anos de idade. Em consequência, deve aumentar a demanda por cuidados de longa duração e por serviços de saúde. Além, é claro, de o pagamento de benefícios previdenciários e assistenciais perdurar por um maior período de tempo.

Estudo do McKinsey Global Institute (2011) também alerta para a expectativa de aumento da demanda por serviços de saúde, à medida que a população idosa se expande no Brasil e na América Latina. Com a mudança de perfil da população, o padrão da demanda também muda, aumentando a complexidade do desafio da saúde.

Serviços urbanos

A concentração populacional e o aumento da densidade demográfica ampliam as necessidades de investimento em infraestrutura e em serviços urbanos. Por outro lado, a metropolização da pobreza aumenta a carência habitacional.

Almeida e Tokeshi (2011) sugerem que se pense em infraestrutura como um conjunto de serviços. As dimensões de diversas regiões metropolitanas geram problemas urbanos que exigem uma solução integrada. Assim, os sistemas de transporte, energia, saneamento, saúde, educação e o zoneamento urbano devem ser planejados para prover o sistema de serviços públicos.

As deficiências de infraestrutura são atribuídas ao processo de urbanização acelerado e desordenado ocorrido em países como o Brasil, de industrialização tardia, ao contrário do que ocorreu nos países desenvolvidos.

As cidades brasileiras vêm enfrentando problemas diversos e crescentes no que diz respeito à mobilidade, à degradação das áreas urbanas e do meio ambiente, à concentração da pobreza e a outras dimensões (Urani, Neves e Gutnik, 2011). Segundo os autores, é preciso repensar o modelo de investimento e de atuação do poder público, pois os governos já não dão conta sozinhos de planejar, gerir e aplicar recursos para superar os gargalos estruturais que vêm se formando.

O crescimento acelerado e desordenado dos grandes centros urbanos gera o chamado "desvocacionamento". Segundo Urani, Neves e Gutnik (2011), isso ocorre quando as áreas perdem sua razão de ser, transformando-se em bolsões de pobreza e esvaziamento econômico. É o caso, por exemplo, dos antigos subúrbios industriais do Rio de Janeiro, que hoje abrigam grandes favelas, com altos índices de violência.

O já mencionado estudo do McKinsey Global Institute (2011) aponta sinais de deseconomias de escala nas cidades latino-americanas de grande porte, como congestionamentos e poluição, que começaram a sobressair em relação aos ganhos de escala, prejudicando a qualidade de vida dos cidadãos e afetando seu dinamismo econômico. Tais deseconomias estariam ocorrendo mais cedo do que o usual porque as estruturas de apoio institucional, social e ambiental não acompanharam o ritmo de crescimento populacional. Ao mesmo tempo, o processo de liberação econômica ocorrido desde a década de 1990 deu espaço a uma configuração econômica mais descentralizada, impulsionando as cidades de médio porte. A expectativa é de que tais cidades contribuam cada vez mais com uma parcela maior da atividade econômica. Mas, à medida que crescem em tamanho e complexidade, é de se esperar que comecem a enfrentar desafios semelhantes aos enfrentados pelas grandes cidade atualmente. Segundo o estudo, para atingir seu potencial de crescimento, o ambiente da política econômica deve oferecer os incentivos adequados para o crescimento produtivo e sustentável. Pesquisas passadas sugerem duas prioridades: a) derrubar antigas barreiras regulatórias à produtividade e ao crescimento na indústria e na prestação de serviços; e b) fazer melhor uso dos recursos naturais da região.

No quesito condições sociais, a questão da segurança é um tema recorrente nas cidades latino-americanas, cujo desempenho é muito pior do que o dos *benchmarks* em indicadores como custo de seguro de um carro, taxa de homicídios e taxa de sequestros. Quanto ao acesso a serviços de fornecimento de energia, água, gás e tratamento de esgoto, as cidades latino-americanas estão relativamente bem ranqueadas. Mas o oposto se dá no que diz respeito à cobertura de telecomunicações, em especial ao acesso a banda larga, que ainda é muito baixo.

As cidades latino-americanas têm alta densidade demográfica, o que, segundo o estudo, pode gerar ganhos no uso dos recursos e nos tempos de deslocamento. Mas a forma de crescimento dessas cidades, que absorvem populações vizinhas fora de suas respectivas jurisdições, criou dificuldades para a tomada de decisão sobre investimentos e regulação.

O estudo alerta para a necessidade de uma ação urgente, a fim de que as cidades latino-americanas possam atender às demandas de uma população em expansão e de economias crescentes. Parte da região sofre com congestionamentos e escassez de moradia, poluição do ar e da água e gestão inadequada do lixo. As cidades lutam para oferecer serviços essenciais, como saúde e educação. Tais ineficiências afetam direta e negativamente o crescimento, gerando custos monetários consideráveis, oriundos de desperdício no uso dos recursos e do tempo da força de trabalho em congestionamentos, por exemplo.

O aumento da renda leva ao aumento da venda de carros novos, o que implica aumentar e melhorar a infraestrutura de transportes. Da mesma forma, a oferta de moradia a custos razoáveis já é um problema em toda a América Latina, e a tendência é de aumento da demanda. O desafio não se restringe apenas à construção dessas moradias em número suficiente, estende-se à oferta de infraestrutura de serviços para atendê-las, como saneamento, água, gás e energia.

Segundo estudo do Ipea (2011), no que diz respeito às características das moradias, o percentual de famílias que ocupam de forma segura e adequada os domicílios praticamente não se alterou de 2004 para 2009. Além disso, o indicador de saneamento permaneceu em nível muito baixo, principalmente em função da elevada porcentagem de domicílios com escoamento de esgoto inadequado.

Considerações finais

A análise das características demográficas e socioeconômicas da população brasileira apontam para mudanças estruturais importantes, que já estão ocorrendo e tendem a se acentuar. Tais mudanças se traduzem em um novo padrão de demandas sociais a serem atendidas pelo Estado.

Como ressaltado ao longo do capítulo, estudiosos destacam o potencial de crescimento do país em virtude do período de bônus demográfico pelo qual atravessamos e que deve atingir seu ápice até 2030. Destacam ainda que se trata de um potencial que pode ou não se concretizar. A concretização desse potencial está relacionada ao atendimento das novas demandas mencionadas.

Para isso, o governo deve ter flexibilidade para rever periodicamente as prioridades na alocação dos recursos públicos, para ajustar a repartição das receitas orçamentárias a mudanças no perfil e na intensidade das demandas da sociedade decorrentes das dinâmicas socioeconômicas, mas o enrijecimento do orçamento impede que isso aconteça.

Referências

ALMEIDA, B. T.; TOKESHI, H. Os gargalos de infraestrutura e a criação de um sistema moderno de serviços públicos. In: GIAMBIAGI, F.; PORTO, C. (Orgs.). *2022: propostas para um Brasil melhor no ano do bicentenário*. Rio de Janeiro: Campus, 2011.

ALVES, J. E. D.; VASCONCELOS, D. S.; CARVALHO, A. A. *Estrutura etária, bônus demográfico e população economicamente ativa no Brasil:* cenários de longo prazo e suas implicações para o mercado de trabalho. Brasília: Ipea, 2010. (Textos para Discussão Cepal-Ipea, 10.)

ANTP (Associação Nacional de Transportes Públicos). Relatório geral de mobilidade urbana. 2010. Disponível em: <http://portal1.antp.net/ site/simob/ Lists/rltgrl10/rltgrl10menu.aspx>. Acesso em: 8/12/2011.

AQUINO, R. Meu encontro com Ném. *Época*, 11 nov. 2011. Disponível em:

<http://revistaepoca.globo.com/tempo/noticia/2011/11/meu-encontro-com-nem.html>. Acesso em: 2/12/2011.

BARBOSA FILHO, F. H.; PESSOA, S. A. Metas de educação para a próxima década. In: GIAMBIAGI, F.; PORTO, C. (Orgs.). *2022*: propostas para um Brasil melhor no ano do bicentenário. Rio de Janeiro: Campus, 2011.

BRASIL. Ministério das Cidades/Secretaria Nacional de Habitação. *Avanços e desafios: política nacional de habitação*. 2010.

BRASIL. Ministério das Cidades/Secretaria Nacional de Transporte e da Mobilidade Urbana. *Plan-mob* — construindo a cidade sustentável. 2007. (Caderno de referência para elaboração de plano de mobilidade urbana.)

BUARQUE, S. C.; PARES, A. Reconfiguração do território e desenvolvimento regional. In: GIAMBIAGI, F.; PORTO, C. (Orgs.). *2022*: propostas para um Brasil melhor no ano do bicentenário. Rio de Janeiro: Campus, 2011.

CNI. Conclusões do 4º Encontro Nacional da Indústria: prioridades e recomendações 2011-2014. Brasília: CNI, 2009.

_____. Pesquisa CNI-Ibope: retratos da sociedade brasileira — segurança pública. Brasília, out. 2011.

CORSEUIL, C. H.; FOGUEL, M. N. *Uma sugestão de deflatores para rendas obtidas a partir de algumas pesquisas domiciliares do IBGE*. Rio de Janeiro: Ipea, 2002. (Texto para Discussão, 897.) Disponível em: <http://www.ipea.gov.br/pub/td/2002/td_0897.pdf>.

IBGE. Reflexões sobre os deslocamentos populacionais no Brasil: estudos e análises — informação demográfica e socioeconômica. Rio de Janeiro: IBGE, 2011a.

_____. *Censo demográfico 2010*. Rio de Janeiro: IBGE, 2011b.

IPEA. *Pnad 2009* — primeiras análises: tendências demográficas. Rio de Janeiro: Ipea, 13 out. 2010. (Comunicados do Ipea, 64.)

_____. *Perfil da pobreza no Brasil e sua evolução no período 2004-2009*. Rio de Janeiro: Ipea, 2011. (Texto para Discussão, 1.647.)

McKINSEY GLOBAL INSTITUTE. *Building globally competitive cities:* the key to Latin American growth. s.l.: McKinsey Global Institute, 2011.

REZENDE, F.; OLIVEIRA, F.; ARAÚJO, E. *O dilema fiscal: remendar ou reformar?* Rio de Janeiro: FGV, 2007.

ROCHA, S. Alguns aspectos relativos à evolução 2003-2004 da pobreza e da indigência no Brasil. Rio de Janeiro: Instituto de Estudos do Trabalho e Sociedade, 2006. Disponível em: <http://www.iets.org.br/biblioteca/Alguns_aspectos_relativos_a_evolucao_2003-2004.pdf>. Acesso em: 24/10/2011.

_____. Os "novos" programas de transferências de renda: impactos possíveis sobre a desigualdade no Brasil. In: BARROS, R. P.; FOGUEL, M. N.; ULYSSEA, G. (Orgs.). *Desigualdade de renda no Brasil*: uma análise da queda recente. Brasília: Ipea, 2007, v. 2.

SAAD, P. M. O envelhecimento populacional e seus reflexos na área da saúde. In: ENCONTRO NACIONAL DE ESTUDOS POPULACIONAIS, 7., 1990. *Anais...* s.l.: Abep, 1990, v. 3

SANSON, J. R. O Estado e a concentração urbana. *Textos de Economia*, Florianópolis, v. 9, n. 2, p. 9-30, jul./dez. 2006.

TAFNER, P.; CARVALHO, M. Rumo a uma política social flexível. In: GIAMBIAGI, F.; PORTO, C. (Orgs.). *2022*: propostas para um Brasil melhor no ano do bicentenário. Rio de Janeiro: Campus, 2011.

UNODC. *2011 Global study on homicide*: trends, contexts, data. Wien: United Nations Office on Drugs and Crime, 2011.

URANI, A.; NEVES, G.; GUTNIK, M. Cidades brasileiras: integração dos esforços públicos e privados para a melhoria do ambiente urbano. In: GIAMBIAGI, F.; PORTO, C. (Orgs.). *2022*: propostas para um Brasil melhor no ano do bicentenário. Rio de Janeiro: Campus, 2011.

VILLAVERDE, J. Qualificação só alcança 1% da despesa com desemprego. *Valor Econômico*, 26 abr. 2011.

WAISELFISZ, J. J. *Mapa da violência dos municípios brasileiros*. Brasília: Ritla, Instituto Sangari, Ministério da Saúde, Ministério da Justiça, 2008.

WORLD BANK. *Becoming old in an older Brazil*: implications of population aging on growth, poverty, public finance and service delivery. s.l.: Conference, Apr. 2011.

ZMITROWICZ, W.; A. NETO, G. *Infraestrutura urbana*. São Paulo: Escola Politécnica da USP/Departamento de Engenharia de Construção Civil, 1997. (Texto Técnico.)

Anexo 1

TABELA 1. PARCELA DE FAMÍLIAS POR CONCENTRAÇÃO TERRITORIAL, SEGUNDO FAIXAS DE RENDA — 1991

Renda familiar per capita	Até 20 mil	De 20 a 50 mil	De 50 a 100 mil	De 100 a 250 mil	De 250 a 500 mil	De 500 mil a 1 milhão	Acima de 1 milhão
Até ¼ de SM	32,8%	31%	15%	8%	4%	2,4%	7%
Mais de ¼ a ½ SM	26%	23%	15%	12%	7%	4%	13%
Mais de ½ a 1 SM	18%	17%	14%	15%	10%	6%	19%
Mais de 1 a 2 SM	11%	13%	12%	16%	13%	8%	28%
Mais de 2 a 3 SM	8%	10%	10%	14%	14%	9%	35%
Mais de 3 a 5 SM	6%	8%	9%	12%	14%	9%	41%
Mais de 5 SM	5%	6%	7%	10%	13%	8%	51%
Total	19%	18%	13%	13%	10%	6%	22%

Fonte: IBGE (dados dos Censos).

TABELA 2. PARCELA DE FAMÍLIAS POR CONCENTRAÇÃO TERRITORIAL, SEGUNDO FAIXAS DE RENDA — 2000

Renda familiar per capita	Até 20 mil	De 20 a 50 mil	De 50 a 100 mil	De 100 a 250 mil	De 250 a 500 mil	De 500 mil a 1 milhão	Acima de 1 milhão
Até ¼ de SM	35%	28%	13%	8%	5%	4%	7%
Mais de ¼ a ½ SM	27%	22%	14%	11%	8%	6%	13%
Mais de ½ a 1 SM	23%	18%	13%	13%	10%	7%	16%
Mais de 1 a 2 SM	16%	14%	13%	15%	13%	8%	22%
Mais de 2 a 3 SM	11%	11%	11%	16%	14%	10%	27%
Mais de 3 a 5 SM	9%	10%	10%	14%	14%	10%	33%
Mais de 5 SM	6%	7%	8%	11%	14%	9%	45%
Total	19%	16%	12%	13%	11%	8%	21%

Fonte: IBGE (dados dos Censos).

TABELA 3. PARCELA DE FAMÍLIAS POR CONCENTRAÇÃO TERRITORIAL,
SEGUNDO FAIXAS DE RENDA — 2010

Renda familiar per capita	Até 20 mil	De 20 a 50 mil	De 50 a 100 mil	De 100 a 250 mil	De 250 a 500 mil	De 500 mil a 1 milhão	Acima de 1 milhão
Até ¼ de SM	30,1%	28%	14%	10%	6%	4,2%	9%
Mais de ¼ a ½ SM	21%	19%	13%	14%	10%	7%	16%
Mais de ½ a 1 SM	19%	16%	12%	15%	11%	8%	19%
Mais de 1 a 2 SM	13%	13%	11%	17%	13%	10%	23%
Mais de 2 a 3 SM	9%	10%	9%	16%	14%	11%	30%
Mais de 3 a 5 SM	7%	8%	8%	15%	14%	11%	37%
Mais de 5 SM	4%	5%	6%	11%	12%	10%	52%
Total	17%	16%	11%	15%	11%	8%	22%

Fonte: IBGE (dados dos Censos).

5
Reformas na gestão pública e a reinvenção do orçamento: reflexões e perspectivas sobre o contexto brasileiro

Armando Cunha

Subjacente à proposição fundamental contida neste capítulo — a necessidade de reformas no processo orçamentário do setor público brasileiro — está a convicção de que tais reformas são de vital importância para o desenvolvimento econômico e social nos anos vindouros.

As mudanças necessárias têm tanto a ver com o teor das escolhas orçamentárias indispensáveis à implementação das políticas públicas e à prestação de serviços públicos quanto com a forma pela qual as escolhas são feitas e executadas na ação governamental, seja no centro do governo, seja no nível das organizações governamentais. As escolhas orçamentárias e sua implementação, entretanto, não podem ser repensadas de forma isolada na ação governamental. Ao contrário, como se pode extrair da experiência internacional ao longo das últimas três décadas, o processo orçamentário deve ser considerado no âmbito mais amplo de uma política de gestão pública, influenciando e sendo influenciado pelos outros componentes dessa política, como, por exemplo, a gestão de pessoal e as regras para a aquisição de bens e serviços. Nessa linha, a busca pelo aperfeiçoamento do processo orçamentário confunde-se com os próprios esforços, mais amplos, de reforma da gestão pública.

A partir da literatura sobre o tema e dos recentes debates no âmbito internacional e no contexto brasileiro, este capítulo busca contribuir para o delineamento de um quadro de referência para a identificação e a discussão das proposições de mudanças no processo orçamentário brasileiro, explorando a conexão entre os desafios que se apresentam às reformas de gestão pública e o potencial do orçamento público como alavanca dessas reformas. Nas seções a seguir há uma mescla dos focos sobre as novas doutrinas e estilos de organização da gestão pública e sobre a experiência histórica recente no contexto brasileiro.

A gestão pública contemporânea e os desafios do contexto brasileiro

Mudanças e impactos sobre o Estado e a governança

O quadro geral de mudanças que caracteriza a ação governamental tem sido amplamente discutido. Constata-se um razoável grau de consenso quanto à natureza dos desafios que se apresentam ao Estado, à governança e à gestão pública, e que põem em risco a própria capacidade de governar (Dror, 1999).

Desde os anos iniciais do último terço do século XX, mudanças econômicas, políticas, tecnológicas e sociais têm impactado de forma contundente a atuação das empresas privadas e das organizações do setor público, causando maior incerteza, complexidade e perplexidade para a tomada e a implementação de decisões. Tais mudanças têm um caráter mais global, como nos casos da ampliação das relações econômicas no plano internacional, da prevalência do individualismo sobre o compromisso com o bem comum, do envelhecimento da população, ou da tecnologia da informação; mas estão igualmente associadas mais especificamente ao contexto brasileiro, como a adoção de uma nova Constituição em 1988, a pluralização política em curso, o fortalecimento da Federação e a revitalização do Poder Legislativo. Ademais, não se pode desprezar os efeitos potencializados decorrentes da interação das mudanças de caráter mais global com as de caráter mais específico brasileiro.

A literatura sobre o tema ressalta que as empresas privadas, sobretudo a partir dos anos 1980, procuraram responder a esses desafios desenvolvendo competências para lidar com ambientes turbulentos, investindo no aprendizado como mecanismo de sobrevivência. Nessa perspectiva, tem-se testemunhado a ampla utilização de novas modelagens de gestão, como capacidade de reação rápida, contato permanente com os clientes, obsessão pela qualidade, desenvolvimento da cultura organizacional, inovação contínua, simplificação das estruturas orgânicas, mobilização dos recursos humanos por meio da delegação, utilização intensa de forças-tarefa, entre outros conceitos, métodos e práticas.

No âmbito do setor público, focalizando mais especificamente o caso brasileiro, não obstante as novas pressões sociais pela maior efetividade da ação governamental, ainda têm persistido esforços esparsos de "modernização administrativa", como algo que não tem fim, sem que seja estabelecido o quanto de "modernização" seria o suficiente. Nessa perspectiva, a modernização é percebida fundamentalmente como a adoção de novas estruturas e procedimentos, sendo mais orientada para questões internas ao setor público do que para os beneficiários de serviços públicos. Esse modelo pretérito de se tentar alinhar o setor público aos novos desafios prosperou justamente por ser pouco controverso em termos políticos. Sua ambiguidade sempre foi muito atraente, não ficando claro seu significado e o que deveria ser feito. Tal modelo não define claramente os problemas a serem enfrentados e não é associado ao sentido de urgência.

Esse tipo de resposta às mudanças que vêm impactando o Estado e a governança tem produzido os efeitos perversos e retardados que seriam de se esperar, fragilizando o Estado perante a sociedade, causando perplexidade e, para muitos, até mesmo a desesperança quanto à capacidade do poder público de exercer a liderança do progresso econômico e social. A ausência de políticas de gestão pública nos diferentes níveis de governo acaba por reforçar essa fragilização.

Por ser um dos sustentáculos da governança, a gestão pública não pode estar excluída da agenda política, ou dela constar apenas retoricamente, ficando fora da lista de cobranças da sociedade aos que detêm transitoriamente o poder político. O combate ao desperdício, à provisão de serviços caros e às respostas inadequadas à sociedade não se pode dar mais por meio de "remédios" esporádicos, de efeitos duvidosos ou efêmeros, tais como reformas administrativas "à moda antiga". Os caminhos da transformação devem, sim, incluir uma política de gestão pública na qual a garantia da congruência entre seus elementos componentes e a realização de processos é que viabilizarão a adoção de práticas administrativas adequadas. No caminho contrário ao que vem marcando a experiência brasileira, os novos desafios à ação governamental exigem que a discussão, a formulação e a implementação da política de gestão pública sejam feitas num horizonte temporal devidamente alargado, refletindo compromissos com o interesse público e com as necessidades de médio e longo prazos do desenvolvimento econômico e social da nação. É preciso reconhecer, entretanto, que as instituições vigentes estão fundamentalmente direcionadas para uma perspectiva de curto prazo, o que se converte em grande obstáculo no que diz respeito à incorporação do necessário compromisso com as próximas gerações às decisões atuais.

Talvez em função do magnetismo exercido pela proximidade dos anos 2000, desde meados dos anos 1970 já se faziam projeções sobre a complexidade do papel da administração pública no progresso econômico e social. À época, vários autores — McHale (1972), Wilcox (1975), Siffin (1974), Wald (1972), Tugwell (1973), Madden (1972), Helmer (1973), Bell (1967) — já indicavam que um dos imperativos para a sobrevivência seria a compreensão e o domínio conceitual sobre a velocidade e a magnitude das mudanças em andamento. Ressaltava-se o "descompasso na compreensão cognitiva dos processos sociais por intermédio dos quais se deveria lidar de forma mais efetiva com as mudanças" (McHale, 1972:1, tradução do autor).

Desde então, numerosos encontros internacionais voltados para a gestão pública reconheceram, por um lado, a crescente percepção de que os governos vêm se tornando mais ineficientes, agigantando-se, consumindo mais recursos proporcionalmente aos serviços efetivamente prestados à sociedade, deixando de dar respostas em consonância com as expectativas sociais. Por outro, era igualmente reconhecido que a sociedade depende, em qualquer lugar, da provisão de serviços públicos para a sustentação do processo civilizatório.

Considerando-se os desafios que foram ficando claros ao longo das três últimas décadas do século XX, pôde-se projetar que, os anos seguintes, neste início de novo século, irão demandar uma dramática vitalidade dos serviços públicos para que a distribuição de bens e serviços produzidos se dê sob um adequado balanceamento de poder na sociedade (Simon, 1998). Para tanto, o autor sugere que o caminho mais promissor é reorientar as organizações governamentais para o alcance de resultados socialmente relevantes; garantir talentos em todas as esferas de gestão; conseguir que o grau de compromisso, o senso de responsabilidade e a identidade institucional, observados em muitos servidores públicos na atualidade, sejam ampliados em larga escala.

O pensamento de Simon (1998), a par de estabelecer a conexão entre o que tem sido o sentido da gestão pública e os novos caminhos que se apresentam neste início do século XXI, oferece ao mesmo tempo, em tão poucas palavras, novas agendas para se repensar as reformas necessárias.

A compreensão dos fatores que condicionavam a gestão pública brasileira nas décadas de 1970 e 1980 requer atenção aos aspectos críticos associados com a busca do progresso econômico e social no país à época. O processo inflacionário constituía-se sem dúvida num dos mais importantes "campos de batalha", refletindo as polêmicas em suas distintas facetas. Essa questão ganhou importância crescente ao longo dos anos 1970 devido tanto aos esforços para dinamizar a industrialização e o desenvolvimento quanto às escolhas de novas alternativas nas etapas posteriores do processo de desenvolvimento.

A importância do processo inflacionário, para além do caso brasileiro, estendia-se a toda a América Latina. Para especialistas e estudiosos do tema, a inflação sempre serviu de desculpa para as falhas de desempenho dos governos da região, sobretudo antes que mais conhecimentos fossem adquiridos à época sobre sua dinâmica e efeitos, bem como sobre as repercussões das políticas anti-inflacionárias adotadas.

A compreensão do fenômeno inflacionário é de grande valia também para se considerar o papel da administração pública no processo de desenvolvimento econômico e social do país no referido período. Nessa perspectiva, importa levar em conta o pensamento de Siffin (1974) ao analisar duas décadas da experiência da administração pública nos países em desenvolvimento. Segundo o autor, a administração pública tradicional mantinha os sistemas em funcionamento e focalizava os problemas de eficiência e racionalidade. Em sua opinião, a essência do desenvolvimento não é manter coisas em funcionamento, mas criar novas coisas e fazê-lo efetivamente. Sugeria que os reais problemas da administração para o desenvolvimento resultavam de duas questões básicas: o que deveria ser feito e o que não estava sendo feito. Qual o grau de excelência do que deveria ser feito? Ressaltava também que, na orientação metodológica voltada para a administração para o desenvolvimento, a análise e a definição inovadora dos problemas deveriam preceder a seleção das soluções.

Os desafios associados ao fenômeno inflacionário no período 1960-1970, que polarizaram o debate entre os pensamentos "monetarista" e "estrutura-lista",[1] seguramente priorizaram o espaço ocupado pelas opções macroeconômicas nas decisões e ações governamentais. O papel da administração pública, enquanto campo de especulação intelectual e como práxis, seja em sua dimensão mais tradicional, seja no sentido da administração para o desenvolvimento ressaltado por Siffin (1974), ficou demasiadamente ofuscado pelo debate e pelas preocupações macroeconômicas.

A relação entre a busca de objetivos econômicos, no plano nacional ou visando à inserção numa economia globalizada, e as características de atuação da administração pública brasileira a partir dos anos 1950 são objeto de análise de Souza (2003). Suas referências à ascensão do regime militar em meados dos anos 1960, a par das referências ao fenômeno inflacionário feitas anteriormente, ajudam a compreender o quadro da administração pública brasileira dos anos 1960 e 1970.

A análise de Souza sobre essa questão parte do argumento de que a busca de um modelo de gestão pública mais em consonância com o que chama de "moldes weberianos" encontrou, ao mesmo tempo, estímulos e resistências por parte do regime militar implantado no país a partir de 1964. Conforme indica, duas grandes mudanças ocorreram na administração pública brasileira com o advento do regime militar: a prevalência da União em relação aos outros níveis federativos e a proliferação de diferentes formas de órgãos descentralizados no setor público.

Quanto à primeira mudança apontada pela autora, cabe ressaltar que tal prevalência foi assentada numa significativa centralização tributária. Observou-se, então, uma ênfase no metadesenvolvimento,[2] com a concentração de

---

[1] Ver Furtado (1965), Pastore (1969) e Simonsen (1969 e 1970).

[2] Assim como paradesenvolvimento, termos utilizados por Aloísio Magalhães, ex-secretário de Cultura do MEC, ao argumentar sobre as bases da política de cultura que o governo federal buscava implementar nos anos iniciais da década de 1980.

ações no âmbito federal, sacrificando-se acentuadamente as ações associadas com o paradesenvolvimento, isto é, ações que estariam mais fortemente relacionadas com os diferentes contextos políticos, econômicos, sociais e culturais no país e que, portanto, deveriam ser formuladas e implementadas nos níveis estadual e local de governo.

Souza (2003) chama a atenção para o fato de que o alinhamento com as ações federais era a única forma efetiva de captação de recursos por parte dos demais entes da Federação e que isso seria responsável pelo que denomina "síndrome da simetria" — o fenômeno da reprodução do modelo de organização administrativa do governo federal nos níveis estadual e municipal.

A segunda mudança a que a autora se refere — a expansão da chamada administração indireta no setor público — revela dois outros aspectos de grande importância para a caracterização da administração pública no período: a) o fortalecimento da capacidade administrativa na vertente descentralizada do setor público; e b) a dificuldade de se vitalizar a dimensão dos valores na formação de profissionais para atuar na administração pública.

A maior ênfase na vertente descentralizada, em detrimento do núcleo central da administração pública, gerou, além das consequências já mencionadas, outras fortes contradições na ação governamental. Os órgãos da administração indireta — autarquias, fundações e empresas estatais — deveriam ser supervisionados pelo núcleo central, o que, de fato, não ocorria em face dos poderes concentrados naqueles órgãos, alicerçados na maior competência técnica de seus funcionários e no enorme volume de recursos que manipulavam no conjunto do setor público. Quanto aos recursos, cabe ressaltar que, à luz da Constituição aprovada em 1967, os recursos orçamentários das empresas estatais e autarquias que dispunham de receitas próprias suficientes para o seu funcionamento não integravam o orçamento da União. Dessa forma, os orçamentos desses órgãos eram aprovados por meio de atos administrativos do Poder Executivo, passando ao largo do debate político no Congresso Nacional, ainda que esse poder tivesse, nesse período, suas prerrogativas orçamentárias muito limitadas pela própria Constituição.

Os anos 1980 constituíram-se em um marco crítico para as transformações políticas, econômicas e sociais que se fazem sentir na atualidade brasileira neste início de século XXI, refletindo-se na estrutura e na dinâmica da administração pública.

Ao analisar os esforços de reforma administrativa no contexto latino-americano, Motta (1987:31-32) chama a atenção para o fato de que o papel do Estado na liderança do desenvolvimento econômico e social cumpre uma função condicionada por sua trajetória histórica:

> O Estado latino-americano possui ainda fortes reminiscências históricas de uma opção racional para a manutenção de valores e de sistemas tradicionais de poder. A burocracia pública veio sendo desenvolvida como um instrumento para atender aos interesses e às necessidades políticas de classes e grupos políticos preferenciais. Nas últimas décadas, devido às grandes pressões de novos segmentos sociais, o Estado, com suas estruturas burocráticas, teve um crescimento considerável através de opções de desenvolvimento que levaram a projetos públicos de grande escala. Pensava-se que a própria expansão do Estado seria suficiente para garantir maior equidade, tanto nas decisões distributivas como no acesso da comunidade aos órgãos da administração pública. A experiência histórica, no entanto, tem mostrado que a simples expansão das atividades do Estado tem servido menos ao propósito de alcançar maior equidade e eficácia na administração pública do que ao desenvolvimento de formas de inserção de novos grupos no sistema de clãs e grupos preferenciais vigentes. A expansão do Estado se fez sem alterar substancialmente as relações Estado/sociedade.

O quadro descrito pelo autor ajuda a compreender os desafios e os paradoxos associados com a preparação e o papel de gestores públicos, em qualquer nível, considerando os conhecimentos, competências técnicas e valores inerentes à prestação de serviços públicos.

Dois eventos causariam profundos impactos na prática da administração pública nos anos 1980: o fim do ciclo militar no domínio do cenário político brasileiro e, em seguida, a promulgação da Constituição de 1988. Com o fim do regime militar, certamente a maior implicação a ser ressaltada é a abertura de espaço para o fortalecimento da Federação, isto é, a devolução de poder político e administrativo aos governos estaduais e municipais, mediante a desconcentração do poder decisório e do controle de recursos que caracterizaram o regime militar desde seus anos iniciais. Já a Constituição de 1988 tem na devolução das prerrogativas do Poder Legislativo em relação ao orçamento público uma de suas críticas contribuições para o novo ambiente político e institucional do país.

Na perspectiva das mudanças que ocorriam no contexto brasileiro, os anos 1980 criavam um cenário que alteraria de forma contundente o ambiente no qual atuavam os gestores e profissionais na administração pública.

No âmbito internacional, os anos 1980 trouxeram à tona as então novas experiências de reformas na gestão pública das democracias anglo-americanas — Austrália, Canadá, Inglaterra, Nova Zelândia e Estados Unidos — por meio da adoção de conceitos associados com o movimento denominado *public choice* e com a perspectiva "gerencialista" (*managerialism*) nas reformas dos serviços públicos: "*In all cases, the strong effect of neo-liberalism over the past decade has driven the move toward expenditure stringency and the effort to make government to operate more like business*" (Campbell, 1998:169).

O quadro político e econômico no início dos anos 1990 reforçou as percepções de que o governo tinha de controlar o orçamento público. A expectativa para se voltar a ter crescimento na economia era de três a quatro anos, sendo muito duras as perspectivas nesse período. Não ter o ajuste era considerado ainda pior.

Tradicionalmente, o setor público respondeu aos novos desafios que lhe eram impostos recorrendo a "soluções" que, na verdade, aprofundavam ambiguidades e fragilidades: a) criando novos órgãos e novas regulamentações, instituindo as denominadas "administrações paralelas"; b) no tocante ao emprego de mão de obra, contornando a legislação, não raramente de forma grosseira, fazendo contratações que reforçavam a política de clientelismo e a pouca eficácia na prestação dos serviços públicos; e c) acomodando grupos sociais emergentes que procuravam abocanhar uma fatia sempre maior dos recursos públicos.

Segundo vários analistas, dos setores público e empresarial, tal situação estrutural convivia com quatro grandes problemas. Primeiro, uma crise fiscal que se caracterizava pelo esgotamento da capacidade do Estado de arrecadar recursos, pela dificuldade de transferir encargos administrativos da União para os outros entes da Federação, pela persistência do assistencialismo estatal, pela ausência de percepção do sentido de Federação e pelo recrudescimento do clientelismo. Segundo, as crescentes pressões por reformas globais e setoriais, que incidiam, basicamente, nas áreas de serviços, saúde, educação, segurança pública, regulamentação e seguridade social. Terceiro, a busca generalizada por modernização, não obstante a ambiguidade do significado do termo, que, por outro lado, ajudava a construir coalizões difusas. O quarto grande problema dizia respeito às questões institucionais, como os papéis dos poderes Legislativo e Executivo na definição da estrutura da administração pública e em suas modificações. Preponderavam, no entanto, medidas isoladas de caráter reformista.

Partindo-se da premissa de que o Estado continuaria a ter uma função fundamental no que se refere à regulamentação, à arbitragem e a ingerências nos campos social, econômico e político, sua modernização parecia ser um processo inexorável. As resistências a uma reforma administrativa mais profunda, majoritariamente percebida como novas estruturas e procedimentos, viam-na como de pouca probabilidade nos anos seguintes, ainda que considerada muito desejável, embora carregando toda uma ambiguidade. Em decorrência, deveria persistir a prática de se buscar soluções ad hoc para o enfrentamento de problemas administrativos que ameaçassem a governabilidade do país.

A reflexão sobre o que pensavam intelectuais e pessoas ligadas à economia, à prática da administração pública e à gestão empresarial sobre os prováveis cenários para o país, no início dos anos 1990, ajudava a clarificar os novos balizamentos para os esforços de reforma requeridos: a) o desempenho da economia fortemente atrelado a questões políticas; b) o quadro social fortemente ligado à questão econômica; c) o quadro político muito dependente de questões de atitudes e de valores; e d) a iniciativa privada dependente da revisão do papel do Estado. Ressaltava-se, pois, a enorme complexidade dessas inter-relações.

O advento do Plano Real, além de evidenciar as "facilidades" que o processo inflacionário propiciava para o fechamento das contas no setor público, contribuiu para fortalecimento do papel do Poder Executivo em relação ao Poder

Legislativo na dinâmica orçamentária do setor público. Mais ainda, ficaram mais visíveis as fragilidades da gestão pública, seja no nível mais central da ação governamental, seja no nível da atuação das organizações governamentais, responsáveis pela implementação das políticas públicas e pela provisão de serviços públicos à sociedade.

As influências dos movimentos de reforma da gestão pública

Nos anos 1990, a estrutura e os métodos de governança ganharam relevo em face das enormes dificuldades do poder público em lidar, numa perspectiva de longo prazo, com problemas mais complexos enfrentados pela sociedade.

Episódios relativos à conjuntura brasileira nos anos 2000, seja no controle do tráfego aéreo, seja nas enchentes da região serrana do Rio de Janeiro, refletem, à luz das percepções de Dror (1999) sobre os desafios à capacidade de governar, um tipo que denomina "beco sem saída" e ilustram a necessidade de se redesenhar a governança. O autor ressalta a questão ética como elemento essencial para a governança e propõe substituir a *raison d'État* pela *raison d'humanité*:

> A principal e mais importante mudança exigida na governância é torná-la mais moral, acima de tudo para atender constantemente a concepções mais elevadas da *raison d'humanité*! Essa é uma parte integrante da necessária evolução da humanidade.
>
> A menos que todos os níveis da governância adotem cada vez mais a *raison d'humanité* como critério de decisão e meta principal, haverá dissonância crescente entre as exigências humanas de prosperar, enquanto os perigos aumentam e as oportunidades são perdidas [Dror, 1999:176].

As iniciativas e experiências de reforma da gestão pública no Brasil nos últimos 20 anos refletem a repetição de estratégias similares utilizadas em diferentes contextos, explorando tentativas de alcançar maior produtividade, utilizar mecanismos de mercado, focar nos "clientes" e promover a descentralização decisória e operacional. Revela-se, assim, uma fortíssima fonte de influências para a incorporação de práticas de gestão empresarial no setor público.

Para além das discussões sobre a pertinência ou não de se adotar soluções de gestão empresarial no setor público, fica claro que se considera que os próprios movimentos em prol de reformas na gestão pública, desde suas origens, têm sido objeto de controvérsias, e novos pontos de inflexão em suas trajetórias recentes são observáveis. Gregory (1995), ao se referir à emblemática experiência da Nova Zelândia, chama a atenção para o fato de os novos modelos encorajarem todas as agências governamentais a tratar suas tarefas como possíveis "unidades de produção". Wilson (1989) indica que as condições operacionais das agências variam bastante dentro do governo e que qualquer tentativa de se utilizar um só tipo de orientação para todos os serviços públicos tenderia ao erro.

Quanto aos novos pontos de inflexão, que na literatura internacional são referidos como *soft new public management* ou *responsive government*, estes expressam uma reorientação dos movimentos de reforma e reforçam as especificidades da gestão no setor público. Essa reorientação tem na descrença quanto ao papel dos mercados nos serviços públicos e na ênfase do desenvolvimento da aprendizagem social fortes bases de sustentação (Ferlie, Ashburner e Fitzgerald, 1999). O paradigma da eficiência — obter mais por menos — nas origens da "nova gestão pública" (NGP) já vinha sendo posto em causa, ao mesmo tempo em que se incorporava a ótica do "cliente" aos serviços públicos (Richards, 1994). Diferentemente da relação provedor-cliente, própria do contexto empresarial (Metcalfe, 1993), o novo desafio é buscar uma definição mais abrangente de "cliente", que incorpore o conceito de cidadania, mais voltado para o macro, numa visão mais coletiva e menos individualizada nas relações entre as organizações governamentais e seus públicos.

No final dos anos 1990 e início da década de 2000, várias contribuições acadêmicas apontaram para o aprendizado extraído das experiências com reformas da gestão pública e ressaltaram novos elementos essenciais à sua vitalidade.[3] Entre os aspectos essenciais constantes dessas contribuições cabe ressaltar o seguinte: as estratégias de reforma da gestão pública devem se enquadrar

---

[3] Ver Hood (1998), Frederickson e Johnston (1999), Kettl (2000a e 2000b), Ferlie, Lynn Jr. e Pollitt (2005) e Fukuyama (2004).

no sistema de governança da nação e ter o suporte do sistema político para que sejam bem-sucedidas (Kettl, 2000a e 2000b). Nessa ótica, reformas de gestão pública têm a ver com política e com administração. Fukuyama (2004) salienta que a construção de Estados implica a criação de novas instituições e o fortalecimento das existentes. Para esse autor, as principais fontes de ambiguidades na administração pública são as formas pelas quais as organizações fixam seus objetivos e metas, o comportamento dos agentes (abordagens alternativas ao controle) e o nível de discrição a delegar.

Para ilustrar a própria experiência brasileira quanto aos desafios das reformas de gestão pública, são feitas, a seguir, referências ao Brasil em Ação (BA),[4] denominação do plano de governo referente ao primeiro mandato do presidente Fernando Henrique Cardoso.

O BA compreendia um conjunto de 42 projetos nas áreas de infraestrutura (rodovias, instalações portuárias, sistemas de transporte hidroviário, linhas de transmissão elétrica e um gasoduto internacional) e social (saúde, educação, habitação e saneamento). Esses projetos foram apresentados como prioridades do presidente e representavam o compromisso de seu governo com o desenvolvimento econômico e social do país. A par do significado político, o BA representava também uma profunda mudança, baseada na qual o governo viria a planejar e implementar a gestão de grandes projetos desenvolvimentistas no âmbito do setor público. Nessa perspectiva, as mudanças estavam centradas na adoção de novos sistemas de gestão, fortemente inspirados nos princípios da gestão de projetos.

Assim, ficou decidido que, para cada projeto, seriam especificados objetivos, prazos de execução e estimativas de custos. Cada projeto teria um gestor específico, responsável por sua implementação. O exercício dessa responsabilidade implicava a adoção de uma atitude antecipatória, visando a eliminação dos problemas e obstáculos que surgissem e viessem a se constituir em ameaças à implementação do respectivo projeto. Ficou decidido também que os

---

[4] Um estudo sobre a experiência foi conduzido por Barzelay em 2005 sob os auspícios do Institute for Complex Strategic Studies (ICSS), de Moscou. A marca Brasil em Ação foi a denominação política para o Plano Plurianual (PPA) vigente no período 1996-1999, em conformidade com disposto na Constituição brasileira de 1988.

gestores dos projetos deveriam estar situados nos ministérios setoriais ou nas empresas estatais responsáveis pelos projetos. A ideia era, então, evitar a centralização dos projetos no núcleo do governo para prevenir potenciais conflitos, por exemplo, entre o Ministério do Planejamento e os ministérios setoriais. Considere-se também que não havia capacidade instalada no centro do governo para promover a gestão de um número tão grande de complexos projetos ao mesmo tempo.

A modelagem realizada para o Brasil em Ação incluiu também a implantação de um "sistema integrado de informação gerencial em tempo real", cuja função organizacional seria a de compensar a falta de relação hierárquica formal entre o Ministério do Planejamento e os gestores dos projetos, com vistas ao exercício de um controle mais centralizado sobre a implementação dos projetos. O ministro do Planejamento buscava disseminar a ideia de que os gestores dos projetos eram responsáveis pelos resultados e que os projetos estariam a salvo de cortes orçamentários. Embora o Ministério do Planejamento reconhecesse que os gestores não tinham autoridade formal suficiente para serem responsáveis pelos projetos, as recomendações a eles repassadas eram as de que não se preocupassem com os recursos financeiros, que não usassem o tempo em contatos políticos e se concentrassem nos projetos, reduzindo custos e elevando metas.

Não obstante esse esforço para desenvolver a modelagem típica da gestão empresarial de projetos, o calcanhar de aquiles da implementação do Brasil em Ação, tal como denominado por Barzelay e Shvets (2005) em seu relato do episódio, era assegurar a disponibilidade dos recursos necessários aos projetos dentro da dinâmica orçamentária do governo federal. Apesar da importância e da prioridade atribuídas pelo centro do governo aos projetos constantes do BA, isso não bastava para se ter certeza de que os recursos estariam a salvo das contendas políticas ou burocráticas típicas do setor público. A execução do orçamento federal era uma ação partilhada entre os ministérios do Planejamento e da Fazenda, por meio da formulação de uma programação de alocações e do crédito mensal dos montantes nas contas dos ministérios setoriais, o que poderia ser fortemente influenciado por diferentes fatores associados às conjunturas econômica e financeira da ação governamental.

Ainda que o ministro do Planejamento e o secretário do Tesouro Nacional estivessem perfeitamente alinhados com as prioridades do BA, tal como procuravam transmitir em aparições públicas em diferentes ocasiões, eram muitas as potenciais turbulências para se garantir que os recursos orçamentários seriam empregados como originariamente definido. Um tipo de ação oportunista que os ministérios setoriais executavam em relação aos recursos que lhes eram colocados à disposição, denominada "política de prioridades invertidas", consistia em utilizar os fundos liberados para gastar em tudo, exceto em projetos do Brasil em Ação. Então, diretamente ou via presidência, os ministérios podiam pressionar para que fossem liberados mais recursoso, de modo a que os projetos do Brasil em Ação não fossem interrompidos.

Como era de se esperar, o ministro do Planejamento e outras autoridades centrais do governo responsáveis pela execução do Brasil em Ação trataram de buscar soluções para esse e outros tipos de desafios que foram surgindo para comprometer a implementação dos projetos. Essas soluções tinham de observar os seus custos políticos, o tempo que consumiam e, inexoravelmente, as normas legais. Uma tarefa longe de ser trivial. Por exemplo, a solução para o problema das "prioridades invertidas" surgiu somente seis meses após o problema ser detectado, exigindo muita articulação entre o Ministério do Planejamento e o Tesouro Nacional.

Em suas conclusões sobre o caso Brasil em Ação, Barzelay e Shvets (2005) ressaltam que um importante domínio empírico da segunda geração de reformas da gestão pública são as mudanças nas políticas de gestão pública e as mudanças associadas nas agências centrais de coordenação da ação governamental. Segundo eles, mudanças desse tipo envolvem alterações nas regras institucionais e bases legais mais amplas que prescrevam, permitam ou proíbam estruturas e sistemas administrativos. Indicam ainda que a experiência do Brasil em Ação se enquadra nesse mesmo domínio empírico da segunda geração de reformas, como um tipo de intervenção pontual que busca criar capacidade estatal, ainda que numa restrita área de influência.

A menção ao episódio do BA tem aqui o propósito tão somente o de ilustrar evidências empíricas, no contexto brasileiro, nos anos recentes, que reforçam a argumentação de Kraemer e Perry (1982), que chamam a atenção para o fato de que, até certo ponto, há um conjunto de funções gerais em gestão que são comuns à gestão pública e à gestão empresarial. É o que está resumido, por exemplo, na contribuição de Gulick com o acrônimo Posdcorb e outros do mesmo gênero. Os autores advertem, entretanto, que, não obstante os mesmos rótulos, essas funções assumem diferentes significados nas organizações empresariais e nas organizações do setor público. É isso exatamente o que se observa no caso do Brasil em Ação, como evidenciado, ainda que muito sumariamente, pelas referências feitas aqui ao episódio.

Reforma orçamentária e a política de gestão pública

Na seção anterior chamou-se a atenção para os efeitos da ausência de uma adequada política de gestão pública sobre a capacidade do governo de dar respostas socialmente desejáveis aos desafios que se apresentam ao Estado e à governança na atualidade e nos anos vindouros.

O propósito desta seção é aprofundar essa ideia, bem como explorar o sentido das reformas no processo orçamentário, levando-se em consideração as relações do orçamento com os demais componentes da política de gestão pública.

Gestão pública como política pública

Em que medida as questões referentes à gestão pública têm constado da agenda de políticas públicas dos diferentes governos brasileiros nos últimos 30 anos? Aparentemente, a resposta a essa indagação não oferece maiores desafios. Parece mais importante compreender o entorno maior que envolve a questão, de forma a se fazer as devidas inferências para futuras ações voltadas para reformas orçamentárias no país.

Considerando-se o ambiente internacional, até os anos 1970 os debates e as proposições de ações concretas sobre políticas no âmbito governamental centravam-se em questões substantivas, como desenvolvimento econômico, segurança pública, saúde e seguridade social, para exemplificar. Em síntese, como afirma Barzelay (2001, tradução do autor), "a gestão pública era geralmente considerada um processo por meio do qual as políticas eram formuladas, os recursos alocados e as ações implementadas, mais do que uma área de política pública em si mesma".

Como ressaltado na literatura sobre o *new public management* (NPM),[5] as dificuldades de desempenho econômico nos anos 1970 abriram espaço para que se desse mais atenção à gestão pública como área de política pública. As mudanças nesse sentido tiveram como experiência emblemática a administração Margaret Thatcher, que carreou a atenção do governo para problemas referentes a tamanho, cultura, custos e operações da máquina pública. As novas ideias, como uma "revolução global na gestão pública" (Kettl, 2000b) alastraram-se para outros países — Austrália, Nova Zelândia e Suécia — na década seguinte, incluindo a atenção especial por parte da OCDE e dos EUA, nos anos 1990, durante a administração Clinton (*National Peformance Review*).

Assim, por essa ótica, prevalece a ideia de que uma política de gestão pública, em boa medida, depende da criação de condições favoráveis à implementação de ações nas áreas substantivas de governo e do alcance de resultados socialmente desejáveis. A política de gestão pública diz respeito às regras institucionais e às práticas de caráter administrativo que vão influenciar, transversalmente, todo o setor público no desempenho de funções essenciais, seja no provimento de segurança do tráfego aéreo, seja no serviço de atendimento de um hospital público, e inclui, na visão dos especialistas em administração pública (Barzelay, 2001): planejamento e gestão do orçamento e das finanças; gestão dos recursos humanos; organização e métodos de trabalho; modos de aquisição de bens e serviços do mercado fornecedor; e o caráter e as práticas de auditoria e avaliação do desempenho das organizações governamentais.

Como uma das fontes de inspiração conceitual para se pensar as necessárias reformas orçamentárias no contexto brasileiro, importa compreender a estrutura da literatura sobre a NPM. Para isso, novamente recorro aqui aos esforços de sistematização do assunto de Barzelay (2001).[6] Segundo o autor, as

---

[5] Ver Aucoin (1990 e 1995), Barzelay (1992 e 2001), Ferlie, Ashburner e Fitzgerald (1999), Hood (1991 e 1994).

[6] Tive a oportunidade de, por diversas vezes, discutir o assunto diretamente com o referido autor durante várias de suas visitas ao Brasil a partir de 2002.

contribuições sobre conceitos, métodos e práticas associados à NPM têm provindo de especialistas nas áreas da administração pública, da contabilidade, da gestão, da economia e das políticas públicas. Cada uma dessas áreas, naturalmente, focaliza a NPM por óticas específicas.

Analisando as experiências emblemáticas de mudanças nas políticas de gestão pública em diferentes países — Austrália, Inglaterra, EUA, Canadá, Alemanha, Suécia, Nova Zelândia —, Barzelay (2001:11) ressalta que essa análise empírica indica que, de maneira geral, as mudanças nas políticas de gestão pública podem ser atribuídas aos efeitos combinados de certas mudanças:

* aceitação da ideia de que as organizações governamentais são ineficientes;
* unificação do domínio da política de gestão pública, com regras institucionais afetando dinheiro, pessoas e procedimentos vistos como componentes de um sistema a ser influenciado por meio de uma política de gestão pública; e
* alargamento da jurisdição dos órgãos centrais relacionados ao orçamento, para incluir responsabilidades significativas sobre a política de gestão pública como um todo.

Dois de seus argumentos parecem ser de especial importância para se pensar sobre reformas no processo orçamentário. Primeiro, o de que as mudanças a que se refere foram muito influenciadas por uma combinação de outros fatores, como oscilações (ou reversões) na política econômica, presença de argumentos baseados nos pressupostos das escolas denominadas *public choice, managerialism*, e fatores "institucionais" — parlamentarismo, presidencialismo, sistemas de partido único. O autor ressalta a função sensibilizadora que esses fatores causais — a imagem de ineficiência nos serviços públicos e o domínio conceitual mais abrangente — exercem na formulação da política de gestão pública. O segundo argumento refere-se ao papel potencial que os órgãos centrais de orçamento podem ter como base institucional para se empreender as inovações na política de gestão pública.

Tal argumentação reforça a ideia de que a abordagem pela ótica da política de gestão pública parece oferecer uma promissora linha de análise para se promover mudanças práticas no processo orçamentário. Nesse sentido, infere-se, por exemplo, que a adoção de um regime orçamentário que explicite produtos e resultados, como opção de política de gestão pública, não terá a necessária sustentação caso os demais componentes da política de gestão pública — gestão financeira, administração da força de trabalho, organização e métodos de trabalho, aquisição de bens e serviços, auditoria e avaliação — não estejam em congruência com essa proposição. Individualmente e em conjunto, os demais componentes da política de gestão pública podem se constituir num propulsor ou numa âncora para a viabilização de um orçamento orientado por produtos e resultados.

Na experiência acumulada no contexto brasileiro, a discussão e a implementação de decisões sobre esses componentes da gestão pública têm se dado de forma fragmentada no tempo e no espaço, gerando diferentes tipos de perdas, decorrentes da discrepância entre as intenções e o que é realmente alcançado: perdas de eficiência, de eficácia, de efetividade, de imagem, de prestígio e de suporte social.

Ainda que seja possível observar tímidas tentativas de se buscar alguma congruência entre os vários componentes de uma política de gestão pública, os esforços contabilizados até o momento na experiência brasileira estão muito aquém do que seria minimamente desejável.

As novas ideias no campo da gestão pública associadas a movimentos de reforma, como a NPM, caracterizam-se por uma orientação multidisciplinar. Assim, a formulação e a avaliação de uma política de gestão pública são influenciadas pelos pressupostos teóricos que orientam a análise. Ainda que eu não tenha aqui o propósito de alargar uma discussão mais teórica sobre as bases da NPM, considera-se essa questão de grande importância para a compreensão dos desafios que se apresentam para o empreendimento de reformas no processo orçamentário. Um dos exemplos que melhor ilustram a questão é o emblemático caso das reformas de gestão pública da Nova Zelândia, sobretudo no que diz respeito à ênfase em assegurar a *accountability* pelos "produtos" a serem entregues pelos serviços públicos à sociedade.

O estudo de Schick (1996) sobre esse caso bem serve aos nossos propósitos. Como indica Barzelay (2001:134), segundo Schick, assegurar a *accountability* pelos produtos deveria ser balanceado com um processo de gestão orientado para o alcance de resultados por meio de políticas públicas:

Management accounting and control is a basis for Schick's criticism of New
Zealand's government-wide routines for budgeting. One key criticism is that
New Zealand's government departments have not develop adequate costing
systems. Arraying information on planned expenditures by outputs is one
matter; it is quite another to know what resources need to be consumed in
the process of creating products. Schick argues that a "resourcing system" that
includes budgeting information arrayed by output but that excludes good cost
information is defective: in such a case, ministers and central agencies make
resource decisions on a week analytic basis. Although Schick does not discuss the
design of costing systems in detail, he does indicate that MAC (management and
control systems) is a source of ideas about how to do so [Barzelay, 2001:146-147].

Quando se considera, por exemplo, o ponto de vista de Gregory (1995) sobre o mesmo caso da Nova Zelândia, constata-se uma divergência com a teoria
implícita de Schick sobre a política de gestão pública. Gregory põe em causa
que o foco em "produtos" seja pertinente para a maioria dos programas governamentais. Nessa mesma linha de comparação de diferentes bases teóricas
para a formulação e a avaliação da política de gestão pública, pode-se mencionar as divergências entre o pensamento de Schick e o de Aucoin (1990 e 1995)
sobre o caso da Nova Zelândia, na medida em que Schick refuta, por exemplo,
a "nova economia institucional" como fundamento crítico para as reformas da
gestão pública.

Para além dessas divergências teórico-conceituais, uma visão mais prag-
mática indica que buscar a síntese entre os diferentes paradigmas parece constituir o caminho mais promissor para se identificar as possibilidades de se
projetar reformas orçamentárias no contexto brasileiro num quadro de transformação mais ampla da política de gestão pública.

Não obstante, o reconhecimento desses distintos paradigmas como fontes
de inspiração para a reinvenção do orçamento público sinaliza para a importância dos arranjos a serem adotados a fim de empreender as reformas. Dependendo dos atores e das estruturas adotadas, dentro e fora da administração
pública, para pensar e implementar as reformas, o teor das mudanças pode ser
influenciado em diferentes direções. Essa questão é reforçada pela argumenta-

ção de Kettl ao analisar o que denomina "paradoxos da reforma da gestão pública" no contexto norte-americano. Segundo ele, a gestão do governo federal nunca foi tão importante, mas "o capital intelectual para definir a agenda sobre a gestão é muito baixo" (Kettl, 2008:8, tradução do autor). Na opinião de Kettl, essa fragilidade deriva não só da omissão dos políticos candidatos, que não incluem propostas sobre gestão desde o início de suas campanhas, mas também da falta de capacidade, no âmbito do setor público, para se pensar novas ideias sobre reformas da gestão pública.

Diferentes níveis e atores para as reformas da gestão pública

As recentes iniciativas no âmbito do governo federal para discutir reformas no processo orçamentário, sobretudo a partir de 2007, têm evidenciado um dos grandes obstáculos ao prosseguimento dessas iniciativas: a definição do escopo das reformas.

Ao se considerar a experiência internacional constata-se que as reformas de gestão pública — e também as reformas orçamentárias — ocorrem em diferentes níveis de decisão e ação governamental, os quais afetam o seu escopo, conforme sintetizado na figura abaixo:

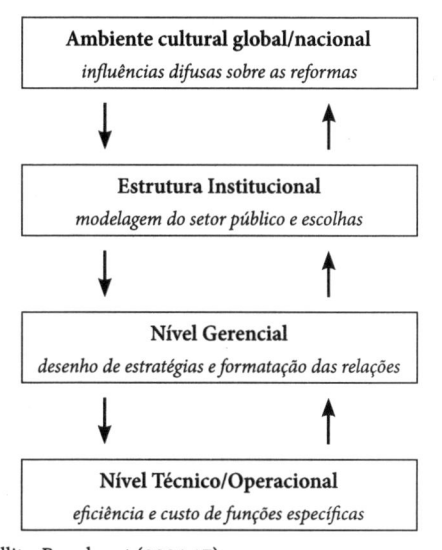

Fonte: Adaptado de Pollit e Bouckaert (2004:17).

Ao oferecerem esse quadro de referência, Pollit e Bouckaert (2004:17, tradução do autor) indicam que o nível do ambiente cultural usualmente não é um objetivo das reformas, mas que, "ocasionalmente os reformadores oferecem amplos argumentos sobre como vão transformar a cultura". No nível institucional, definem-se questões como o grau de centralização/descentralização no setor público. No nível gerencial, ganham destaque questões relativas às relações interorganizacionais e intraorganizacionais na administração pública. Por último, no nível técnico/operacional, sobressaem questões associadas com o desempenho de funções específicas, como o seu grau de complexidade, os ciclos de longo e curto prazos e o grau de padronização de tarefas.

No caso brasileiro, esse quadro de referência pode ajudar a esclarecer as prioridades dos objetivos de reforma nos diferentes níveis de complexidade, bem como as relações entre esses níveis, na medida em que as setas significam, não uma hierarquia, mas a interação entre os níveis.

Quanto aos atores que dão sustentação às reformas da gestão pública, a experiência internacional evidencia alguns elementos que podem servir de subsídios para se considerar o caso brasileiro (Pollit e Bouckaert, 2004:19-20):

- os próprios servidores públicos, em vários e bem distintos contextos — Nova Zelândia, Finlândia e França —, têm constituído uma das principais (em certos casos, a principal) forças condutoras de reformas na gestão pública;
- além dos políticos, três grupos de "forças externas" têm se notabilizado como atores nos processos de reformas: consultores na área de gestão, *think tanks* independentes e acadêmicos;
- nos EUA, Austrália e Inglaterra (neste caso, diferentemente do que ocorreu nas reformas realizadas nos anos 1960 e 1970, quando prevaleceu o uso de recursos internos à administração pública), tem sido amplo o uso de consultorias de gestão, incluindo as grandes empresas do ramo;
- nos EUA, desde a administração Reagan, usou-se em larga escala o aconselhamento do setor empresarial nos esforços de reforma da gestão pública;
- na Inglaterra, Alemanha e EUA, constata-se significativa influência de *think tanks* políticos na formulação de propostas de reforma da gestão pública;

- as contribuições de acadêmicos para as reformas têm-se operacionalizado por meio dos *think tanks*, de contratações diretas de instituições governamentais, e de assessoria a instituições como a Comissão Europeia e a OCDE;

- outras instituições, como o Banco Mundial, o Fundo Monetário Internacional e o Commonwealth Institute, também têm sido fontes de disseminação de ideias e de propostas de reformas.

Esse breve repasse sobre os atores envolvidos e a consideração dos diferentes níveis em que ocorrem as reformas (ver esquema gráfico) podem ajudar a ampliar a compreensão sobre os diferentes fatores que influenciam o escopo e a implementação de mudanças voltadas para a reforma da gestão pública. Dependendo dos atores envolvidos e dos níveis em que as reformas são discutidas e implementadas, as mudanças podem se dar sob a inspiração mais abrangente de uma política de gestão pública ou constituir iniciativas isoladas de organizações e instituições, que, por mais pertinentes que sejam, dificilmente terão a força, a congruência e a sustentação requeridas para lhes dar continuidade.

Até este ponto, a análise se concentrou na relação entre reformas orçamentárias e de gestão pública, esta vista como política pública. Para concluir, considera-se pertinente explorar o próprio significado da expressão "reformas orçamentárias".

Reinterpretando o sentido das reformas orçamentárias

Seguramente, nenhuma outra área da gestão pública foi objeto de tantas tentativas de reforma, no tempo e no espaço, como o orçamento público. As reformas têm sido direcionadas para as diferentes (quanto à natureza) fases da dinâmica orçamentária governamental — as decisões orçamentárias, sua implementação e seu controle. As reformas têm contemplado, além disso, os níveis macro e micro da ação governamental, baseando-se, assim, em várias áreas disciplinares e em distintos pressupostos teórico-conceituais.

Tendo em conta as influências que o movimento da *new public management* (NPM) tem exercido mais amplamente nas reformas de gestão pública, conforme já comentado, cabe ressaltar que muitas das tentativas de reformas orçamentárias nas últimas três décadas têm a NPM como inspiração básica, mas nem todas. As reformas na linha do "orçamento por produtos", por exemplo, têm raízes em movimentos anteriores à NPM: *"Countries can adopt performance budgeting without any of the managerialist ideology or public choice philosophy that accompanies NPM"* (Rubin e Kelly, 2005:564).

Ao se contemplar a trajetória das tentativas de reforma orçamentária desde o século XX, muitos estudiosos do tema oferecem uma visão preponderantemente negativa quanto aos efeitos práticos alcançados. Na ótica de Larkey e Devereaux (1999:167), essa trajetória pode ser compreendida classificando-se as reformas em cinco categorias:

- esforços de racionalização: mais análise e *reasoning*;
- adoção de normas *ad hoc,* como equilíbrio orçamentário;
- democratização: como maior transparência orçamentária para a sociedade;
- relações de poder: papéis do Legislativo e do Executivo no orçamento; e
- controle: auditoria, limites da carga tributária e das despesas, e outras medidas para impor condicionamentos ao processo decisório orçamentário.

Segundo Larkey e Devereaux (1999:166), as tentativas passadas e as atuais propostas de reforma orçamentária falham porque não conseguem alterar os incentivos subjacentes que condicionam os comportamentos dos principais atores: políticos, funcionários públicos e cidadãos. A sustentação dessa visão está fortemente contemplada, por exemplo, na conhecida contribuição de Wildavsky (1974).

A argumentação acima serve, assim, como provocação para a busca de novas maneiras de empreender reformas orçamentárias por uma ótica evolucionária, isto é, não se trata de efetuar rupturas drásticas com as diferentes tentativas acumuladas no tempo, mas de identificar novos aportes e calibragens a partir de evidências empíricas: por que as reformas que se preocupam em focar mais nos produtos e resultados a serem alcançados por meio da gestão orçamentária são subvertidas pela recalcitrante prevalência da preocupação com os meios (*inputs*) na dinâmica orçamentária do setor público?

Nessa perspectiva, a ideia de reforma se afastaria do "simples" advento de boas ideias sobre gestão orçamentária, levando-se em consideração qualquer das categorias extraídas do trabalho de Larkey e Devereaux (1999). Tais ideias, como observado historicamente, não têm bastado para garantir novos padrões de decisão e ação orçamentária na prática da gestão pública. Por mais inovadoras e pertinentes que sejam, as "boas ideias" — como orçamento por produtos e resultados, informação sobre custos, descentralização fiscal etc. — são anuladas pelo que acontece no dia a dia da gestão pública, nas diferentes esferas da ação governamental (ver esquema acima).

A reforma do processo orçamentário estaria direcionada, assim, para o alcance do que se poderia denominar "inteligência orçamentária sustentada" no setor público. Para o desenvolvimento desse conceito, o foco do orçamento como componente da política de gestão pública torna-se fundamental para inspirar o sentido das reformas.

A reinvenção do orçamento como alavanca para as reformas na gestão pública: um breve repasse na experiência internacional e nas questões associadas ao contexto brasileiro

Nesta seção, objetiva-se indicar, preliminarmente, mediante referências à experiência internacional e ao contexto brasileiro, alguns elementos que reforçam o potencial do processo orçamentário como alavanca para as reformas da gestão pública indispensáveis à sustentação do papel do Estado como indutor do desenvolvimento econômico e social.

Considerando o contexto internacional

Uma interessante abordagem dos caminhos para as reformas orçamentárias na perspectiva internacional é considerar quatro trilhas (Rubin e Kelly, 2005), a seguir sintetizadas.

O FOCO EM PRODUTOS E RESULTADOS

Na sequência das tentativas de reforma orçamentária após a II Guerra Mundial, a incorporação à dinâmica e à estrutura dos orçamentos das coisas que as organizações governamentais entregam à sociedade (os produtos) e dos impactos desses produtos na sociedade (os resultados), a partir dos anos 1990, constitui uma das trilhas para a reinvenção do orçamento público.

Na dinâmica orçamentária, o foco em resultados repercute a "gestão para resultados" como um dos conceitos básicos sobre a doutrina administrativa e o estilo de organização para uma reforma mais ampla da gestão pública. Entre os desafios que se apresentam nessa perspectiva cabe mencionar as interdependências na gestão pública e a capacidade de se projetar resultados em diferentes horizontes temporais (curto e longo prazos). A implementação de reformas orçamentárias nessa trilha implica também lidar com as seguintes indagações: como reforçar a *accountability* por resultados? Como reforçar a relação entre desempenho individual e a missão e os objetivos das organizações governamentais? Como construir acordos sobre o desempenho envolvendo a liderança política, os gestores de topo e de linha, e os profissionais da administração pública? Que práticas de gestão reforçam o compromisso e o alcance de resultados?

A literatura que analisa a experiência internacional com as tentativas mais recentes de redirecionar as decisões orçamentárias e sua implementação[7] alinha outros fatores associados com tais tentativas, como: a) a publicação de padrões de desempenho para a prestação de serviços públicos; b) a celebração de acordos sobre desempenho para reforçar a *accountability* pública; c) o uso de informações sobre desempenho pelo Poder Legislativo; e d) o reforço da autoridade dos gestores sobre as despesas como incentivo ao alcance de resultados.

A busca por maior flexibilidade na utilização dos recursos postos à disposição das organizações incluiu a simplificação e a devolução da capacidade de gestão dos recursos humanos. Ressalta-se, entretanto, que a confusão entre "devolução" de autoridade e "descentralização" tem levado à ineficiência em diferentes tipos de organizações. Nos esforços nessa direção observam-se também investimentos em sistemas de informação e qualificação de pessoal, em todos os níveis de gestão.

---

[7] Ver OECD (1995 e 1997), Schick (2007), Scheers, Sterck e Bouckaert (2005).

DESCENTRALIZAÇÃO FISCAL, EQUILÍBRIO ORÇAMENTÁRIO E REFORMAS CONTÁBEIS

Para além do foco em produtos e resultados no processo orçamentário, as reformas orçamentárias no ambiente internacional vêm ocorrendo, preponderantemente, em três outras trilhas: descentralização fiscal, equilíbrio orçamentário e reformas contábeis.

A descentralização fiscal tem enfrentado como principais obstáculos a fragilidade de gestão e a baixa capacidade tributária nos níveis mais descentralizados da ação governamental, além de problemas de equalização entre as diferentes jurisdições.

A busca pelo equilíbrio orçamentário, reforçada dramaticamente na atualidade em função dos desdobramentos da crise de 2008, vem ocorrendo por meio de cortes de gastos, da priorização de despesas, de normas legais (ver o caso da Lei de Responsabilidade Fiscal brasileira) e ainda de reformas tributárias. Naturalmente, esses mecanismos não são excludentes e seu balanceamento para a sustentação do equilíbrio orçamentário reflete diferentes contextos econômicos, políticos, sociais e culturais.

A quarta trilha para as reformas orçamentárias tem a ver com o aperfeiçoamento dos sistemas de contabilidade do setor público.[8] Nessa linha de reformas, a adoção de sistemas de informação de custos ganha destaque no âmbito de uma discussão mais ampla sobre a calibragem entre a prática orçamentária centrada na "base do caixa" e a mais centrada na "base competência" (*accrual*). O trânsito para a contabilidade de competência (*accrual accounting*), ou até mesmo para o orçamento de competência (*accrual budgeting*) terá de lidar, segundo Schick (2007) com pelo menos três questões essenciais: como garantir que as informações na base *accrual* favoreçam a compreensão, pela sociedade e no âmbito do poder público, das decisões e do desempenho das organizações governamentais? Como o trânsito para a base *accrual* pode interferir nas relações de poder entre o nível político e o nível técnico nas organizações governamentais? Como evitar que eventuais manipulações associadas com o regime de caixa sejam substituídas por manipulações mais complexas, associadas com o regime *accrual*?

---

[8] Ver Rezende, Cunha e Otero (2010); e Machado e Holanda (2010).

A experiência internacional (Rezende; Cunha; Otero, 2010) tem evidenciado diferentes motivações para a adoção de sistemas de custos: eficiência na gestão pública mediante competição e métodos privados de gestão (Reino Unido, Austrália e Nova Zelândia); avaliação de riscos fiscais de longo prazo (EUA); eficiência do Estado e melhoria da qualidade do gasto (Países Baixos, Canadá); controle interno e externo do Estado (França).

Na perspectiva mais operacional das organizações governamentais, a disponibilização e utilização de informações sobre custos tem implicado ampliar o poder discricionário dos gestores. Em decorrência disso, não só se tem observado o aumento da complexidade da gestão orçamentária e financeira, como também tem sido reportada a possibilidade de atingir maior eficiência no uso dos recursos disponíveis e ainda de evitar que os gestores considerem as reformas uma "tecnicalidade" que não vale o esforço nelas despendido. Quanto às orientações para reformas na contabilidade, segundo Schick (2007) é possível distinguir dois caminhos adotados: a pretensão de que a informação *accrual* substitua a contabilidade e o orçamento baseado no caixa; ou, por outra ótica, a ideia de que a informação *accrual* complementa ou enriquece os atuais sistemas baseados no caixa.

Qualquer tentativa de se fazer uma avaliação mais rigorosa da experiência internacional com as reformas da contabilidade deve incluir a seguinte questão de fundo: os aperfeiçoamentos nos sistemas de contabilidade do setor público têm proporcionado melhorias significativas na transparência, no aumento da *accountability* pública e na eficiência da alocação de recursos?

Da literatura já referenciada nesta seção, pode-se extrair, em síntese, os seguintes elementos sobre a experiência internacional no tocante às reformas orçamentárias, sobretudo nas últimas duas décadas:

- há mudanças em andamento e muita adaptação;
- constata-se um amplo processo de aprendizagem entre países, com diferentes interpretações;
- maior grau de *accountability* pública por produtos e resultados implica maior descentralização do controle sobre meios;
- a questão da flexibilidade tem sido considerada essencial: flexibilidade para quem? Em que nível de decisão? Como promover uma adequada ca-

libragem (equilíbrio?) de poder entre o nível político de decisão e a burocracia pública?

- as reformas orçamentárias têm sido mais intensas e radicais em países onde o controle das despesas é centralizado em fortes órgãos centrais;
- a análise comparada de reformas orçamentárias enfrenta os seguintes obstáculos: o volume e a qualidade da informação disponível é muito variável; a maior parte dos insucessos é desprezada pelos estudiosos; e a relação entre as reformas — sucessos e fracassos — e os diferentes contextos em que ocorrem não é esclarecida;
- até o momento, poucos países apostaram na concessão de maior discricionariedade aos gestores para fazerem uso da informação *accrual*;
- as relações entre as informações de custos e a compreensão sobre as decisões e o desempenho das organizações governamentais requerem análise no âmbito organizacional, no sistema político e na sociedade;
- o trânsito para a base de competência na contabilidade e no orçamento modifica as relações de poder entre o nível político e o nível técnico no setor público.

Considerando o contexto brasileiro

No início dos anos 2000, a gestão pública brasileira foi marcada pelo advento da Lei de Responsabilidade Fiscal (Lei nº 101, de 4/5/2000), que estabeleceu limites para as despesas com pessoal, restrições ao endividamento público e metas fiscais para o controle de receitas e despesas, entre outros elementos, para todos os poderes da República e para todos os níveis de governo da Federação brasileira.

A celebração dos 10 anos de vigência da LRF estimula a consideração de duas classes de questões. Primeira, o significado e os desafios que se apresentam à LRF como instrumento de gestão do setor público, a partir de seu propósito original de instituir um novo padrão de gestão fiscal de curto, médio e longo prazos. É preciso reconhecer que a LRF "mudou a cultura fiscal do país e significa mais do que apenas aplicar as regras de uma lei" (Afonso, 2010:17). Da mesma forma, outros observadores e especialistas concordam quanto aos benefícios que derivaram da lei e quanto à necessidade de dar continuidade ao processo de mudanças associadas às motivações originais, tendo em vista o alcance e as implicações da lei.

A segunda classe de questões refere-se ao amplo alcance da LRF no processo orçamentário, ressaltando o enorme potencial do orçamento público como alavanca para a transformação qualitativa da gestão pública. Este capítulo concentra-se nessa segunda classe de questões.

A utilização do orçamento público como alavanca para a transformação qualitativa da gestão pública parece ir ao encontro da percepção crescente na sociedade brasileira de que os recursos que lhe são extraídos por meio dos impostos — federais, estaduais e municipais — não são devolvidos sob a forma de serviços públicos que correspondam às expectativas em áreas críticas como justiça, saúde, educação, segurança pública e proteção social. Não obstante, a carga tributária continuou crescendo ao longo dos anos 2000. Além disso, cabe ressaltar a deterioração da qualidade do sistema tributário brasileiro, decorrente do crescente peso dos impostos cumulativos na composição da receita.[9]

O orçamento público tem importância crítica para ampliar a conscientização e o exercício da cidadania em relação às diferentes faces do problema fiscal no país, que envolvem não só a tributação e o gasto público, mas também a descentralização das atribuições governamentais e os desequilíbrios federativos. Nessa perspectiva, o orçamento pode desempenhar um papel da maior relevância no que diz respeito a propiciar as necessárias mudanças associadas com a diminuição do peso excessivo dos impostos, a ampliar a eficiência, a eficácia e a efetividade do Estado, favorecendo uma maior transparência.

Nos anos recentes, têm ocorrido esforços esparsos, sobretudo no âmbito do governo federal, para promover debates sobre reformas na dinâmica orçamentária do setor público. Ora, o sentido dessas pretendidas reformas abrange um significado mais amplo, envolvendo as relações Estado/sociedade, o papel do Poder Legislativo e os mecanismos de inserção mais direta da sociedade civil nas questões orçamentárias. Com um foco mais interno à administração pública, as discussões sobre as reformas necessárias se res-

---

[9] Ver Rezende (2006), Giambiagi e Além (2007), e Oliveira (2009).

tringem à promoção de readequações nas estruturas orgânicas, de reformulação de sistemas e processos que supostamente promoverão melhorias no processo orçamentário.

A oscilação dos debates sobre as reformas pretendidas deixa transparecer que, no âmbito governamental, o próprio sentido das reformas ainda não está claro, transitando entre a adoção de simples ajustamentos ao *status quo* e o direcionamento de reformas orçamentárias para promover mudanças indispensáveis à sustentação do desenvolvimento econômico e social. Na primeira hipótese, está subjacente a ideia de que, como o propósito não é fazer uma mudança de política orçamentária, o que existe na atualidade já pode ser considerado satisfatório. Se é para fazer ajustes marginais no sistema e no processo orçamentários, será que compensam o esforço e o desgaste associados com tais ajustes em função da complexidade, dos conflitos e do enorme tempo despendido com o orçamento público?

A experiência acumulada com a gestão orçamentária no Brasil e as recentes discussões que objetivam repensar o modelo vigente no âmbito do governo federal sinalizam que reformas orçamentárias realmente voltadas para o desenvolvimento implicam focalizar prioritariamente, mas não exclusivamente, os aspectos que se comenta brevemente a seguir.

Certamente, o maior desafio é ampliar o espaço fiscal para mudanças. A rigidez — o estreito espaço anual para escolhas orçamentárias — constitui um dos principais problemas macroeconômicos na atualidade (Rezende e Cunha, 2005).

No âmbito internacional, a busca de disciplina fiscal tem-se dado em duas direções: por meio da fixação de metas quantitativas (como no caso da União Europeia) e por meio da responsabilidade fiscal, como nos casos de Austrália e Brasil. Como Allen Schick chamou a atenção durante reunião organizada pelos ministérios da Fazenda e do Planejamento, em Brasília em 7/12/2007, a segunda direção parece ser mais efetiva. No caso brasileiro, contudo, é preciso esperar por mais testes de sua efetividade, o que acontece mais frequentemente em tempos de crise.

Quanto à sustentação da disciplina fiscal no longo prazo, duas questões parecem assumir especial importância na realidade brasileira, também refletindo as experiências estrangeiras, sobretudo a partir dos anos 1990. A primeira tem a ver com a natureza do esforço projetivo, quando se pensa nos riscos fiscais para os próximos 30 ou 40 anos.

Naturalmente, não se trata de fazer meras projeções para esse horizonte temporal estendido, mas analisar o caminho atual e sua sustentação. Para tanto, Schick sugere, por exemplo, considerar as experiências da Austrália, da Nova Zelândia e da Suécia. A outra questão refere-se ao papel das reformas contábeis que visam uma melhor gestão fiscal no longo prazo:

> Nessa mesma linha, cabe ressaltar a importância que a aplicação da contabilidade de competência desempenha para a avaliação de riscos fiscais de longo prazo e, portanto, para o manejo de uma política fiscal voltada para a sustentação da disciplina fiscal. A esse respeito duas áreas são focos importantes de preocupação: (1) as implicações de decisões relativas ao funcionalismo, que geram compromissos futuros não imediatamente reconhecidos pelo regime de caixa; (2) e o recurso ao endividamento para financiar gastos cujo retorno seja incapaz de gerar recursos suficientes para satisfazer os compromissos a serem futuramente atendidos [Rezende, Cunha e Otero, 2010:989].

Quanto aos esforços prospectivos de reforma orçamentária no caso brasileiro, merece especial atenção a premente necessidade de se reverter a histórica tendência ao centralismo decisório. A diversidade de contextos econômicos, sociais e culturais põem em xeque as tentativas de se fazer tudo, ou quase tudo, a partir de Brasília. A revisão do federalismo fiscal brasileiro e de outros mecanismos de cooperação financeira entre a União, os estados e os municípios deve refletir as transformações que se intensificaram a partir dos anos 1980, em especial no que se refere à ampliação do poder político e administrativo dos estados e municípios, que resultaram no fortalecimento da Federação.

Os desafios políticos para se empreender reformas no orçamento público brasileiro, como também em outros contextos, passam pelo balanceamento de poder entre o Legislativo e o Executivo. A retomada das prerrogativas do Legislativo no processo orçamentário, a partir da Constituição de 1988, não foi acompanhada de medidas que propiciassem ao Legislativo conquistar a capacidade de exercer efetivamente essas prerrogativas, contribuindo para que os frutos do progresso econômico e social fossem distribuídos de forma mais equitativa na sociedade brasileira.

O Poder Legislativo tem como grande desafio conquistar a capacidade de conduzir a discussão do orçamento público por uma ótica mais estratégica, privilegiando o alcance de resultados na ação governamental. Como tem acontecido em outros países, a busca desse objetivo pode requerer a ampliação do prazo de discussão do orçamento no Legislativo. Com a inclusão da Lei de Diretrizes Orçamentárias (LDO) no processo orçamentário, o prazo de discussão do orçamento acabou por ser ampliado. Não obstante, isso não resultou em maior qualidade estratégica na discussão legislativa da proposta orçamentária. Se para alguns analistas o poder do Legislativo no Brasil é bastante limitado em relação ao Executivo (o mesmo pode ser dito de alguns países da OCDE, por exemplo), parece claro que a ampliação do poder do Legislativo não pode se dar pela discussão de detalhes do orçamento, de questões que digam mais respeito à implementação das ações (e, portanto, mais relacionadas ao Poder Executivo) e, sim, pelo aumento da qualidade estratégica da discussão orçamentária.

A agenda de reformas no orçamento público no país não pode deixar de incluir a relação entre planejamento e orçamento. A Constituição Federal estabelece que o processo orçamentário ocorre com base numa arquitetura legal que inclui três leis ordinárias que se condicionam na seguinte ordem: a Lei do Plano Plurianual (PPA), que cobre um período de quatro anos; a Lei de Diretrizes Orçamentárias (LDO), que fixa parâmetros gerais para a elaboração do orçamento do ano seguinte; e a Lei Orçamentária Anual (LOA), que inclui o orçamento fiscal, o orçamento da seguridade social e o orçamento de investimentos das empresas estatais. Se, por um lado, pode-se considerar que o planejamento é o processo dominante nesse condicionamento entre as leis, o PPA tem características usualmente típicas de um orçamento: busca ser abrangente (*comprehensive*), é estruturado por programas, inclui restrições fiscais, estabelece valores para cada um dos programas, fixa procedimentos de monitoração e implementação. Ao buscar tamanha abrangência, o esforço de planejamento (PPA) deixa de se concentrar em prioridades estratégicas, e sua junção com o processo orçamentário (LOA) cria uma imensa rotina que prejudica a capacidade de pensar o futuro estrategicamente. Na realidade, não se tem um orçamento único no âmbito federal.

Um grande desafio que se apresenta à qualidade da gestão pública é a capacidade de se relacionar os recursos empregados e os resultados (impactos na sociedade) almejados. Nessa linha, as reformas direcionadas para as transformações necessárias no orçamento e no planejamento, como instrumentos da ação governamental, implicam rever a relação entre eles, sem o que o orçamento não pode evoluir. Quanto ao planejamento, seja o PPA ou qualquer outro instrumento que se venha a estabelecer, a agenda para as reformas deve incluir, entre outros temas: a) a exploração da diferença entre planejar e fazer projeções; b) a definição do caráter do plano, que pode oscilar entre fixar objetivos claros e metas estratégicas e/ou constituir um quadro de referências para mudanças de caráter mais incremental na alocação de recursos; mas como chegar a uma solução que concilie essas coisas?; e c) como o plano pode evoluir de um foco em programas para um foco em políticas públicas, utilizando medidas que reflitam, fundamentalmente, as mudanças em termos de resultados atuais e resultados futuros socialmente desejáveis?

O foco em programas tem servido para se estabelecer maior conexão entre o orçamento (LOA) e o plano (PPA) nas mudanças empreendidas no processo de planejamento e orçamento do governo federal nos últimos anos. Sobre isso, e até mesmo considerando a experiência acumulada em outros países, é preciso analisar em maior profundidade as implicações, na prática, de se centrar a alocação de recursos em programas, enquanto a execução das ações fica a cargo de organizações, que se tenta manter *accountable*. Em alguns países a "solução" encontrada foi o artificialismo de se rebatizar as organizações como programas. Em decorrência disso, tem-se uma coincidência entre as estruturas programática e orgânica para a alocação dos recursos orçamentários.

Outra questão prática associada ao foco em programas diz respeito à mensuração e à avaliação das ações, de modo a que sirvam de base para realimentar as decisões sobre alocação de recursos, seja no âmbito de determinado ciclo orçamentário anual (mais difícil), seja no âmbito de decisões de realocação em ciclos orçamentários futuros. As evidências observadas na experiência internacional mostram que o alcance dos esforços de mensuração e avaliação de programas (*program evaluation*) têm sido muito limitados. De fato, mal têm servido para se tomar decisões de realocação no âmbito de um mesmo programa, quanto mais para estabelecer comparações entre programas. Os estudiosos do orçamento público têm salientado que uma das coisas mais difíceis, sobretudo numa democracia representativa, é realocar recursos orçamentários com sucesso. Há dificuldades conceituais, políticas e técnicas.

Em decorrência disso, cabe refletir sobre o que se deve almejar com as reformas orçamentárias no país. Para tanto, impõe-se considerar a atualidade e as perspectivas para os próximos anos no que se refere ao poder do Legislativo, e ao poder dentro do Legislativo, no processo orçamentário. É preciso se ter em conta também o grau de vitalidade institucional e organizacional no âmbito do Poder Executivo, no qual se detecta muito nitidamente uma propensão a reforçar o centro do governo e, não, o nível mais fragmentado das organizações que promovem de fato a prestação dos serviços públicos. Nesse nível, parece ser mais realista a ideia de promover a realocação de recursos para melhorar a eficiência e a eficácia da gestão pública.

Considerações finais

Essas reflexões, naturalmente, estão longe de esgotar o teor do debate sobre as indispensáveis reformas do orçamento público no contexto brasileiro. Elas objetivam tão somente favorecer o estabelecimento de conexões relevantes entre a experiência acumulada (no cenário internacional e no próprio país), o que está em andamento na atualidade e uma visão prospectiva para orientar as pesquisas e ações de reforma.

A mobilização e o debate atual sobre reformas orçamentárias no Brasil clarificam a importância de se incluir nas preocupações, para além de seu teor, a própria estratégia para a sua condução. Como a experiência tem ensinado, o excesso de expectativas com relação às reformas a empreender (tenta-se fazer mudanças demais...) frequentemente costuma ser uma das causas para o insucesso das reformas.

O caso do Canadá constitui uma boa ilustração sobre as estratégias de reforma orçamentária: "construção de suportes" e "construção de capacidades". Para solucionar o problema do déficit público buscou-se o suporte da sociedade, mostrando suas consequências, promovendo o aprendizado sobre o que não funciona nos serviços públicos. A ideia subjacente é de que a solução do déficit não passa pelo simples corte de despesas, mas pela redefinição de papéis e estratégias.

Por outro lado, a "construção de capacidades" para as reformas toma tempo, envolvendo esforços em três diferentes níveis: pessoas, organizações e instituições. Na experiência canadense, o ponto de partida foi a instituição de um sólido serviço público profissional, buscando-se a não exposição a partidos políticos.

Por último, é oportuno ressaltar que, nos debates sobre reformas orçamentárias, paira, de forma explícita ou não, a ideia de "qualidade do gasto", inclusive como expressão símbolo do teor dessas reformas. Não obstante, para muitos dos que participam dessa mobilização e desses debates, não parece claro o suficiente o significado dessa expressão: afinal, o que é "qualidade do gasto"?

Deve-se resistir à tentação de definir de antemão um significado para essa expressão. Ao contrário, é preciso avançar nas pesquisas sobre os fatores econômicos, institucionais e políticos que têm condicionado o comportamento dos gastos e a composição dos orçamentos públicos no Brasil. O conhecimento dessa realidade nos diferentes setores da ação governamental é que sinalizará sobre os caminhos das mudanças necessárias à maior eficiência, eficácia e efetividade dos gastos públicos. Em outras palavras, o conceito de "qualidade do gasto" é algo a ser construído e, não, o ponto de partida. Como ponto de partida, parece ser suficiente a ideia de que "qualidade do gasto" tem a ver com substância, isto é, com as escolhas para a alocação de recursos. Tem a ver também com os processos e os sistemas nos quais se dão as escolhas orçamentárias e a implementação e o controle dessas decisões.

Referências

AFONSO, José Roberto. Entrevista para FGV Projetos: Lei de Responsabilidade Fiscal — histórico e desafios. *Cadernos FGV Projetos*, v. 5, n. 15, 2010, p. 17.

AUCOIN, Peter. Administrative reform in public management: paradigms, principles, paradoxes, and pendulums. *Governance*, v. 3, n. 2, 1990, p. 115-137.

_____. *The new public management:* Canada in comparative perspective. Montreal: IRPP, 1995.

BARZELAY, M. *Breaking through bureaucracy:* a vision for managing in government. Berkeley: University of California Press, 1992.

_____. *The new public management:* improving research and policy dialogue. Los Angeles: University of California Press, 2001.

_____; SHVETS, E. Improvisando as práticas de planejamento estratégico centrado em projetos e sua implementação: o Brasil em ação. *Revista de Administração Pública*, v. 39, n. 3, maio/jun. 2005, p. 753-796.

BELL, Daniel. The year 2000: trajectory of an idea. *Daedelus*, 1967 (número especial: Toward the year 2000: work in progress).

CAMPBELL, A. Lessons from the failure of managerialism in Britain. In: HALLIGAN, John (Ed.). *Public service reform.* Bruxelles: Centre for Research in Public Sector Management in collaboration with Iasia, International Institute of Administrative Sciences, 1999.

DROR, Y. *A capacidade para governar:* informe ao Clube de Roma. São Paulo: Fundap, 1999.

FERLIE, E.; ASHBURNER, L.; FITZGERALD, A. *A nova administração pública em ação.* Brasília: UnB/Escola Nacional de Administração Pública, 1999.

_____; LYNN JR., Lawrence E.; POLLITT, Christopher. *The Oxford handbook of public management.* Oxford: Oxford University Press, 2005.

FREDERICKSON, H. George; JOHNSTON, Jocelyn M. (Eds.). *Public management reform and innovation:* research, theory and application. Tuscaloosa: University of Alabama Press, 1999.

FUKUYAMA, Francis. *Construção de Estados:* governo e organização no século XXI. Rio de Janeiro: Rocco, 2004.

FURTADO, Celso. *Diagnosis of the Brazilian crisis.* Berkeley: University of California Press, 1965.

GIAMBIAGI, Fábio; ALÉM, A. Cláudia. *Finanças públicas:* teoria e prática no Brasil. 3. ed. Rio de Janeiro: Campus-Elsevier, 2007.

GREGORY, R. J. Accountability, responsibility and corruption: managing the public production process. In: BOSTON, J. (Ed.). *The State under contract.* Wellington: Budget Williams, 1995.

HELMER, Olaf. *Accomplishment and prospects of future research.* Los Angeles: Center for Future Research/Graduate School of Business Administration/ University of Southern California, 1973.

HOOD, Christopher. Administrative argument. Aldershot, England: Dartmouth, 1991.

_____. Keys for locks in administrative argument. *Administration and Society,* v. 25, n. 4, 1994, p. 467-488.

_____. *The art of the State:* culture, rhetoric, and public management. Oxford: Clarendon Press, 1998.

KETTL, Donald F. The transformation of governance: globalization, devolution, and the role of government. *Public Administration Review,* v. 60, n. 6, 2000a, p. 488-497.

_____. *The global public management revolution:* a report on the transformation of governance. Washington DC: Brookings Institution Press, 2000b.

_____. Paradoxes of management reform. *The Public Manager,* Spring 2008. p. 7-9. (special issue)

KRAEMER, Kenneth L.; PERRY, James L. Camelot revisited: public administration education in a generic school. In: BIRKHEAD, Guthrie S.; CARROL, James D. (Eds.). *Education for public service.* Syracuse, NY: Syracuse University, Maxwell School of Citizenship and Public Affairs, 1982, p. 87-102.

LARKEY, Patrick D.; DEVEREUAX, Erik A. Good budgetary decision processes. In: FREDERICKSON, George H.; JOHNSTON, Jocelyn M. *Public management reform and innovation:* research, theory and application. Tuscaloosa, Alabama: University of Alabama Press, 1999.

LEAL, Carlos Ivan Simonsen. Orçamento público e competitividade internacional. *Interesse Nacional*, v. 3, n. 9, abr./jun. 2010.

MACHADO, Nelson; HOLANDA, Victor. Diretrizes e modelo conceitual de custos para o setor público a partir da experiência no governo federal do Brasil. *Revista de Administração Pública*, v. 44, n. 4, 2010, p. 791-820.

MADDEN, Carl H. *Clash of culture:* management in an age of changing values. Washington, DC: National Planning Association, 1972.

McCORMACK, Lee. Performance budgeting in Canada. *OECD Journal on Budgeting*, v. 7, n. 4, 2007.

McHALE, J. *World facts and trends.* Nova York: Collier Books, 1972.

METCALFE, J. L. Desarrollo de la gestión pública: el reto del cambio. In: *Modernización administrativa y formación.* Madri: Ministerio para las Reformas Públicas, 1993.

MOTTA, Paulo Roberto. Modernização administrativa: propostas alternativas para o Estado latino-americano. *Revista de Administração Pública*, v. 21, n. 4, 1987.

OECD. *Budgeting for results:* perspectives on public expenditure management. Paris: OECD, 1995.

_____. *Modern budgeting.* Paris: OECD, 1997.

OLIVEIRA, Fabrício A. *Economia e política das finanças públicas no Brasil.* São Paulo: Hucitec, 2009.

OSBORNE, Stephen P. (Ed.). *The new public governance?* Emerging perspectives on the theory and practice of public governance. Nova York: Routledge, 2010.

PASTORE, Celso. Inflação e política monetária no Brasil. *Revista Brasileira de Economia*, v. 23, n. 1, 1969.

POLLITT, Christopher; BOUCKAERT, Geert. *Public management reform:* a comparative analysis. Nova York: Oxford University Press, 2004.

REZENDE, Fernando (Coord.). *Desafios do federalismo fiscal.* Rio de Janeiro: FGV, 2006.

_____; CUNHA, Armando (Orgs.). *Disciplina fiscal e qualidade do gasto público:* fundamentos da reforma orçamentária. Rio de Janeiro: FGV, 2005.

_____; _____; OTERO, Bevilacqua. Informação de custos e qualidade do gasto público: lições da experiência internacional. *Revista de Administração Pública*, v. 44, n. 4, 2010.

RICHARDS, Sue. El paradigma del cliente em la géstion pública. *Gestión y Análisis de Políticas Públicas*, n. 1, sept./dic. 1994.

RUBIN, Irene S.; KELLY, Joanne. Budget and accounting reforms. In: FERLIE, Ewan; LYNN JR., Lawrence; POLLITT, Christopher. *The Oxford handbook of public management*. Oxford: Oxford University Press, 2005.

SCHEERS, Bram; STERCK, Miekatriem; BOUCKAERT, Geert. Lessons from Australian and British reforms in results-oriented financial management. *OECD Journal on Budgeting*, v. 5, n. 2, 2005.

SCHICK, Allen. *The spirit of reform*: managing the New Zealand State sector in a time of change. Wellington, NZ: State Services Commission and the Treasury, 1996. Disponível em: <http://www.ssc.govt.nz>.

_____. Performance budgeting and accrual budgeting: decision rules or analytic tools? *OECD Journal on Budgeting*, v. 7, n. 2, 2007, p. 109-138.

SIFFIN, William J. *Two decades of public administration in developing countries*. Bloomington: Indiana University, International Development Research Center, 1974.

SIMON, Herbert A. Why public administration? *Public Administration Review*, v. 58, n. 1, 1998.

SIMONSEN, Mario H. Brazilian inflation. *Development Digest*, Washington, DC, v. 3, n. 1, 1969.

_____. *Inflação: gradualismo vs. tratamento de choque*. Rio de Janeiro: Apec, 1970.

SOUZA, Celina. Por que mudam as formas de gestão pública? In: *Gestão pública*: a trajetória da função administração no estado da Bahia. Salvador: Fundação Luís Eduardo Magalhães, 2003.

TUGWELL, F. *Search for alternatives*: public policy and the study of the future. Cambridge, MA: Winthrop, 1973.

WALD, Emmanuel. *Toward a paradigm of future public administration from 1973-1990*. PhD (Thesis) — Syracuse University, 1972.

WILCOX, Robert F. *Futura incerta est*: how should we use the social sciences in the uncertain future of public affairs/administration? In: NAASPA ANNUAL MEETING. Chicago, Ill.: Naaspa, 1975.

WILDAVSKY, Aaron. *The politics of the budgetary process*. 2. ed. Boston: Little Brown, 1974.

WILSON, J. Q. *Bureaucracy*. Nova York: Basic Books, 1989.

6

O ambiente institucional-constitucional da política de gasto público e das escolhas orçamentárias em geral

Jorge Vianna Monteiro

A política do gasto público não é uma ocorrência avulsa, de vez que o pleno entendimento dessa classe de decisões está associado ao comportamento de variáveis políticas. Ao longo do tempo, as instituições de formulação de políticas públicas foram sendo reconfiguradas por grandes mudanças promovidas por titularidades[1] flexíveis e gastos tributários que "crescem segundo os seus próprios giroscópios" (Posner, 2011:553). É por essa visão analítica que se desenvolve a argumentação apresentada neste capítulo.

O processo orçamentário da União ocorre no sistema constitucional da separação de poderes, de tal modo que o poder de decisão fica alocado entre o presidente da República e os burocratas do Executivo, de um lado, e os legisladores, de outro.

A figura 1 estiliza essa alocação de funções, poderes e recursos, assim como a hierarquia de regras do jogo orçamentário.

---

[1] Decorrentes, por um lado, da elevação dos custos de lidar com o envelhecimento da população e do atendimento da saúde e, por outro, da mobilização dos grupos preferenciais que tentam viabilizar, junto ao processo político, transferências de renda e riqueza em seu favor. Contrapondo-se a essa trajetória, a ocorrência de crises econômicas (como a de 2008-2013) apenas reforça o desequilíbrio *estrutural* do orçamento público, ainda que outros indicadores macroeconômicos possam mostrar alguma melhoria. Um paradoxo orçamentário é que a flexibilidade de estender titularidades a diferentes segmentos da sociedade acarreta uma menor liberdade de ação na política de gasto público e na execução orçamentária como um todo.

FIGURA 1. HIERARQUIA DAS REGRAS DO JOGO ORÇAMENTÁRIO

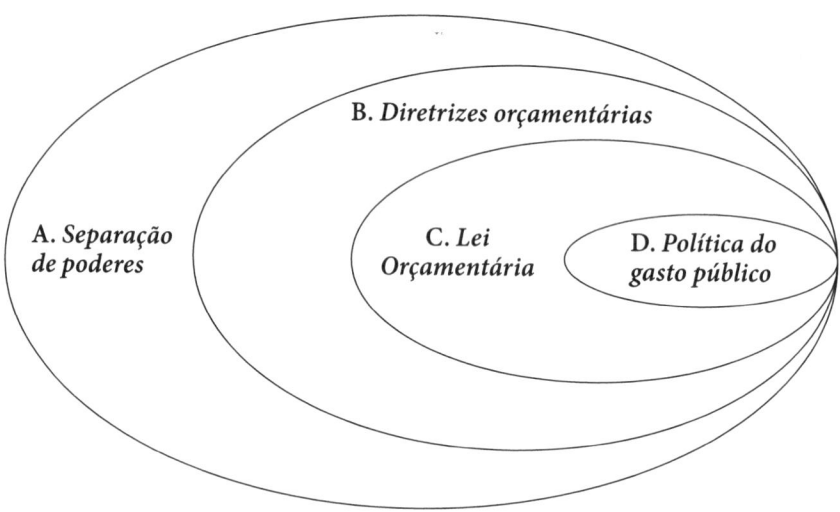

O Executivo detém o *poder de propor* (definido na parte **A** da figura), ao encaminhar ao Congresso Nacional, em cronograma preestabelecido, a Lei de Diretrizes Orçamentárias (LDO) e, posteriormente, a proposta orçamentária. Cabe ainda ao Executivo, por meio do poder de veto presidencial (também definido em **A**), anular total ou parcialmente a Lei Orçamentária aprovada pelos legisladores (escolha majoritária que ocorre em **C**). A política do gasto público definida em **D** opera sob ampla delegação implícita nas leis votadas no Congresso e operacionalizadas pelos burocratas do Executivo.

Assim sendo, esse *poder de propor* compõe-se:

• dos poderes *ex ante* detidos pelo presidente da República, segundo os quais o presidente controla o acesso à agenda legislativa: o poder de ser ele quem dá início ao jogo orçamentário, com o encaminhamento da proposta orçamentária (*poder de proponente*), e o direito de desestimular ou prevenir que propostas legislativas contrárias às suas preferências prosperem na discussão no Congresso (*poder de guardião*) — a simples ameaça de veto pode cumprir essa finalidade;[2]

---

[2] O poder de guardião se atenua pelo fato de o veto presidencial poder vir a ser derrubado no Congresso por metade mais um dos votos, em votação secreta.

- o fundamento do poder do Executivo não se apoia tão somente nesses poderes *ex ante*, mas nas conciliações que são transferidas para a fase da execução orçamentária, com a maior ou menor predisposição do Executivo em liberar verbas de interesse de deputados e senadores.

Por essa conciliação, o presidente da República e a estrutura ministerial atuam com um adicional "poder de embargo", que lhes permite barrar ou protelar despesas que não lhes pareçam tão adequadas quanto o *status quo*. Isso se traduz em dois outros meios institucionais: o Executivo pode alterar, com maior ou menor profundidade, o teor da Lei Orçamentária em curso, congelando despesas inseridas no orçamento público, pela imposição de um contingenciamento, e executando um processo paralelo de gastos com a liberação de créditos extraordinários instrumentada por medidas provisórias.[3]

Quanto aos legisladores, suas estratégias no jogo orçamentário são fortemente dominadas pela antecipação da incidência do veto executivo, dos contingenciamentos de gastos públicos, e pela emissão de medidas provisórias que, direta ou indiretamente, criam fatos consumados na execução orçamentária — considerações que ocorrem especialmente nas áreas B, C e D da figura 1. Todavia, com a hipertrofia de poder decisório do Executivo, especialmente em razão da emissão de medidas provisórias, a autonomia com que as decisões em B, C e D são tomadas tem sido fortemente restringida desde os anos 1990, como veremos mais adiante.

Embora as decisões de política se abriguem no arranjo constitucional vigente, há espaço para que se distanciem dos fundamentos dessa moldura e, por isso, não se pode garantir que a formulação de políticas siga o processo institucional apropriado (Woolley, 2008:154).[4]

Não se pode afirmar que isso decorra apenas da urgência com que os *policy makers* são chamados a atuar, ou que esse seja um padrão decisório que caracterize usurpação de poder por parte do departamento executivo de governo. Segundo Wenig (2004) é fato que:

---

[3] Para detalhes e estatísticas sobre essa ocorrência, ver a tabela.

[4] É ampla a extensão em que uma dada política pública incorpora critérios de decisão informais e que atendam às preferências dos burocratas, sem que isso sequer seja notado ou mesmo arguido como legalmente impróprio. Tais escolhas são ao mesmo tempo um mecanismo de poder discricionário e, elas próprias, decisões discricionárias (Woolley, 2008:157).

- Muitas leis aprovadas na legislatura tornam-se, deliberadamente ou não, amplos *guarda-chuvas*, que acomodam muita flexibilidade, não só para que se estabeleça o *conteúdo* de uma política pública, o *ambiente* em que tal política pode ser definida, como também a *instrumentação* e o *timing* de sua operacionalização.

- Há poucos mecanismos legislativos que são efetivos na *responsabilização* dos burocratas por suas escolhas de políticas, e são fracas as justificativas para que os legisladores se detenham mais atentamente na consideração do ambiente em que essas políticas são estabelecidas, especialmente em uma conjuntura de crise.[5]

O mais flagrante exemplo dessas propriedades no ambiente brasileiro é a política orçamentária da União, a começar pelo habitual *faz de conta* da aprovação da Lei de Diretrizes Orçamentárias e da proposta orçamentária da União. Porém, há também ocorrências que, embora virtuosas por seu processo de formulação, acabam por ter sua operacionalização fortemente ditada por escolhas discricionárias dos burocratas do Executivo.[6]

É com essa complexidade que opera tão peculiarmente a democracia representativa brasileira e, nesses tempos de crise, a política econômica e, em

---

[5] A propósito, note o leitor que essas são considerações que muito qualificam o recorrente debate nacional sobre a *qualidade* do gasto público.

[6] Tal é o exemplo da política de Parcerias Público-Privadas (PPP), Lei nº 11.079, de 30/12/2004, que tem sido operada com enorme parcimônia, mesmo no âmbito do Programa de Aceleração do Crescimento (PAC). A relevância atribuída pelo Congresso ao arranjo das PPPs no financiamento de investimentos em infraestrutura acaba minimizada, quando se situa no conjunto de escolhas dos burocratas. Em nenhum momento, nessa fase operacional, foi retomado o leque de questões estratégicas que tão bem ficou evidenciado na tramitação do projeto de lei das PPPs, especialmente na Comissão de Assuntos Econômicos do Senado, entre maio e novembro de 2004. Este último exemplo lembra que não chega a ser uma boa desculpa, para a concentração da tomada de decisões, arguir com o despreparo técnico da legislatura. Há instâncias especializadas da Câmara e do Senado que, por certo, podem ser consultadas ao longo do processo deliberativo de uma política pública. Afinal, é no papel de membro de uma comissão legislativa que o deputado ou senador opera como *especialista*. Ademais, muitas dessas políticas têm contrapartida orçamentária, para a qual as regras constitucionais reservam importante papel a ser desempenhado pelos legisladores. Em 2010, o que havia de evidência de execução de PPPs no Brasil eram alguns projetos de investimento de governos estaduais (Após seis anos, PPP saem do papel, *O Globo*, 15 ago. 2010, Economia, p. 33).

especial, a política de gasto público devem ser ajustadas em função tanto das peculiaridades institucionais do Brasil, quanto das disfunções políticas que se delineiam na União Europeia e nos EUA.

As seções a seguir repassam essa interação. A segunda seção analisa o modo tão *sui generis* com que opera o sistema constitucional da separação de poderes brasileiro. A terceira, recua no tempo para associar o sucesso da política de estabilização dos anos 1990 à hipertrofia desse sistema. A quarta trata da DRU como mecanismo de delegação do Congresso ao Executivo, enquanto a quinta seção apresenta o raro episódio da eliminação de uma expressiva fonte de receita tributária da União: a não renovação da cobrança da CPMF. Nas sexta e sétima seções, desenvolvo a perspectiva analítica da política de gasto público na crise de 2008-2013. A oitava seção coloca a política de gasto público em uma perspectiva estratégica, associando o gasto público, o ajuste fiscal e o déficit público a fatores determinantes que possam afastar o gasto público do atendimento amplo do interesse geral ou coletivo; paralelamente, a seção reforça o lado normativo em que a política pública pode ser ambientada. O ponto central de toda a argumentação apresentada neste capítulo é repassado na conclusão.

Consequências de disfunções na separação de poderes

Primeiramente, observe o leitor que, para um deputado, senador ou mesmo para as lideranças partidárias, é virtualmente impossível ser motivado pelo cálculo econômico e o melhor uso dos recursos públicos, *dadas as induções a que estão sujeitos nesse jogo*: "pedir mais do que se necessita" e gastar aceleradamente ao final do ano fiscal são dois vícios bem caracterizados, mesmo em sistemas decisórios de planejamento não orçamentário submetidos a essas mesmas injunções. Independentemente de qualquer outra decorrência dessa *conexão eleitoral*, isso basta para tornar pouco triviais as habituais recomendações de que os políticos entendam o que é *gastar bem*.[7]

---

[7] De todo modo, as decisões políticas são tomadas por regra de maioria, e os legisladores, por si mesmos, não atuam sob a indução de chegarem a decisões eficientes de um ponto de vista econômico.

Segundo, a responsabilidade coletiva com que os legisladores jogam esse jogo é muito atenuada, uma vez que, em última instância, eles não são responsabilizados pelos excessos de emendas orçamentárias, pois as chances de todas virem a ser aprovadas são muito pequenas: as emendas são inevitavelmente filtradas, mais à frente, pelo contingenciamento e pela negociação político-eleitoral em termos mais bem-definidos quanto a objeto e justificativas do gasto.

Um corolário dessa segunda consequência é que o mecanismo do *rent seeking* opera muito mais irrestritamente do que seria desejável do ponto de vista social: não há incentivo a ocultar, seja do lado da demanda (ação de grupos de interesses), seja do lado da oferta (decisão dos políticos), a que propósito preferencial essa ou aquela emenda apresentada na escolha orçamentária atende.[8]

Essa vertente explica não só o grande volume de emendas apresentado na tramitação legislativa da proposta orçamentária, como também o perfil de políticas e de gastos que apresentam incidência de benefícios concentrados e de custos pulverizados, o que torna menos visível a incidência do benefício líquido negativo que muitas dessas políticas e muitos desses gastos promovem. O quadro a seguir é uma forma didática de entender esse perfil distributivo da política fiscal.

Na crise de 2008-2013 tem sido recorrente o atendimento de pressões de grupos de interesses — Anfavea, em particular —, atendimento que se materializa em diferentes formas de protecionismo de mercado. No setor **B** do quadro situam-se as desonerações de impostos a setores como o automotivo, o de material de construção e o da "linha branca", como vigoraram em 2009, sendo parcialmente estendidas a 2010.[9] Essa classe de decisão fiscal tem cus-

---

[8] Agravado pelo fato de inexistir na economia brasileira qualquer conjunto de regras que restrinjam especificamente a prática de *lobbying*, ou do uso de espaço na mídia com esse propósito, sendo, ademais, muito frágeis as regras que disciplinam as doações a campanhas eleitorais.

[9] O setor automotivo, por exemplo, é o alvo dos decretos nº 6.687 (11/12/2008), nº 6.696 (17/12/2008), nº 6.743 (15/1/2009), nº 6.809 (30/3/2009), nº 6.890 (29/6/2009), nº 7.017 (26/11/2009), nº 7.060 (31/12/2009), nº 7.222 (29/6/2010). Política similar contemplando o estímulo do consumo por meio de desonerações de impostos em alguns setores industriais e no mercado financeiro foi retomada a partir de dezembro de 2011. (Ministro estima que economia crescerá 5% em 2012, disponível em: <http://www.fazenda.gov.br/audio/2011/dezembro/a011211.asp>; MP nº 552, de 1/12/2011, e decretos nº 7631, nº 7632 e nº 7633, de 1/12/2011).

tos políticos relativamente reduzidos, daí a fraca mobilização contrária, uma vez que o total de receita de que o governo abre mão é de difícil estimativa e que a contrapartida (em termos de aumento de impostos ou de corte de gasto público) corrente e futura desse custo é incerta e dispersa pelo universo de contribuintes.

PADRÕES DE ESCOLHA LEGISLATIVA

	▼ Benefícios ▼	
Custos ▼	Dispersos	Concentrados
Dispersos	**A.** *Políticas de interesse geral* Fraco *lobbying* tanto a favor quanto contra	**B.** *Políticas preferenciais* Forte *lobbying* a favor Fraco *lobbying* contra
Concentrados	**C.** *Minorias ameaçadas* Fraco *lobbying* a favor Forte *lobbying* contra	**D.** *Conflito de minorias* Forte *lobbying* contra e a favor

Fonte: Monteiro (2007, cap. 6).

Em setembro de 2011, nos termos do Decreto nº 7.567 (15/9/2011), a indústria automotiva nacional voltou a ser beneficiada, desta vez por expressiva elevação da incidência de IPI sobre automóveis importados. Diferentemente do setor **B** (desoneração de IPI), essa é uma ocorrência no setor **D** do quadro: em razão de o governo não poder mais, tão liberalmente, abrir mão de receita tributária, a nova instrumentação tem custo perceptível no mercado de automóveis importados, segmento que já empreende *lobbying* intenso contra a adoção ou a perpetuação desse ônus.[10]

Uma terceira decorrência — que autonomamente já é exacerbada — é a transferência de poder de deliberação orçamentária (que, por regra constitu-

---

[10] Para um exemplo de como a mídia pode ser utilizada para alavancar publicamente interesses e pontos de vista dos segmentos de mercado que se mobilizam em relação ao processo decisório público, ver, por exemplo, "Barreira aos estrangeiros: a conta ficou para o consumidor" (*O Globo*, 17 set. 2011, p. 39).

cional, cabe aos representantes eleitos) para os burocratas do Executivo, que não passam por qualquer teste eleitoral. Há, portanto, um reforço do *déficit de democracia* que se origina no jogo orçamentário: ou, mais objetivamente, esse é um processo em que as decisões não são mais efetivas em traduzir opiniões majoritárias em políticas públicas do que em usar um *cara ou coroa* com uma moeda.[11]

O apego disfarçado dos legisladores em manter atuante o mecanismo das medidas provisórias, apesar de todos os percalços reconhecidos, pode estar relacionado ao grau de *porosidade* que tal mecanismo propicia ao funcionamento das instituições políticas, e do qual decorreriam vantagens político-eleitorais. O sistema de separação de poderes torna-se *poroso* quando, ao sabor das preferências de políticos e burocratas, esse conjunto de regras é atenuado.[12] Com isso, os cidadãos-eleitores-contribuintes veem burlados seus direitos de *patrocinador*, uma vez que são os representantes eleitos, atuando como *agentes* da sociedade, que ditam como um sistema essencial das instituições representativas deve funcionar, *sem que para tanto tenha sido necessário aprovar qualquer emenda formal à Constituição, ou consultar diretamente os cidadãos sobre esse* modus operandi *da estrutura de governo.*

---

[11] A tabela mostra a intensidade com que as MPs têm sido utilizadas nos últimos anos para secundar essa característica decisória. Observe o leitor que a representatividade de uma política pública pode ser *responsiva* e *congruente*, porém esses dois atributos medem diferentes dimensões do desempenho democrático. A escolha pública ser responsiva significa a existência de correlação positiva entre a opinião pública e a escolha; por congruência, entende-se que a escolha de fato reflete a opinião da maioria. Assim, o citado déficit de democracia corresponde à baixa congruência das escolhas públicas (Lax e Phillips, 2011).

[12] Apesar dos sérios estragos causados por esse mecanismo na ordem constitucional, somente em meados de 2001 a classe política, ainda que relutantemente, tomou providências para impor limites ao exercício desse poder de propor dos burocratas. No entanto, logo essa estratégia de "reparo de danos" se revelaria uma fonte de novas disfunções no sistema que buscava sanear. Como visto anteriormente, o Congresso torna-se *refém* do Executivo na medida em que, deliberadamente, a alta gerência do Executivo pode programar a emissão de MPs de modo a bloquear transitoriamente o processo legislativo do Congresso. Com isso, a hipertrofia do governo assume uma nova face: a de condicionar o ritmo das atividades da Câmara e do Senado. Pior ainda: sendo do interesse estratégico das forças políticas no Congresso, deputados e senadores podem, eles próprios, promover uma autoparalisação de suas casas legislativas pela mesma via do acúmulo de MPs não votadas.

Tal ocorrência pode ser tratada como uma alteração das relações de poder na ordem constitucional vigente, ou ainda como uma virtual "fusão" entre o Executivo e o Congresso. Levando-se em consideração a longa tolerância dos políticos para com os estragos a que tem sido submetido o sistema da separação de poderes, pode-se conjecturar ser essa uma prática deliberada das lideranças políticas, ao transformarem uma ordem constitucional em outra, modificada ou totalmente nova. Não seria, portanto, incompatível observar episódios de depreciação constitucional no andamento da política em seu sentido ordinário.

Sobrepondo-se a essa evidência, desde 11/9/2001 (Emenda Constitucional nº 32) burocratas podem lançar mão de estratégias que atrasam a produção de leis por parte da legislatura; de igual modo, os legisladores podem utilizar estratégia análoga, caso isso atenda às suas preferências. Uma indicação nesse sentido foi revelada por um deputado federal: em 2006, mais de 60% das sessões do Congresso Nacional tiveram sua pauta legislativa *trancada* em consequência do regime de tramitação das medidas provisórias.[13]

A princípio, o fenômeno das medidas provisórias pode ser relativizado, pois a separação de poderes é intrinsecamente desbalanceada, uma vez que Congresso e Executivo, por sua simples escala ou tamanho, detêm vantagem comparativa em relação ao Judiciário — esse é o argumento das "muitas mentes" do processo decisório (Ferejohn, 2010): maiorias legislativas, passadas e presentes, políticas do Executivo, precedentes judiciais e a opinião pública. Decisões constitucionais prestam deferência às *muitas mentes*, pois essas instâncias decisórias são mais bem informadas quando comparadas às deliberações de um ou mais dos 11 juízes, e isso porque: a) os processos legislativos envolvem quase seis centenas de políticos (efeito tamanho); b) os legisladores e o presidente da República representam uma grande variedade de preferências na sociedade (efeito diversidade); c) o Congresso e o Executivo têm uma organização interna mais efetiva para a coleta e o processamento de informações, o

---

[13] Deputado Carlos Souza, justificação da PEC nº 54/2007. Ao final de março de 2011, noticiou-se que a CCJ do Senado apreciou proposta de emenda constitucional (PEC nº 11/2011) distribuindo a vida útil de uma MP de 120 dias por dois períodos de tramitação de 55 dias, *em cada casa legislativa*, sobrando ainda algum tempo para as revisões necessárias (Sarney obtém apoio de Marco Maia a novo rito de MPs, Agência Senado, 15/6/2011).

que os habilita (reforçado pela escala e diversidade de visões de mundo) a lidar mais adequadamente com importantes questões de políticas públicas.[14]

Uma quarta consequência é a adoção de vertente paralela na execução orçamentária, que também recorre ao uso de medidas provisórias e confronta o Congresso com uma execução ainda mais discricionária do orçamento da União. Todavia, em decisão de 14/5/2008, o Supremo Tribunal Federal limitou adicionalmente o uso do mecanismo da emissão de medidas provisórias,[15] ficando estabelecido que o governo não podia mais emitir, com tanta flexibilidade, MPs que abrissem crédito extraordinário ao orçamento da União. Quanto a esta última ocorrência, um dos juízes do STF apresentou estatística de que, entre 1/1/2007 e 17/4/2008, esse tipo de uso de MP deu origem a 23 medidas provisórias, totalizando mais de R$ 60 bilhões, que, desconsiderado o montante da dívida pública, significariam cerca de 10% do orçamento da União de 2007.

Contudo, a decisão do STF não foi senão um *remendo* constitucional, uma vez que o processo orçamentário da União tem sido, de longa data, um conjunto de procedimentos constitucionais continuadamente viciados. O que tem ficado oculto sob o eufemismo do debate sobre "orçamento indicativo *versus* orçamento impositivo" é, na verdade, o fracasso da classe política em fazer valer a escolha orçamentária do Congresso Nacional. Embora defensável de um ponto de vista administrativo-gerencial, a ocorrência de um orçamento público implementado segundo a melhor conveniência das preferências conjunturais dos burocratas do Executivo é um fator de desagregação constitucional.[16]

---

[14] As regras constitucionais ficam mais bem-conceituadas como produção de muitas mentes, comparativamente a serem uma pura construção do nível mais elevado do Judiciário. A *mudança* dessas regras passa a não ser focalizada nas interpretações do STF, mas na deliberação dos representantes eleitos e, por implicação, dos próprios cidadãos (Ferejohn, 2010).

[15] À margem da consideração de uma ação de inconstitucionalidade (ADI nº 4.048) quanto à MP nº 405, de 18/12/2007, convertida na Lei nº 11.658, de 18/4/2008.

[16] Relembro ao leitor o episódio mais deplorável nesse sentido. Em 1994, o orçamento da União só foi dado por aprovado após decorridos 10 meses daquele ano fiscal, com a correspondente Lei nº 8.933, datada de 9/11/1994. Nesse ano crítico da política de estabilização de preços, sua sustentação fiscal foi substancialmente opaca, não tendo tido os cidadãos (ou seus representantes eleitos no Congresso) qualquer chance de intervir nas decisões de gastos públicos. Nesse interregno, o governo operou livre de qualquer controle objetivo da sociedade, uma vez que

QUANTIDADE TOTAL DE MEDIDAS PROVISÓRIAS E MPS DE CRÉDITO
EXTRAORDINÁRIO* − GOVERNO LULA (2003-2010)

Situação	2003	2004	2005	2006	2007	2008	2009	2010
Convertidas em lei	55 (30)	76 (49)	35 (18)	58 (44)	62 (46)	35 (35)	32 (24)	21 (13)
Em tramitação	27 (27)	10 (10)	16 (16)	19 (19)	20 (19)	−	−	22 (22)
Revogadas	1 (1)	−	1 (1)	−	4 (4)	1 (1)	−	−
Rejeitadas	−	4 (4)	3 (3)	2 (2)	1 (1)	3 (3)	−	−
Prejudicadas	−	−	2 (2)	−	−	−	−	−
Perda de eficácia	−	2 (2)	3 (2)	3 (3)	−	1 (1)	3 (3)	10 (7)
Total**	58	65	42	68	70	40	27	42
MPs/leis***	46,4%	36,5%	29,8%	51,5%	51,8%	21,3%	10,4%	24,7%
CREx/MP****	8,6%	12,3%	38,1%	39,7%	28,6%	12,5%	18,5%	16,6%
CREx	5	8	16	27	30	5	5	7

* Os números entre parênteses representam a quantidade de MPs com data de emissão do ano indicado na coluna.
** Há um estoque de 52 outras MPs, que, emitidas sob o regime anterior à EC nº 32 (11/9/2001), ainda preservam seu *status* de medida provisória.
*** Equivalência da produção de MPs em termos de leis ordinárias aprovadas no Congresso Nacional no respectivo ano, descontadas as leis convertidas e os atos de rejeição de MPs.
**** Participação de MPs de abertura de crédito extraordinário (CREx) no total emitido de MPs.

Uma quinta decorrência da forma imperfeita com que opera a separação de poderes na economia brasileira, bem como seus reflexos no padrão de gasto público, relaciona-se ao trânsito irrestrito de um representante eleito (deputado ou senador), que pode ocupar um posto na alta gerência do Executivo.

Diferentes instituições associam diferentes custos e benefícios às ações disponíveis aos indivíduos que nelas operam. Um político que se transfere para a

_____

o orçamento da União não esteve disponível por mais de 4/5 do ano fiscal. Nesse período, o discricionarismo das escolhas públicas foi substancial.

burocracia governamental[17] vê-se diante da possibilidade de captar a atenção do eleitorado que vota *instrumentalmente*, isto é, aquele cujos interesses o representante, se eleito, atenderá. Ademais, essa migração atenua a separação de poderes, na medida em que a coalizão ou o partido a que esse político pertence tende a se aliar aos propósitos da coalizão ou do partido no poder: perde-se em independência decisória. Por fim, o mandato eletivo que o político detém resultou da manifestação eleitoral dos cidadãos, de modo que a migração do representante eleito ocorre sem o consentimento formal de seus eleitores, tendo-se aí outra fonte de *déficit de democracia*.

Por fim, uma sexta ocorrência diz respeito à hierarquia das regras que presidem o jogo orçamentário. Uma das consequências a que está sujeita uma economia que opera em um ambiente de continuada instabilidade institucional (como bem-exemplifica a operação do sistema da separação de poderes) é a flexibilidade com que as lideranças políticas empreendem mudanças nas regras das escolhas públicas, ainda que a regra a ser alterada diga respeito a mecanismos centrais da democracia representativa.

Considere-se a seguinte ocorrência de 2006, que subverte a relação entre os compartimentos **B** e **C** da figura 1: pelo fato de o projeto de LDO de 2007[18] não ter sido votado a tempo e, diante da chegada ao Congresso Nacional da proposta orçamentária desse mesmo ano,[19] foi então sugerido que, de todo, se ignorasse o PLN n° 2-06 e se passasse a discutir e votar a proposta de orçamen-

---

[17] Esse tipo de ocorrência é vedado no presidencialismo norte-americano. Diz o art. I, seção 6 [2] da Constituição dos EUA: "Nenhum senador ou deputado — durante o tempo para o qual tiver sido eleito — será indicado para qualquer [...] posto [no Executivo Federal...]; nenhuma pessoa que detenha [qualquer posto no Executivo] será um membro de [qualquer uma das casas legislativas] durante sua [permanência nesse posto]". Portanto, caso seja do interesse do Executivo, da respectiva liderança partidária e de um dado legislador, há que renunciar ao mandato eletivo individual previamente ao ingresso do legislador na burocracia governamental. Mais recentemente, a PEC n° 21 (5/4/2011) propôs-se a disciplinar esse trânsito, ao alterar a alínea b do inciso I e a alínea b do inciso II do art. 54 da Constituição brasileira. A seção "Da estabilidade de preços para o financiamento do crescimento econômico" elabora uma vantagem adicional dessa mudança nas regras do sistema de separação de poderes, no que diz respeito a tornar mais transparente o atendimento de demandas preferenciais pelos políticos.

[18] PLN n° 2, e correspondente EM n° 59-06/MP, 12/4/2006.

[19] PLN n° 15, e correspondente EM n° 167-06/MP, 31/8/2006.

to da União.[20] Trivialmente, o relator da proposta orçamentária argumentou que "perdemos o momento" para observar o rito constitucional.[21]

Ou, em outros termos, a área C na figura 1 ganha autonomia, neutralizando-se a sequência constitucional de {A → B → C → D} que é substituída por {C → D}.

Outra disfunção tem-se revelado na intervenção de instância judicial para garantir acesso discricionário a serviços públicos e, assim, a viabilização de gasto público *não orçamentário*, isto é, que ocorre à margem da sequência {C → D}.[22]

A grande hipertrofia de poder decisório: os anos 1990

Na perspectiva analítica e conceitual recém-apresentada, a formulação de política pública nos anos 1990 — Plano Real — estabeleceu objetivamente o lado *sombrio* da intervenção orçamentária e regulatória do governo na economia brasileira. Ocorreu por todo o período do plano elevada e sustentada transferência de poder de decisão legislativa do Congresso para o Executivo, mais

---

[20] Relatores querem votar o orçamento e relegar a LDO (*Valor Econômico*, 19 set. 2006, Política, p. A10).

[21] Como definido no art. 165, §2º da Constituição e no art. 35, §2º, inciso II do Ato das Disposições Constitucionais Transitórias.

[22] Para um exemplo localizado dessa prática, ver "Urgências médicas entopem o Judiciário" (*O Dia*, 6 nov. 2011): "cerca de 13 mil processos com pedidos de remédios, internação e autorizações para exames tramitam no Tribunal de Justiça do Rio de Janeiro". E mais: "80% dos atendimentos nos plantões da Defensoria Pública do Estado do Rio de Janeiro são emergências médicas" (por certo que aí se incluem pedidos de exames não autorizados pelos planos de saúde privados). Esse tipo de ocorrência não é tão relevante em volume de gasto público, mas em seu crescimento, como ocorrência não orçamentária. Do ponto de vista analítico, essa prática é um "dilema contramajoritário" (Monteiro, 2004:40-42), ou seja, a questão de ser a decisão legislativa majoritária na democracia representativa passível de ser reconciliada com a atuação de juízes (de remota responsabilização política), que invalidam legislação estabelecida por legisladores (de ampla e variada responsabilização eleitoral). Um corolário relevante dessa classe de interferência judicial na trajetória do gasto público é seu foco no atendimento de demandas de *curto prazo*, o que, pelo menos em princípio, enfraquece a perspectiva do planejamento de médio e longo prazos do orçamento público.

exatamente para a alta gerência econômica do Executivo. E isso propicia o seguinte:

- Ainda que não efetivamente acionado, o mecanismo de emissão de MPs dá conteúdo a "ameaças legislativas", por meio de: a) comunicação explícita de uma ameaça sem ambiguidade; b) articulação de uma ação de contingência (tal como o estabelecimento de prazos a serem cumpridos pelo Congresso); c) expressão do interesse do Executivo em controlar a conduta dos legisladores; e d) *disclosure* de informação quanto à pretendida emissão de MPs.[23]

- Estabelece um dilema contramajoritário,[24] no sentido de que a intensidade do uso de MPs, em face da produção de leis pelo Congresso, retira significado da conexão eleitoral, uma vez que a deliberação administrativo-gerencial de *policy makers* sem mandato eletivo se sobrepõe às escolhas majoritárias da legislatura.

- Promove a *desabilitação* do sistema da separação de poderes, uma vez que o Executivo passa a concentrar os poderes de definir as regras do jogo e, ao mesmo tempo, atuar no jogo segundo essas mesmas regras.

Ainda mais quando se leva em conta que essa é uma mudança *virtual* que dispensa a aprovação formal de proposta de emenda constitucional. A figura 2 contém uma visão objetiva dessa desabilitação da separação de poderes ocorrida entre janeiro de 1995 e agosto de 2001. A data terminal de agosto de 2001 é ditada pela mudança no regime de emissão de MPs ocorrida em 11/9/2001 com a EC nº 32. A variável mostrada nessa figura é a quantidade de MPs emitida mês a mês, em unidades do número médio de leis *autonomamente* produzidas pelo Congresso Nacional, ou seja, descontadas as leis de conversão que se originam de uma MP. A definição desse denominador L* é uma forma simples de se contornar a sazonalidade da produção legislativa.

Percebe-se, portanto, que o sucesso da operação anti-inflacionária do Plano Real não deve ser passado em revista por critérios convencionais de aferição de políticas, uma vez que essa política alterou os fundamentos da economia

---

[23] Outra propriedade das medidas provisórias é o grau de transparência, que decorre diretamente do texto de uma MP e de seu processo de emissão.

[24] Já referido ao final da seção anterior.

constitucional brasileira. Ou, dito de outro modo, há que enquadrar essa política em um ambiente institucional fortemente intervencionista.[25]

FIGURA 2. DEFINIÇÃO E IMPLEMENTAÇÃO DAS REGRAS DAS ESCOLHAS PÚBLICAS, OU A TRANSFERÊNCIA DO PODER DECISÓRIO DO LEGISLATIVO PARA O EXECUTIVO (JAN. 1995-AGO. 2001)

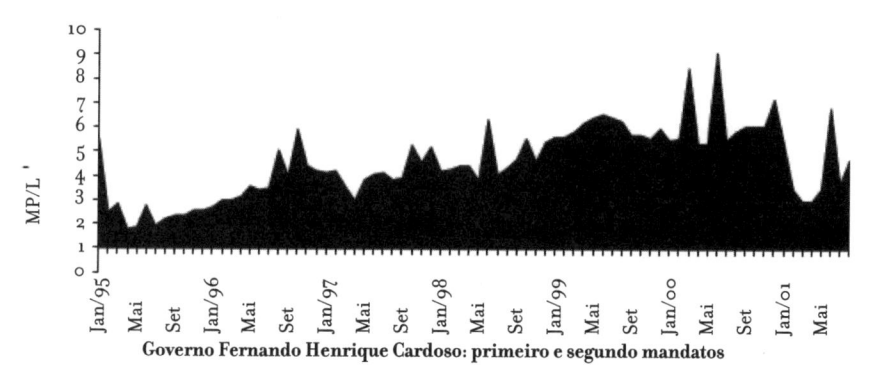

Fonte: Monteiro (2004:232).

Em outra frente, há a perspectiva de o impacto potencial do uso de medidas provisórias se manifeste na macroarticulação do controle do governo por via eleitoral com a separação de poderes:

- O eleitor ganha mais em bem-estar num sistema de separação de poderes em que a agenda de política econômica estabelecida pelo presidente da República contempla a *opção* de ser submetida à aprovação da legislatura, do que num regime em que tal aprovação não é necessária ou pode ser protelada, tal como ocorre com a emissão de MPs.

- Já uma separação de poderes que pode *ser ou não mandatória* é ainda melhor para o bem-estar do eleitor do que uma separação de poderes em que toda a autoridade política, em um dado domínio de política econômica, esteja concentrada em um único departamento de governo.

---

[25] Esse é um dos temais centrais das soluções que têm sido postas em prática na atual crise, especialmente nos EUA e em economias da Zona do Euro. Ademais, *por motivos distintos dos que prevaleceram nos anos 1990*, também na economia brasileira nota-se, na atualidade, intensa expansão da regulação econômica que complementa o aumento da presença orçamentária do governo.

A intuição desse resultado é que os eleitores se dão melhor quando podem utilizar estratégias com maiores nuances: quando o presidente da República tem autoridade unilateral nesse domínio da política, os eleitores têm apenas *uma* alavanca a seu dispor — seu apoio eleitoral ao agente que detém essa autoridade decisória. Em contrapartida, em uma separação de poderes efetivamente mandatória (tanto o presidente quanto a legislatura devem concordar em adotar a nova política econômica), os eleitores dispõem de *duas* alavancas — seu apoio eleitoral a cada um desses dois agentes.

- Em um regime em que o presidente *deve* buscar a permissão de outro departamento de governo, mas pode atuar unilateralmente, os eleitores alocam ao tomador de decisões primário diferentes níveis de apoio eleitoral, dependendo não só do resultado final da política econômica, mas também do fato de o departamento atuar unilateralmente ou por delegação de outro departamento.

A separação de poderes opcional disponibiliza ao eleitor *três* alavancas com as quais ele pode calibrar suas estratégias eleitorais: apoio eleitoral ao presidente, no caso de ação unilateral; apoio eleitoral ao presidente, no caso de ação conjunta; e apoio eleitoral aos legisladores.[26]

Consolidando a hipertrofia: DRU, LRF e o Decreto n° 4.489

A hipertrofia do Poder Executivo se processa em outras frentes que também trazem implicações para o padrão de gasto público: a criação da Desvinculação de Receitas da União (DRU), a Lei de Responsabilidade Fiscal (LRF) e o poderoso Decreto n° 4.489 (28/11/2002).

Em que sentido as regras constitucionais reforçam o seu inerente conteúdo de comprometimento social? Provavelmente essa seja a questão mais funda-

---

[26] Note o leitor que se está excluindo a possibilidade de o Congresso poder estabelecer a nova política unilateralmente. Se esse for o caso (raro no presidencialismo contemporâneo), os eleitores disporiam de uma *quarta* alavanca de controle: apoio eleitoral aos legisladores, no caso de ação unilateral (em oposição ao caso de ação conjunta).

mental a ser respondida, de modo a que os ganhos obtidos com o combate à inflação não venham a ser dissipados pela vigência de uma ordem institucional de tanta imprecisão como a que nos acostumamos a ter na economia brasileira. Segundo Elster (1979), esse comprometimento está relacionado à durabilidade constitucional que induz a que as maiorias coloquem determinadas ações efetivamente além de seu alcance.

Essa autorrestrição deve ser tal que empreender uma dada decisão em t_1 aumente a probabilidade de que se vá empreender outra decisão em t_2. Basta que o leitor acompanhe a trajetória do Fundo Social de Emergência (FSE), de 1993 a 1995, que se transformou em Fundo de Estabilização Fiscal (FEF), de 1996 a 1999, e em DRU, a partir daí, para entender a fugacidade dessa provisão constitucional em seu horizonte de validade e propósito fundamental.[27]

O verdadeiro propósito desse mecanismo sempre foi o de reforçar o poder discricionário dos burocratas federais e, não — segundo a retórica oficial desde então —, viabilizar a implementação de determinadas políticas públicas ditas sociais (Monteiro, 1997:178).

O significado inequívoco da intenção de revalidar a DRU é expandir a margem de delegação com que opera a burocracia do Executivo, obtendo para tanto o aval da legislatura, via o Projeto de Lei de Diretrizes Orçamentárias de-

---

[27] Para a cronologia da DRU até 2002, ver Rezende e Cunha (2002, cap. 2, quadro 5). Em 2011, a validade da DRU (que caducaria ao final do ano) foi estendida até 31/12/2015 (EC nº 68, de 21/12/2011). É interessante notar que, no início de dezembro de 2011, a estratégia de aprovação da PEC da revalidação da DRU se inter-relacionou com a estratégia de uso de medidas provisórias. As lideranças nas duas casas legislativas consideraram adiar votações de MPs na Câmara a fim de que não se tivesse, logo a seguir, o trancamento da agenda do Senado, onde essas MPs já chegariam com prazo de validade vencido. Desse modo, até a votação da PEC da DRU no Senado, a Câmara ficou parada por MPs que estavam sendo *deliberadamente* retidas (DRU: senadores adiam decisões de MPs, disponível em Band.com.br, em 29/11/2011). Estratégia análoga já havia sido usada com igual propósito em outra renovação da vigência da DRU em 2007 (Lula revoga medidas provisórias para votar prorrogação da CPMF, *O Estado de S. Paulo*, 19 set. 2007, Nacional, p. A4). Essa é uma forma extemporânea, não vinculada ao teor de política pública dessas leis, de interferir na geração de regras e, por extensão, na separação de poderes. Já do ponto de vista de todo o conjunto de regras, com essa revogação, temas de política pública tratados nas citadas MPs voltaram a ser regidos por regras que essas mesmas MPs já haviam alterado! Mais do que uma criatividade oportunista da alta gerência do governo, o episódio reforça a evidência da fragilidade com que opera o sistema constitucional da separação de poderes na economia brasileira.

vido ao Congresso até o final de abril do ano precedente ao da validade da LDO e, eventualmente, via mais uma alteração no texto constitucional.[28] O atrativo para que os legisladores concordem com essa vaga delegação de autoridade discricionária aos burocratas decorre, segundo Aranson, Gellhorn e Robinson (1997), do fato de que:

- Deputados e senadores reconhecem que uma dada legislação provavelmente beneficiará um segmento da sociedade, ao mesmo tempo em que imporá custos substanciais a outros segmentos.

  Para recolherem o crédito pelo benefício junto ao primeiro segmento de cidadãos-eleitores-contribuintes, e se manterem à margem da potencial oposição do segundo segmento, os legisladores aprovam a delegação ampla. Assim sendo, podem contar com o apoio dos que integram o primeiro segmento, enquanto transferem as responsabilidades por eventuais repercussões negativas à implementação de decisões pelos burocratas.

- Quando todos os grupos são potencialmente prejudicados pela legislação e preferem alterar o *status quo*, porém são incapazes de optar por um curso de ação, a decisão dos legisladores por uma ampla delegação ao Executivo cria efetivamente uma *loteria* de política pública: por um lado, uma ação preferida por todos os grupos opositores e, por outro, nenhuma ação.

  A distribuição de ganhos e perdas por esses segmentos competidores corre por conta das decisões que a alta gerência econômica venha a tomar. Justo em uma conjuntura em que é acentuada a demanda de programas sociais, os custos de oportunidade com que se defrontam os legisladores, caso optem por não delegarem mais essa fatia de poder decisório aos burocratas, possivelmente excedem os custos de oportunidade de, ao contrário, delegar essa parcela de poder. Pode-se conjeturar que maiores fatias de delegação venham a ser aprovadas, com menores graus de especificidade, o que, ao reduzir o custo de

---

[28] Foi o que ocorreu em 2003, quando simultaneamente à revalidação da DRU, lançou-se o balão de ensaio de que o percentual dessa desvinculação poderia ser aumentado acima de seu nível de 20%, bem como sua vigência ser ampliada. Na proposta orçamentária da União de 2003, o total de recursos da DRU foi da ordem de R$ 40 bilhões, enquanto na PEC n° 41-03, sua vigência foi estendida até 2007. Em 21/12/2011, por meio da EC n° 68, estendeu-se a DRU até 31/12/2015, sendo estimado que em 2012 tais recursos desvinculados chegassem a R$ 62 bilhões.

legislar para os legisladores, acaba por não estimular a produção de legislação promotora de bem-estar social.[29]

Desse modo, segundo Mashaw (1997:141-147), delegações suficientemente amplas do tipo da DRU são efetivas:

- para reduzir o grau de responsabilização dos que implementam as políticas públicas;
- por condicionarem complexas barganhas políticas com grupos de interesses;
- por apresentarem aos legisladores a chance de prover informação seletivamente a seus redutos eleitorais, legislar sem alcançar consenso quanto a detalhes de políticas públicas e ocultar posições ideológicas ou programáticas inconsistentes.

Por outro lado, a DRU pode ser considerada a partir da perspectiva do presidente da República. Temas de âmbito nacional — combate à pobreza, fome e desemprego, por exemplo — estão associados mais restritamente ao prestígio do deputado ou do senador, mas muito mais ao do presidente; assim, delegações amplas como a DRU teriam um significado mais direto no atendimento das preferências eleitorais dos cidadãos em eleições presidenciais. Ao ampliar o uso do poder discricionário na operacionalização de políticas públicas, a DRU torna-se um mecanismo de inestimável peso na formação do capital político do governo. Ao mesmo tempo, a DRU é uma tentativa de criar um ambiente em que o gasto público se apoie nas operações internas da burocracia do Executivo, de vez que boa parte do orçamento da União é tomada por pagamentos de transferências, estabelecidos como titularidades constitucionais e, portanto, obrigatórios. Sob essas titularidades, o gasto público fica no "piloto automático" (Patashnik, 2001:734), a menos que, por meio de reformas constitucionais, a burocracia retome o seu controle. Afinal, mesmo que a orçamentação implique uma escolha discricionária entre propósitos concorrentes, ainda assim as titularidades têm precedência, ficando fora do alcance do controle fiscal ordinário. Essa perspectiva tem escapado à discussão sobre a reforma da previdência social, por exemplo: sua viabilização traz associada a retomada de controle, por parte dos burocratas, sobre uma fatia considerável dos recursos públicos. Desse modo percebe-se me-

---

[29] Ver Aranson, Gellhorn e Robinson (1997); e Mashaw (1997:142).

lhor a economia política da alocação de recursos públicos, e o cabo de guerra que se estabelece entre legisladores e burocratas, em torno da aprovação de reformas, ou mesmo da renovação da vigência de um mecanismo como a DRU.

No centro dessa visão analítica está a noção de que sempre existirá um orçamento que prevalecerá por *default*, caso a barganha entre políticos e burocratas não chegue a bom termo: esse, segundo King (2000) é o "ponto de reversão" do jogo orçamentário:

• com o domínio da decisão dos burocratas sobre um dado tipo de apropriação, por certo que essa reversão será zero, com o programa, o fundo ou a política sendo descontinuados;

• com a elevação desse programa ao estágio de uma titularidade, o ponto de reversão passa a ser determinado pelo contingente de cidadãos — e o decorrente nível de suas necessidades —, que é alcançado pela aplicação da regra constitucional;

• uma terceira possibilidade, que resulta da meta de geração de superávit primário nas contas públicas, é que esse ponto de reversão é dado pelo teto definido pela política de austeridade fiscal.

A concretização da reação à crise se deu em 28/10/1998, com o anúncio do Programa de Estabilidade Fiscal (PEF). O PEF pode ser avaliado a partir de duas metodologias: a) por seu conteúdo em termos de objetivos, metas, *inputs* de informação, tecnologia econômica e recursos orçamentários a ele associados; e b) por seus *processos,* na medida em que sua concepção se define a partir de uma escolha de arranjos institucionais e organizacionais.[30]

O governo reincidiu na estratégia de querer tão somente ver aprovado e implementado o programa, não obstante tratar-se de uma política de tão amplo espectro. O argumento frouxo apresentado em defesa dessa estratégia variou

---

[30] Até o começo de novembro de 1998, a primeira perspectiva predominou no debate que se instalou desde a divulgação do PEF. As análises focalizavam não só a consistência interna de seus números (projeções da evolução do déficit das contas públicas *versus* a intensidade do corte nos gastos públicos, e do aumento da capacidade tributária, assim como suas repercussões potenciais sobre a taxa de variação do PIB, o nível de emprego e as taxas de juros). Contudo, uma política econômica da envergadura de uma *reforma* certamente não se contém na trajetória de indicadores macroeconômicos convencionais.

entre arguir a intensidade da crise e a necessidade de rebaixar as taxas de juros. O primeiro caso não chegou a ser convincente, por desprezar tanto a nova arquitetura da ordem financeira internacional que estava sendo posta em prática, e na qual se enquadravam os substanciais recursos compensatórios postos à disposição das economias em desequilíbrio, quanto a rapidez e a ação coordenada do processo decisório de organismos internacionais e mesmo de governos do Primeiro Mundo. No segundo caso, porque, após as crises mexicana (dezembro de 1994) e asiática (outubro de 1997), o Banco Central trouxe as taxas de juros de volta a seus níveis de antes da crise passados apenas seis meses, sem que para isso tivesse ocorrido um "ajuste fiscal". Erro de estratégia ou não, estava disponível uma janela de oportunidade por onde se pudesse empurrar uma ação como o PEF? Afinal, estávamos na antevéspera de eleições, o presidente da República tentava a renovação de seu mandato. Não havia muita indução a correr o risco de perder capital político. Esse tipo de consideração é relevante, pois ressalta a questão central do PEF: seu reduzido grau de credibilidade.

Em certa medida, já se tentou algo na mesma classe de iniciativa: o Programa de Saneamento Financeiro e Ajuste Fiscal de agosto de 1991, no governo Collor (Monteiro, 1991). Tal qual o PEF, embutia-se uma ampla mudança constitucional em um conjunto de medidas de política econômica. Até mesmo a linguagem técnica da macroeconomia usada em seus documentos básicos é análoga, com desprezo para com a dimensão da economia política da reforma que se propunha empreender. Com isso, incorreu-se em uma subversão conceitual e analítica: colocar em uma moldura de curto prazo o que essencialmente é uma iniciativa de largo alcance, que demanda um genuíno consenso e, portanto, induz à durabilidade. Por outro lado, os comprometimentos na área fiscal-orçamentária têm sido seguidamente renegados pelo governo. Veja-se o caso da CPMF (antigo IPMF) e do FEF (ex-FSE e, depois, DRU). O *status* transitório desses mecanismos sempre esteve sujeito a prorrogações, extensões e reforços, como, mais uma vez, voltou a ocorrer no âmbito do PEF.[31]

---

[31] Possivelmente, o PEF não era senão um grande e complexo *biombo* a ocultar o que verdadeiramente interessava ao governo promover ao final de 1998: concentrar ainda mais poder discricionário nas escolhas públicas. E então, em um segundo momento, redefinir integralmente, e com maior grau de precisão e coerência, a ordem social. As chances de sucesso

Com a transferência de boa parte das escolhas fiscais de governadores e prefeitos para a jurisdição federal, atenuou-se o arranjo federativo. Ambientada em uma nova versão da chamada Lei de Finanças Públicas (Lei n° 4.320, de 1964), que, de longa data, tramitava no Legislativo, associada a uma regulamentação do extenso art. 165 da Constituição, essa legislação surgiu mais tarde como a LC n° 101, de 4/5/2000, e sob a denominação Lei de Responsabilidade Fiscal. Em 2003, as PECs n° 40-03 e n° 41-03 repuseram no cenário político a luta de governadores e prefeitos por um maior quinhão de recursos tributários da União, especialmente da Cide e da CPMF. Na LRF, o público em geral e outros departamentos de governo desempenham importantes papéis; é como se se estabelecesse um "diálogo" focalizado na melhoria econômica da sociedade e que acaba por envolver juízes, burocratas, Ministério Público, meio acadêmico e legisladores e seus *staffs* técnicos (Epstein, 2006:1314).

Segundo Ferejohn e Eskridge (2001:1216), a LRF é uma *superlei*, uma vez que:

• busca estabelecer uma nova moldura normativa para uma política pública. Como o ajuste das contas públicas é o centro da consolidação da estabilidade de preços, as regras da responsabilidade fiscal tornam-se a moldura de toda a política orçamentária na Federação. Ao longo do tempo, integra-se à escala de valores públicos, isto é, aqueles que passam a ser generalizadamente aceitos como intrínsecos às escolhas públicas. Nos termos da figura 1, a LRF incorpora-se ao campo **A**, na medida em que passa a disciplinar as escolhas legislativas na concessão de benefícios a estados e

---

do Programa de Estabilidade Fiscal eram exatamente as de empreendimentos análogos nos últimos anos. O habitual *tumulto coordenado* ocorreria nas votações legislativas. As coalizões com vistas às eleições municipais de 2000 e a ameaça de restabelecer o mandato único para governadores e prefeitos desempenhariam o seu papel na definição das estratégias, tanto na base governista, quanto na oposição. O elemento novo era que, nessa conjuntura, havia um acordo internacional que dava sustentação aos propósitos do programa. Porém, tanto o governo, quanto as organizações multilaterais bem compreendiam que já era bastante satisfatório se a economia brasileira permanecesse economicamente saudável, de modo a manter sua imensa atração ao investimento internacional. As linhas de crédito suplementares tacitamente garantidas pelo FMI, Banco Mundial e Tesouro norte-americano já cumpriam seu papel de desestimular apostas contra o real. Afinal, e diferentemente do que afirmava o então ministro da Fazenda, o tempo do gradualismo não acabara.

municípios e também a autodisciplinar o Executivo Federal na operacionalização do orçamento da União (campo D da figura 1);

- gera amplos condicionamentos e efeitos sobre a formação de outras leis. Trivialmente, a LRF incorpora-se a todas as regras associadas à orçamentação em qualquer jurisdição pública, muito especialmente ao campo B da figura 1;

- no longo prazo, revela-se como norma ou solução de um problema social ou econômico tido por renitente. A LRF introduz nas escolhas públicas uma visão objetiva de *credibilidade* do processo orçamentário público, ao disciplinar o recorrente descaso com que até então se conduzia a gestão fiscal.

Em outra frente, a política de gasto público e a capacidade de o governo lidar com o "pouco espaço de manobra" disponível no orçamento da União receberam, no final de 2002, um reforço expressivo. Pelo Decreto nº 4.489, de 28/11/2002, a burocracia fiscal teve seus poderes discricionários ainda mais ampliados, ganhando pleno acesso à movimentação financeira de pessoas físicas e jurídicas, em virtualmente todo tipo de operação, como detalhado nas 13 variedades listadas no art. 3º do decreto. Ademais, e como tem sido típico na economia brasileira, a imposição de limites ao uso de mais esse reforço da autoridade fiscal decorria da LC nº 105 (10/1/2001), aprovada no Congresso na época áurea das MPs, quando o Executivo podia condicionar intensamente o processo decisório de deputados e senadores. Trata-se de uma espécie de *autoalimentação* de discricionarismo, que fica bem evidenciada no texto desse decreto, com a atribuição à Secretaria da Receita Federal de funções judiciais e legislativas subsidiárias.[32] Formalmente, o Decreto nº 4489 nada mais era do

---

[32] Tomando-se por referência a entrevista do secretário adjunto da SRF (*O Globo*, 30 nov. 2002, p. 29), são inerentes ao ambiente institucional que viabiliza tanta concentração de poder decisório no Executivo Federal: a) a retórica ambígua utilizada para desqualificar restrições que se façam aos termos do novo decreto. Não se estaria incorrendo em quebra do sigilo bancário e, sim, em sua conversão em *sigilo fiscal*; b) a *folga*, pela qual a implementação das novas regras do jogo passa a depender exclusivamente da própria instância burocrática, tal como a de que a SRF terá autoridade "para pedir os dados sobre a movimentação dos contribuintes de cinco anos para trás". Mais adiante, essa mesma arrogância está presente na interpretação dada pela autoridade fiscal quanto ao fato de que teria levado o governo a revogar a exigência estabelecida no citado Decreto nº 4.489, por meio da emissão do Decreto nº 4.545, de 26/12/2002. Pelo

que um tipo de regulamentação da citada LC nº 105. Todavia, em face da elevada carga tributária com que o contribuinte convive, e dos poderes já tão amplos da SRF — e de virtualmente qualquer outra agência governamental, em sua capacidade de ampliar encargos compulsórios — o novo regime tributário era um avanço expressivo sobre as liberdades econômicas do cidadão. Outra vez, o Congresso desempenhou-se muito mal nesse episódio, pois se omitiu diante de tão significativa mudança institucional, ao mesmo tempo em que aceitou ser levado a votar uma reforma tributária *aos pedaços*. A MP nº 66 (29/8/2002) foi alardeada como um desses pedaços: uma indispensável *minirreforma* (na linguagem oficial), que instituiu a incidência não cumulativa do PIS-Pasep, além de elevar a alíquota dessa contribuição, dar tratamento diferenciado à cobrança do imposto de renda, e mesmo prorrogar a vigência da alíquota adicional de 10% sobre os rendimentos da pessoa física.

HIERARQUIA DAS REGRAS DO JOGO DE POLÍTICA ECONÔMICA

Art. 145 da Constituição: "[é] facultado à administração tributária [...] identificar, respeitados os direitos individuais, [...] o patrimônio, os rendimentos e as atividades econômicas do contribuinte".

Art. 5º da LC nº 105: "O Poder Executivo disciplinará [...] os critérios segundo os quais as instituições financeiras informarão à administração tributária da União [...]"

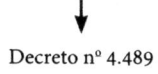

Decreto nº 4.489

Tudo isso, porém, parece substancialmente menos crítico do que a quebra de sigilo da movimentação financeira da pessoa física e jurídica, como estabe-

---

Decreto nº 4.489, converte-se o sigilo bancário em sigilo fiscal, pretensamente tornando mais viável — constitucional e politicamente — esse avanço sobre as liberdades econômicas do cidadão. Segundo a nova retórica, o governo volta atrás, por ter reconhecido a redundância de tal dispositivo: ele já estaria implícito no acesso da SRF às informações sobre a arrecadação da CPMF.

lecida pelo Decreto nº 4.489. A sequência mostrada no diagrama representa um desafio para os que se disponham a entender a formulação e a implementação de política econômica na democracia constitucional. Por longo tempo a sociedade brasileira foi complacente com as seguidas extensões da capacidade legislativa do Executivo, o que fica bem ilustrado em toda a trajetória da estabilização de preços viabilizada pela intensa emissão de MPs (Monteiro, 1997 e 2000). Uma vez estabelecida uma ordem legal e política tão peculiarmente fundamentada em muitas centenas de MPs, torna-se tênue e arbitrária a percepção dos elos na cadeia de regras do jogo ilustrada no diagrama, o que, todavia, não impede que eventualmente se esbocem opiniões quanto a conflitos decorrentes da vigência simultânea desses três conjuntos de regras.

Com menos R$ 40 bilhões anuais para gastar

Em determinadas circunstâncias, como na questão da renovação da CPMF, a política econômica resulta de restrições substantivas, estabelecidas contra os agentes privados por meio de acordos obtidos sob a ameaça de que esses agentes poderão arcar com pesados ônus. O cenário desse litígio pode ser o Congresso ou mesmo chegar à instância judicial. Na análise que se segue utilizei a noção de *regulação por litígio* quando "o Governo ameaça as partes [envolvidas no jogo de política pública] com um resultado suficientemente catastrófico, que ameaça [o bem-estar dos segmentos de atividade regulados]" (Morriss, Yandle e Dorchak, 2005:209). Diante da perda substancial, se a política não fosse operacionalizada, criou-se o confronto do Executivo com a legislatura e com segmentos privados organizados. No caso da PEC nº 89-07 (revalidação da cobrança da CPMF), o litígio foi politicamente oneroso para o governo, e a posição defensiva a que foi levado o Executivo foi "precisamente onde [a decisão litigiosa] oferece[u] aos grupos de interesses especiais o melhor valor".[33] O

---

[33] Yandle e colaboradores (2007:18). O Executivo dificilmente recuaria em sua intenção de renovar a vigência da CPMF, uma vez que a Proposta Orçamentária da União para 2008 já havia sido apresentada ao Congresso. Por seu turno, o Congresso — no caso, os senadores — viu-se diante da decisão de reformular, ou não, substancialmente a previsão de receitas da União, o condicionamento

ambiente institucional em que essa decisão ocorreu era ainda mais complexo, pois muitos dos produtores que se manifestavam contrários à revalidação da CPMF eram beneficiários de atendimentos preferenciais viabilizados pela fartura de recursos tributários da União.

A extinção da CPMF, portanto, ameaçava tais atendimentos, sendo relevante entender a posição assumida por um expressivo grupo de interesses, como a Fiesp, quanto à PEC nº 89-07:

- A Fiesp adotou a estratégia de atuar tanto como defensora da manutenção dos benefícios preferenciais, que estariam ameaçados caso a CPMF não fosse renovada, quanto encampar a redução da carga de impostos — uma causa de interesse geral.

  No primeiro papel, a Fiesp tinha interesse na continuação da CPMF, pois entendia que a fonte de desonerações fiscais e incentivos em geral que se canalizavam para o setor industrial e exportador era uma boa situação de receita do governo. Em certa medida, a elevada carga de impostos, *hoje*, está relacionada à prodigalidade dos governantes em conceder tais benefícios no *passado*.

- Propagar essa versão da trajetória tributária era contraproducente, pois os políticos não se sentem à vontade quando percebidos como protetores *dessa* classe de interesses.

A Fiesp usou ambiguamente a estratégia de antagonismo à CPMF,[34] e vinculou essa posição à redução da carga tributária: um "desejo sincero de promover uma política econômica que acredita[va] ir[ia] atender ao bem-estar geral" (Yandle et al., 2007:9) Por seu turno, os burocratas objetivavam a manutenção de seus postos de trabalho, uma vez que o cancelamento de programas públicos podia ser a consequência natural da extinção da CPMF. O primeiro objetivo individual ficava oculto na defesa aberta da preserva-

---

do gasto público e potenciais efeitos da decisão do cancelamento da CPMF sobre a transferência de receita tributária da União para estados e municípios. Esta última decorrência explica a cautelosa retórica partidária usada por estados e municípios, uma vez que, mesmo a possibilidade de compensar a redução da alíquota de 0,38% da CPMF pela retenção mais elevada de receitas da União contrariaria preferências orçamentárias de governadores e prefeitos.

[34] Ver a coleta de assinaturas (2007) em apoio a essa extinção promovida pela entidade.

ção de determinadas políticas. Em seu relacionamento com os legisladores, os burocratas tinham comprometimento com uma agenda mais específica: o Ministério da Saúde buscava os recursos desse imposto para investir em serviços hospitalares; diferentemente, deputados, senadores e governadores queriam esses recursos para dar sustentação a projetos que melhorassem suas chances eleitorais.[35]

Outra decorrência da política por litígio é que ela desonera os reguladores de restrições sob as quais atuem e que têm origem em leis aprovadas no Congresso. Essa política reconfigura os custos a que o Executivo possa estar sujeito, dando aos burocratas maior liberdade de ação. O custo social dessa segunda vertente pode ser elevado, pois os procedimentos que travam o avanço da política podem proteger a liberdade e a propriedade dos cidadãos.

A extensão do modelo Yandle (Yandle et al., 2007) introduz um terceiro participante no jogo, além dos dois grupos que, por distintas motivações, apoiam a mesma política (Monteiro, 2007:113-115). Tome-se a mídia como esse participante adicional:

• a mídia fala a língua dos que se alinham com o interesse geral, por isso denunciava a CPMF com "zelo missionário" (Yandle et al., 2007:12). Porém, a *fé* da mídia é volátil e baseia-se em ganhos temporais ou oportunistas (que se traduzem por fluxos financeiros) e, não, necessariamente em convicções filosóficas ou doutrinárias;[36]

• pode-se reconhecer a mídia como um litigante indireto dos segmentos que demandavam a não renovação da CPMF — o que ocorria com a apresentação de pontos de vista (acolhidos em entrevistas e editoriais, por exemplo) sustentando essa posição.

Para a Fiesp, a estratégia era ter sua causa em prol do interesse geral apresentada pela mídia, com o que o acolhimento de *seu* interesse preferencial pela

---

[35] E, assim, eram bem mais flexíveis quanto à destinação dos recursos da CPMF. Os burocratas teriam uma "visão tubular" (Spence e Cross, 2000), no sentido de que focalizavam sua própria agenda operacional, excluindo outros objetivos de política.

[36] Essa falta de convicção estável não impediu que a mídia adicionasse um elemento-chave ao jogo: suas habilidades *empreendedoras* para atingir seus objetivos, habilidades que, em geral, faltavam àqueles que professavam ideais de liberalismo quanto à condenação da CPMF.

manutenção dos benefícios fiscais de seus associados podia ser mais efetivamente articulado junto aos políticos.

Passadas duas etapas do confronto entre a legislatura e o Executivo em torno da PEC nº 89-07, isto é, a rejeição (13/12/2007) da renovação da cobrança da CPMF e a revalidação da DRU, há muitas interpretações desse episódio, sendo a mais superficial a de tratar-se de um confronto ao qual se seguiria a cooperação ou a retaliação.

Concentradas em detalhes específicos e em fatos avulsos, as análises sobre a extinção da cobrança de um imposto do porte da CPMF[37] deixam de focalizar o *processo* que essa decisão do Senado Federal desencadeou.

Poucas vezes houve ocasião para se observar concretamente o que significa o *cancelamento* de uma política tão relevante no conjunto das escolhas públicas. Diante da decisão de uma maioria de 3/5 dos senadores, que optaram pela rejeição da PEC nº 89-07, e da resolução do Executivo de sustentar o ajuste fiscal, a *política de reparação de danos* adotada tomou a forma de:

- aumento de outros impostos, substancialmente do Imposto sobre Operações Financeiras (IOF) para operações de crédito, e da Contribuição Social sobre o Lucro Líquido (CSLL), incidente sobre o setor financeiro;
- cortes no gasto público (de imediato, grandemente indeterminados).[38]

Coube à oposição no Senado focalizar a PEC nº 89-07 no que ela aparentemente era: um desdobramento da política tributária, por retomar a bandeira normativa da alta carga de impostos na economia brasileira; porém, a retórica usada buscava obter ganhos eleitorais em 2008 e, por certo, em 2010. O gover-

---

[37] Fonte de renda anual de cerca de R$ 40 bilhões para o Tesouro Nacional, e *janela* pela qual a intrusão governamental invadia a privacidade financeira do cidadão.

[38] A expectativa era que, pela via do aumento das alíquotas de impostos remanescentes, se arrecadasse o equivalente a um quarto da receita que seria extraída pela CPMF; portanto, o grande ajuste se daria pela redução do gasto público. Também havia uma vaga referência ao aumento de arrecadação, por força do crescimento do PIB (Monteiro, 1990:46-48), o que foi estimado em um aporte de outro um quarto dos recursos que não mais viriam da cobrança da CPMF. Essa não tem sido uma atitude típica da burocracia fiscal brasileira: o governo não costuma apostar que, em uma conjuntura de crescimento, a base de contribuição automaticamente se eleve e mais se arrecade pela via tributária; o que se tem observado é que, caso isso aconteça, tudo bem, o governo se apropria de tal excedente.

no soube usar a sintonia fina de tudo fazer para não abrir mão de um volume de receita tão expressivo, ao mesmo tempo em que pretendia passar a ideia de que, na essência, a nova política de investimentos — o Programa de Aceleração do Crescimento (PAC) — não seria prejudicada com a perda dessa receita.[39]

FIGURA 3. IMPLICAÇÕES DA PRESENÇA ORÇAMENTÁRIA DO GOVERNO

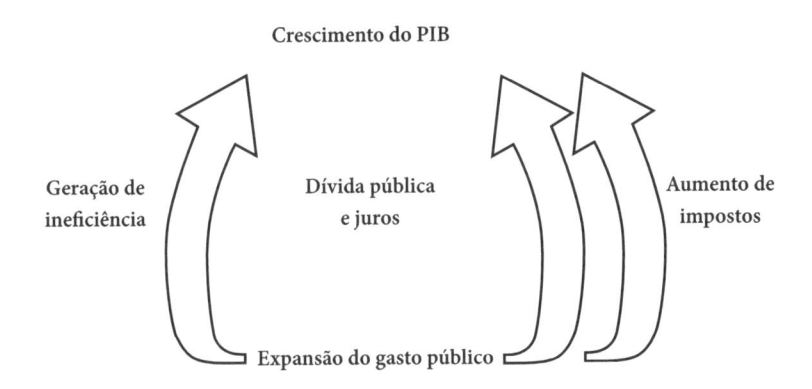

As regras constitucionais servem essencialmente para delimitar que as escolhas públicas operem em prol do interesse geral.[40] Contudo, quando se leva

---

[39] Mais cedo ou mais tarde, porém, compensações variadas surgiriam por via de diversos instrumentos de política tributária: alíquotas, prazos de recolhimento, redefinição da base tributada, atenuação ou não renovação de desonerações, entre outros. Afinal, a interação de Executivo e legislatura é uma ocorrência *continuada* e, desse modo, acordos acabam por ser definidos em novos termos.

[40] O episódio da rejeição da PEC nº 89-07 ilustra sobretudo como pode funcionar uma barreira constitucional de maioria qualificada; no caso, a regra da maioria de 3/5, aplicada em quatro votações: duas em um processo decisório que reuniu 513 deputados e duas outras com 81 senadores. Os primeiros, eleitos com horizonte de planejamento de quatro anos, por voto proporcional, e representando redutos eleitorais relativamente compactos e, portanto, mais homogêneos; já os senadores atuando com base na perspectiva de oito anos de mandato obtido em eleições majoritárias, com menor acesso de concorrentes e com eleitorado pelo menos tão homogêneo quanto o dos deputados, mas possivelmente bem mais heterogêneo, uma vez que o mandato de senador incorpora a representação formal do todo o estado da Federação. Uma percepção suplementar das regras constitucionais diz respeito a seus propósitos fundamentais. Uma visão muito difundida é que elas atuam como um seguro contra futuros retrocessos, ou seja, os direitos que essas regras estabeleçam devem receber proteção especial em relação a revisionismos. Todavia, há duas qualificações importantes quanto a esse tipo de propósito:

em conta a presença fiscal do governo, tal afirmação parece sem sentido: não só o gasto público tem crescido, como a receita tributária tem alcançado níveis absolutos extraordinariamente elevados, assim como em relação ao crescimento do PIB. E mais: esse desempenho tem sido comum a governos de diferentes ideologias políticas e econômicas.

A diferença ideológica pode ser aferida pela maior ou menor propensão em que a expansão de gastos "em bens [...] que o público deseja, porém o mercado não possa prover adequadamente, esteja sendo [comprimida] pelo gasto em bens que [...] meramente transferem recursos de um grupo [de interesses preferenciais] para outro. Assim sendo, o governo acaba por despender ainda mais e afasta-se da promoção do interesse [geral] em suas decisões de gasto" (McGinnis e Rappaport, 1999:368).[41]

Toda essa reflexão permite construir a sequência mostrada na figura 3, com o resultado final sendo o condicionamento do crescimento econômico.

Por outra perspectiva, a extinção da CPMF foi um acontecimento institucional, no sentido de que não se referiu tanto à realidade de *quem* decide, mas en-

---

certas regras a) podem ter sido estabelecidas como resultado de um entendimento final quanto à mudança de *status quo* (independentemente de tratarem de algum valor fundamental do ponto de vista da sociedade); e b) expressam mais propriamente *aspirações* quanto ao futuro da sociedade do que garantias contra revisionismos. Tais pontos de vista associam as regras constitucionais a elementos de "preservação" e, ao mesmo tempo, a elementos de "transformação" (Dorf, 2009; Sunstein, 2002). Visto por outro ângulo, esse é o pressuposto de que a deliberação quanto às regras constitucionais tende a ocorrer sob um "véu de incerteza", de tal modo que, nessa circunstância, é muito difícil ou de todo impossível aos que se envolvem nessa fase constitucional do jogo (Monteiro, 2007:40) antecipar o impacto da escolha de regras em uma data futura, quando o jogo já estiver em andamento. Por causa dessa incerteza, a escolha constitucional opta pelo *design* de regras imparciais, ou seja, regras que contemplem servir ao interesse coletivo. As regras constitucionais têm ainda outra peculiaridade: muito frequentemente sua alteração é feita por partes, sem que todo o seu conjunto deixe de vigorar. Uma apta metáfora (Elster, 1998) associa o *design* constitucional à reconstrução de um navio em meio a seu curso no mar: as mudanças nessas regras resultam de um conserto aqui, um remendo acolá, pressupondo-se que a maior parte da estrutura do navio atue como uma condicionante, enquanto são tentadas melhorias em pequena escala, quando viáveis (Vermeule, 2007:245).

[41] Um exemplo inquietante da provisão dessa segunda classe de bens que contemplam o atendimento de interesses mais exclusivos ou "privados" é a incontrolável transferência de recursos públicos via previdência social.

volveu substancialmente sobre o *que* se decide (Komesar, 1994:3). Muito mais do que uma decisão de indivíduos, tratou-se de uma escolha complexa, articulada no processo político, no mercado e no processo adjudicativo, em que a interação de múltiplos participantes molda o resultado final de política pública.[42]

Desde a rejeição da PEC nº 89-07, o ambiente em que essa escolha institucional transcorre pode ser ilustrado pela figura 4. A percepção desse evento, segundo a moldura conceitual mostrada na figura, permite que melhor se avaliem importantes e controversas decisões a que está exposto o governo ao estabelecer sua melhor estratégia para neutralizar uma perda de receita como a da CPMF.

Tome-se o argumento de que a rejeição da proposta do governo teve a virtude de reduzir potencialmente a carga tributária que se elevava continuadamente ao longo dos últimos anos. Embora tal objetivo seja meritório e ingrediente de todo ajuste fiscal, isoladamente diz muito pouco em relação à decisão do Congresso e às possíveis repercussões no processo decisório mostrado na figura 4. O que acrescenta rigor a essa apreciação do novo ajuste fiscal é precisamente a escolha a que esse ajuste vem associado: imerso em toda lei e política pública que materializa um objetivo macroeconômico está uma determinada instituição (Komesar, 1994:5). No caso em estudo, há que reconhecer se o processo adjudicativo do STF atenderia melhor ao interesse geral do que a decisão tomada no processo legislativo. A promoção do ajuste fiscal pelo lado do corte de gasto público traz à cena a questão de ser o mercado (privatização, parcerias público-privadas) ou a regulação governamental o caminho mais apropriado para a promoção desse ajuste, comparativamente ao processo adjudicativo.[43]

---

[42] As leis e políticas públicas combinam diferentes misturas dessas estruturas decisórias. A escolha de uma dessas misturas é rotulada uma *escolha institucional*. Tal característica requer um aparato analítico bem mais sofisticado para que se tenha, em toda a sua extensão, um entendimento do que significa "a cobrança da CPMF terminou", sendo, pois, muito limitadas constatações do tipo "vitória da oposição", "haverá um peso extra no bolso do contribuinte" ou "não há razão para o aumento de carga tributária", tomando por ilustração apenas a retórica da mídia.

[43] Perceba o leitor o quanto seria vantajoso para a nova estratégia governamental reformular o ajuste fiscal lançando mão das parcerias público-privadas (PPPs), mecanismo cujo aparato formal já está estabelecido (Lei nº 11.079, de 30/12/2004), mas que, por variadas razões, nunca foi operacionalizado na escala em que se imagina que uma política de PPP deva operar

Tal argumentação enfatiza o cancelamento da cobrança da CPMF com o propósito de conter a carga tributária. Mas a CPMF sempre foi considerada pela perspectiva complementar de permitir à autoridade fiscal monitorar a intimidade financeira dos contribuintes.[44] Estes são tempos de grande e crescente intrusão governamental na vida do cidadão, de modo que muito provavelmente o governo, em uma segunda etapa, se dedicará a repor a janela que a CPMF lhe permitia para monitorar o contribuinte. De imediato, parece que toda estratégia macroeconômica se resume a como o governo pode ser compensado pela significativa perda de arrecadação.

FIGURA 4. O cancelamento da CPMF

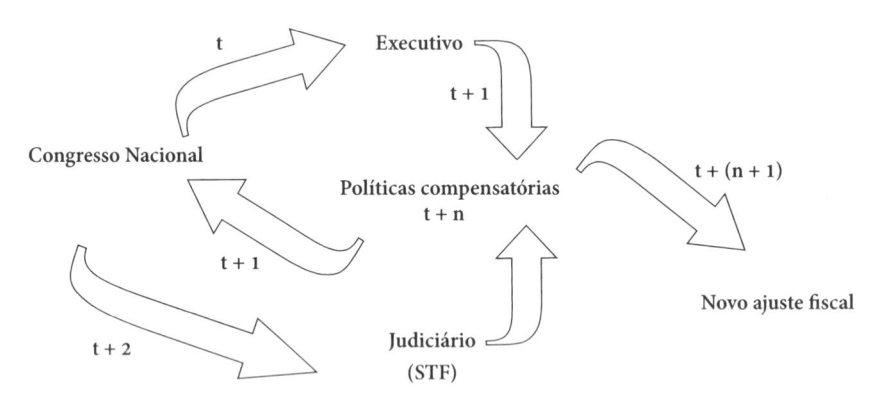

Também se menciona um possível atributo das regras das escolhas públicas: que estas possam invadir demasiadamente a privacidade do cidadão, per-

---

(Monteiro, 2006). Essa é uma dimensão do custo social que está implícito em certas políticas públicas, em razão de sua entrada em vigor na ocasião equivocada. Tivessem as PPPs sido lançadas com intensidade e variedade em 2005/2006, como se antecipava originariamente, e a implementação do PAC, a partir de 2007, talvez se tornasse menos dependente de recursos públicos, e menos traumáticos seriam os cortes no orçamento da União que se fazem necessários em 2008-2013.

[44] Essa é uma perspectiva virtuosa, na medida em que, desse modo, seria possível detectar movimentações financeiras ilícitas, argumento muito difundido quando da introdução do imposto. A moldura de escolha institucional ilustrada na figura 4 também pode ser repassada ao caso desse outro objetivo da política de ajuste fiscal.

mitindo que, por decisão política ou burocrática, o Estado regule discriciona-
riamente o comportamento do cidadão, ainda que, para tanto, a retórica oficial
enfatize valores de ampla aceitação coletiva.[45]

Por vezes, as políticas públicas ficam em estado de *suspensão*, uma vez que,
encerrado o ano fiscal, a proposta orçamentária da União para o ano subsequente pode não ter sido aprovada. Isso voltou a ocorrer em 2007 relativamente ao orçamento de 2008.[46] Um aspecto relevante nesse fato foi a reação dos
burocratas à prevista redefinição dessa proposta, da qual eles próprios haviam
sido os principais artífices. Complementarmente às perdas privadas que os burocratas pudessem sofrer em razão dos inevitáveis cortes e contingenciamentos em políticas e verbas públicas, um segmento específico dessa burocracia (a
autoridade fiscal) estava igualmente interessado em recuperar a peculiar capacidade que se perdera com a extinção da CPMF: o poder de monitorar, em
sintonia fina, a movimentação financeira dos contribuintes.

Tentando se compensar parcialmente dessa perda, a Secretaria da Receita Federal optou (IN nº 802, de 27/12/2007) por disciplinar um mecanismo
já existente (art. 5º da LC nº 105, de 10/1/2001), mas que até então não tinha
grande significado operacional diante do automatismo das informações geradas pela cobrança da CPMF. A opção efetivada pela citada instrução normativa
da SRF distinguia-se qualitativamente da estabelecida com a CPMF: a quebra
de sigilo na movimentação financeira do contribuinte tinha por *guarda-chuva*
uma regra constitucional; agora, o detalhamento que habilitava o *novo* mecanismo de quebra de sigilo seria definido por regras decorrentes do exercício do
poder discricionário da própria gerência fiscal, mesmo que dando sequência a
outro tipo de deliberação do Congresso, a LC nº 105. No curto prazo, essa era
uma janela de acesso seletivo, porém os burocratas saberiam torná-la muito
mais abrangente se assim preferissem.

---

[45] O argumento dos burocratas em prol da atenuação de garantias de privacidade do cidadão-
contribuinte tem lastro no chamado "paradoxo Swire" (Swire, 1999:461): no *curto prazo*, o
cidadão-contribuinte aceita esse ônus que a política pública possa lhe causar, porém, no *longo
prazo*, oferece maior resistência a esse tipo de intrusão governamental.

[46] O caso mais extraordinário dessa classe de ocorrência já foi citado antes: a Lei Orçamentária de
1994 (Lei nº 8.933) é datada de 9/11/1994!

Tão relevante quanto entender a adaptação do comportamento dos legisladores à nova realidade do sistema tributário sem a CPMF, é projetar a reação dos que operavam a máquina governamental, uma vez que políticas e programas seriam afetados em sua execução, assim como seria afetado o ganho privado que esses agentes públicos obtinham por sua singular posição no jogo de políticas. Singular no sentido de que, diferentemente dos políticos, os burocratas não passam por teste eleitoral e, por consequência, estão distanciados das cobranças dos cidadãos-eleitores.[47]

Confrontos constitucionais

Episódios como a renovação da vigência da CPMF e da DRU também podem ser considerados pela perspectiva da economia do "confronto constitucional" (Posner e Vermeule, 2011 e 2007) e envolvem:

- discordância entre departamentos de governo quanto a seus poderes constitucionais, discordância que se reflete em comportamentos — traduzidos por atividades de comissões e votações em plenário (Congresso), emissão de medidas provisórias, decretos, resoluções e vetos (Executivo) e revisões judiciais (STF) — e não em simples retórica;

- ocorrência que define acomodação, por uma das partes, às percepções da outra;

- criação de precedente (judicial ou não), o que pode vir a condicionar o funcionamento futuro do sistema de separação de poderes.

Quanto maior for a resistência de uma das partes (por exemplo, o Executivo) em aquiescer às demandas da outra (uma das casas legislativas), tanto mais eleva-

---

[47] Os burocratas têm interesse crítico no orçamento público, e não apenas porque são as burocracias (ministérios, agências reguladoras, entre outras ramificações), elas mesmas, "unidades orçamentárias". Em alguns modelos analíticos, a racionalidade desses agentes de decisão resume-se à maximização do volume de recursos orçamentários que o burocrata pode ter sob seu controle. Tal linha de argumentação associa o poder discricionário que o burocrata possa exercer nas escolhas públicas à busca de maior influência, poder, prestígio e oportunidade de ascensão na hierarquia governamental.

da será a incerteza legal sobre a trajetória da política em questão, uma vez que os agentes de decisão (públicos e privados) anteciparão que essa não concordância se tornará o padrão nas escolhas públicas, caso controvérsias análogas venham a ocorrer.[48] O desenrolar de um confronto constitucional (em intensidade e duração) depende da assimetria de informação quanto a interesses e ao poder de barganha das partes envolvidas: a eventual aquiescência no que diz respeito à localização da autoridade decisória acaba por definir linhas de autoridade constitucional, de modo que, em um próximo evento, um novo confronto pode ser evitado.[49]

Eis uma ocorrência virtuosa, a ser contrastada com o que se tem visto habitualmente:

- paralisação decisória na legislatura, o que tem levado à procrastinação da aprovação de leis essenciais, como a Lei Orçamentária Anual, ou à renovação da vigência da CPMF, para data perigosamente próxima de sua data de expiração;

- descrédito público quanto às próprias instituições políticas, que passam a imagem de que a interação do Congresso com o Executivo é venal, refletindo integralmente comportamentos individuais dos que atuam nesses departamentos;[50]

- interferência da mídia, que *pauta* a discussão de políticas públicas, ainda na fase de concepção dessas políticas, pela esfera burocrática.[51]

---

[48] São as ações das partes envolvidas que contam e, não, a retórica do enfrentamento.

[49] Na verdade, a trajetória da crise contemporânea reconfigura a simplicidade com que muitas vezes se tem abordado a funcionalidade do sistema da separação de poderes. Afinal, esse sistema é um *substituto* da disciplina eleitoral a que governo e políticos em geral se submetem quando essa disciplina se mostra inadequada? Tal sistema atua *complementarmente* à responsabilização por via eleitoral, ao ajudar a restringir a "folga" com que os políticos atuam? O cidadão-eleitor fica mais bem-atendido quando um ou mais mecanismos institucionais operam articuladamente, ou quando há a *opção* de que departamentos de governo ajam em conjunto ou unilateralmente, como tanto se tem observado ao longo de 2008-2011? Essa nova linha de análise é desenvolvida em Posner e Vermeule (2011), Nzelibe e Stephenson (2010), e Davidoff e Zaring (2009).

[50] As decisões em jurisdições de comissões legislativas passam a ser comprometidas pela dimensão "judicial" de comissões de investigação e comissões de ética.

[51] Esse ônus institucional é tanto mais alarmante quando se considera o elevado grau de concentração verificado no mercado de mídia no Brasil. Incidentalmente, vale mencionar a delicada questão apresentada na proposta da Comissão de Valores Mobiliários (CVM), na fase de consulta pública, com o Edital de Audiência Pública nº 09-2007: em seu art. 2º, A, essa proposta

Por que o confronto constitucional ocorre? Nos exemplos citados (CPMF e DRU), o embate girou em torno da opção extrema de extinção da CPMF e da DRU. Nesse caso, não há como acolher a extinção da CPMF e da DRU: no curto prazo, o ajuste compensatório nas finanças públicas seria econômica e politicamente desastroso; antecipando isso, as lideranças no Congresso levaram em conta o "sentimento constitucional público", isto é, a decisão da sociedade quanto à localização da autoridade constitucional nessa escolha. Tal conceito não pressupõe uma agregação *justa* de preferências dos cidadãos-contribuintes-eleitores. Na verdade, reflete um "complexo processo segundo o qual os pontos de vista das elites, dos grupos de interesses, dos cidadãos comuns e de outros tantos, em última instância, determinam as linhas efetivas da autoridade política, visões essas que podem ou não ser mediadas pela interpretação de boa-fé de textos e tradições relevantes" (Posner e Vermeule, 2007:15-16).

O sentimento constitucional público tampouco sinaliza a alocação ótima de autoridade entre o Executivo e a legislatura, mesmo porque há que se levar em conta a mobilização de grupos de interesses em sua formação. Pela ótica da economia dos "confrontos constitucionais", tem-se uma conjuntura em que a legislatura e o Executivo objetivam servir ao interesse geral. Enquanto o sentimento constitucional público é pouco informado, se não de todo perverso, no alinhamento com os interesses da coletividade, esses dois poderes cooperam, evitando que um impasse seja resolvido por esse sentimento constitucional público (Posner e Vermeule, 2007:16 e 2011:71). Se a legislatura e o Executivo chegassem voluntariamente a uma dada alocação de poderes relativamente à escolha da prorrogação da CPMF, o confronto constitucional não ocorreria, e o interesse geral seria contemplado na decisão daqueles que representam variados segmentos da sociedade. Neutralizar-se-ia a ação de interesses preferen-

---

regula "a atividade jornalística que envolve divulgação de opiniões ou recomendações gerais sobre evolução e tendências de mercado [de valores mobiliários] [...]". Quanto à interferência da mídia na competição eleitoral, ver "Manifestações eleitorais do STF e do TSE" (*Estratégia Macroeconômica*, v. 18, n. 444, 25 out. 2010). Já quanto a propriedades do mecanismo de audiências ou consultas públicas, que vem tendo uso crescente na discussão de regulações setoriais, ver Prado, Silva e Yamaguchi (2011).

ciais. No constitucionalismo de risco, as iniciativas presidenciais acabam por se tornar precedentes aceitos ou que são prorrogados indefinidamente. A DRU e a CPMF são iniciativas que ampliam os poderes fiscais do Executivo e que perduram por longo tempo. O constitucionalismo de risco é caracterizado muito mais pelos *acréscimos* de precedentes do que por sua prorrogação. Esses são precedentes que fomentam uma autoridade maior do presidente.[52] O conceito de constitucionalismo de risco reconhece que a presença do presidente no jogo de políticas não decorre tanto dos atributos pessoais do ocupante do Palácio do Planalto, mas de mecanismos institucionais desse jogo (Moe e Howell, 1999): mesmo que o Congresso ou o STF sejam capazes de agir em oposição ao presidente, eles provavelmente não o farão e talvez tenham mesmo incentivos para acatar a estratégia presidencial.[53]

Nova realidade orçamentária: a dinâmica da crise de 2008

Na antevéspera da eclosão da crise de 2008, o debate nacional focalizava tópicos avulsos da trajetória da economia, como a valorização do real, o patamar da taxa de juros, o volume de investimentos do PAC, as deliberações mensais

---

[52] Isso ocorre com o mecanismo da MP: mesmo após a redefinição de suas regras de emissão, novos precedentes quanto ao seu uso vão sendo estabelecidos ao longo da prática legislativa. Essa linha de raciocínio leva à conclusão de que a tendência do constitucionalismo de risco é assumir riscos, o que implica assumir riscos *adicionais*, ou seja, a extensão da fronteira dos poderes presidenciais gera novos poderes presidenciais. É por essa ótica que se pode também pensar a significativa expansão do contingente do funcionalismo público, anunciada com a apresentação da Proposta Orçamentária da União de 2008 (Orçamento do ano que vem prevê criação de quase 29 mil cargos, *O Estado de S. Paulo*, 4 set. 2007, Nacional, p. A4): essa decisão expande diretamente a máquina do governo federal e *amacia* os demais departamentos de governo, uma vez que parte dessa provisão atende a interesses do Legislativo e do Judiciário. Mesmo o PAC, lançado em janeiro de 2007, uma política econômica de grande complexidade, dispensou negociação prévia com o Congresso. Outra vez, pela forma legal adotada (MP e decretos) e pela magnitude da iniciativa, o PAC levou o Congresso a também assumir uma posição reativa.

[53] Ao longo da execução do Plano Real muito se arguiu contrariamente ao uso indiscriminado e crescente de MPs na instrumentação da estabilização de preços. Todavia, somente em 2001 é que efetivamente foram impostas restrições a esse peculiar poder legislativo.

do Copom e a quantidade de emissões de medidas provisórias.[54] Nessa atitude havia um efeito perverso que distraía a atenção, deslocando-a para longe de duas características fundamentais dessa trajetória:

- os impasses gerados por regras do jogo que são, ao mesmo tempo, imprecisas e voláteis;[55]

- a cultura institucional que tem na Constituição não o conjunto mais estável de regras do jogo de escolhas públicas, porém uma instância a mais, em que se pode sancionar ou não maiores poderes para o governo.[56]

Em outra vertente, a governabilidade tem sido relacionada à promoção de políticas de largo espectro ou de reformas. Por seu alcance institucional e suas repercussões operacionais, uma reforma deriva sua racionalidade de um modelo de governo representativo. Afinal, são escolhas públicas que se formam, sob um conjunto de novas regras constitucionais e infraconstitucionais, condicionando extensamente as estratégias dos indivíduos em suas diferentes capacidades — contribuintes, consumidores, produtores, investidores etc. Tal foi o caso do projeto de reforma tributária: a Exposição de Motivos nº 16/MF (26/2/2008), apresentada pelo ministro da Fazenda no encaminhamento da PEC nº 233-08 (reforma do sistema tributário nacional), arrolou como objetivos da PEC: a *simplificação* desse sistema, o *avanço* da política de desonerações tributárias, a eliminação de distorções para que os impostos não pudessem prejudicar o crescimento da economia, seja pela perda de competitividade nos mercados, seja pela indisciplina das relações tributárias na Federação (guerra fiscal).

---

[54] Quanto a este último tema, em 24/3/2008, o presidente da República reagiu às tentativas do Congresso de alterar as regras do mecanismo de emissão de MPs, argumentando que tais mudanças não deveriam afetar a *governabilidade* que esse recurso legislativo trazia para a economia.

[55] Tais impasses assumem *status* de estratégia no relacionamento entre Executivo e Congresso, com destaque para a criação de comissões especiais de inquérito, para o bloqueio de agenda via gerenciamento do cronograma da tramitação legislativa de MPs, e para a recusa dos partidos de oposição de se comprometerem com uma agenda mínima de políticas públicas que simultaneamente atenda ao interesse geral e ao governo.

[56] O encaminhamento no Congresso da PEC nº 511-06, disciplinando o mecanismo das MPs (art. 62 da Constituição), e a extinção da cobrança da CPMF (rejeição da PEC nº 89-07, em 13/12/2007) são exemplos didáticos dessa cultura. Em ambos os casos, análises e discussões acabaram centradas na questão de se o governo *deve ou não* deter determinados poderes.

Por fim, considere o leitor que o dia a dia de uma economia contemporânea revela inúmeros exemplos de mobilização organizada de interesses preferenciais, ora tentando evitar que uma regulação governamental seja adotada, na medida em que tal regulação lhes seja adversa, ora o contrário, buscando viabilizar seus propósitos privados.[57]

A crise oficialmente iniciada em 2008 nos EUA deu um sentido mais intenso às políticas de gasto público:

- Na economia norte-americana, a reação à crise deu prioridade a substanciais estímulos via forte expansão do gasto público. Essa estratégia foi alterada no final de 2010, quando se chegou próximo do teto legal do endividamento federal. Nessa ocasião, a política econômica não só sofreu uma reordenação, combinando elevação de impostos com cortes no gasto público, como foi alçada ao topo da formulação da estratégia econômica.

- Na União Europeia, desde cedo na crise a orientação diferiu da adotada pelo governo dos EUA: a prioridade foi o corte de gasto público e a elevação de impostos, em um regime muito similar ao adotado anos atrás nos tratamentos aplicados pelo FMI em países emergentes.[58]

- No Brasil, durante o governo Lula, a reação concentrou-se em estimular o mercado interno, especialmente nos segmentos que davam os primeiros sinais de queda da demanda externa (indústria automotiva), propagan-

---

[57] Uma rápida observação da cena brasileira mostra ocorrências claras desse tipo em mercados como os de telefonia celular, seguro de saúde e televisão a cabo. De modo mais velado, uma política do porte do PAC gera oportunidades de negócios que podem totalizar quase R$100 bilhões, o que, por certo, é atraente o bastante para que firmas e consórcios privados percorram os caminhos institucionais que possam levá-los a influir nas decisões estratégicas e gerenciais desse programa de investimentos. A extraordinária rentabilidade do setor bancário privado também induz a que o interesse dessas organizações (canalizado pelo cartel político do segmento, a Febraban) busque manter à distância qualquer ação governamental que vise a tributar adicionalmente os sempre elevados lucros obtidos no setor.

[58] O caso mais notório foi o da Grécia (2% do PIB da União Europeia), no fim de 2010, quando, em troca de um aporte de recursos para promover o equilíbrio das finanças públicas e o saneamento de bancos comerciais, o comando político da União Europeia, o Banco Central europeu e o FMI apresentaram uma lista de cortes de gasto público, aumento de impostos e mudanças de regras no mercado de trabalho.

do-se o estímulo à demanda interna (indústria automotiva, material de construção, linha branca).

Além das desonerações tributárias,[59] houve tentativas de conter a valorização do real em relação ao dólar, a redução da taxa oficial de juros, a facilidade de acesso ao crédito, os projetos do PAC, a política de ganhos reais no salário mínimo, a viabilidade econômica da extração do petróleo da camada do présal e a aceitação de maiores déficits nas contas públicas.

A visão oficial, por seu turno, foi a de *pegar carona* no pouco estrago que a crise estava causando na economia brasileira para, assim, inferir que a estratégia de política econômica conduzida desde setembro/outubro de 2008 era a resposta correta à crise. Contudo, as frequentes desonerações de impostos têm pesados custos para o equilíbrio das contas públicas, e a conexão das políticas de taxa de juros e de câmbio também entra em uma zona de rendimentos decrescentes.

O equilíbrio macroeconômico se estabelece, ademais, em um *fio de navalha*, diante dos possíveis e desastrosos reflexos que possam ser importados da economia mundial em desarranjo; o que deve ser levado em conta à margem das MPs nº 540 e nº 541 (2/8/2011), que instituíram um vasto programa de compensações à indústria de exportação. Desse modo, em setembro de 2011, quando mais uma vez o *lobbying* da Anfavea foi exercido, o governo não mais recorreu a desonerações do IPI, mas a uma vigorosa proteção fiscal para encarecer (com o aumento do IPI) a importação de automóveis europeus, asiáticos e norte-americanos. Complementarmente, o governo anunciou o aumento da meta de superávit primário para 3,2% do PIB: uma contenção de gastos de mais R$10 bilhões.[60] No horizonte de curto prazo, o governo voltou a fomentar as exportações *ainda em 2011*, desta vez transferindo recursos brutos de R$1,5 bilhão para as demais jurisdições de governo (MP nº 546, de 29/9/2011).

---

[59] Parcialmente estendidas a 2010. O setor automotivo, por exemplo, foi o alvo dos decretos nºs 6.687 (11/12/2008), 6.696 (17/12/2008), 6.743 (15/1/2009), 6.809 (30/3/2009), 6.890 (29/6/2009), 7.017 (26/11/2009), 7.060 (31/12/2009), 7.222 (29/6/2010).
[60] Ver "Guardando dinheiro" (*O Globo*, 30 ago. 2011, p. 23).

Várias são as sinalizações quanto ao tipo de consenso requerido no atual estágio do ajuste que se promove nas diversas economias mundiais (e o Brasil não é exceção):

- o tamanho da economia pública: o governo tanto como unidade orçamentária quanto como unidade de controle — faces da politização dos arranjos econômicos que têm se expandido significativa e aceleradamente;[61]
- a garantia de titularidades: direitos assegurados nas áreas trabalhista e previdenciária muito provavelmente devem ser redefinidos no rastro da adoção de mecanismos que previnam a ocorrência de novas crises de características similares à atual;[62]
- o sistema da separação de poderes: haverá uma contraposição à tendência que já vinha sendo observada antes da crise (e que se acentuou ao longo dela) sobre a hipertrofia do poder da alta gerência econômica do Executivo.[63]

A crise causou forte impacto nas instituições e na formulação de políticas. Por isso, certas dimensões da crise acabaram sendo exacerbadas ou tornadas mais complexas. A figura 5 capta essa relação de causa e efeito.

Um exemplo observável em várias economias foi o recondicionamento da política de ajuste fiscal: com a forte expansão dos gastos públicos na jurisdição federal, e diante da queda da arrecadação tributária, as demais jurisdições de governo passaram a pressionar o governo central para aumentar o seu quinhão nesses novos gastos federais, e para que fossem redefinidas as regras do federa-

---

[61] A arquitetura das democracias é pouco receptiva a esse tipo de desdobramento das escolhas públicas, de modo que a ordem constitucional vai se apresentando cada vez mais como um conjunto de regras de pouca estabilidade. Em decorrência, essas regras passam a requerer um novo *design*, que promova seu efetivo sentido tanto de mecanismo de coordenação de expectativas, quanto de balizamento para os poderes governamentais (Ordeshook, 1992).

[62] Um aspecto dessa reforma é a pressão pela retomada do crescimento econômico, o que induz a que antigas reivindicações quanto à redução dos custos trabalhistas ganhem maior expressão no debate político.

[63] As adaptações que vêm sendo feitas no processo decisório público têm comprometido substancialmente as vantagens do sistema decisório quadricameral de interação de Executivo, Câmara dos Deputados, Senado e Supremo Tribunal. Ainda que deputados e senadores sejam chamados a aprovar medidas emergenciais, isso se dá diante da pressão de decidir sobre uma agenda que é fundamentalmente *ad hoc*, definida e operada pelos burocratas do Executivo.

lismo fiscal.[64] Na figura 5, essa ocorrência perversa é ilustrada pela sequência {[4] → [5]}.[65]

O sentido mais desejável das regras do jogo é que gerem incentivos positivos e também comportamentos virtuosos por parte dos participantes do jogo, isto é, produzam escolhas que promovam o bem-estar geral. Em contraposição, o processo político é, inerentemente, a fonte de potenciais atendimentos preferenciais, como desonerações tributárias, subsídios,

---

[64] Uma evidência muito didática a esse respeito, e que teve expressão análoga no caso brasileiro, foi apresentada em "The influence game: lobbyists prosper in downturn" (*Washington Post*, 3 May 2009), em que se discute a relação custo/benefício com que se defrontam prefeitos de cidades dos EUA, em sua opção de pressionar o governo central contratando serviços especializados de lobistas. Na verdade, nesses tempos de crise econômica, o arranjo federativo pode ir desmoronando aos poucos. Outra lição da experiência dos EUA decorreu da crise no mercado imobiliário: o caos iniciado em 2007 e percebido durante boa parte do tempo na jurisdição federal começou a se refletir fortemente, no final de 2011, nas finanças dos governos municipais. A queda vertiginosa e sustentada do valor da propriedade imobiliária em geral começou a devastar as receitas tributárias (no equivalente ao IPTU brasileiro). E pior: as previsões são que os desequilíbrios nas contas municipais daí decorrentes só deverão ser corrigidos dentro de alguns anos (Falling home values mean budget crunches for cities, *Washington Post*, 26 Dec. 2011). Note-se que esse é um interessante exemplo do *timing* entre ocorrências na jurisdição da regulação federal e suas repercussões na jurisdição de governos municipais. No caso brasileiro, o frágil arranjo federativo corre o risco de ser ainda mais enfraquecido pela *guerra* do rateio do aumento da receita dos *royalties* do petróleo. O cenário institucional desse embate tornou-se especialmente complexo, uma vez que novos critérios de rateio do Fundo de Participação dos Estados e do DF (FPE) devem ser estabelecidos pelo Congresso, em razão da inconstitucionalidade do art. 2° da LC n° 62 (28/12/1989), como estabelecido pelo STF em fevereiro de 2010 (Lúcia Vânia critica adoção de FPE como regra de distribuição dos *royalties* do petróleo, Agência Senado, 7/10/2011; Norma sobre distribuição de recursos do Fundo de Participação dos Estados e do DF é declarada inconstitucional, *Notícias STF*, 24 fev. 2010). Aqui, o aspecto relevante a ser ressaltado é a interação de dois conjuntos distintos de regras de política pública.

[65] De longa data entende-se que o *rent seeking* gera potenciais custos sociais em pelo menos três frentes (Olson, 1982): a) tornando o processo político mais fragmentado, de vez que os grupos de interesses acabam por traduzir-se em coalizões políticas efetivas (como "bancadas temáticas" no Congresso Nacional), o que compromete a eficiência e a renda agregada; b) as transferências de renda e riqueza empreendidas em favor desses grupos *amortecem* a capacidade da economia nacional para se adaptar a novas tecnologias e para realocar recursos, reduzindo, ademais, as chances de crescimento econômico; c) tais coalizões distributivas aumentam, por outro lado, a complexidade da própria regulação econômica, do papel desempenhado pelo governo, e mesmo do entendimento de todo o envolvimento governamental na economia.

FIGURA 5. GASTO PÚBLICO E REALIMENTAÇÃO DA CRISE

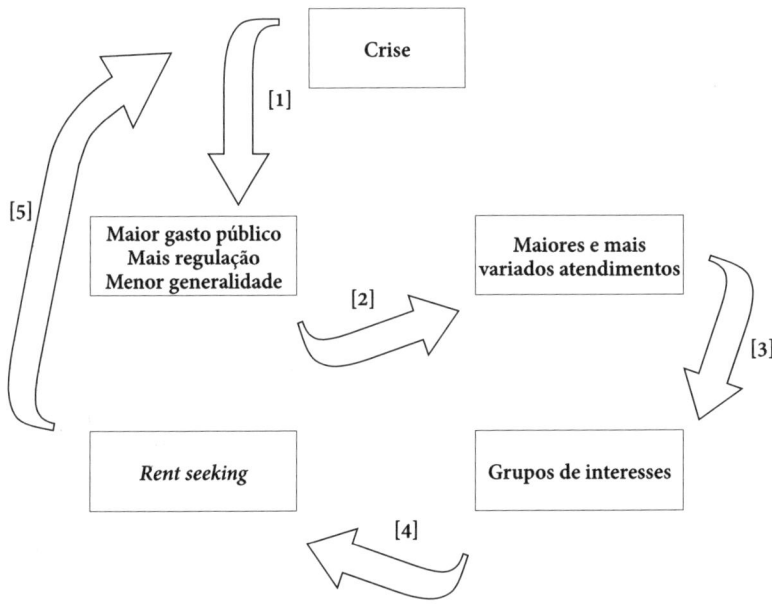

fundos orçamentários, barreiras alfandegárias e regulações de mercado de todo tipo, desse modo levando a ganhos de incidência muito localizada e a perdas distribuídas por amplos segmentos sociais.[66]

Para minimizar os efeitos perversos desse mecanismo, uma nova rodada de mudança institucional se faz necessária, o que dá lugar a legislações que enquadram, por exemplo, atividades de *lobbying*, a influência de recursos privados no processo eleitoral e o uso de espaço na mídia, com o propósito de aumentar as chances de que determinado grupo de interesses privados seja atendido em sua demanda de obter benefícios ou evitar custos.

---

[66] Tal ocorrência ganhou notoriedade uma vez que a crise mundial tem contribuído para o avanço da intrusão governamental nos mercados. Figurativamente, pense o leitor que esse desenvolvimento é representado pelo deslocamento da *fronteira* entre o setor público e o setor privado: essa linha divisória não só avança sobre as atividades privadas, como também o padrão desse avanço segue uma trajetória sinuosa, em face da diversificação das formas que essa intrusão assume. Da perspectiva da decisão privada, indivíduos e grupos de indivíduos investem recursos reais na tentativa de viabilizar transferências de renda e riqueza a seu favor, transferências estas que só podem ser obtidas com a anuência do processo político.

Da estabilidade de preços ao financiamento do crescimento econômico

A figura 6 resume a transferência de ênfase na política, iniciada em 2007 com o PAC: da concentração na estabilidade de preços passou-se à promoção de taxas de crescimento do PIB mais elevadas.

No combate à inflação, o crescimento do produto ocorre no rastro da geração de emprego e renda que as prioridades da estabilização permitam. Promove-se a recessão para que o combate à inflação seja bem-sucedido. Tal estratégia é ilustrada nessa figura pela sequência $\{[(1) \to (3)] \to (2) \to (4)\}$. A transferência de ênfase, no entanto, opera pela sequência $\{[(2) \supset (1)] \to (4)\}$, isto é, a política de investimentos *contém* $(\supset)$ a política de estabilização de preços e, portanto, gera um novo patamar de crescimento do produto.

Como contraponto, vale lembrar o que ocorreu em 1986 e em 1993/1994:

* logo após o sucesso inicial (e efêmero) do Plano Cruzado, o governo Sarney lançou o Plano de Metas da Nova República — iniciativa de explorar o ambiente de baixa inflação para induzir altas taxas do PIB e suas decorrências em geração de emprego e renda;[67]

* com o Programa de Ação Imediata ou PAI (1993) e o Plano Real (1994) inaugurou-se um bem-sucedido esforço de estabilização de preços: rápida e duradouramente alcançou-se o benefício de a economia operar a taxas anuais de inflação de apenas um dígito.

As iniciativas avulsas do governo Fernando Henrique Cardoso de transferir a ênfase do combate à inflação (já consolidada) para a promoção do crescimento do PIB foi postergada por *inusitada* razão eleitoral: a partir do final de 1996, o governo concentrou-se na mudança de uma regra constitucional, possibilitando a ele próprio beneficiar-se da duplicação do tempo de estada no poder (Monteiro, 2000). Qualquer ação anunciada como indutora desse crescimento não teria como angariar credibilidade junto aos agentes privados.[68]

---

[67] A iniciativa desse Plano de Metas, justo em um ano eleitoral, pôs em descrédito o empenho do governo de perseverar nesse propósito. Em decorrência, a transferência de ênfase não gerou credibilidade e o programa de investimentos foi abandonado.

[68] Em 1999, o início do segundo mandato foi afetado por uma crise mundial, de modo que

A incompatibilidade mais notória para a adoção dessa transferência de ênfase parece ser a manutenção de elevadas taxas de juros. Essa circunstância agrava a ausência de uma iniciativa do governo para empreender investimentos, em complementação ao investimento privado.

FIGURA 6. ESTRATÉGIA DE TRANSFERÊNCIA DE ÊNFASE

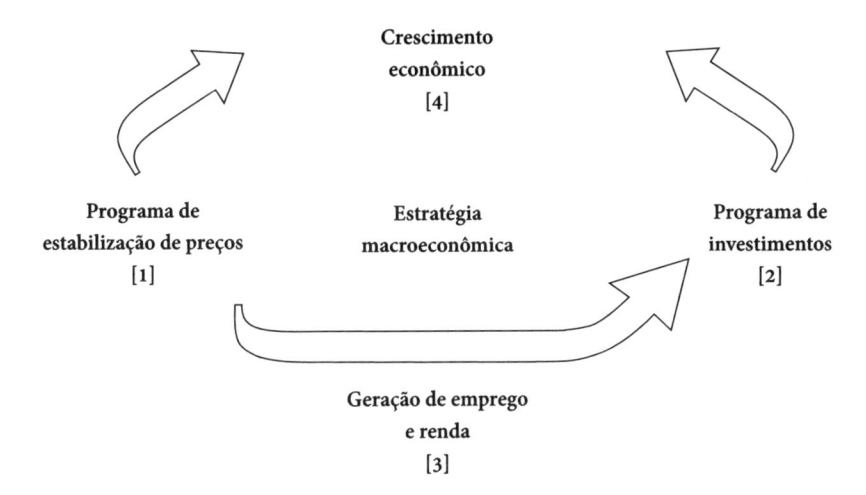

Em novembro de 2003, o governo Lula deu um passo significativo para operacionalizar a estratégia de transferência de ênfase, com a apresentação do PL nº 2.546 (10/11/2003) instituindo o mecanismo das parcerias público-privadas. Ao final de um ano de virtuosa tramitação no Congresso (Monteiro, 2006), a iniciativa tomou a forma da Lei nº 11.079 (30/12/2004). Com o PL nº 2.546, o governo demonstrou a importância que atribuía ao novo mecanismo, que seria "fundamental para o Brasil alcançar taxas asiáticas de crescimento a partir do ano que vem".[69] Em janeiro de 2007, surgiu o PAC (2007-2010), a mais

somente no final desse mandato foi tentada, timidamente, a referida transferência de ênfase macroeconômica, com o Avança Brasil, marca de fantasia do Plano Plurianual de 2000-2003.

[69] O ministro G. Mantega proferiu a palestra "Construindo as bases para o crescimento econômico de longo prazo" em Genebra, Suíça, em 29/1/2004. Curiosamente, o texto do Plano Plurianual 2004-2007 (Brasil de Todos), como exemplificado na sexta diretriz de suas "diretrizes gerais", reconhece apenas genericamente a possibilidade de se adotar o mecanismo de parcerias público-privadas. Possivelmente pela falta de tempo hábil para a geração de resultados expressivos a serem capitalizados eleitoralmente em 2006, as PPPs entraram em hibernação. Por sua vez, os agentes

consistente iniciativa de transferência de ênfase do combate à inflação para a promoção do crescimento em anos recentes. Com investimentos totais de R$ 504 bilhões, esse programa foi reprogramado para R$ 646 bilhões, correspondendo a alocação, entre janeiro de 2007 e agosto de 2009, a 53,6% desse volume de investimentos.[70]

Percebe-se outra dimensão em que se projetam as políticas anticrise: administrar medidas econômicas, da envergadura e recorrência do PAC, será uma tarefa inerente às responsabilidades *convencionais* de um dado segmento do Executivo? Pela amplitude dessas intervenções, abre-se espaço para uma supervisão legislativa mais ativa, o que conflita com a hipertrofia do poder decisório do Executivo. Tudo isso aponta para os custos inerentes à aludida transferência de ênfase: elevada taxa de não cumprimento de metas, atrasos na efetivação de projetos, baixo índice de liberação de gasto público alocado aos projetos e efeito propulsor do crescimento da economia bem aquém do esperado.

---

privados, especialmente os grupos de interesses que tanto haviam pressionado os legisladores ao longo de 2004 (Monteiro, 2006), também preferiram aguardar o resultado eleitoral, antes de se comprometerem mais ativamente com as PPPs. Percebe-se o quão nefasto foi não se ter perseverado desde 2005 na programação das PPPs. Em meio à crise de 2008-2013, já se teria acumulado experiência em coordenação de projetos de investimentos de larga escala, tocados simultaneamente em ampla variedade de segmentos econômicos.

[70] Em outra frente, o Comitê Gestor do PAC deve monitorar cerca de 2.300 ações de investimento, não consideradas as da área de saneamento e habitação (PAC, 8º balanço, set. 2009). De fato, a última ocasião em que tentativa dessa envergadura, e com propósito análogo, foi lançada por um governo brasileiro ocorreu em 1968, com o Programa Estratégico de Desenvolvimento (governo Costa e Silva) e os PNDs (planos nacionais de desenvolvimento), nos anos 1970 — todos esses casos malogrados de política pública. O PAC é um empreendimento de larga escala conduzido por uma estrutura decisória governamental absolutamente sem tradição em monitorar uma vasta gama de grandes investimentos públicos e privados. Além disso, falta à administração pública experiência continuada em planejamento em larga escala em relação a diferentes setores de atividade. Nem mesmo se tem experiência com o arranjo das PPPs, uma vez que, até aqui, tal inovação tem sido adotada de forma avulsa na esfera estadual (Após seis anos, PPPs saem do papel, *O Globo*, 15 ago. 2010, Economia, p. 33).

A parte normativa da política de gasto público

A sofisticação que se requer para estabelecer uma política de gasto público, de ajuste fiscal ou de déficit nas contas públicas decorre de uma variedade de mecanismos institucionais, alguns deles já apresentados nas seções anteriores:

- A DRU é, em si mesma, tanto um instrumento que flexibiliza a decisão de gasto público, quanto, paradoxalmente, uma forma de atrelar esse gasto às preferências da alta gerência econômica do Executivo (seção "Consolidando a hipertrofia").

Ao longo dos anos, a administração desse montante de recursos foi se estreitando, em função da hierarquia dos gastos que cabe ao próprio Executivo estabelecer. Mesmo o valor absoluto desses recursos talvez já não tenha correntemente o significado operacional que teve no passado. Portanto, ao lado das titularidades constitucionais, a política de gasto público também se limita endogenamente pelas preferências dos burocratas.

Porém, a simples existência da DRU no patamar de 20% tem um significado estratégico complementar na formulação de políticas públicas: tal patamar pode ser interpretado como uma vinculação *mínima*, aguardando a oportunidade política para ser ampliado. É mesmo surpreendente que até aqui, passados vários períodos de crise econômica, não se tenha recorrido a essa opção de elevar *diretamente* o percentual de desvinculação de receitas tributárias.

FIGURA 7. UMA INTERAÇÃO DA POLÍTICA TRIBUTÁRIA
COM A POLÍTICA DE GASTO PÚBLICO

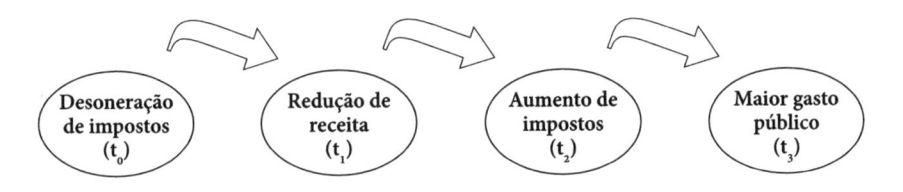

Desoneração de impostos (t_0) → Redução de receita (t_1) → Aumento de impostos (t_2) → Maior gasto público (t_3)

Uma classe de alocação específica de gastos públicos que o Executivo *pode* fazer *indiretamente* é exemplificada por desonerações fiscais, que têm sido frequentes no rol de atendimentos setoriais, como ocorre desde 2009:[71] uma atuação que incorpora de modo virtual um patamar mais elevado da DRU, pois a redução na arrecadação de IPI equivale à aplicação discricionária[72] de igual montante de gastos na atividade incentivada, assim como pode dar lugar, tudo o mais sendo constante, a uma *futura* expansão do gasto público, como estilizado na figura 7.

- O fato de o gasto público estar associado a atendimentos preferenciais (seção "Consequências de disfunções na separação de poderes") põe em movimento o mecanismo do *rent seeking*: grupos de interesses beneficiados — efetiva ou potencialmente — investem recursos[73] junto ao processo decisório público na tentativa de consolidar ou criar essas fontes de gasto e seu fluxo associado de benefícios.

Desse modo, *cortar gasto público* — uma receita padrão na discussão econômica nacional — pode ser uma recomendação inócua, caso não venha acompanhada do modo institucional pelo qual se pense promover a neutralização dos interesses preferenciais que são atendidos por esse gasto no *status quo*. A reação política desses grupos pode superar substancialmente a vantagem orçamentária de realizar o pretendido corte de gasto e os ganhos dele advindos para o equilíbrio das contas públicas.[74] Essa classe de argumento é ainda mais relevante na proximidade de uma data eleitoral.

Por essa perspectiva, percebe-se que a política de gastos públicos deve pressupor a regulação do *lobbying*, o que, lamentavelmente, não existe no Brasil.[75]

---

[71] Como visto na seção "Consequências de disfunções na separação de poderes", em dezembro de 2011 uma variante dessa mesma política de desoneração de impostos foi retomada.

[72] Traduzindo as preferências de política econômica dos burocratas.

[73] Substancialmente, na compra de serviços especializados de *lobbying*, em doações a campanhas eleitorais e no uso de espaço na mídia (Monteiro, 2007, cap. 6).

[74] Vale lembrar que não se dispõe na economia brasileira de nenhum conjunto articulado de regras que regulem o *lobbying* que é ativado nessa reação. Assim sendo, é muito elevado o custo de se tentar neutralizar essa via que sustenta boa parte da demanda de políticas públicas. Apenas como um dramático exemplo, considere o leitor a trajetória das recorrentes tentativas de promover um forte ajuste fiscal na economia grega, em curso desde o final de 2010, e que foi atenuado, tendo em vista o elevado custo político que a iniciativa trouxe à tona (Finally, Europe has a deal, CNNMoney, 26/10/2011).

[75] A referência fundamental é a economia norte-americana: a Public Law nº 104-65 (Lobbying Disclosure Act), de 19/12/1995, é a base da iniciativa para restringir a atividade de *lobbying*.

A figura 8 estiliza a atitude estratégica quanto à formulação dessa política, especialmente na sequência {[B] → [C]} → [A]}. Por essa perspectiva, os legisladores passam a ser vistos não só como meros corretores de redistribuições de renda e riqueza, em resposta às demandas que lhes são apresentadas pelos grupos privados preferenciais {[B] → [D]}, mas

---

Atualizações dessa legislação foram introduzidas pela PL nº 105, de 6/4/1998 (pequena correção técnica à PL nº 104-65) e pela PL nº 110, de 14/9/2007 (42 páginas de novos enquadramentos institucionais ao tema da transparência nos processos legislativos). Um possível efeito positivo desse novo conjunto de regras foi a redução do número de registros de lobistas: 25% a menos em abril de 2010, comparativamente a 2007. Todavia, a crise de 2008-2009, assim como a atitude resoluta do governo Obama em combater o *lobbying* são fatores adicionais que podem ajudar a explicar essa redução (Registered lobbyists decline in response to 2007 rules administration crackdown, *Washington Post*, 12 July 2010). A mencionada PL nº 104-65 tramitou no Congresso dos EUA por cerca de 10 anos e, assim, forneceu inspiração a antigo e pequeno conjunto de regras propostas pelo senador Marco Maciel em 1989, e que tem servido de base a propostas para disciplinar o *lobbying* nas atividades do Congresso Nacional, especialmente quanto ao registro de lobistas (PL nº 203-89). A legislação brasileira sobre o tema concentra-se no Código de Conduta da Alta Administração Federal, originado na Casa Civil da Presidência da República (Exposição de Motivos nº 27, de 18/8/2000) e aprovado em 21/8/2000. Há, no entanto, uma variedade de regras complementares emitidas na sequência desse código de conduta, como a Portaria nº 34 (Casa Civil, 8/11/2001), que trata da solicitação de audiências com autoridades da Presidência da República por parte de empresas privadas e associações de classe (há que formalizar o pedido a ser feito diretamente pela parte interessada, por exemplo), o Decreto nº 4.081 (11/1/2002) e o Decreto nº 6.029 (1/2/2007), que define um sistema de gestão da ética do Poder Executivo Federal. O foco dessa classe de regulação é, porém, muito estreito: aplica-se a pequena fração de ocupantes de postos na burocracia, deixando de lado não só grande parte do processo decisório governamental, como todo o Congresso. Em 2008, a Controladoria Geral da União apresentou anteprojeto de lei regulando o conflito de interesses no Executivo e estendendo o prazo da quarentena de quatro para 12 meses (art. 6º, II, disponível em: <http://www.planalto.gov.br//ccivil_03/consulta_publica/conflito-interesse. htm>). Contudo, esse anteprojeto não teve seguimento (Governo engaveta regulamentação de *lobby*, O Globo, 14 mar. 2011, O País, p. 5). Na Câmara, tramita o Projeto de Resolução nº 14/11, que propõe tornar mais transparente a relação do Legislativo com o setor privado (entidades de classe e grupos de interesses em geral). Contemporaneamente, uma qualificação relevante à regulação da *porta giratória* é representada pelo extensivo uso da internet (Monteiro, 2011). No entanto, o código de conduta acabou por servir de *atenuante* nos casos em que, após os quatro meses regulamentares de quarentena (art. 15 do Código de Conduta), o ex-burocrata reaparece, *além da porta*, ocupando alto posto privado ou mesmo prestando serviços de consultoria no segmento de mercado em que antes atuava como regulador. Neste último caso, a viabilidade financeira da firma de consultoria pode muitas vezes resultar diretamente desse trânsito específico.

também como agentes independentes que apresentam suas próprias demandas, às quais os grupos privados respondem {[D] → [B]}.[76]

Desse modo, o gasto público pode ser visto pela *dupla* perspectiva em que os legisladores obtêm benefícios eleitorais, em razão de poderem ameaçar cancelar — e depois não fazê-lo — expropriações de ganhos privados que estejam associados ao gasto público em curso (McChesney, 1997).

FIGURA 8. GASTOS, AJUSTE FISCAL E DE DÉFICIT NAS CONTAS PÚBLICAS E RENT SEEKING

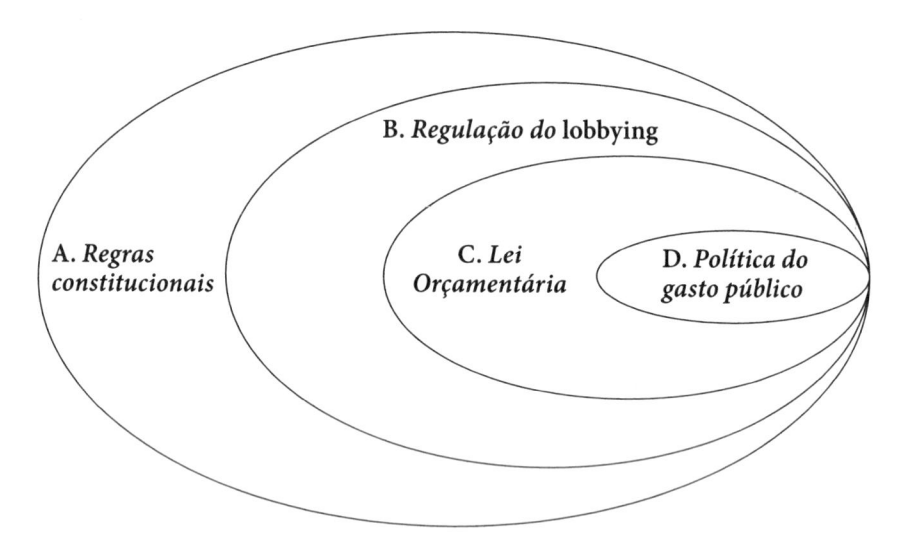

B. *Regulação do* lobbying

A. *Regras constitucionais*

C. *Lei Orçamentária*

D. *Política do gasto público*

---

[76] Em termos de participação, as áreas **A, B, C** e **D** da figura 8 envolvem os políticos que atuam sob diferentes induções institucionais. Por exemplo, em **A,** os legisladores atuam por deliberações supermajoritárias, enquanto nas demais áreas, as decisões são tomadas em processos de maioria de metade mais um. Por outro lado, em termos de interação de participantes, a área **D** é tipicamente dominada pelas escolhas dos burocratas (*agentes*) que operam por delegação dos políticos (*patrocinador*). Em razão das disfunções tratadas neste capítulo, no entanto, tal relação de *agente-patrocinador* funciona sob a hipertrofia de poder dos burocratas na formulação da política de gasto público. Já na área **B** transcorre a interação de políticos e de cartéis políticos (que habitualmente tomam denominações de sindicatos, associações, federações e confederações). É nessa área que a fragilidade da regulação do *lobbying* na economia brasileira direciona muito do conteúdo da política de gasto público, assim como a durabilidade dos atendimentos promovidos por essa política.

Na economia brasileira, essa perspectiva analítica é qualificada por duas peculiaridades constitucionais (**A** na figura 8), que reduzem a transparência com que se dá a interação de deputados e senadores com grupos de interesses preferenciais:

- o sentido pouco mandatório da Proposta de Lei Orçamentária aprovada no Congresso Nacional, uma vez que a execução orçamentária passa necessariamente por barreiras criadas pelo Executivo (entre outras, os contingenciamentos e, até recentemente, as medidas provisórias de liberação de crédito extraordinário);
- a deformação com que opera o sistema da separação de poderes, uma vez que detentores de mandato eletivo podem se transferir para postos na hierarquia do Executivo e participarem diretamente da execução do gasto público.

Assim sendo, entende-se que essas duas ordens podem ser disciplinadas reformando-se as regras constitucionais que redefinem a separação de poderes em sua dimensão das atribuições orçamentárias. Em 12/6/2000, o então senador Antônio Carlos Magalhães apresentou a PEC nº 22, que, em seu encaminhamento e em sua justificação, trata minuciosamente da correção da primeira dessas peculiaridades, ao redefinir a forma da participação parlamentar em planos e orçamentos da União. Quanto à segunda dimensão citada, a PEC nº 21 (5/4/2011) já mencionada, trata da questão. À semelhança do presidencialismo norte-americano, sua redefinição implicaria bloquear o trânsito de detentores de mandato eletivo para postos na alta gerência do Executivo Federal.

Em ambas essas mudanças, tornam-se mais transparentes (aumentando o custo político) as eventuais relações de grupos privados na provisão de atendimentos preferenciais por parte dos políticos. Isso talvez seja suficiente para atuar dissuasivamente sobre pleitos privados muito conflitantes com o interesse geral, uma vez que exporia o demandante e o demandado a um custo político muito elevado e de ampla percepção pela opinião pública.

Tão importante quanto essas mudanças na estrutura orçamentária pública e na separação de poderes é a adoção de regras que deem transparência à atividade de *lobbying* (**B** na figura 8).

A figura 9 estiliza as principais vias pelas quais pode ocorrer o condicionamento da política de gasto público às demandas de grupos privados, em detrimento do atendimento do interesse geral: financiamento de campanhas eleitorais, *lobbying* e uso de espaço na mídia.

O grande custo social que esse tipo de mecanismo institucional provoca é a redução da autonomia do processo decisório dos agentes públicos (políticos e burocratas), o que, por seu turno, pode sustentar ou aumentar as titularidades na política pública, e a decorrente compressão dos graus de liberdade com que o orçamento público pode ser definido e executado.

FIGURA 9. CONDICIONAMENTO DO PADRÃO DE GASTO PÚBLICO

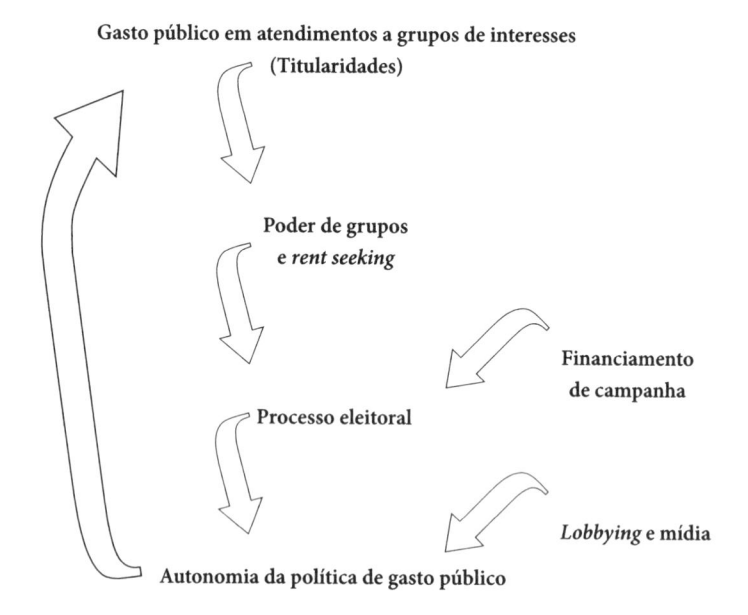

Fonte: Adaptada de Monteiro (2007, cap. 6, p. 187).

A forma pela qual opera o sistema de separação de poderes e a descentralização decisória de políticas públicas oferece inúmeros *pontos de acesso* aos grupos de interesses no encaminhamento de suas demandas.[77]

---

[77] No caso brasileiro, há ainda um determinante muito peculiar da opção pelo *lobbying* junto aos burocratas: parte significativa da feitura de leis toma o formato de medida provisória, que se origina em preferências e objetivos da alta gerência econômica do Executivo, embora a MP tenha que, posteriormente, ser convertida em lei do Congresso Nacional.

Uma visão simplista da mobilização de interesses organizados é que os grupos privados atuam junto às instâncias a que têm melhor acesso. Contudo, essa escolha é mais complexa: a competitividade entre grupos também molda as expectativas de ganhos e perdas em um dado caminho institucional; portanto, a decisão de *onde* fazer *lobbying* deve ser considerada com maior atenção. Por que pontos de acesso (caminhos institucionais) o grupo decide empreender suas ações, e por que critérios e com que intensidade o grupo opta por combinar ou intercambiar esses caminhos em sua estratégia no jogo de políticas públicas são questões relevantes para entender a sustentação ou a expansão do gasto público, assim como para a questão normativa de enquadrar as atividades desses grupos no processo político.

Essa vertente permite entender como os grupos de interesses — em formato organizacional e tamanho — definem substancialmente suas estratégias, de vez que estas aparecem associadas a diferentes habilidades de monitoramento e operacionalização de contratos com os agentes públicos (legisladores e burocratas), e de uma eventual *punição*, caso esses agentes falhem nesse atendimento. O esforço de *lobbying* dos demais grupos voltados para o mesmo tema de política leva a que um dado grupo de interesses selecione mais atentamente o caminho institucional. O grupo pode evitar caminhos em que outros grupos já sejam fortes, e passar a se engajar em táticas de baixo custo, em caminhos em que as pressões de seus integrantes e de legisladores demandem que se faça *lobbying*, mas as perspectivas de sucesso sejam pequenas.[78]

Nessa extensão da análise da interação de interesses preferenciais e governo, o que é relevante para entender a trajetória do gasto público é o enquadramento do *lobbying* como troca e implementação de contrato entre grupos de interesses e formuladores de políticas públicas. Se tais grupos são descentralizados ou centralizados, isso afeta a escolha do encaminhamento das deman-

---

[78] Holyoke (2003:334). Uma dimensão dessa propriedade da ação de grupos de interesses é exemplificada à margem do anúncio da redefinição de prioridades de gastos no orçamento do Pentágono para 2011: ao longo de 2010, *induzidas por essa reconfiguração da política pública*, firmas privadas que mantinham contrato na área da defesa e da segurança nacional se adaptaram previamente, promovendo fusões e aquisições, orientadas pelo que passaria a fazer sentido estratégico no longo prazo (Defense contractors on Offensive, *Washington Post*, 26 Sept. 2010).

das do grupo junto aos legisladores ou burocratas, porque está associado a diferentes habilidades do grupo em monitorar e implementar a troca de benefícios de políticas públicas por apoio político.

Conclusão

Por toda a argumentação factual e analítica aqui apresentada entende-se o quão complexa é a formulação de uma estratégia de ajuste fiscal, seja pelo lado das receitas públicas, seja pelo lado do gasto público — este último aspecto enfatizado neste capítulo. Assim, por exemplo, têm sido frequentes sugestões sobre a necessidade de se promoverem cortes significativos no gasto público na economia brasileira, muitas vezes chegando-se a lhes atribuir uma expressão numérica; em uma versão ainda mais ampla, há os que associam o corte do gasto público ao sucesso da política de redução das taxas de juros.

Contudo, essas são habitualmente sugestões *institucionalmente vazias*, que de todo ignoram "por que os legisladores votam favoravelmente ao gasto público" (Payne, 1991) e, portanto, a não trivialidade de se empreender o ajuste fiscal. Como tais rubricas de gasto podem estar associadas a uma variedade de benefícios, que alcançam segmentos organizados e não organizados da economia, uma política de gasto público tem forte interligação com o processo eleitoral, assim como com a teia de interesses preferenciais articulada pelo mecanismo do *rent seeking* (ver figura 9).

E isso não deve ser ignorado na formulação de políticas públicas: a consequência óbvia é que a tentativa de promover ajustamentos nas contas públicas à margem desse ambiente institucional acaba sendo protelada, se não de todo tornada inócua. A crise de 2008-2013 vem corroborando esse tipo de percepção.

Talvez o caso mais notável dessa visão analítica seja a política de endividamento público da economia norte-americana em meados de 2011. Esse ajuste fiscal envolveu complexa e peculiar estratégia em que:

- ao governo Obama coube cuidar para que os cortes de gastos e a eventual aproximação de novo teto de endividamento *não* ocorressem muito próximos da data eleitoral de novembro de 2012;

- já para a oposição (Republicanos), era relevante não só programar esses cortes de gastos de tal modo que fossem efetivados de imediato, ainda que parcialmente, como também precipitar, mais rapidamente, uma nova atualização do teto do endividamento federal, para que um novo contencioso comprometesse o capital político dos Democratas, nas proximidades da nova data eleitoral.[79]

No acordo de 2/8/2011, foi estabelecido que uma "supercomissão" bipartidária (Joint Select Committee on Deficit Reduction) daria forma efetiva (em três meses) a um corte de US$ 1,2 trilhão em despesas federais, a incidir nos próximos 10 anos. O resultado final desse arranjo institucional já poderia ter sido antecipado logo de início: os membros da supercomissão deixaram de lado a busca por uma solução para os problemas fiscais da economia e tentam, agora, evitar serem responsabilizados pelo possível colapso da tentativa. O impasse tomou a forma orçamentária de uma disputa política entre os que queriam elevar impostos e os que preferiam o corte no gasto público, especialmente em rubricas que definiam titularidades, como defesa, seguridade social e assistência médica.[80]

De todo modo, o leitor conhece campo mais propício para a ativação do *rent seeking*?[81]

---

[79] Melhor teria sido fixar um teto exageradamente elevado, de modo que tornasse virtualmente impossível o evento de ele vir a ser alcançado. A resultante seria *despolitizar* a questão do teto de endividamento. A propósito, essa é a prática na Dinamarca (Lessons on debt ceiling from Denmark, *blog* Mostly Economics, 27/7/2011).

[80] The supercommittee failed. Hooray! (Slate.com, 21/11/2011); Deficit panel members seeking to avoid blame (*New York Times*, 8 Nov. 2011).

[81] Os principais alvos de corte de gastos públicos seriam as despesas militares e com saúde (Medicare); assim, já estariam sendo observadas movimentações de firmas que atuam em programas do Pentágono e firmas da área médica e hospitalar. Nessa segunda esfera de atuação, a American Hospital Association antecipou perdas de US$ 50 bilhões. Do lado da indústria da defesa, Lockheed Martin, Boeing e outros grandes consórcios e firmas do ramo já despenderam US$ 70 milhões em *lobbying* no primeiro semestre de 2011, enquanto esse segmento tem contribuído com cerca de US$ 50 milhões em doações para campanhas eleitorais. Adicionalmente, sabe-se que o Medicare é uma *vaca sagrada* do Partido Democrata, enquanto os gastos militares concentram a atenção do Partido Republicano (Debt-limit deal triggers lobbying campaign from health-care and defense industries, *Washington Post*, 3 Aug. 2011). Dito e feito: ao final dos trabalhos da "supercomissão", tudo se mostrou inócuo (Staring into the budget's abyss, *New York Times*, 7 Nov. 2011).

Chamo a atenção do leitor que se essas ocorrências se processam em uma economia em que o *lobbying,* de longa data, vem sendo restringido por regras bastante detalhadas (como é exemplo a economia dos EUA), imagine-se fatos análogos na economia brasileira, onde não se dispõe de nenhum conjunto consistente de regras que enquadrem o *rent seeking* e, mais especificamente, a atividade de *lobbying.*

De igual modo, na União Europeia, a trajetória das recorrentes tentativas de promover forte ajuste fiscal na economia grega, em curso desde o final de 2010, é um dramático exemplo da necessidade de incorporar à formulação dessa classe de iniciativa a dimensão de seu inerente custo político. Os tempos de austeridade e de substancial endividamento público põem em oposição duas vertentes: a oficial (governos nacionais, órgão reguladores da UE e entidades multilaterais) e a dos segmentos da sociedade sobre os quais recai o ônus do ajuste fiscal. O entendimento desse confronto pode ser o seguinte: "um empréstimo a um governo soberano não dá aos governos credores o poder de tratar a nação como um protetorado. Porém, isso é o que está ocorrendo [na UE], aumentando a ira popular" (Douzinas, 2011). Outra vez, a estratégia do gasto público mostra-se intimamente associada a peculiaridades do processo político que, por certo, podem frustrar o sucesso dessa estratégia.

Muitas vezes, no entanto, o reconhecimento de cortar gasto público ou equilibrar as contas governamentais pelo lado do gasto pode não ir muito adiante. Tome-se o caso recente da Espanha, que adotou uma nova regra constitucional qualitativa: o "orçamento equilibrado".[82] Quão convincente é esse tipo de sinalização, diante das perspectivas econômicas na Zona do Euro?

Essa é uma antiga estratégia que se propõe a abrigar a política de gasto público nas regras constitucionais. Todavia, para que esse seja um comprometimento efetivo, tal vínculo deve estar relacionado a "algum processo causal *externo*", que funcione como mecanismo de implementação, ou seja, um processo que deve ser estabelecido de modo a que a decisão ocorra *fora* do Con-

---

[82] "Cambio constitucional: PP y Psoe fracasam en su intento de lograr apoyos para la reforma" (*El Pais*, 7 Set. 2011).

gresso,[83] caso contrário torna-se apenas um ritual ou símbolo político (Elster, 1979). Por um lado, rituais e símbolos podem render ganhos eleitorais, mas não necessariamente "amarram" a propensão dos políticos a expandir o gasto público. Mesmo porque controlar a *cultura do gasto público* por meio de sinalizações formais que estimulem uma propensão *antigasto* público vale mais na teoria do que na prática; afinal, não se conhece qualquer mobilização consistente em prol de ações antigasto público (Payne, 1991:172).

Assim sendo, uma possível saída para essa classe de impasses parece ser a busca por mudanças na forma de operar do Congresso, no sentido de que "o propósito dessas [mudanças] não seja propriamente forçar os políticos a fazerem algo diferente, mas induzi-los a perceber suas ações à luz do que levaria a um menor gasto [público]" (Payne, 1991:197).[84]

---

[83] Uma sugestão nesse sentido é a criação de uma instância decisória similar ao Banco Central, como um meio de imprimir maior rigor na administração das finanças públicas. Na eventualidade de o orçamento público ficar fora de controle em razão da inépcia do Congresso, a agência ficaria responsável pelos cortes de gasto que se fizessem necessários (Shaviro, 1997). Nessa mesma direção, na atualidade das economias europeias, é provável que o aparato institucional mais adequado para lidar com a crise de dívidas públicas nacionais seja dispor de uma unidade orçamentário-financeira dessa natureza (Europeans talk of sharp change in fiscal affairs, *New York Times*, 5 Sept. 2011), ou seja, decidir por uma união fiscal que complemente a união monetária.

[84] Todos esses episódios na atual crise econômica sugerem que a estratégia de política pode ser mais focalizada na definição e operação de *processos* do que propriamente nos *resultados* da execução orçamentária. Transfere-se a solução de impasses dos resultados para processos orçamentários como: estabelecimento de metas fiscais, controles de gastos e mesmo (como no atual caso dos EUA) "sequestro" de recursos — reduções uniformes e que alcançam todo tipo de gastos — de modo a atingir os objetivos orçamentários. Por vezes esses artefatos institucionais mostram-se muito efetivos, sem prejuízo de sua flexibilidade para serem atualizados em conjunturas de emergência. Um uso corrente decorre do impasse na já mencionada supercomissão legislativa para a redução do déficit de longo prazo na economia dos EUA: como não se chegou à decisão de um corte de US$ 1,2 trilhão, esse corte será implementado quase que automaticamente por meio de sequestro. Os cortes serão efetivados e distribuídos, meio a meio, entre gastos com segurança e defesa e outros gastos, o que opera como uma regra de *default*. No Brasil, as regras da Lei de Responsabilidade Fiscal podem ser apreciadas por essa mesma perspectiva metodológica: inovar nos processos de modo a obter os resultados desejáveis.

A resolução de todos esses problemas parece necessitar de extensa cola-boração entre separações institucionais e interesses conflitantes, ou seja, que os formuladores de políticas administrem o sacrifício fiscal de hoje em prol do benefício às gerações futuras. E tudo isso deve ocorrer em um proces-so decisório público em que se destacam a competição eleitoral, os embates político-partidários e uma cobertura ininterrupta da mídia, o que conspira para minar a governança por parte de elites que se sintam protegidas para fazerem as duras escolhas orçamentárias com que se confronta a sociedade (Posner, 2011:553).

Referências

ARANSON, P.; GELLHORN, E.; ROBINSON, G. A theory of Legislative de-legation, *Cornell Law Review*, n. 68, p. 1-67, Nov. 1982. [Reproduzido in: STEARNS, M. *Public choice and public law:* readings and commentary. Cincinnati: Anderson, 1997. p. 134-179.]

DAVIDOFF, S.; ZARING, D. Regulation by deal: the government's response to the financial crisis. *Administrative Law Review*, v. 61, n. 3, Summer 2009, p. 463-541.

DORF, M. The aspirational constitution, *George Washington Law Review*, v. 77. n. 5/6, Sept. 2009, p.1.631-1671.

DOUZINAS, Costas. European elites should be wary of the Greek Spring. *The Guardian*, 6 Nov. 2011.

ELSTER, J. *Ulysses and the sirens: studies in rationality and irrationality.* Nova York: Cambridge University Press, 1979.

_____. *Institutional design in post-communist societies:* rebuilding the ship at sea (theories of institutional design). Cambridge: Cambridge University Press, 1998.

EPSTEIN, L. Who shall interpret the Constitution. *Texas Law Review*, v. 84, n. 2, Apr. 2006, p. 1307-1315.

FEREJOHN, J. The lure of large numbers. *Harvard Law Review*, v. 123, n. 8, June 2010, p. 1989-1997.

_____; ESKRIDGE, W. Super-statutes. *Duke Law Journal*, v. 50, n. 5, Mar. 2001, p. 1.215-1.276.

HOLYOKE, T. Choosing battlegrounds: interest group lobbying across multiple venues. *Political Research Quarterly*, v. 56, n. 3, Sept. 2003, p. 325-336.

KING, R. *Budgeting entitlements:* the politics of food stamps. Washington, DC: Georgetown University Press, 2000.

KOMESAR, N. *Imperfect alternatives: choosing institutions in law, economics, and public policy.* Chicago: Chicago University Press, 1994.

LAX, J.; PHILLIPS, J. The democratic deficit in the States. *American Journal of Political Science*, v. 55, n. 4, 2011, p. 1-19.

MASHAW, J. Prodelegation: why administrators should make political decisions. *Journal of Law, Economics, and Organization*, v. 1, n. 1, Fall 1985. [Reproduzido in: STEARNS, M. *Public choice and public law:* readings and commentary. Cincinnati: Anderson, 1997, p. 180-203.]

McCHESNEY, F. *Money for nothing:* politicians, rent extration, and political extortion. Cambridge: Harvard University Press, 1997.

McGINNIS, J.; RAPPAPORT, M. Supermajorities rules as a Constitutional solution. *William & Mary Law Review*, v. 40, n. 2, Feb. 1999, p. 367-470.

MOE, T.; HOWELL, H. Unilateral action and presidential power: a theory. *Presidential Studies Quarterly*, v. 29, n. 4, Dec. 1999, p. 850-873.

MONTEIRO, J. V. *Macroeconomia do crescimento de governo.* Rio de Janeiro: Inpes/Ipea, 1990.

_____. "Emendão" e credibilidade. *Conjuntura Econômica*, v. 45, n. 10, Out. 1991, p.16-17.

_____. *Economia & política:* instituições de estabilização econômica no Brasil. Rio de Janeiro: FGV, 1997.

_____. *As regras do jogo:* o Plano Real, 1997-2000. Rio de Janeiro: FGV, 2000.

_____. *Lições de economia constitucional brasileira.* Rio de Janeiro: FGV, 2004.

_____. "Estado oco" e parcerias público-privadas. *Revista de Economia e Relações Internacionais*, v. 5, n. 9, jul. 2006, p. 56-73.

_____. *Como funciona o governo:* escolhas públicas na democracia representativa. Rio de Janeiro: FGV, 2007.

_____. *Governo & crise:* escolhas públicas no Brasil e no mundo, 2007-2011. Rio de Janeiro: FGV, 2011.

MORRISS, A.; YANDLE, B.; DORCHAK, A. Choosing how to regulate. *Harvard Environmental Law Review,* v. 29, n. 1, 2005, p. 180-249.

NZELIBE, J.; STEPHENSON, M. Complementary constraints: separation of powers, rational voting, and constitutional design. *Harvard Law Review,* n. 123, Jan. 2010, p. 618-654.

OLSON, M. *The rise and decline of nations:* economic growth staginflation and social rigidities. New Haven: Yale University Press, 1982.

ORDESHOOK, P. Constitutional stability, *Constitutional Political Economy,* v. 3. n. 2, Spring/Summer, 1992, p. 137-171.

PATASHNIK, E. Book review of *Budgeting entitlements: the politics of food stamps,* by Ronald King. *American Political Science Review,* v. 95, n. 3, Sept. 2001, p. 734-735.

PAYNE, J. *The culture of spending:* why Congress lives beyond our means. San Francisco: ICS Press, 1991.

POSNER, P. What is to be done about the federal budget? *Public Administration Review,* Dec. 2011. (special issue.)

_____; VERMEULE, A. *Constitutional showdowns.* Chicago: Law School/ University of Chicago, July 2007. (John Olin Law and Economics Working Paper, 348, 2nd. Series.)

_____; _____. *The Executive unbound: after the Madisonian republic.* Oxford: Oxford University Press, 2011.

PRADO, F. Almeida; SILVA, G. Alves da; YAMAGUCHI, H. Audiências públicas — a experiência de formatação de políticas públicas no setor elétrico brasileiro. *Revista de Economia & Relações Internacionais,* v. 9, n. 18, jan. 2011, p. 5-18.

REZENDE, F.; CUNHA, A. (Coords.). *Contribuintes e cidadãos:* compreendendo o orçamento federal. Rio de Janeiro: FGV, 2002.

SHAVIRO, D. *Do deficits matter?* Chicago: University of Chicago Press, 1997.

SPENCE, D.; CROSS, F. A public choice case for the administrative State. *Georgetown Law Journal,* v. 89, 2000, p. 97-142.

SUNSTEIN, C. *Designing democracy:* what constitutions do. Oxford: Oxford University Press, 2002.

SWIRE, P. Financial privacy and the theory of high-tech government surveillance. *Washington University Law Quarterly*, v. 77, n. 2, Summer 1999, p. 461-512.

VERMEULE, A. *Mechanisms of democracy*: institutional design writ small. Nova York: Oxford University Press, 2007.

WENIG, M. The democracy deficit in Canadian environmental policy making. *Law Now*, Aug./Sept. 2004, p. 1-2.

WOOLLEY, A. Legitimating public policy. *University of Toronto Law Journal*, v. 58, 2008, p. 153-184.

YANDLE, B. et al. *Bootlegers, baptists and televangelists*: regulating tobacco by litigation. Ill.: University of Illinois College of Law, 2007. (Illinois Law and Economics Research Paper Series, LE 07-021.)

7
Os determinantes do desempenho do gasto público: uma breve revisão da literatura recente

João Francisco Alves Veloso

Introdução

A sociedade em geral tem apresentado uma crescente preocupação com a responsabilização e transparência do governo, o que resulta em uma demanda por qualidade no gasto público. Essa melhoria da qualidade pressupõe melhorar a eficiência e a eficácia da despesa, para garantir que a oferta de bens e serviços seja feita com menor custo possível e gere o máximo de benefícios para a sociedade.

Apesar disso, a literatura recente é escassa em estudos sistemáticos sobre desempenho do setor público no provimento de bens e serviços à sociedade. Algumas razões para essa situação são a ausência de padronização no uso de indicadores, a falta de produção sistemática de estatísticas confiáveis atualizadas, a dificuldade de definição do resultado dos serviços prestados e o debate político centrado nos montantes financeiros como a melhor forma de melhorar a situação de um determinado setor.

O objetivo desse capítulo é analisar os estudos recentes que buscaram identificar os determinantes do desempenho do setor público, com o intuito de apresentar seus resultados e as dificuldades observadas. Para isso, é necessário, inicialmente, apresentar os conceitos estabelecidos na literatura técnica sobre a avaliação de desempenho do setor público e, assim, delimitar as variáveis que fazem parte da construção dos indicadores de desempenho e vislumbrar seus principais determinantes.

Os estudos verificados apresentaram diferenças na abrangência geográfica e setorial, porém a metodologia se mostrou bastante semelhante. Buscou-se avaliar o desempenho do setor público por meio da criação de indicadores, seguida da comparação desses indicadores com variáveis que poderiam afetar o desempenho no provimento de bens e serviços públicos.

Da literatura internacional foram considerados os seguintes estudos:

- Afonso, Schuknecht e Tanzi (2010): comparação da eficiência no gasto total e dos setores de educação, saúde e infraestrutura de 24 países, formados por 12 novos países da União Europeia, três países antigos do referido bloco econômico e nove países considerados emergentes.
- Estache, Gonzalez e Trujillo (2007): análise da eficiência de grupos de países desenvolvidos e em desenvolvimento por níveis de renda.
- Rayap e Sijpe (2007): estimativa da eficiência do gasto governamental em um conjunto de 52 países em desenvolvimento, de renda baixa ou mediana.

E da literatura nacional foram verificados os seguintes estudos:

- Ribeiro (2008): avaliação empírica da eficiência do gasto público no Brasil por meio de uma comparação envolvendo um conjunto de 17 países da América Latina, com características e desafios semelhantes e níveis de desenvolvimento próximos.
- Brunet, Borges e Bertê (2012): verificação da atuação das 27 unidades da Federação nas funções mais significativas: educação, saúde, segurança pública, judiciária e legislativa, comparando as despesas realizadas e o retorno obtido na forma de melhoria do bem-estar da população.
- Motta e Moreira (2007): avaliação dos municípios brasileiros quanto à ineficiência na utilização da tecnologia de conversão de recursos públicos em serviços.

Este capítulo está dividido em quatro seções e inclui esta breve introdução. A segunda seção apresenta os indicadores de avaliação de desempenho e os seus determinantes; a terceira apresenta os principais resultados e dificuldades observadas pelos autores. A quarta e última seção traz as considerações finais.

Os indicadores de avaliação de desempenho e seus determinantes

De acordo com o Guia Metodológico – SPI/MPOG (Brasil, 2010), os principais indicadores de avaliação de desempenho são: economicidade, eficiência, eficácia e efetividade. A figura 1, a seguir, apresenta as principais dimensões do desempenho a partir de um diagrama insumo-produto ampliado.

FIGURA 1. DIAGRAMA INSUMO-PRODUTO E AS PRINCIPAIS DIMENSÕES DE DESEMPENHO

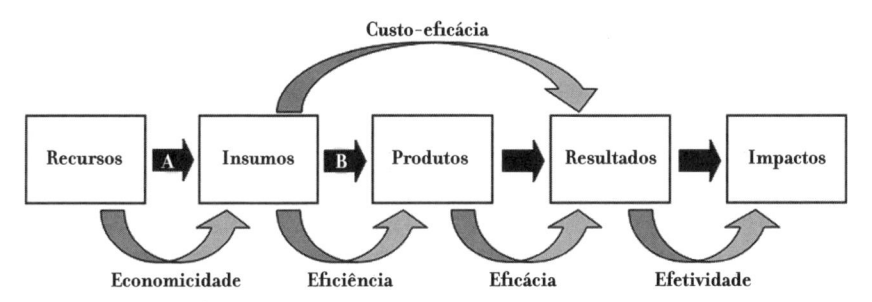

Fonte: Elaboração própria.

A seguir são apresentadas as definições desses indicadores, inclusive a do indicador de custo-eficácia não abordado no guia:

1. economicidade: mede os gastos envolvidos na obtenção dos insumos (materiais, humanos, financeiros etc.) necessários às ações que produzirão os resultados planejados. Visa minimizar custos sem comprometer os padrões de qualidade estabelecidos;

2. eficiência: possui estreita relação com produtividade, que mede o quanto se consegue produzir com os meios disponibilizados. Assim, a partir de um padrão ou referencial, a eficiência de um processo será tanto maior quanto mais produtos forem entregues com a mesma quantidade de insumos, ou os mesmos produtos e/ou serviços sejam obtidos com menor quantidade de recursos;

3. eficácia: aponta o grau com que uma ação pública atinge as metas e objetivos planejados, ou seja, uma vez estabelecido o referencial (linha de base) e as metas a serem alcançadas, utilizam-se indicadores de resultado para avaliar se estas foram atingidas ou superadas;

4. efetividade: mede os efeitos positivos ou negativos na realidade que sofreu a intervenção, ou seja, aponta se houve mudanças socioeconômicas, am-

bientais ou institucionais decorrentes dos resultados obtidos pela política, plano ou programa;

5. custo-eficácia: consiste em relacionar os resultados de uma ação pública aos insumos financeiros necessários para produzir esses efeitos. O critério de julgamento pode ser, por exemplo, o custo por unidade de resultado produzido.

Os estudos analisados focaram a avaliação de desempenho na dimensão de eficiência e de eficácia em termos de seu custo, definido com custo-eficácia. O cálculo desses indicadores é realizado por meio de fronteira de produção ou de desempenho mínimo.

Na metodologia de fronteira de produção, alguns estudos utilizaram o método não paramétrico de análise envoltória de dados (*data envelopment analysis – DEA*) ou o método paramétrico de análise de fronteira estocástica (*stochastic frontier analysis – SFA*). De acordo com Coelli e colaboradores (2005), esses métodos apresentam uma eficiência relativa entre as unidades produtivas; portanto, não assumem que elas sejam tecnicamente eficientes.

Na metodologia de fronteira de desempenho mínimo utilizada apenas por Brunet, Borges e Bertê (2012), a fronteira corresponde à bissetriz do plano insumo por produto ou insumo por resultado, representada pelo lugar geométrico dos pontos em que o insumo é igual ao produto ou resultado.

Nesses métodos não são considerados os fatores exógenos, assumindo-se que o desempenho no gasto é unicamente resultante dos insumos discricionários (ou fatores endógenos). Como ambos os fatores contribuem para o desempenho do setor público, a maior parte dos estudos utilizou o modelo em dois estágios, em que o primeiro é a construção dos indicadores de desempenho a partir dos fatores endógenos, e o segundo a realização de regressões com os fatores exógenos para verificar os seus determinantes.

A construção dos indicadores inicia com a delimitação das variáveis endógenas, identificadas nas etapas de produção da figura 1. As definições dessas etapas são apresentadas a seguir:

1. recursos: refere-se aos recursos financeiros que financiam as atividades do setor público, originados principalmente dos tributos e de outras fontes, como o endividamento e as transferências;

2. insumo: trata-se dos recursos a serem alocados, ou seja, a disponibilidade dos recursos humanos, materiais, financeiros e outros a serem utilizados pelas ações de governo. Exemplos: professores/mil habitantes e gasto *per capita* com educação;

3. produto: expressa as entregas de produtos ou serviços ao público-alvo da ação pública. Exemplos: percentual de quilômetros de estrada entregues, de armazéns construídos e de crianças vacinadas em relação às metas físicas estabelecidas;

4. resultado: essas medidas expressam, direta ou indiretamente, os benefícios para o público-alvo decorrentes das ações empreendidas no contexto de políticas públicas e têm particular importância no contexto de gestão pública orientada para resultados. Exemplos: taxas de morbidade (doenças), taxa de reprovação escolar e de homicídios;

5. impacto: possui natureza abrangente e multidimensional, tem relação com a sociedade como um todo e mede os efeitos das estratégias governamentais de médio e longo prazos. Na maioria dos casos está associado aos objetivos setoriais e de governo. Exemplos: o índice Gini de distribuição de renda e o PIB *per capita*.

O indicador de eficiência é obtido pela comparação de variáveis de insumos com variáveis de produto, que traduzem em medidas quantitativas o esforço operacional da alocação desses insumos para obtenção de melhorias efetivas no bem-estar da população. O indicador de custo-eficácia é obtido pela comparação entre variáveis de insumos e variáveis de resultado, que são medidas representativas das condições de vida da população e indicam a presença, ausência, avanços ou retrocessos das políticas sociais formuladas.

O livro de Brunet, Borges e Bertê (2012) destaca-se por apresentar uma boa distinção dessas variáveis quanto às etapas da produção no âmbito dos governos estaduais brasileiros. Na demais fontes pesquisadas, observam-se alguns problemas nesse estágio, como:

• utilizar variáveis que não fazem parte das etapas de produção na determinação dos indicadores de desempenho, como qualidade da burocracia, independência dos servidores em relação às pressões políticas, corrupção, economia informal etc.;

- escolher imprecisamente a relação entre insumos e produto ou insumos e resultado. Por exemplo, utilizar como variável de resultado a esperança de vida e considerar apenas o insumo de gasto com saúde, excluindo despesas relevantes como saneamento e educação;
- desconsiderar os demais insumos além dos recursos orçamentários: pessoas, patrimônio físico, serviços de apoio, recursos institucionais, recursos informacionais e tecnológicos (ver Martins, 2005; Veloso e colaboradores, 2011);
- definir de forma imprecisa os resultados dos serviços prestados;
- desconsiderar as defasagens entre insumos, produtos e resultados.

Quanto aos determinantes do desempenho, as setas mais escuras da figura 1 representam a transformação de uma etapa para outra, ou seja, significam as variáveis exógenas, que não fazem parte do cálculo dos indicadores, mas afetam diretamente o desempenho.

A seta apresentada com a letra "A" representa as atividades relacionadas com a aplicação dos recursos financeiros recebidos da sociedade em insumos para o setor público. A seta "B" representa as atividades relacionadas com a transformação desses insumos em produtos e serviços destinados à sociedade. Fazem parte dessas atividades os processos de contratação e aquisição, além de diversos processos de provimento de bens e serviços públicos da administração.

Em um nível mais abrangente de programa de governo, essas atividades são permeadas pelo processo integrado de planejamento e orçamento. Para um nível mais específico de ações, essas atividades são afetadas por técnicas e ferramentas de gestão, como práticas de gerenciamento de projetos e de processos. Porém, apesar de afetarem o governo em todas as suas esferas, os estudos analisados, em grande parte, não consideraram esses fatores como determinantes do desempenho do setor público.

Os principais resultados e as dificuldades identificadas

Entre os estudos analisados que apresentaram comparações entre países, temos Afonso, Schuknecht e Tanzi (2010), Estache, Gonzalez e Trujillo (2007),

Rayap e Sijpe (2007) e Ribeiro (2008). Os principais resultados estão apresentados a seguir.

De acordo com Afonso, Schuknecht e Tanzi (2010), a eficiência no gasto dos novos membros da União Europeia é bastante diversa, especialmente se comparada com o grupo dos países mais emergentes da Ásia. Observou-se que os países com menores setores públicos e gastos públicos próximos de 30% do PIB tendem a ser mais eficientes. Os autores identificaram os seguintes determinantes como positivamente relacionados com a eficiência no gasto: segurança dos direitos de propriedade, PIB *per capita*, competência dos servidores públicos e nível educacional da população.

Segundo Estache, Gonzalez e Trujillo (2007), os países de menor renda geralmente apresentam uma eficiência significativamente menor em relação aos países de maior renda, mas essa diferença não ocorre igualmente entre todos os setores. O único resultado robusto é que as diferenças entre os grupos de renda são significativas em educação e energia, e os países de menor renda não estão alcançando de forma rápida os países de maior renda, pelo menos para os indicadores de resultados trabalhados. A possibilidade de melhoria ao longo dos grupos de renda parece ser maior nos setores de infraestrutura. O nível de renda não é um preditor perfeito de eficiência, pois os países com renda média/alta se mostraram piores do que o grupo de renda média/baixa em 2004.

Rayap e Sijpe (2007) constataram que os países da amostra de 52 países em desenvolvimento analisados encontram-se em média com 70% de eficiência no gasto governamental. Os autores mostram que essa eficiência é essencialmente determinada por variáveis estruturais do país e indicadores de governança. Quanto às variáveis estruturais, observou-se que:

- o analfabetismo adulto dificulta a eficiência, por implicar menor força de trabalho qualificada;
- em uma população com maior nível de educação, é mais provável que se exija maior responsabilização dos políticos;
- a urbanização facilita a oferta de serviços públicos para um amplo segmento da sociedade, não tendo de lidar com o problema de alcançar pessoas em áreas remotas;

- o custo de provisão em áreas urbanas é reduzido pelo aumento da possibilidade de explorar economias de escala;
- com a maior parcela da população constituída por jovens, os recursos tornam-se mais limitados para lidar com a necessidade de mais indivíduos.

Quanto à governança, observou-se que as variáveis de Estado de direito e de estabilidade política representaram um importante papel na medida de eficiência no gasto público. Em relação ao indicador de assistência externa, este se mostrou significante, e seu coeficiente positivo reflete os efeitos benéficos da transferência de conhecimento e tecnologia para os países mais pobres e as condicionalidades, impostas na década passada, em termos de aumento da eficiência governamental.

Para Ribeiro (2008), os países analisados poderiam aumentar o desempenho em torno de 3% em média sem alterar o consumo do governo. As variáveis explicativas significativas e positivamente relacionadas com a eficiência dos gastos dos países foram: PIB *per capita*, direitos de propriedade, competência dos oficiais públicos e reforma do mercado de trabalho – o que indica a importância do papel das instituições. E as variáveis explicativas significativas e negativamente relacionadas com eficiência foram: tamanho da população, reforma estrutural de comércio exterior, sistema financeiro e privatização.

Em relação aos estados brasileiros, considerou-se o estudo de Brunet, Borges e Bertê (2012). Segundo os autores, os gastos orçamentários crescentes não se traduzem em aumentos proporcionais da oferta de produtos e serviços nem em resultados para a população. Parte da ineficiência e ineficácia do gasto público dos estados é induzida pelo federalismo fiscal brasileiro, que apresenta problemas sérios de diferença na repartição dos recursos federais, que beneficiam os ex-territórios e o DF. Os autores observaram que a eficiência é afetada por fatores superpostos de deseconomia de escala por dificuldade de coordenação e ineficiência na gestão.

Em relação aos municípios brasileiros, considerou-se o estudo de Motta e Moreira (2007). Os autores afirmaram que a heterogeneidade da eficiência entre municípios pode ser explicada tanto pelos incentivos que o administrador público percebe para se esforçar em ser mais eficiente, como pelas condições locais de oferta que alteram o custo marginal desse esforço.

Na análise dos determinantes do gasto, quanto maior o tamanho da população total e sua parcela urbana, menores serão os gastos *per capita* para obter resultados similares de desempenho nos indicadores sociais selecionados. Ou seja, existem economias de escala e de densidade na eficiência do gasto público municipal. Quanto maior a perda eleitoral do governador eleito no município, menor será o gasto do município. Em relação às variáveis de eficiência, a maior participação das transferências orçamentárias no orçamento geral torna os municípios menos eficientes. Também se constatou que o desmembramento dos municípios induz a um gasto municipal maior.

Nos estudos analisados, as principais dificuldades observadas pelos autores foram a falta de estatísticas confiáveis e de padronização dos indicadores que permita a comparação entre diferentes jurisdições. Além disso, diferenças regionais importantes podem não estar sendo capturadas no modelo, porém, afetam o seu desempenho.

Também foram apontadas dificuldades no mapeamento imperfeito de insumos, produtos e resultados. Nesse ponto, Rayap e Sijpe (2007) recomendam incluir uma medida ampla de gastos, porque em geral não existe uma relação "um para um" entre tipos de gastos e produtos selecionados. Em contraponto, Estache, Gonzalez e Trujillo (2007) observaram que os modelos gerais utilizados não foram realmente úteis para responder às questões iniciais devido à baixa qualidade dos dados. No entanto, dentro de cada setor, os resultados foram suficientemente robustos para fornecer alguma informação útil.

Considerações finais

Observa-se na literatura recente uma escassez de estudos sistemáticos sobre os determinantes do desempenho do setor público no provimento de bens e serviços públicos. Algumas razões para essa situação são a ausência de padronização do uso de indicadores, a falta de produção sistemática de estatísticas confiáveis atualizadas, a dificuldades de definição do resultado dos serviços prestados e o debate político centrado nos montantes financeiros como a principal forma de melhorar a situação de um determinado setor.

Uma dificuldade adicional é que alguns determinantes supostamente relevantes não estariam sendo adequadamente contemplados nos estudos analisados, o que poderia afetar a medida de eficiência e dificultar a proposição de soluções ao setor público. Isso demonstra, em certo ponto, um distanciamento da literatura acadêmica em relação à realidade do cotidiano dos órgãos públicos.

Percebe-se a falta de maior importância ao processo orçamentário e às técnicas e ferramentas de gestão, como as práticas de gerenciamento de projetos e de processos. Essas atividades fornecem atributos primários essenciais à melhor qualidade do gasto, como o planejamento, a previsibilidade e a estabilidade das iniciativas do setor público.

Além disso, também não se poderia desprezar o efeito de fatores como a descentralização fiscal, a participação do setor privado, o transbordamento das políticas subnacionais e os diferentes custos de fornecimento de bens e serviços públicos.

A descentralização pode afetar os indicadores de desempenho se for considerado apenas um nível de governo. Caso uma unidade seja relativamente menos responsável pelos produtos e resultados gerados em sua jurisdição, haverá uma superavaliação de seus indicadores e, caso contrário, uma subavaliação. Em uma análise do governo geral, a descentralização pode resultar em um aumento da ineficiência devido ao aumento dos custos de manutenção da estrutura pública descentralizada e à dificuldade de articulação entre os diferentes níveis de governo envolvidos.

A participação do setor privado pode afetar os indicadores de desempenho das unidades governamentais, especialmente em setores cuja atuação é compartilhada, como as áreas de saúde e educação. Maior participação do setor privado pode contribuir para a melhoria dos indicadores sem que haja um correspondente aumento das despesas públicas, o que resultaria em um falso aumento na eficiência.

O transbordamento das políticas subnacionais pode afetar a medida de desempenho, tendo em vista que determinadas unidades subnacionais passam a gastar mais para atender a demandas de residentes de unidades subnacionais vizinhas. Os diferentes custos de fornecimento entre as diferentes unidades governamentais analisadas podem criar distorções na medida de desempenho, pois unidades com custos mais elevados terão um maior gasto para fornecer o mesmo produto ou resultado que outra unidade qualquer.

Referências

AFONSO, Antonio; SCHUKNECHT, Ludger; TANZI, Vito. Public sector efficiency: evidence for new EU member States and emerging markets. *Applied Economics*, v. 42, n. 16-18, p. 2147-2164, Jun. 2010.

BRASIL. Ministério do Planejamento, Orçamento e Gestão. Secretaria de Planejamento e Investimentos Estratégicos (SPI). *Indicadores de programas*: Guia Metodológico/Ministério do Planejamento, Orçamento e Gestão. Brasília: MPOG, 2010.

BRUNET, Júlio Francisco G.; BORGES, Clayton Brito; BERTÊ, Ana Maria de Aveline. *O gasto público no Brasil*: entenda a qualidade dos gastos públicos no Brasil. Rio de Janeiro: Elsevier, 2012.

COELLI, T. J. et al. *An introduction to efficiency and productivity analysis*. 2. ed. Nova York: Springer, 2005.

ESTACHE, Antonio; GONZALEZ, Marianela; TRUJILLO, Lourdes. Government expenditures on education, health, and infrastructure: a naive look at levels, outcomes, and efficiency. *Policy research working paper*, series 4.219. Nova York: The World Bank, 2007.

MARTINS, Humberto Falcão. Gestão de recursos públicos: orientação para resultados e accountability. *Revista Eletrônica sobre a Reforma do Estado*, Salvador, n. 3, set./out./nov. 2005.

MOTTA, R. S. da; MOREIRA, Ajax. Eficiência na gestão municipal no Brasil. *Texto para discussão Ipea*. n. 1301, Rio de Janeiro, 2007.

RAYAP, Glenn; SIJPE, Nicolas Van de. Measuring and explaining government efficiency in developing countries. *Journal of Development Studies*, v. 43, n. 2, Feb. 2007, p. 360-381.

RIBEIRO, M. B. Desempenho e eficiência do gasto público: uma análise comparativa do Brasil em relação a um conjunto de países da América Latina.

In: PRÊMIO TESOURO NACIONAL – QUALIDADE DO GASTO PÚ-
BLICO, XIII, 2008, Brasília. *Anais...* Brasília: Esaf, 2008.

VELOSO, João Francisco Alves et al. (Org.). *Gestão municipal no Brasil*: um
retrato das prefeituras. Brasília: Ipea, 2011.

Sobre os autores

ARMANDO CUNHA é professor do quadro da Escola Brasileira de Administração Pública e de Empresas, da Fundação Getulio Vargas (Ebape/FGV) desde 1972. Tem interesses acadêmicos centrados no campo do orçamento público como instrumento de gestão nas organizações governamentais, nas reformas de gestão pública e na educação avançada no campo da administração pública. Coordena atualmente o curso de Pós-Graduação em Administração Pública. Foi diretor da Ebape/FGV de 1992 a 1999 e primeiro presidente da Anpad (1977-78). Exerceu cargos de gestão nas áreas da Cultura e da Assistência Social do governo federal nos anos 1980. É membro dos conselhos editoriais da *Revista Portuguesa e Brasileira de Gestão* e da *International Public Managment Review*.

DANIELA CASTANHAR REYES é mestre e bacharel em administração de empresas pelo Ibmec, em parte realizado na University of New Mexico, nos Estados Unidos. Trabalhou na área financeira de empresas de diferentes setores, como consultoria, multinacional e corretora de valores. Atuou na intermediação de exportações de empresas brasileiras de pequeno porte, prestando assessoria técnica e prospectando clientes no mercado internacional. Atualmente é consultora e pesquisadora nas áreas de gestão e finanças públicas.

FERNANDO REZENDE é economista, professor na Ebape/FGV, consultor e ex-presidente do Instituto de Pesquisa Econômica Aplicada (Ipea). Autor de vários livros e artigos publicados no Brasil e no exterior, destacando-se, entre os mais recentes: *A reforma fiscal e a equidade social* (FGV, 2011); *A reforma fiscal e a federação* (FGV, 2009); *O dilema fiscal: remendar ou reformar* (FGV, 2007); *Desafios do federalismo fiscal* (FGV, 2006); "The Brazilian Federation, Facts, Challenges and Perspectives" (Stanford University, 2000), *Finanças públicas* (Atlas, 1979 e 2001). Atualmente trabalha em temas relacionados à reforma fiscal, ao federalismo e à gestão pública.

João Francisco Veloso é mestre em economia pela Universidade Católica de Brasília (UCB), economista da Companhia Imobiliária de Brasília (Terracap) e assessor especial do Gabinete da Secretaria de Estado de Fazenda do Distrito Federal (SEF/DF). Atuou como assessor da diretoria-geral da Esaf, professor do Ibmec-DF, pesquisador do Programa Nacional de Pesquisa em Desenvolvimento (PNPD) no Ipea-DF e assessor da Presidência da Terracap.

Jorge Vianna Monteiro é consultor de *public choice* e economia constitucional na Monteiro e Monteiro Consultoria Econômica Ltda., professor do Cipad-FGV e foi professor associado do Departamento de Economia na Pontifícia Universidade Católica do Rio de Janeiro (PUC-Rio) (de agosto de1969 a dezembro de 2011). É autor de *Fundamentos da política pública* (1982), *Economia do setor público* (1987), *Macroeconomia do crescimento de governo* (1990), *Estratégia macroeconômica* (1994), *Economia & política: instituições de estabilização econômica no Brasil* (FGV, 1997); *As regras do jogo – o Plano Real: 1997-2000* (FGV, 2000); *Lições de economia constitucional brasileira* (FGV, 2004), *Como funciona o governo: escolhas públicas na democracia representativa* (FGV, 2007) e *Governo e crise: escolhas públicas no Brasil e no mundo* (FGV, 2011). Desde março de 1993 edita a carta quinzenal de conjuntura, *Estratégia Macroeconômica* e, a partir de outubro de 2011, o blog Escolhas Públicas (JorgeViannaMonteiro.blogspot.com).

Mansueto Facundo de Almeida Jr. é formado em economia pela Universidade Federal do Ceará, é mestre em economia pela Universidade de São Paulo (USP) e cursou doutorado em políticas públicas no MIT, Cambridge, mas não defendeu a tese. É técnico de planejamento e pesquisa do Ipea, tendo assumido os seguintes cargos em Brasília: coordenador-geral de Política Monetária e Financeira na Secretaria de Política Econômica no Ministério da Fazenda (1995-1997), assessor da Comissão de Desenvolvimento Regional e de Turismo do Senado Federal (2005-2006). Atualmente, trabalha na Diretoria de Estudos Setoriais e Inovação (DISET) no Ipea em Brasília.